Dr. Werner Nowag war nach dem Studium der Wirtschafts- und Sozialgeschichte Redakteur bei der Westdeutschen Allgemeinen Zeitung. Danach ging er als Dozent für Journalistik zum Deutschen Institut für publizistische Bildungsarbeit nach Hagen. Neben dieser Tätigkeit unterrichtet er im Fach Publizistik an der Ruhr-Universität Bochum, im Fach Betriebskommunikation an der Management Akademie Essen und macht Training für Pressestellen und PR-Agenturen.

Dr. Edmund Schalkowski arbeitete nach dem Studium der Volkswirtschaft, Politik und Philosophie als Redakteur bei verschiedenen Tageszeitungen und Fachzeitschriften. Im Anschluß an seine Tätigkeit im Bereich Presse- und Öffentlichkeitsarbeit bei einer Unternehmensberatung unterrichtet er seit 1992 am Deutschen Institut für publizistische Bildungsarbeit in Hagen als Dozent für Journalistik.

Werner Nowag
Edmund Schalkowski

Kommentar und Glosse

Reihe Praktischer Journalismus

Band 33

Karikaturen:
Bernd Pfarr (S. 8)
Bernd Pohlenz (S. 206, S. 268, S. 354)

Die Deutsche Bibliothek – CIP-Einheitsaufnahme

Nowag, Werner:
Kommentar und Glosse / Werner Nowag/Edmund Schalkowski. -
Konstanz : UVK Medien, 1998
   (Reihe praktischer Journalismus ; Bd. 33)
   ISBN 3-89669-212-7

ISSN 1433-7649
ISBN 3-89669-212-7

Druck: Legoprint, Lavis

©1998 UVK Medien
   Verlagsgesellschaft mbH, Konstanz

Schützenstr. 24
D-78462 Konstanz
Tel.: (07531) 9053-0
Fax: (07531) 9053-98

Inhalt

Einleitung

(Edmund Schalkowski)

Teil I   Der Kommentar

(Werner Nowag)

Teil II   Die Glosse

VON BERND PFARR

Als Theseus begann, im Alter
unter starker Vergeßlichkeit zu leiden,
besann er sich seines guten alten
Wollknäuels aus dem Labyrinth von Kreta,
um jederzeit den Weg von seinem
Schlafzimmer zur Toilette zu finden

Einleitung

Kommentar und Glosse gehören zu den meinungsorientierten Darstellungsformen im Journalismus. Das Gegenstück bilden die faktenorientierten Textsorten, zum Beispiel Meldung, Bericht, Interview. Während diese dazu dienen, Sachverhalte in Sprache zu fassen und den Lesern zu vermitteln, sollen jene diese Sachverhalte analysieren, interpretieren, bewerten.

Meinung, mit ihrem altertümlichen Namen Räsonnement, ist nicht von Natur aus Bestandteil von Zeitungen und Zeitschriften. Es hat lange gedauert, bis die Presse ihr Recht zur kritischen Stellungnahme durchgesetzt hat. Erst seit rund hundert Jahren sind Kommentar und Glosse – dazu kommen noch Rezension und Kritik – als eigenständige Elemente im Konzert der journalistischen Textformen etabliert.

Die Geschichte der Presse läßt sich in drei große Epochen unterteilen, deren Grenzen historisch fließend, logisch aber scharf geschnitten sind: Das Zeitungswesen entstand als Nachrichtenpresse, entwickelte sich weiter zur Meinungspresse und existiert heute als moderne Massenpresse, in der sowohl Nachricht wie Meinung ihren Platz haben. Die Nachrichtenpresse dominiert von 1600 bis 1750, die Meinungspresse prägt den Zeitraum von 1750 bis 1900, und die moderne Massenpresse herrscht, zunächst unbeschränkt, dann von Rundfunk und Fernsehen zunehmend unter Konkurrenzdruck gesetzt, von 1900 bis heute.

1. Nachrichtenpresse (1600 bis 1750)

Zeitungen als regelmäßig erscheinende, zur umfassenden Information der
Öffentlichkeit dienende Druckwerke existieren seit dem Beginn des 17. Jahr-
hunderts: Von 1609 datieren die ersten erhaltenen Ausgaben gedruckter
Wochenzeitungen, der »Relation« des Straßburger Buchdruckers Johann
Carolus und des in Wolfenbüttel von Julius Adolph von Söhne verlegten
»Aviso«; die erste Tageszeitung, die »Einkommenden Zeitungen« des Leip-
ziger Verlegers Thimotheus Ritzsch, ist erst für 1650 nachgewiesen (vgl.
Brand/Schulze, S. 11ff). Als wichtigste Vorläufer dieser gedruckten Zeitungen gelten allgemein die sogenannten Neuen Zeitungen und die geschriebe-
nen Zeitungen.

Die »Neuen Zeitungen« sind Einzeldrucke, die vom Ende des 15. Jahrhunderts bis ins 18. Jahrhundert in großer Auflage auf Messen und Märkten verkauft wurden. Sie sind die Boulevard-Presse der frühen Neuzeit, ihre Themen die neuesten interessanten »Zeitungen« (Zeitung = Nachricht): »der
Einzug eines Fürsten in eine Stadt, eine Krönung, eine fürstliche Hochzeit
oder Leichenfeier, Schlacht oder Belagerung, Mordtat oder Hinrichtung, eine
seltene Himmelserscheinung, Seuche, Feuersbrunst u. dgl.« (Bücher, S. 9).

Ursprung der geschriebenen Zeitungen sind vermutlich die mittelalterlichen
Kaufmannsbriefe, mit denen sich Handelstreibende über Schiffsankünfte und
-abfahrten, Messen und Börsenkurse, Räuberbanden und Kriegswirren informieren. Zunächst werden diese Briefe von den Empfängern einfach weiter-
gegeben oder in Abschriften verbreitet. Seit Mitte des 16. Jahrhunderts entstehen in den großen Handelsstädten Nachrichtenbüros; sogenannte Avisen-
schreiber sammeln die Meldungen, schreiben sie ab und versenden sie regelmäßig. Erhalten sind die sogenannten Fugger-Zeitungen aus den Jahren 1568
bis 1605, Nachrichten von Angestellten und Geschäftsfreunden des Handels-
hauses, die in der Augsburger Zentrale gesammelt und von dort an ausgewählte Personen verschickt wurden.

Aus diesen beiden Strömen bildet sich das Material der neu entstehenden
Zeitungen: Politik und Vermischtes auf der einen, Wirtschaft auf der anderen
Seite. Aus der Tradition der Neuen Zeitungen stammen die bunten Nachrichten und die politischen Meldungen, infolge des scharfen Auges der Zensur vorwiegend ausländische; aus der Tradition der geschriebenen Zeitungen

kommen die Berichte über den Großhandel und die internationalen Geld- und Bankgeschäfte. Alle Meldungen, welcher Couleur auch immer, werden »in buntem Durcheinander, meist trocken, ohne Kritik oder individuelle Färbung vorgetragen« (Groth, S. 580).

Der gesellschaftlich-geschichtliche Hintergrund des neuen Pressewesens ist der Aufstieg des Bürgertums und seiner revolutionären Produktionsweise. Ausgehend von den oberitalienischen Stadtstaaten, erfassen Warenproduktion und Fernhandel seit dem 13. Jahrhundert allmählich West- und Nordeuropa. Produktion für den Markt und Handel auf weite Entfernungen benötigen regelmäßige und genaue Nachrichten, auch der Wissensbedarf der einfachen Leute steigt. Der Nachrichtenverkehr, sich »in den Bahnen des Warenverkehrs« (Habermas, S. 29) entfaltend, stellt diese Informationen bereit.

Die bürgerliche Produktionsform integriert sich zunächst noch reibungslos in die politische Ordnung von Kaiser, Adel und Geistlichkeit. Sie wird weder theoretisch noch praktisch in Frage gestellt, und wo das neue Zeitungswesen sich mit unliebsamen Meinungsäußerungen vorwagt, sorgt die allmächtige Zensur oder die Drohung mit dem Entzug des Zeitungsprivilegs für Unterordnung. Nachrichten bestimmen also das Gesicht der frühen Zeitungen; für theoretisierendes, orientierendes Räsonnement besteht weder Bedarf noch Spielraum. »Der Zeitunger«, sagt der erste Presseforscher Caspar Stieler 1695, »soll die neuesten Händel der Welt erzählen, ohne zu sagen, was er davon denkt, ob recht oder nicht« (zit. bei Groth, S. 693).

2. Meinungspresse (1750 bis 1900)

Im Lauf des 18. Jahrhunderts ändert sich dieses Bild radikal: Die neue Wirtschaftsform, die auf der Eigengesetzlichkeit der Warenproduktion beruht, gerät in Konflikt mit der auf persönlicher Herrschaft fundierten politischen Ordnung. Mit den Waffen von Rationalismus und Aufklärung beginnt das erstarkte Bürgertum den entscheidenden Kampf gegen die kraftlos gewordenen absolutistischen Mächte. Teil dieser Kampfes um die politische Herrschaft ist die Durchsetzung einer räsonnierenden Öffentlichkeit und ihrer Grundlage, der Pressefreiheit.

Entsprechend ändern sich Funktion und Inhalt der Zeitungen. Aus neutralen Instrumenten der Nachrichtenvermittlung werden parteiergreifende Kampfinstrumente. Die Zeitungen werden zu Blättern, die Ereignisse analysieren und interpretieren, die Stellung nehmen und bewerten: In der zweiten Hälfte des 18. Jahrhundert findet das Räsonnement Eingang in die Presse und bestimmt im 19. Jahrhunderts ihr Gesicht.»Das alte System der zensierten und privilegierten Nachrichtenpresse starb mit dem Feudalismus ab und wurde durch die bürgerliche Parteipresse abgelöst« (Koszyk 1972, S. 140).

Dieser Prozeß zieht sich in mehreren Stufen über ein ganzes Jahrhundert hin: Als Vorläufer des Räsonnements dringen seit Anfang des 18. Jahrhunderts die sogenannten Gelehrten Artikel in die Zeitschriften und Zeitungen ein. In leicht verständlicher Sprache und pädagogischer Absicht wenden sich Gelehrte an das Volk. Sie schreiben »gegen Unmäßigkeit in Essen und Trinken, gegen Prunksucht und Geckenhaftigkeit, gegen Eitelkeit, Putzsucht, Klatscherei, gegen Aberglauben, Freidenkerei, Eifersucht, Leichtsinn und Vergnügungsgier« (Groth, S. 610).

Unmittelbar zum Räsonnement leiten die Buchkritiken über, die, zunächst noch eher grob im Ton als treffsicher in der Analyse, schon in den »Gelehrten Artikeln« zu finden sind. Zusammen mit der Musik- und Theaterkritik bilden sie den Inhalt des Feuilletons, das im letzten Drittel des Jahrhunderts gleichzeitig mit der klassischen deutschen Literatur aufblüht. Unter dessen Autoren sind mit Gotthold Ephraim Lessing, der für die »Vossische Zeitung«, und Christoph Martin Wieland, der in der Zeitschrift »Der teutsche Merkur« schrieb, auch bedeutende Rezensenten.

Mit dem Leitartikel, der um die Wende zum 19. Jahrhundert entsteht, hat das Räsonnement schließlich sein kritisches Arsenal beisammen. Sein geschichtlicher Hintergrund sind die Befreiungskriege gegen Napoleon und das erwachende deutsche Nationalbewußtsein; als sein Schöpfer gilt Joseph von Görres, dessen »Rheinischer Merkur« die Leser regelmäßig mit einer politischen Stellungnahme konfrontierte, die nach den Worten eines Zeitgenossen »mit Feuer, nicht mit Tinte geschrieben« war (zit. bei Groth, S. 725).

Die Meinungspresse des 19. Jahrhunderts ist eine für politische Zwecke instrumentalisierte Presse. Die Nachrichtenvermittlung fällt nicht weg, sie ordnet sich dem Ziel unter, eine bestimmte – die »richtige« – Sichtweise zu verbreiten und durchzusetzen. Die Zeitungen bestehen also weiterhin zum großen Teil aus Nachrichten. Diese aber sind von der politischen Tendenz vorsortiert, gewichtet und gefärbt.

3. Moderne Massenpresse (1900 bis heute)

Mit der Entstehung der modernen bürgerlichen Gesellschaft – äußeres Zeichen ist die Pressefreiheit, die in der Revolution von 1848 formell proklamiert, mit dem Reichspressegesetz von 1874 auch materiell anerkannt wird – ändert sich das Bild noch einmal. Zwei Ursachen, die sich beide in die gleiche Richtung auswirken, sind dabei zu unterscheiden.

Zum einen wird, sobald das Bürgertum den Absolutismus niedergekämpft und mit der Marktwirtschaft die rechtsstaatliche, demokratische Verfassung etabliert hat, die räsonierende Presse »vom Gesinnungsdruck entlastet«. Sie kann »ihre polemische Stellung räumen« (Habermas, S. 220) und gewinnt größeren Spielraum. Den neuen Gegner, die Arbeiterbewegung, bekämpft sie im Vollbesitz der Macht auf indirekte Weise, mit dem Argument des wirtschaftlichen Sachzwangs, der scheinbaren Ideologiefreiheit.

Zum anderen entwickeln sich, nachdem die technischen Voraussetzungen vorliegen (Rotation 1872, Satzmaschine 1884, Telefon um 1880) und das Anzeigengeschäft erlaubt wird, die Verlage zu privatwirtschaftlichen, profitorientierten Unternehmen. Die Zeitung nimmt den Charakter einer Unternehmung an, »welche Anzeigenraum als Ware produziert, die nur durch einen redaktionellen Teil absetzbar wird« (Bücher, S. 21). Sie richtet sich auf die Interessen und Vorlieben eines Massenpublikums aus und läßt ihr ideologisches Profil verschwimmen.

Damit entsteht die moderne Geschäfts- oder Generalanzeiger-Presse, deren Merkmale »niedriger Verkaufspreis, großer Anzeigenteil, politische Indifferenz und hohe Auflage« (Koszyk 1969, S. 82) sind. Der redaktionelle Inhalt entfaltet sich zu einem »wohlgeordnete(n) Ensemble von Texten« (Püschel, S. 438), das einerseits in Ressorts unterteilt und durch Überschriften und typografische Differenzierungen gegliedert ist, andererseits die ganze Palette der journalistischen Darstellungsformen, deutlich voneinander abgegrenzt, zum Einsatz bringt.

Die von Kommerzialisierung und Entideologisierung bestimmte moderne Massenpresse räumt dem reinen Nachrichtenteil wieder breiten Raum ein, behält aber die inzwischen etablierten meinungsorientierten Textsorten bei. Dabei zieht sie, zumindest dem Anspruch nach, eine klare Trennung zwi-

schen Nachricht und Meinung (vgl. Schönbach, S. 20ff zum Neuaufbau der
deutschen Zeitungen nach dem Ende der totalitären Kampfpresse des Natio-
nalsozialismus). Sie politisiert weder die Nachricht noch gibt sie die Meinung als objektive Darstellung aus. Diese Trennung grundsätzlich aufrechtzuerhalten ist möglich und sinnvoll:

Auch wenn es keine reinen Tatsachenbehauptungen und keine reinen Werturteile gibt, da schon mit Auswahl, Plazierung und Umfang einer Nachricht
Wertungen verbunden sind – Tatsachenbehauptungen lassen sich weitgehend
von Werturteilen reinigen und Werturteile weitgehend auf schlüssige Argumentation oder Konstruktion stützen. Dem Leser werden auf diese Weise von
Einschätzungen überwiegend freie Sachverhalte geliefert, deren Objektivität
vertrauend er sich sein eigenes Urteil bilden kann. Und es werden ihm Einschätzungen vermittelt, die als subjektive kenntlich sind und die er sich zu
eigen machen kann, wenn ihn die Kraft der Argumentation oder Konstruktion überzeugt.

Von der Kraft rationaler Argumentation lebt der Kommentar, von der Kraft
bildhafter Konstruktion die Glosse: Je schlüssiger der Kommentar argumentiert, desto orientierender ist die Erkenntnis, je zwingender die Glosse konstruiert, desto befreiender das Gelächter. Der aufklärerische Impuls, Licht ins
Dunkel zu bringen und zu aufrechtem Gang anzuleiten – einmal mit Verstand, einmal mit Witz – ist der Kern von Kommentar und Glosse.

Teil I: Der Kommentar

1. Kommentar, Staat und Gesellschaft

Der Kommentar spielt im Konzert der Darstellungsformen eines Printmediums zweifelsohne eine gewisse Sonderrolle – unter bestimmten Gesichtspunkten mehr noch als die Glosse. Keine andere Darstellungsform beansprucht eine eigene Typographgie für sich, etwa eine größere Schrifttype, einen kursiven Schnitt oder gar eine ganz andere Schriftart; der Kommentar tut es. Keine andere Darstellungsform findet sich immer wieder, Tag für Tag, Ausgabe für Ausgabe, an ein und derselben Stelle, womöglich zeilengenau in ein und derselben Länge; der Kommentar tut es. Und keine Darstellungsform verlangt kategorisch einen Begleitartikel neben sich, der die Kärrnerarbeit der alltäglichen Informationsvermittlung übernimmt; nur der Kommentar tut das.

Die Frage, die sich angesichts dessen aufdrängt, ist die, warum die Presse als Gesamtheit soviel Wert darauf legt, gerade diese eine Textsorte aus allen anderen hervorzuheben. Mit anderen Worten: Was soll er, was darf er Besonderes, was andere Darstellungsformen so nicht dürfen?

Die Redaktion, so Teil eins unserer Antwort, ist bestrebt, den Lesern Kommentare als Meinungsbeitrag unübersehbar und eindeutig identifizierbar zu präsentieren. Barbara Baerns und Ulrich Lamm haben in einer spektakulären

Untersuchung 1987 nachgewiesen, daß es beileibe nicht allen Lesern gelingt, eine redaktionell gestaltete Anzeige trotz der Kopfzeile »Anzeige« von redaktionellen Texten zu unterscheiden. (Barbara Baerns und Ulrich Lamm, 1987, passim). Um wieviel schwerer muß es dem sogenannten flüchtigen Leser fallen, einen Meinungsbeitrag von einem faktizierenden Beitrag zu unterscheiden?

Allerdings ist damit der Kern der Frage lediglich auf eine andere Ebene verschoben. Warum nämlich, so könnte mit gutem Grund weiter gefragt werden, soll der Leser ausgerechnet Meinungsbeiträge in dieser Deutlichkeit identifizieren können? Was unterscheidet speziell diesen Beitrag so sehr vom Bericht, von der Reportage oder dem Feature, von der Nachricht und dem Interview, daß ausgerechnet ihm die beschriebene Sonderrolle in Typographie und Plazierung vorbehalten ist?

Um eine erste Antwort vorwegzunehmen: Der Kommentar ist – neben dem Leitartikel – die einzige Darstellungsform, die bewußt, willentlich und zielorientiert mit den Mitteln rationaler Überzeugungstechniken in den Erkenntnisstand und Erkenntnisprozeß des Lesers eingreift. Nicht etwa, daß andere Darstellungsformen nicht auch in den Erkenntnisstand und -prozeß eines Lesers eingriffen; sie tun dies allemal. Aber sie greifen nicht gezielt ein, und schon gar nicht mit den klassischen Mitteln der Überzeugungstechniken.

Erneut könnte man einwenden: Und was, bitte, ist hieran das Besondere? Das Besondere hieran ist, daß die Presse mit dem Kommentar und seinem größeren Bruder, dem Leitartikel, bewußt, willentlich und auch auftragsgemäß die Grenze von der Abbildung der Wirklichkeit zur Gestaltung der Wirklichkeit überschreitet. Sie zeigt nicht nur auf, was ist, sondern greift bewußt ein in das, was ist. Sie will verändern, mitwirken, will letzten Endes über die Köpfe ihrer Leser rational auf deren Tun einwirken. Die Nachricht wirkt auf den Leser dadurch, daß er die in ihr vorgefundenen Informationen seiner Vorstellung von diesem Ausschnitt der Wirklichkeit einfügt. Der Kommentar wirkt – idealerweise – dadurch, daß dem Leser eine ganz bestimmte Vorstellung von dem betreffenden Ausschnitt der Wirklichkeit angeboten wird. Um so begründeter und um so faktenreicher dies geschieht, um so stärker die Akzeptanz dieses Angebotes. Der Kommentar ist, so gesehen, nur zum geringeren Teil eine meinungsbetonte Darstellungsform; zum weitaus größeren Teil sollte er eine meinungsbegründende Darstellungsform sein.

1.1 Die Aufgabe der Presse

Um diese erste und sicherlich noch vorläufige Eingrenzung erläutern und verstehen zu können, sollten wir etwas weiter ausholen. Ähnlich wie man die Funktion eines Architekten oder eines Installateurs in der Gesamtschau baulicher Leistungen besser versteht, wenn man nachvollzogen hat, worin der Umfang und die Gesamtleistung des Häuserbaus besteht, ähnlich wird man die Funktion des Kommentars besser nachvollziehen können, wenn man sich zunächst mit den Aufgaben der Presse insgesamt auseinandergesetzt hat.

Der hierfür einschlägige Paragraph 3 der Landespressegesetze ist überschrieben mit dem Begriff: »Öffentliche Aufgabe der Presse«. Im einzelnen heißt es hierzu in den Landespressegesetzen mit unerheblichen Unterschieden:

> »Die Presse erfüllt eine öffentliche Aufgabe insbesondere dadurch, daß sie Nachrichten beschafft und verbreitet, Stellung nimmt, Kritik übt, in anderer Weise an der Meinungsbildung mitwirkt oder der Bildung dient.« (Hamburgisches Pressegesetz in der Fassung vom 1.12.1969).

Worauf es hier und in folgenden wesentlich ankommt, ist der Begriff »Aufgabe«. Er kann, je nach Kontext, eine doppelte Bedeutung annehmen. Zum einen kann er Weisung, Verpflichtung oder Auftrag bedeuten. In diesem Sinn nimmt die Polizei eine öffentliche Aufgabe wahr, die durch eine Vielzahl offizieller Bestimmungen geregelt ist.

In einer zweiten Bedeutung ist der Begriff Aufgabe als bloße Tätigkeit aufzufassen, die aus keinerlei offizieller Verpflichtung erwächst. Wer davon spricht, er fühle sich einer selbstgestellten Aufgabe nicht gewachsen, meint in aller Regel damit diese zweite Dimension des Begriffes Aufgabe.

Strittig ist, welche der beiden begrifflichen Dimensionen auf die Arbeit der Presse zutrifft. Im Falle einer weisungsgebundenen Aufgabe wäre zu bestimmen, wer das Recht hat, die Weisung zu geben und über deren Einhaltung zu wachen. Im Falle einer selbstgestellten Aufgabe hingegen gilt es zu klären, an welchen Normen und Werten sich die Presse bei der Erfüllung eben dieser Aufgabe orientiert.

1.2 Der wertorientierte Denkansatz – verpflichtende Normen oder nicht?

Mit der Konstanz eines wohljustierten Metronoms brechen über unsere westlichen Gesellschaften Tragödien herein, die uns schaudern lassen – und lassen sollen: Ereignisse der unglaublichen Art, die so immer schon vorgefallen sind, im Zeitalter der Massenmedien jedoch einen besonderen Thrill bekommen.

Mit derselben Konstanz erhebt sich danach die wohlmeinende Frage, wer die Schuld für diese Tragödien trage – zumindest »irgendwie moralisch verantwortlich« sei. Da es Tradition hat, Botschaft und Boten zu verwechseln, ist ein Hauptverdächtiger leicht ermittelt: die Medien.

Offensichtlich sind selbst Qualitätsmedien davor nicht gefeit. Als kürzlich in England ein Kind von Kindern getötet wurde, schwang sich selbst der SPIEGEL zu spekulativ moralischen Selbstvorwürfen auf, wollte es grundsätzlich wissen und fragte in einem Interview den Ethnologen und Kulturhistoriker Hans Peter Duerr: Kommt den »Medien in diesen schon beinahe apokalyptischen Zeiten nicht eine besondere, pädagogische Aufgabe« zu? (Spiegel Nr. 2, 1993, S. 172).

Die Medien als pädagogische Veranstaltung; als sittliche Institution, die ethisch Werthaftes verlautbart; gar als Reparaturbetrieb eines gesellschaftlichen Systems, das – scheinbar? – seiner Werte verlustig gegangen ist.

Dieser Denkansatz ist alt. Er erwuchs den letztlich wohl pädagogischen Anschauungen der Aufklärung, daß Presse im Dienste der »Veredelung« des Volkes zu stehen habe.

Demnach ist der einzelne Mensch von Grunde auf gut; seinem eigentlichen Wesen gemäß strebt er nach Wissen und Bildung. Wird dieses Streben gefördert, so stellt sich, gleichsam automatisch, ein sittlich hochstehendes Handeln ein. Dieses wiederum ist, neben einem machtvollen Staat, der wirksamste Schutz davor, daß der einzelne vor den unsittlichen Begehrlichkeiten und der Willkür seiner Mitmenschen zu kapitulieren gezwungen ist. Denn da, wo alle gleichermaßen zu sittlich hochstehenden Individuen geworden sind, da sind die Freiheiten des einzelnen optimal gewährleistet: die Freiheit von Leib und Leben; die Freiheit des Zusammenschlusses mit anderen; die Gewissens und Religionsfreiheit; und, nicht zu vergessen, die Meinungsfreiheit.

Das nicht gerade unwesentliche Problem dieses Denkansatzes ist leicht zu erkennen: Man schützt den einzelnen Bürger in und mit seinen Freiheiten, indem man eben diese Freiheiten einschränkt. Überspitzt: Man normiert den Kanon erlaubter Meinungsäußerungen, um die Meinungsfreiheit zu schützen.

Nun könnte man gegen dieses Plädoyer für eine schrankenlose Meinungsfreiheit einwenden: Immer schon werden Freiheiten um des Schutzes ihrer selbst oder anderer Werte willen beschränkt. Also ist die Forderung, die Medienfreiheiten in vertretbarem Maße zu beschränken, eigentlich gar nichts Außergewöhnliches.

Das stimmt. Schrankenlose Freiheit würde sich selbst schnell ad absurdum führen. Das Recht auf Meinungsfreiheit darf beispielsweise nicht dazu führen, andere Menschen ungestraft beleidigen zu können oder Lügen über sie zu verbreiten. Allerdings besteht die Beschränkung dieser Freiheiten stets in einer allgemeinen Einschränkung; es sind nicht nur die Medien, deren Meinungsfreiheit an der Würde und Ehre des Mitbürgers Grenzen findet; es ist vielmehr jedermanns Meinungsfreiheit, die hier endet.

Genau da liegt der Unterschied. Die oben zitierte besondere pädagogische Aufgabe hat die Tendenz, zu einer werthaften Vorgabe einzig und allein für mediale Äußerungen zu werden. Medien eben doch als pädagogische Veranstaltung, als sittliche Institution, als gesellschaftlicher Reparaturbetrieb. Das kann es nicht sein.

Unterstellen wir jedoch einmal, es sei akzeptabel, Medien bestimmte Auflagen bezüglich ihrer Freiheiten zu machen – beispielsweise mit dem Argument, sie hätten dafür ja auch eine privilegierte Sonderrolle sowie außerordentliche Macht und Wirkung. Wie sollten diese restriktiven Auflagen dann aussehen?

Angesichts der Tatsache, daß die Öffentlichkeit einer modernen Demokratie kein homogenes Ganzes, sondern ein plurales Gebilde aus unterschiedlichen Interessen mit unterschiedlichen Wertvorstellungen ist, können die von uns postulierten Restriktionen nur ein kleinster gemeinsamer Nenner sein – sozusagen eine Schnittmenge aus den vorhandenen Normen und Werten; ein Normen- und Werte-Fundament, auf dem alle gesellschaftlichen Partikularinteressen basieren und in einem halbwegs friedlichen Nebeneinander mit anderen Partikularinteressen koexistieren können.

Verstieße eine Aufsichtsinstanz gegen dieses gemeinsame Normen- und Wertefundament durch Einzelrestriktionen – indem sie beispielsweise den

Schutz einer bestimmten Weltanschauung vorschriebe, indem sie einer
bestimmten Art der sexuellen Selbstverwirklichung das Wort redete oder in
den Medien zu propagieren verlangte –, so würde dies zwangsläufig das Veto
und den Widerstand der betroffenen gesellschaftlichen Gruppierung hervor-
rufen.

Mögliche Ergebnisse einer solchen Entwicklung wären – um nur die gelin-
desten zu nennen – entweder der rigide Abbau pluraler Orientierungen oder
das Ausweichen der Unberücksichtigten auf andere Formen der Informationsvermittlung und Willensbildung. Beides kann nicht im Interesse
eines demokratischen partizipativen Gemeinwesens liegen.

Wie also sollte und könnte dieser kleinste gemeinsame Nenner lauten? Es
müßte sich im wesentlichen um diejenigen Verhaltensnormen und Werte handeln, die in einer pluralen Gesellschaft eo ipso konsensfähig sind und bereits
heute den Umgang der Individuen und Gruppen untereinander regeln. Denkbar wären dabei Normen und Werte wie der Schutz der Menschenwürde, der
Unversehrtheit von Leib und Seele und der Selbstbestimmung; die Forderung
nach Chancengleichheit; das Gebot der Toleranz und der Friedfertigkeit; und
die Forderung nach Meinungsfreiheit, solange sie nicht mit einem der zuvor
genannten anderen Grundwerte kollidiert.

Genau diese Werte und Normen aber sind bereits heute konsensfähig und
existieren als allgemeine Verfassungsgrundsätze. Wozu sollten sie dann in
einer »medienspezifischen« Neuauflage erlassen werden? Im Grunde gibt es
auf diese Frage keine vernünftige Antwort.

Gäbe es dennoch eine medienspezifische Neuauflage dieser oder ähnlicher
Grundsätze; wäre längst nicht ein weiterführendes Problem gelöst, die Frage
nämlich, auf welchem konkreten Weg der einzelne, gesellschaftliche Gruppen oder die Gesellschaft als ganze in der konkreten Praxis des ebenso konkreten Alltages diese angestrebten Werte umsetzen sollen. Genau hier aber
fängt die öffentliche Debatte an interessant zu werden. Genau hierum wird
für gewöhnlich gestritten.

Denn Normen und Werte an sich sind denkbar abstrakt; sie verdinglichen
sich erst in konkreten individuellen oder kollektiven Haltungen und Handlungen. Nicht die Frage, ob Frieden ein anstrebenswertes Ziel sei, ist interessant – interessant ist, wie dieses Ziel zu verwirklichen ist. Nicht Gleichheit
an sich ist ein fraglicher Wert; fraglich ist, auf welchem Weg und auf welchen Gebieten sie überall mit welchen Konsequenzen verwirklicht werden
kann und soll.

Und hier beginnt die journalistische Praxis; und ebenfalls hier setzt der Kommentar ein und bemüht sich darum, Leserinnen und Leser in seinem Sinne zu überzeugen. Nicht Frieden ist die Frage, sondern Bellizismus oder Pazifismus als Mittel der Durchsetzung des Friedens, um es auf zwei plakative Schlagworte zu reduzieren.

Man sieht: Das Problem der auf konkretes Handeln abzielenden Frage ist mit werthaften Vorgaben nicht zu lösen. Das liegt im Wesen abstrakter Normen und Werte, die nur Himmelsrichtungen, nicht aber Wege und Pfade dorthin angeben.

Über das konkrete Tun und Sich-Verhalten hinaus ist mit Wertvorgaben ein drittes Problem verbunden: der Widerstreit einzelner Werte nämlich. Mit Sicherheit kollidiert das Recht auf unbegrenzte Mobilität des Einzelnen in seiner heutigen Praxis mit dem Ziel, eine weitgehend intakte Umwelt zu bewahren. Und das Recht auf Eigentum muß immer wieder gegen das Recht auf Chancengleichheit, Menschenwürde und gegen die soziale Wohlfahrt breiter Bevölkerungsschichten abgewogen werden. Um diese permanent nötige Abwägung unterschiedlicher Werte und Normen in Theorie und Praxis auszuschalten, müßten die genannten werthaften Vorgaben hierarchisiert werden. Eine wertgebende Instanz müßte also hingehen und festlegen, daß der Wert der Selbstentfaltung vor der Bewahrung einer intakten Umwelt rangiert usf.

Man kann ohne weitere Erörterung erkennen, daß ein solcher Weg in krassem Gegensatz zu den grundlegenden Erfordernissen einer sich ständig entwickelnden, offenen und pluralen Gesellschaft stünde.

Der Kommentar ist keinem unserer Grundwerte in besonderer Weise verpflichtet. Vielmehr hält er die Diskussion hierüber in ständigem Fluß und wägt die sich teilweise widersprechenden Prinzipien unserer Verfassung von Fall zu Fall.

1.3 Der staatsorientierte Denkansatz –
Presse, Staat und die journalistische Aufgabe

Der Denkansatz, der sich mit dem Verhältnis von Presse und Staat auseinandersetzt, wurzelt im Liberalismus des 19. Jahrhunderts. Historisch betrachtet ist die Pressefreiheit – und insbesondere die Freiheit des Räsonnements – das Ergebnis eines langwierigen Kampfes des gegängelten Bürgertums gegen den autoritär monarchistischen Obrigkeitsstaat. Die Presse hatte hierbei folgende Doppelfunktion: Sie diente der Willensbildung, Willensentäußerung und Integration des sich zunehmend emanzipierenden liberalen Bürgertums und war gleichzeitig Instrument der öffentlichen Kritik an den herrschenden Zuständen.

In demselben Maße, in dem das Bürgertum den Kampf gegen und um den Staat intensivierte, im selben Maß forderte es die staatlich garantierte Freiheit der Presse. So verstandene Pressefreiheit war und ist vor allem ein Abwehrrecht, das den Staat daran hindern soll, in die Freiheitsrechte des Einzelnen oder spezieller gesellschaftlicher Gruppierungen einzugreifen. Es ist ein, wie der Jurist zu sagen pflegt, negatorischer Anspruch.

Mit der »Durchdringung des Staates durch die Gesellschaft« (Ronneberger, 1974, S. 196) überlebte sich der Gegensatz von Staat und Gesellschaft in zunehmendem Maße. Was ursprünglich Waffe des Bürgertums war, wurde nicht zuletzt infolge technischer Neuerungen ein quasi industriell gefertigtes Massenprodukt, dessen Funktionen sich Stück um Stück veränderten.

Vor diesem Hintergrund entstand die Ansicht, daß die Pressefreiheit nicht nur einen bloß negatorischen Anspruch garantieren dürfe; vielmehr sei es Sache des Staates, dafür Sorge zu tragen, daß die Presse als quasi politische Veranstaltung der öffentlichen Meinungsbildung Rechnung zu tragen habe. Verkürzt gesagt: Die freie Presse sei als ein – wie auch immer geartetes – Institut des Staates zu betrachten, das unter dessen besonderem Schutz stehe, vergleichbar der Familie, dem Post- und Bankgeheimnis und ähnlichen Institutsgarantien. Eine offenkundige und praktische Ausformung dieses Gedankens ist die Verpflichtung des Staates gegenüber der Presse, ihr in öffentlichen Angelegenheiten einen Informationsanspruch einzuräumen (Pragraph 4 der Landespressegesetze).

Allerdings hat diese Sicht der Dinge einen Haken. Wenn die Freiheit der Presse und deren ausdrückliche Bedeutung für die öffentliche Meinung von Vorstellungen wie der Institutsgarantie abhängen, dann rückt die Presse in gefährliche Nähe zu anderen Instituten – etwa den Parteien, deren freie Betätigung und Mitwirkung an der Willensbildung der Bevölkerung ebenfalls vom Staat strikt gewährleistet sind. Ansichten dieser Art finden sich, häufig unbewußt und in bester Absicht ausgesprochen, in Formulierungen wieder, die von der Presse als der »Vierten Gewalt« sprechen; nicht selten auch wird, wie soeben erwähnt, die Presse in ihrer Funktion als Meinungsbildner in einem Atemzug mit den Parteien genannt.

Was dem durchschnittlichen Betrachter – man kann Journalisten hiervon nicht ausnehmen – auf den ersten Blick wie eine Aufwertung der publizistischen Profession erscheinen mag, birgt jedoch eine große Gefahr in sich und würde in der Praxis schnell zu einem Bumerang. Wäre nämlich die Presse eine verfassungsrechtliche Institution ähnlich den Parteien, so müßte der Staat eine auch inhaltlich definierte Institutsgarantie übernehmen. Im Falle der Parteien ist dies durch Art. 21 GG und die weiterführende Gesetzgebung geregelt. Genau das führt jedoch im Umkehrschluß dazu, daß es sich der Staat vorbehält, durch die Gesetzgebung Bedingungen aufzustellen, durch die nötigenfalls »das Prinzip der Freiheit bei der Zulassung zur Wahl [...] Einschränkungen« erleidet (Leibholz, Rinck, 1968, S. 278).

In der Tat ist all dies keine abstrakt akademische Spekulation weltfremder Provenienz. In Art. 7 Abs. 2 des Herrenchiemsee-Entwurfes einer bundesdeutschen Verfassung wurde noch ausdrücklich von der Berichterstattung über Angelegenheiten »des öffentlichen Interesses« und von der publizistischen Stellungnahme hierzu gesprochen (Klein, 1973, S. 85). Darauf, und nur darauf, hätte sich gegebenfalls der Schutz der Pressefreiheit bezogen, wenn die Idee einer so verstandenen Institutsgarantie Wirklichkeit geworden wäre. Der Staat als Hüter und Beschützer des Gemeinwohls wäre der ständigen Versuchung ausgesetzt gewesen, seine Schutzgarantie auf diejenigen Produkte journalistischer Tätigkeit zu beschränken, die vermeintlich positive Leistungen in und für die Öffentlichkeit erbringen.

Das Ergebnis wäre fatal. Wir hätten vermutlich eine »gute« und eine »schlechte«, eine schutzwürdige und eine nicht zu schützende Presse, wobei es in letzter Konsequenz wahrscheinlich einer staatlichen Instanz überantwortet wäre, Kriterien für die »Güte« von Presseprodukten aufzustellen und über deren Einhaltung zu wachen.

Eine der möglichen Folgen wäre, daß nur »gute« Journalisten den gesetzlich garantierten Zugang zu Informationen hätten, wie ihn § 4 der Landespressegesetze gewährleistet. Die heute bestehende Neutralität des Staates gegenüber den zu erwartenden Kommunikationsinhalten wäre bedroht. Es stände überdies zu befürchten, daß der Zugang zu Informationen im Rahmen einer Güterabwägung den Medien insgesamt sehr viel häufiger verwehrt werden würde, als dies heute zu beobachten ist. Eine zweite, den Kommentar direkt betreffende Folge hätte gegebenenfalls viel gravierendere Folgen: Wäre nämlich im Zuge einer so verstandenen Institutsgarantie die Pressefreiheit nicht mit der individuellen Meinungsfreiheit identisch, so wären auch nur solche Meinungsäußerungen der Presse im Gegensatz zu individuellen Meinungsäußerungen schützenswert, die im Rahmen der Meinungsbildung von vermeintlich öffentlichem Interesse sind. Wir hätten, überspitzt formuliert, relevante Meinungen, äußerbar im Rahmen der gewährten Pressefreiheit, und individuelle Meinungen, denen der mediale Zugang zur Öffentlichkeit entzogen werden könnte.

Es dürfte hinreichend deutlich geworden sein, daß ein solcher Begriff der Institutsgarantie im Rahmen des Verhältnissen von Staat und Presse zu inakzeptablen Ergebnissen führt.

Institutsgarantie der Presse durch den Staat kann deshalb nur heißen, daß das Institut »freie Presse« um ihrer selbstgewählten öffentlichen Aufgabe willen gewährleistet wird. Nicht der Staat bestimmt, was die öffentliche Aufgabe ist, für deren Wahrnehmung er Freiheit gewährleistet. Vielmehr bestimmt die Presse, was ihre öffentliche Aufgabe ist; das ist ihre institutionell garantierte Freiheit.

Auf der Suche nach der Antwort, was der Journalist muß, soll oder darf, haben wir bisher kein befriedigendes Ergebnis erzielt: Der Journalist muß von Staats wegen nichts Außergewöhnliches. Alle Verpflichtungen des Journalisten gelten für den sogenannten normalen Bürger dieses Landes gleich oder zumindest ähnlich. Was die Orientierung an bestimmten Werten betrifft, haben wir festgestellt, daß es auch hier keine Verpflichtungen gibt, die so nicht auch in anderen Lebens- und Arbeitsbereichen Geltung hätten.

1.4 Der funktionale Denkansatz –
Gesellschaft und die Funktion der Medien

Ein weiterer Denkansatz zum Problem der öffentlichen Aufgabe der Presse beschäftigt sich nicht so sehr mit staats- und rechtstheoretischen Vorgaben, sondern mit den konkreten kommunikativen Bedürfnissen einer demokratisch verfaßten Massengesellschaft. Er wird häufig als funktionaler Ansatz bezeichnet.

Gesellschaftliche Gruppierungen
mit organisierter PR

Ausgangspunkt einer solchen Betrachtungsweise ist die bereits erwähnte Tatsache, daß sich der oben skizzierte Gegensatz von bürgerlicher Gesellschaft und Staat überlebt hat. Staat und Gesellschaft verschränken sich in zunehmendem Maße. Immer stärker greift der Staat durch soziale Verwaltungs- und Dienstleistungsakte in die Belange der Gesellschaft ein, die ihrerseits ein immer stärkeres Bedürfnis entwickelt, an staatlichen Akten angemessen beteiligt zu werden.

Damit einher geht eine Veränderung der Öffentlichkeit. Während in der Vorstellung des bürgerlichen Liberalismus Öffentlichkeit die Summe der auf dem Forum zusammentretenden Privatleute war, muß Öffentlichkeit nun angesichts einer privatisierenden Gesellschaft delegiert werden.

Öffentlichkeit ist nicht mehr die Sache des einzelnen Individuums und seiner gesellschaftlichen Interessen. Vielmehr werden Öffentlichkeit und Interessensvertretung zu einer Frage der Organisation – ein Blick in das Handbuch des Öffentlichen Lebens, den Oeckl, wird jeden Zweifler von der tendenziellen Richtigkeit dieser Behauptung überzeugen. In der Folge dieser Entwicklung werden beinahe zwangsläufig Öffentlichkeit und Interessensvertretung zu einer Frage medialer Präsenz.

Dies um so mehr, als es die Komplexität der Massengesellschaft dem Einzelnen oftmals unmöglich macht, die unterschiedlichen, sich teils widersprechenden Strömungen und Interessen der unterschiedlichen Gruppierungen zu kennen oder gar zu verstehen. Ja, nicht einmal seine eigenen Interessen und die Mittel ihrer Durchsetzung dürften ihm in allen Fällen hinreichend bekannt sein. Es bedarf keiner großen Phantasie, sich einen gelernten Metallfacharbeiter vorzustellen, der begeisterter Autofahrer und zugleich Hunde-

halter ist; der eher widerwillig seine Steuern zahlt, sich in seiner Freizeit im
Technischen Hilfswerk (THW) engagiert und zumindest zahlendes Mitglied
der Gewerkschaft ist. Er ist schlicht überfordert, seine Interessen als Lohn-
abhängiger und Metaller, als Steuerzahler und Autofahrer, als Tierschützer
und THWler zugleich und umfassend zu kennen. Also ist er gezwungen, seine Interessen und Partizipationsbedürfnisse professionellen Interessensver-
tretungen zu überantworten, die für ihn und in seinem Namen Öffentlichkeit
herstellen. Das Ergebnis ist eine institutionalisierte öffentliche Kommunikation, deren organisatorisches Pendant wir in der Vielzahl von Verbänden und
Vereinen, Lobbyisten und PR-Fachleuten finden, die unsere mediale Öffentlichkeit dominieren.

Diese Form institutionalisierter Kommunikation agiert auf unterschiedlichen
Plattformen. Betrachten wir zunächst einmal gesellschaftliche Großgruppierungen mit einem gesicherten Anteil an der öffentlichen Kommunikation. Unter solchen Großgruppen verstehen wir Gebilde, »deren Mitglieder sich nicht mehr gemeinsam versammeln und im spontanen Miteinander
handeln können... Sofern sie (die Mitglieder der Großgruppe – d. Verf.) ein
Interesse daran haben, daß die Großgruppe als ganze handlungsfähig ist,
müssen sie auch ein Interesse an wirksamer Repräsentation haben.« (Sutor,
1997, S. 29) Derartige Großgebilde brauchen die Medien in zweifacher Hinsicht.
Erstens: Große Gruppierungen – zu denken ist hierbei etwa an die Parteien,
an staatliche Organe wie die Justiz, an die Gewerkschaften, die Arbeitgeber,
an die Autofahrer, an bestimmte Berufsgruppen wie die Beamten etc. –
unterliegen, genauso wie die gesamte Gesellschaft, ständigen Schwankungen
und Interessensverschiebungen. Um dem daraus resultierenden kommunikativen Bedarf nachzukommen, muß es ihr Anliegen sein, Veränderungen der
Interessen ihrer »Parteigänger« zur Kenntnis zu nehmen, durch Information
die Willensbildung anzuregen und das dabei entstandene Meinungsbild wiederum nach außen zu vertreten.
Die permanente Diskussion des letzten halben Jahrzehnts in den Gewerkschaften um den richtigen Weg zu mehr Beschäftigung dokumentiert recht
gut einen solchen Prozeß der Veränderung mit dem daraus erwachsenden
Klärungsbedarf.
Zweitens: Auch Großgebilde von der Qualität der Gewerkschaften, der Kirchen oder der Unternehmerverbände können ihre Legitimation nicht einzig
und allein aus den Interessen ihrer »Parteigänger« herleiten. Vielmehr beziehen sie ihre eigentliche, gesellschaftlich anerkannte Legitimation aus der

Aufgabe, die sie im Gesamtgefüge des vergesellschafteten Staates innehaben. Der vergesellschaftete Staat aber ist, soll er als ganzes funktionieren, auf die Kenntnis und Planbarkeit der in ihm agierenden Interessen seiner Großgruppen angewiesen. Dies gilt übrigens für die Großgebilde untereinander ebenso. Das zweite Ziel der institutionalisierten Kommunikation besteht also darin, die legitimatorische Basis durch externen Informationsfluß zu schaffen und hierdurch die Funktionsfähigkeit des vergesellschafteten Staates sichern zu helfen.

Interne Information, Meinungs- und Willensbildung einerseits, externe Information der Großgebilde untereinander, aber auch der Großgebilde gegenüber dem Staat und des Staates gegenüber den Großgebilden zur Schaffung einer funktionsfähigen Planungsgrundlage – dies stellt die erste große Aufgabe der Medien in einem vergesellschafteten Staat dar.

Der Kommentar ist in diesem Wechselspiel diejenige Textsorte, in der die Vor- und Nachteile der unterschiedlichen Pläne, Absichten und Maßnahmen, deren Hintergründe und eventuelle Konsequenzen beleuchtet werden. Er ist es, der – nicht selten vom Standpunkt einer gegenläufigen Interessensgruppierung aus – andere Möglichkeiten als die geplanten oder vollzogenen aufzeigt, debattiert oder verwirft. Er diskutiert mithin die Frage: Ist es gut, was da passiert oder geplant ist?

Oft ist es in der Unübersichtlichkeit komplexer Entscheidungswege und sich überschneidender und verschränkender Interessen für den kritischen Bürger wichtig zu wissen, warum und wozu gesellschaftliche Gruppierungen etwas getan haben oder zu tun beabsichtigen. Denn das Wissen um die Gründe dieses Tuns erleichtert dem einzelnen Bürger die Bewertung – und damit die Akzeptanz. Aus diesem Grund diskutiert der Kommentar auch die Frage: Warum und wozu wird etwas getan?

Im Kampf der widerstreitenden Interessen werden von großen Gruppierungen oft Behauptungen aufgestellt, die die faktische Basis für auf dem Fuß folgende Forderungen und Bewertungen darstellen. Die Chronistenpflicht des Journalisten verlangt von ihm, derartige Behauptungen zu veröffentlichen. Das ist das Geschäft des Nachrichtenressorts. Der Kommentar dagegen ist das Mittel des Journalisten, solche Behauptungen in Frage zu stellen, mit widerstreitenden Indizien zu konfrontieren oder sogar mit harten Beweisen zu widerlegen. Hier diskutiert der Kommentar die Frage: Ist es wahr, was behauptet wird? Oder: Ist es berechtigt?

Im Idealfall regt der Kommentar überhaupt erst Maßnahmen an, indem er, konsequent den Standpunkt der Bürgerschaft vertretend, Defizite aufzeigt, die im Mit- und Gegeneinander der organisierten Gruppierungen ohne die Existenz der Medien keine realistische Chance hätten, öffentlich zu werden. Hier diskutiert der Kommentar die Frage: Was ist jenseits egoistischer Gruppeninteressen denkbar und realisierbar?

> Der Kommentar bewertet Pläne und Geschehnisse und erläutert die Motive der Handelnden. Er hinterfragt den Wahrheits- und Berechtigungsgrad aufgestellter Behauptungen oder Forderungen und zeigt – jenseits gruppenegoistischer Vorstellungen – Alternativen auf.

Gesellschaftliche Gruppierungen mit Verweigerungspotenz

Neben den behandelten Großgebilden gibt es Gruppierungen, die nicht über die professionellen Instrumente der PR oder Pressearbeit verfügen, um an die mediale Öffentlichkeit zu gelangen. Allerdings bedeutet das noch lange nicht, daß sie keine realistische Chance hätten, öffentliches Gehör zu finden. Um dieses Phänomen zu klären, sollten wir eine Unterscheidung machen zwischen Gruppierungen mit organisierbarem und solchen ohne organisierbares Interesse.

Es ist gerade unter funktionalen Gesichtspunkten leicht nachvollziehbar, daß ein Interesse um so leichter organisierbar ist, um so quantitativ oder qualitativ schwerwiegender sich Verweigerungen einer Gruppierung auf die gesamte Gesellschaft auswirken. Am konkreten Beispiel verdeutlicht: Wenn die verschwindend geringe Zahl von Fluglotsen streikt, kommt der gesamte zivile Flugverkehr ins Stocken. Die Folgen für Menschen und Wirtschaftsgüter – und damit wiederum für Menschen – sind innerhalb kürzester Zeit gravierend. Der Streik der französischen Lkw-Fahrer hat die ungeheure Macht organisierbarer Interessen mit all ihren Konsequenzen weit über die Grenzen des Nationalstaates hinaus bewiesen.

Die Medien werden immer erst dann auf derartige Gruppierungen aufmerksam, wenn diese mit ihrer Verweigerungspotenz drohen – oder sie bereits eingesetzt haben. Die Aufgabe des Kommentars ist in diesem Fall identisch mit der Aufgabe, die er gegenüber den soeben behandelten Großgruppierungen mit organisierter PR zu übernehmen hat; es läuft, stark verkürzt, auch hier auf die Erklärung des Warum und Wozu und die Einordnung des Geschehens einerseits und die Bewertung andererseits hinaus.

An genau diesen Gruppierungen mit Verweigerungspotenz läßt sich ein strukturelles Defizit des Kommentars erhellen: seine Abhängigkeit von der Nachricht bzw. einem nachrichtlich relevanten Geschehen. Würden nämlich Rentner, Sozialhilfeempfänger oder auch Schüler den Versuch einer Verweigerung starten – es bliebe zwangsläufig bei dem Versuch. Das Spektrum sinnvoller Verweigerungen dieser Gruppen hat wenig, um nicht zu sagen keine direkten Auswirkungen. Die Konsequenzen von Geschehnissen aber gehören zu einem der wichtigsten Nachrichtenfaktoren.

Ereignisse wie die soeben erwähnten finden – wahrscheinlich deshalb – nicht oder ausgesprochen selten statt. Bestenfalls, daß einmal Schüler mit ihren Eltern auf die Straße gehen, um für bessere Ausbildungsplätze und angemessene finanzielle Unterstützung zu demonstrieren. Von einer Verweigerung der Rentner, der Sozialhilfe-Empfänger oder Hausfrauen hat man so gut wie nie etwas gehört. Von den Wehrlosesten der Wehrlosen ganz zu schweigen.

Um es an einem Beispiel festzumachen: Da wird in Kommentaren die Tötung von rund zwei Millionen Hühnern in Asien als konsequenter, als mutiger und weitsichtiger Schritt beurteilt, der als Vorbild für Europa zu betrachten sei – mit dem Argument, die Tötung sichere Ausfuhrchancen und damit Arbeitsplätze. Da wird die Tötung von zehntausenden von Rindern in England mit ähnlich fadenscheiniger Begründung befürwortet, ja sogar herbeigeschrieben. Und das Abschlachten ähnlich großer Schweinekontingente in Niedersachsen wird mit dem Hinweis auf die europäische Konkurrenz am Fleischmarkt begründet.

Man sollte meinen, daß der Kommentar diejenige Textsorte ist, die Minderheiten aufspürt und sich ihrer Interessen und Belange annimmt. Dies jedoch ist der Idealfall, nicht aber tagtäglich praktizierte Wirklichkeit – es sei denn, diese Minderheiten liegen thematisch in einem der großen überregionalen Trends oder gar einem der zwei weltweit zu beobachtenden Megatrends.

Die Aufgabe des Kommentars, Minderheiten und deren Rechten oder Bedürfnissen nachzuspüren, scheitert zu oft an einem strukturellen Problem, nämlich den Nachrichtenfaktoren. Gruppierungen ohne Verweigerungspotenz schneiden hierbei schlechter ab als solche mit Verweigerungspotenz.

Trends und Kommentierung

Die organisierte Bewegung der Homosexuellen beginnt mit der Gründung
des »Wissenschaftlich-Humanitären Komitees« 1897 in Berlin. Alle Versuche der Homosexuellen, gesellschaftliche Toleranz einzufordern und das
sexuelle Selbstbestimmungsrecht zu forcieren, schlugen in der Folgezeit fehl
– kleinere Ausnahmen in eher elitären Zirkeln der Weimarer Republik einmal
ausgenommen. Homosexualität fand in den Medien bis tief in die 70er Jahre
nicht statt. Dann jedoch ist ein Umschwung zu beobachten. Die 68er Bewegung; Aids in den 80er Jahre mit den diversen Aufklärungskampagnen; und
schließlich die – relativ kurze – Coming-Out-Bewegung machten Homosexualität gesellschafts- und medienfähig.

Wäre dieser Fall ein singuläres Medienereignis, so wäre er für uns uninter-
essant. Läßt sich allerdings zeigen, daß er Teil eines größeren publizistischen
Verhaltensmusters ist, so sind wir ein großes Stück weiter.
Zunächst: Hinter dem beschriebenen Fall kann eine übergeordnete treibende
Kraft vermutet werden, die je nach Position des Betrachters den Namen
»Selbstbestimmungsrecht« oder »Abwendung von tradierten Verhaltensfor-
men« tragen könnte. Es ist dieselbe Kraft, die die Anliegen alleinerziehender
Mütter und Väter ebenso wie das Recht auf Abtreibung vorangetrieben hat.
Es geht, kurz gesagt, um den Megatrend namens Individualisierung. Neben
diesem gibt es einen zweiten, mindestens ebenso mächtigen, der in gleichem
Ausmaß unser Dasein als homines politici beeinflußt. Gemeint ist die Globalisierung. Um nicht mißverstanden zu werden: Globalisierung bedeutet
hier nicht die weltweite Dislozierung von Kapital mit all ihren Auswirkungen auf den mitteleuropäischen Arbeitsmarkt. Globalisierung meint hier vielmehr die Entgrenzungen von ehemals sicheren, weil tradierten Erfahrungs-
und Erlebniswelten. Es meint den Verlust ehemals als sicher empfundener
Nischen und die teilweise ungewollte Begegnung mit dem Fremden.
Im Zuge dieser beiden Megatrends hat sich ein weiteres Phänomen entwickelt, das vielleicht so neu nicht ist, wie es zu sein vorgibt: die »political
correctness« (pc). Political correctness kommt auf der Erscheinungsebene als
sprachlich-semantisches Phänomen daher, ist jedoch bei genauerer Betrachtung viel mehr als eine Neuauflage der alten Liste von Pfui-Wörtern.
Political correctness ist ein Gebäude aus Denk-Tabus, das denjenigen Teilnehmer an öffentlichen Diskussionen mit Sanktionen bedroht, der das Reser-
vat geschützter Themen mit unliebsamen Fragestellungen betritt.

Gleichzeitig schreibt pc aber auch ein bestimmtes Regelwerk an Empörungsnormen vor – Ereignisse, auf die Teilnehmer am öffentlichen Disput zwingend mit einem Aufschrei des Entsetzens reagieren müssen. Beides, Empörungsnorm und Denktabu, führt im öffentlichen Disput der Kommentierung zu Beiträgen, die mitunter seltsame Gemengelagen aufweisen. So etwa ist es nicht unüblich, daß die Einmischung der Kirche in die Abtreibungsdiskussion von einem Kommentator unter Hinweis auf die historisch-moralische Fragwürdigkeit der Amtskirche rundweg abgelehnt wird – derselben Amtskirche, deren Engagement für Ausländer in Form des Kirchenasyls unter Hinweis auf deren moralische Integrität begrüßt wird.

Die Antwort darauf, wann und warum bestimmte Gruppierungen ohne organisierte Public Relations und ohne die Macht der Verweigerung dennoch öffentliches Gehör finden, läßt sich nun genauer eingrenzen: dann, wenn sie thematisch so nahe wie möglich am Mainstream eines Megatrends liegen. Die Aufgabe des Kommentars sollte es sein, diese Trends oder Megatrends ständig auf ihre Berechtigung hin abzuklopfen. Damit ist nicht gemeint, daß der Kommentar in solchen Fällen eine Werte- oder Normenabwägung vornehmen sollte. Hierzu ist er als Textart zu kurz und inhaltlich nicht »grundsätzlich« genug; dies wäre eher die Aufgabe des Leitartikels oder des Essays. Doch könnte er derartige Trends, gegen den Strich bürstend, in die Bewertung der ihm vorliegenden Sachverhalte einfließen lassen.

Kommentar, Megatrend
und die Rolle des Journalisten

Abschließend sollte nun die Frage wieder aufgegriffen werden, die eingangs dieses Kapitels aufgeworfen worden war: Welche Funktion haben denn nun derartige Megatrends im Prozeß öffentlicher Kommunikation? Es scheint, daß sie in einem hohen Maß normative Erwartungen an das Verhalten und Tun einiger bestimmter Gruppen unserer Gesellschaft festschreiben, unter denen sich in vorderster Reihe die Journalisten befinden. Mit anderen Worten: Megatrends schreiben eine bestimmte Rollenerwartung fest, die sich insbesondere an Gruppen richtet, die öffentlich agieren und professionelle Multiplikatoren sind. Sicherlich ist der Umstand nicht frei von Ironie, daß Journalisten als diejenigen, an die sich die Rollenerwartungen richten, gleichzeitig die Mit-Produzenten und Verbreiter dieser Erwartungen sind. Hierzu paßt, nebenbei bemerkt, die These, daß einige Leitmedien wie der SPIEGEL, die ZEIT und wenige andere signifikant die öffentlich geäußerten Einstellungen anderer Medien beeinflussen.

Zu der Vorstellung, daß große Trends und Megatrends die Funktion der Rollenfestschreibung haben, paßt auch ein anderes Phänomen: die Diskrepanz zwischen persönlicher und öffentlich geäußerter Meinung bzw. Einstellung, die man zumeist erst im persönlichen Umgang mit Journalisten erfährt. Zwar dürfte ein Auseinanderklaffen zwischen persönlicher und öffentlich geäußerter Meinung bzw. Einstellung ein häufig anzutreffendes Phänomen sein: Ärzte, die rauchen und ihren Patienten Abstinenz predigen; PR-Profis, die ihre Unternehmensleitung bejubeln und hinter vorgehaltener Hand zu einer Laienspielschar erklären. Doch sind die erwähnten beruflichen Äußerungen, sosehr sie auch vom privaten Meinen und Handeln abweichen mögen, Teil des Jobs. Nicht so im Journalismus. Kommentaräußerungen im Mainstream eines Trends sind, sofern sie nicht qua Richtlinienkompetenz einer autorisierten Verlagsinstanz vorgeschrieben werden, durchaus nicht Teil des Jobs. Eher schon träfe das Gegenteil zu.

Wir haben es hier also, sofern unsere Voraussetzungen zutreffen, mit einer hohen Rollenidentifikation zu tun, die das unterschiedliche Denken und Handeln in den Rollen »Privatperson« und »Journalist« durchaus bewußt werden läßt, ohne störend zu wirken.

Dies um so mehr, als Rollenerwartungen nicht nur normative Erwartungen an ein Tun sind; vielmehr regeln sie in vielen Fällen auch die dem Tun zugrunde liegenden Intentionen: »Dem Rollenträger werden gesellschaftlich anerkannte Motive abverlangt.« (Hannappel/Melenk, 1990, S. 67) Genau das aber ist geradezu das Wesen großer und globaler Trends: gesellschaftlich anerkannt zu sein, jedenfalls in der Sphäre der veröffentlichten Meinung.

Die Behandlung eines Themas im Kommentar hängt nicht zuletzt von den vorherrschenden Trends und Megatrends ab. Bemüht um political correctness, verliert mancher Kommentar seine eigentliche Funktion, die öffentliche Meinung in allen ihren Aspekten auf den Prüfstand rationaler Abwägung zu stellen.

1.5 Presse – Medium und Faktor der Meinungsbildung

Man kann die Häufigkeit der Erwähnung eines Themas in den Medien und die Wert- oder Unwertschätzung, die ein Thema erfährt, nicht allein aus der Verfügbarkeit von PR-Mitteln oder aus Verweigerungskonsequenzen ableiten. Ansonsten wäre nicht hinreichend erklärbar, warum bestimmte Gruppierungen jahrzehntelang kein Gehör finden und sich sodann – ohne daß sich das System als ganzes gravierend verändert hätte – zu regelrechten »Medienlieblingen« entwickeln. Eine Erklärung hierfür haben wir gefunden: Trends und Megatrends. Es spricht jedoch einiges dafür, noch eine zweite Spur zu verfolgen, die hierüber Aufschluß geben könnte.

Es galt immer schon der Grundsatz, daß die Zeitung zugleich Medium und Faktor im Prozeß der Meinungs- und Willensbildung der Bevölkerung sei. Allerdings mit einer gewichtigen Einschränkung gegenüber der heute häufig zu beobachtenden Rolle: Faktor zu sein bedeutete immer, daß die Presse die in der Bevölkerung sich bildenden unterschiedlichen Ansichten und Standpunkte bündelt, dazu selbst Stellung nimmt und so als orientierende Kraft in der öffentlichen Auseinandersetzung wirkt. In dem berühmten Spiegel-Urteil von 1968, der Magna Charta des bundesdeutschen Journalismus´, sagt das Bundesverfassungsgericht hierzu wegweisend:

>»Soll der Bürger politische Entscheidungen treffen, muß er umfassend informiert sein, aber auch die Meinungen kennen und gegeneinander abwägen können, die andere sich gebildet haben. Die Presse hält diese ständige Diskussion in Gang; sie beschafft die Informationen, nimmt selbst dazu Stellung und wirkt damit als orientierende Kraft in der öffentlichen Auseinandersetzung. In ihr artikuliert sich die öffentliche Meinung; die Argumente klären sich in Rede und Gegenrede, gewinnen deutliche Konturen und erleichtern so dem Bürger Urteil und Entscheidung.
>
>In der repräsentativen Demokratie steht die Presse zugleich als ständiges Verbindungs- und Kontrollorgan zwischen dem Volk und seinen gewählten Vertretern in Parlament und Regierung. Sie faßt die in der Gesellschaft und ihren Gruppen unaufhörlich sich neu bildenden Meinungen und Forderungen kritisch zusammen, stellt sie zur Erörterung und trägt sie an die politisch handelnden Staatsorgane heran, die auf diese Weise ihre Entscheidungen auch in Einzelfragen der Tagespolitik ständig am Maßstab der im Volk tatsächlich vertretenen Auffassungen messen können.« (zitiert nach Branahl, S. 21).

Der Tenor dieses und anderer Urteile ist eindeutig der, daß die Medien bei aller Freiheit eigenständiger Meinungsäußerung letzten Endes eine dienende Rolle haben. Faktor zu sein bedeutete demnach, sich strukturierend und wertend in die Gemengelage vorhandener Meinungen einzumischen; es heißt jedoch nicht, ganze Bereiche der öffentlichen Diskussion zu ignorieren und quasi ein Monopol auf eine eigene öffentliche Meinung zu reklamieren – und auf eine richtige zumal.

Genau das aber scheint augenblicklich in Teilen unserer Medienlandschaft zu geschehen. Für manche Beobachter haben sich Teile der heutigen Presse bereits so weit von der Aufgabe entfernt, Vermittlungs- und Kontrollinstanz im Dienst der Gemeinschaft der Bürger zu sein, daß der Publizist Thomas Schmid in dem jeder konservativen Häme unverdächtigen Kursbuch schreiben kann:

>»Es ist dieser entsetzlich pädagogische Umgang mit der Leserschaft, der den Journalismus oft so langweilig macht. Der fortschrittliche Journalist versteht sich oft nicht als Mittler oder Treuhänder der Wirklichkeit und auch nicht als Geschichtenerzähler, sondern als Ersatzlehrer, als Seelen- und Gewissensbildner, letztlich als Zensor. Er allein entscheidet, wieviel Gramm Wirklichkeit dem Publikum zuzumuten sind; er ist es, der das Volk vor dem Trüben in eben diesem Volk schützen will. Er versteht sich nicht als – beobachtungs- und schreibbegabter – Teilnehmer des gesellschaftlichen Durcheinanders, er fühlt sich als einer, der mit dem größeren Durchblick begabt ist [...] Und so haben wir, immer im Namen von Kritik und Fortschritt, einen furchtsamen, kleinkarierten und linksspießigen Journalismus bekommen, der uns wie Milchglas vor der Wirklichkeit schützt, der uns dauerhaft auf die Quarantäne-Station verlegt hat.« (Schmid, 1996. S. 82)

Es mag sein, daß Schmid in dem zitierten Resümee den Bogen der Kritik bis an den Rand des Erträglichen spannt. Im Prinzip jedoch ist ihm zuzustimmen. Ein nicht geringer Teil der Kommentatoren ist in eine schwer erträgliche Gutmenschen-Rolle geschlüpft, die in einigen Fällen Züge eines Hohenpriestertums trägt: Der Kommentator kennt die Wahrheit und er weiß um das Beste für das gewöhnliche Volk. In dieser Rolle propagiert er ein »edel sei der Mensch, hilfreich und gut«, das die Glaubwürdigkeit der vorgetragenen Meinungen sowie die Nachvollziehbarkeit der abgegebenen Erklärungen und Begründungen bis an den Rand der Inakzeptanz erschwert. Und wer der Kaste der Hohenpriester nicht zu folgen bereit ist, der wird kurzerhand als Populist oder Stammtischler abgestraft.

Man sollte den Grad an Aufklärung und Problembewußtsein breiter Bevölkerungsschichten nicht sträflich unterschätzen. Dies gilt vor allem für die jüngere und mittlere Generation. Die Bildungsoffensive der 60er Jahre hat deutliche Spuren hinterlassen, und man kann wohl zu Recht behaupten, daß es noch nie in der Geschichte Deutschlands so informierte und reflektierte Bürger gegeben hat wie die heutigen Nachkriegsgenerationen. Heiner Geißler schreibt in einem Aufsatz über die Rolle des Journalismus in der Demokratie: »In der heutigen Zeit sind die Leute politisch viel gebildeter, als die politische Klasse in Bonn das gemeinhin annimmt, weil sie, anders als noch vor 30 bis 40 Jahren, durch die modernen Medien über eine Fülle an Informationen verfügen.« (Geißler, 1996, S. 48) Dem ist nur hinzuzufügen: Dies gilt für die Kommentatorenklasse ebenso.

Die Kommentierung sollte dieser Entwicklung der letzten Jahrzehnte Rechnung tragen. Oberschulmeisterei ist längst nicht mehr am Platze. Wer, wie so mancher Kommentator, die Mündigkeit seines Publikums nur dort ernst nimmt, wo sie zufällig mit der eigenen Meinung konform geht, darüber hinaus jedoch massenhaft unlautere, gefährliche, bräunliche und – zwischen den Zeilen deutlich erkennbar – unausgesprochen dümmliche Motive zugrunde legt, der darf sich nicht wundern, wenn sich das Publikum abwendet. Die Nutzungszahlen der Kommentarkolumnen sprechen eine deutliche Sprache.

Ein Ausdruck für das Phänomen »Hohespriestertum« und »Kastenwesen« findet sich in einer teilweise grotesken Selbstüberschätzung. Hierzu ein Beispiel aus dem Themenkomplex »Asyl« – ein Thema übrigens, das ähnlich wie etwa die Abtreibungsfrage, der Euro oder die Wiedervereinigung der beiden deutschen Staaten ein exzellenter Prüfstein für die Rationalität unseres öffentlichen Diskurses darstellt. Es ist September 1992, und der Tag, an dem das Grundrecht auf Asyl eingeschränkt werden soll, rückt näher. Da ruft unter der Überschrift »Letzter Appell an die Intellektuellen« ein Gastkommentator in der regulären Kommentarspalte zu einer Großdemonstration Intellektueller gegen die Asylrechtsänderung auf. Nachfolgend hieraus zwei Passagen:

Letzter Appell an die Intellektuellen

In diesen Wochen und Monaten werden wir Zeugen eines unter dem Druck der faschistischen Straße angestoßenen Entscheidungsprozesses in der SPD, deren Vorsitzender entschlossen das Erbe des antinationalsozialistischen Widerstandes, das universalistische Unterpfand der alten Bundesrepublik, den Asylparagraphen 16 des Grundgesetzes, durch Ergänzung abschaffen will. Im vollen Bewußtsein, daß dies an den realen Problemen nichts ändern wird, plant ein Teil der SPD den Rückmarsch ins nationalstaatlich bornierte Vaterland... Damals, in Bonn, als es wider die Nachrüstung ging, waren wir 300.000, die im Hofgarten protestierten und demonstrierten. So viele werden sich kaum für die Fernen und Fremden, die Asylbewerber, einsetzen. Aber vielleicht werden es doch 50.000 sein. Und alle wären sie – wären wir – ein letztes Mal dabei: von Walter Jens zu Henryk Broder, von Günther Grass zu Martin Walser, von Lothar Baier zu Dunja Melcic, von Jürgen Habermas zu Cora Stephan, vom Komitee für Grundrechte und Demokratie zur Gesellschaft für bedrohte Völker, von Pax Christi zu den Ökolibertinären... Am Tag darauf werden wir dann das Kriegsbeil, also den PC, Schreibmaschine und Füllfeder wieder auspacken und uns nach Herzenslust und – wie bisher – ohne jedes Risiko zur Freude des lesenden Publikums bekämpfen. Aber vielleicht – hoffentlich – in dem Wissen, unsere eigenste Obliegenheit, den Schutz der Republik, nicht vernachlässigt zu haben. Die Tageszeitung, 8. 9. 1992

Warum es dem Kommentator so wichtig ist, ausgerechnet die »Republik« zu schützen, verschließt sich dem Verständnis des Verfassers; für ihn ist nicht plausibel, wieso eine Änderung des Artikels 16 GG unsere »Republik« zu einer »Monarchie« mutieren lassen sollte. Wahrscheinlich jedoch handelt es sich hier um eine kleine begriffliche Schwäche des Kommentators, und er wollte in Wahrheit den »Rechtsstaat« Bundesrepublik schützen. Wie auch immer, verlassen wir den Nebenkriegsschauplatz namens »Republik« und betreten die eigentlich interessanten Plätze.

Zunächst einmal wird das Klischee vom Stammtisch, vom Bierdunst, von der unbelehrbar braunen Bevölkerung bedient – diesmal in Form der »faschistischen Straße«. Ihr Druck ist so mächtig, so breit, so vielfältig, daß ihm eine Zwei-Drittel-Mehrheit quer durch die wichtigen Parteien unseres Parlaments weicht, das nach dieser Logik wohl auch faschistisch verseucht sein muß.

Zweitens: Der Kommentator behauptet, die SPD plane den »Rückmarsch ins nationalstaatlich bornierte Vaterland im vollen Bewußtsein, daß dies an den realen Problemen nichts ändern wird.« Leider führt er nicht aus, um welche realen Probleme es sich handelt: die Ursachen der Migration, die bundesdeutsche Asylwirklichkeit oder die faschistische Straße. Deutlicher ist der »Rückmarsch ins nationalstaatlich bornierte Vaterland«. Wie jeder Vertreter eines weltanschaulich festgefügten Überzeugungs- und Glaubensgebäudes und einer missionarischen Idee glaubt der Kommentator fest an den monokausalen Zusammenhang von Häresie und Hölle. Oder um es seriös mit

Franz Dröge zu sagen, der in seiner Untersuchung über Publizistik und Vorurteil feststellt:

> Sind Einstellungen »hochgradig generalisierte, langlebige, weitgehend wirklichkeitsunabhängige (in ihrer Entstehung) Gebilde, sollen sie Stereotypen heißen... Man kann daher Stereotypen als antizipierende Vorstellungskomplexe zu Menschen und Gruppen bezeichnen, die vor der Erfahrung liegen und durch Verallgemeinerung von Teilerfahrungen oder durch mangelhafte Fremdinformation entstanden sind.« (Dröge 1967, S. 125f.)

Zum letzten Punkt: Es sind in der Vorstellungswelt des Kommentators die Intellektuellen – und er gehört dazu –, deren eigenste Obliegenheit der Schutz der Republik ist. Dieses Ausmaß an mangelndem Differenzierungswillen verblüfft: Ein einziger kritischer Blick in die Geschichtsbücher wäre geeignet, den Kommentator mit Intellektuellen vertraut zu machen, die sich aus Mendels Erbsen und Darwins Auslesegedanken eine Rassenideologie zusammengebraut haben, die Millionen von Menschen das Leben kostete; die im Glauben an die ehernen Gesetze des dialektischen und historischen Materialismus weder Gulags noch stalinistische Schauprozesse zur Kenntnis nehmen wollten; die im Vertrauen auf die technische Beherrschbarkeit des Atoms dafür mitverantwortlich zu machen sind, daß die Resultate ihres Wissens gleißendhell über Hiroshima und Nagasaki aufleuchteten; die heute an Schafen namens Dolly basteln und uns für morgen die Transplantation eines Menschenkopfes und geklonte Embryonen als Ersatzteillager in Aussicht stellen. Aber diese Intellektuellen hat der Kommentator selbstverständlich nicht gemeint, als er von der »eigensten Obliegenheit« dieser Spezies Mensch sprach.

Hier degeneriert Kommentierung zu reiner Selbstdarstellung, zu einem peinlichen Ego-Trip, der mit rationalen Diskursen eigentlich nichts mehr zu tun hat. Die Aufgabe der Kommentierung verkehrt sich in ihr Gegenteil.

Hohespriestertum und Kastenwesen:
Versuch einer Annäherung

Hohespriestertum ist, dies sollte festgehalten werden, keine Frage des weltanschaulichen Standortes. Es wäre gleichwohl interessant, die Wurzel besser herausarbeiten zu können, aus denen dieses Kastendenken erwächst. Hierzu im folgenden einige Vorschläge, deren Charakter, dies sei vorweg eingestanden, nicht über den Status einer Vermutung hinausreicht. Journalisten orientieren sich quasi von Hause aus an zwei Prinzipien: an der Normabweichung und an dem Negativen. Das eine, nämlich die Normabweichung, garantiert Aufmerksamkeit; die Wiederkehr des immer Gleichen dagegen schläfert ein. Das Negative hingegen garantiert Anspannung und Interesse; das Positive dagegen entspannt körperlich wie geistig.

Mit dieser Kombination aus Negativismus und Normabweichung steht der Journalismus – und der kommentierende allemal – in einer Tradition mit Propheten und Sehern unterschiedlicher Provenience. Es ist die Vorhersehung und Verkündigung der Apokalypse, die den herausragenden Geist aus der Masse der Normalität erhebt. Jeremias und Kassandra, die Pythia und die altrömische Sibylla – sie alle eint die Vorhersage des Katastrophalen und, mit Abstrichen, das Leiden am eigenen Wissen. Denn nur dieser tief empfundene Skeptizismus schafft Autorität. Der blinde Seher, der sich abwendet von den Belanglosigkeiten des Hier und Jetzt, hat – salopp formuliert – den Durchblick. Er ist es, der leidgebeugt im Dunkeln steht und deshalb das hell leuchtende Licht der Weisheit sieht.
Der Schönfärber ist ein Narr; er geht offenen Auges durch die Welt, beschäftigt mit all seinen kleinen Händeln des Alltags, und sieht dennoch oder gerade deshalb nicht all das gegenwärtige und kommende Leid. Der Melancholiker hingegen, der Meister der Schwarzen Rede, vereint Pessimismus, Leiden, aber eben auch Tiefsinn in sich. (Hierzu Rutschky, 1997, passim)

Hinter dieser Position des Sehers, der geschlossenen Auges das hell leuchtende Licht der Weisheit sieht, verbirgt sich jedoch eine beinahe gefährliche Position. Es ist dies die Position des erhobenen – oder abgehobenen – Standortes, von dem aus man das große Ganze von seinen Anfängen bis zu seinem unseligen Ende überblickt. Es ist dieses blinde Wissen, das denn auch leicht auf Belege für seine Einschätzungen und Weissagungen verzichten darf. Um in eine solche Position intellektueller Privilegiertheit jedoch zu kommen, muß die Masse der eher konservativen Bevölkerung, der Politiker, der Unternehmer – und vor 30 Jahren eben der Kommunisten, der Gewerkschafter, der sozialdemokratischen Vaterlandsverräter – zunächst in einen gehörigen Abstand gebracht werden. Mit der moralischen Tiefe der anderen steigt die jeweils eigene Fallhöhe – und damit die Bedingung des Dramatischen.

Dabei hat sich unsere Gesellschaft in all ihren Facetten und Strukturen längst so weit ausdifferenziert, daß diese Position selbst von einem Genie Goetheschen Ausmaßes nicht mehr einzunehmen wäre. Die Zeiten des Propheten und Sehers sind endgültig vorbei. In einer Gesellschaft heutiger Komplexität haben solche Positionen nur noch die Funktion, dort Unwissenheit zu kaschieren, wo das Bekenntnis zur Unwissenheit rational wäre; dort die Präferenz bestimmter moralischer Prinzipien vorzuschreiben, wo eine emotionslose Debatte der Anwendbarkeit moralischer Prinzipien überhaupt angebracht wäre; und dort ein aristokratisches Verständnis von kategorischer Meinungsführerschaft zu zementieren, wo nur der öffentliche Diskurs die Gemeinschaft weiterbrächte.

Der Kommentar – und hierin sehen wir seine letzte und eigentliche Funktion – sollte ein Beispiel für den Diskurs einer auf Teilhabe und Mitentscheidung hin orientierten Gesellschaft prinzipiell Gleicher sein. Er sollte im Idealfall von daher ein Vorbild für den gesellschaftlichen Diskurs schlechthin sein.

2. Kommentar und Nachricht

In den vorangegeangenen Kapiteln haben wir uns mit der Funktion des Kommentars auf der politischen Ebene in einer gleichsam gesamtgesellschaftlichen Dimension befaßt. Genau genommen haben wir hierbei keine exakte Trennung zwischen der Funktion streng informierender Texte auf der einen und kommentierender Texte auf der anderen Seite vorgenommen. Dies war unter anderem deshalb nicht möglich, weil wir den Kommentar als eine Ergänzung der nachrichtlichen oder faktizierenden Textarten ansehen und deshalb zunächst einmal deren Gesamtfunktion inclusive Kommentar betrachten wollten.

In einer solchen Makroperspektive ist dieses Verfahren nicht nur legitim, sondern sogar ausgesprochen nützlich. Allerdings erlaubt es naturgemäß eine Annäherung an unseren eigentlichen Erkenntnisgegenstand, nämlich den Kommentar, nur bis zu einer ganz bestimmten Grenze — einer Grenze, die der Kommentar mit der Nachricht, dem Bericht, dem Report, aber auch dem Essay oder dem Leitartikel teilt. Denn diese makroperspektivische Betrachtungsweise unterschlägt bewußt die Unterschiede einzelner Textsorten; sie kümmert sich nur um die Funktion der seriösen Berichterstattung in und für ein demokratisches Gemeinwesen schlechthin.

2.1 Nachrichtennormen und Informationsdefizit

Es muß mithin darum gehen, im folgenden den Kommentar aus der seriösen Berichterstattung herauszupräparieren und zu untersuchen, welche spezielle Tonlage er in diesem Konzert spielt. Dabei kommt erleichternd der Umstand zugute, daß der Kommentar kein Solist ist.

Vielmehr gilt: Wer sich mit dem Kommentar beschäftigt, kann, ja sollte sogar zunächst einen kurzen Blick auf die nachrichtliche Berichterstattung werfen. Denn Nachrichten – hier verstanden als Sammelbegriff für Meldung und Bericht – bilden die Informationsgrundlage, auf die sich der Kommentar bezieht. Der Kommentar ist, im weitesten Sinne des Wortes, die Ergänzung einer Nachricht. Oder anders formuliert: Die Nachricht tritt zwar ohne den Kommentar, dieser aber nicht ohne die Nachricht auf.

Damit ist automatisch die Frage aufgeworfen, was eine Nachricht – oder welche speziellen Nachrichten – ergänzungsbedürftig macht. Die ebenso kurze wie zunächst unbefriedigende Antwort lautet: Es ist der Katalog formaler und inhaltlicher Vorschriften, der den Entfaltungsspielraum nachrichtlicher Mitteilungen oft so stark einschränkt, daß die Nachricht der Ergänzung bedarf. In der Terminologie der Publizistik ausgedrückt: Es ist der Katalog von nachrichtlichen Vorschriften, die oft sowohl beim Journalisten wie beim Leser informationelle Defizite im weitesten Sinne hinterlassen; es sind Gebote wie das der Neutralität, der Objektivität, der Vollständigkeit und so fort.

Nun sind es gerade Begriffe wie Neutralität, Objektivität, Vollständigkeit und Wahrhaftigkeit, die von Kritikern des Nachrichtenwesens vehement – und bis zu einem gewissen Grad auch zu Recht – angegriffen und ins Reich des Wunschdenkens verbannt werden. Umgekehrt gilt für die Front der Verteidiger zu Recht der Satz: Die Unerreichbarkeit einer Norm kann prinzipiell nicht deren Aufhebung begründen. So drängt sich denn häufig dem distanzierten Betrachter der Eindruck auf, daß Angreifer wie Verteidiger nur aus einem einzigen Grund ihre tatsächlichen oder vermeintlichen Gegner mißverstehen und deren Positionen überhöhen: Um sie desto einleuchtender widerlegen zu können.

Überspitzt formuliert: Die Verteidigerfront der Objektivität tendiert dazu, der anderen Seite dort erkenntnistheoretischen Relativismus vorzuwerfen, wo diese lediglich vor dem naiven Glauben warnt, dieses abstrakte und schwierige Postulat sei tatsächlich geeignet, Objektivität zu gewährleisten. Und umgekehrt wirft die Seite der Opponenten den Verteigern der Objektivität gerne dort Unkenntnis fundamentaler Erkenntnisprinzipien vor, wo diese lediglich auf ein bestimmtes Repertoir handwerklicher Regeln verweist (vgl. hierzu Günter Bentele, Robert Ruoff, 1982, passim). Mit anderen, nämlich mit den Worten von Lutz Erbring läßt sich feststellen, daß in der deutschsprachigen Debatte das Problem der Objektivität häufig zerredet worden ist (Erbring 1988, S. 76f.).

Nicht umsonst soll deshalb im folgenden nicht von Objektivität, sondern von Unparteilichkeit gesprochen werden.

Nachrichtliche Routinen

Es ist natürlich unbestreitbar, daß von Journalist zu Journalist ähnlich wie von Blatt zu Blatt unterschiedlich selektiert und gewichtet wird. Andererseits wird man aber auch nicht ernsthaft behaupten können, daß zwei Nachrichten in zwei seriösen Blättern zu ein und demselben Thema allzu häufig den sprichwörtlichen Eindruck hinterlassen, die zwei Journalisten seien auf unterschiedlichen Veranstaltungen gewesen. Denn die Fliehkräfte der Selektion und Strukturierung werden durch Zentripedalkräfte im Zaum gehalten, die wir hier kurz mit dem Ausdruck »nachrichtliche Routinen« umschreiben können. Auf die wichtigsten dieser Routinen sei im folgenden kurz eingegangen.

Von zentraler Bedeutung für die Diskussion der Routinen ist der Begriff der Aktualität. Auf seinen wesentlichen Kern verkürzt bedeutet er nichts weiter als »Neuigkeit« einer Information. Allerdings hat es damit entgegen weit verbreiteter Vorstellung nicht sein Bewenden. Denn die Neuigkeit eines Ereignisses allein macht noch keine Nachricht. Es muß die Relevanz eines Ereignisses hinzukommen, um von nachrichtlicher Aktualität zu sprechen.

Schwieriger ist die dritte Variante des Aktualitätsbegriffes zu fassen. Hiernach muß der Inhalt einer Nachricht überprüfbar sein. Negativ formuliert: Es darf sich nicht um Vermutungen oder Eindrücke des Journalisten handeln, die die Nachricht an ihre Leserschaft weitergibt. Insbesondere dürfen es keine Spekulationen über bestimmte Ursachen, Zusammenhänge und Hintergründe sein, die nachrichtlich vermeldet werden.

Wir können also die ersten drei nachrichtlichen Routinen, versammelt unter dem Dach eines erweiterten Aktualitätsbegriffes, als Neuigkeits-, Relevanz- und Tatsachenpostulat festhalten.

Neben diesen Aktualitätspostulaten finden sich weitere handwerkliche Routinen, die nachfolgend nur insoweit kurz umrissen werden, als sie für die Bestimmung der Trennlinie von Nachricht und Kommentar nützlich sind.

Die Sachlichkeitspostulate:

1. Das Vollständigkeitspostulat: Es verlangt, daß Nachrichten oder Berichte einen beschriebenen Sachverhalt so vollständig wie möglich abbilden müssen. Bekanntermaßen ist dies unmöglich und auch nicht wünschenswert. Kein Leser möchte etwas über die Lackierung der Tische wissen, an denen das Landeskabinett getagt hat. Wir sollten deshalb einschränkend festhalten, daß absolute Vollständigkeit nicht das Ziel sein kann, wohl aber relative. Das heißt: Notwendige Kürzungen dürfen nicht dazu führen, daß hierdurch die Wahrhaftigkeit gefährdet oder der Sinn entstellt wird.

2. Das Transparenzpostulat bezieht sich auf die Quellen einer Information und verlangt zweierlei: Die Quelle einer Information muß genannt werden. Bei widersprüchlicher Quellenlage muß die Widersprüchlichkeit angemessen behandelt werden.

3. Das Neutralitätspostulat schreibt die Wahl neutraler Begriffe vor und verlangt eine möglichst emotionsfreie Behandlung des nachrichtlichen Stoffes.

4. Das interne Strukturierungspostulat verlangt den Aufbau einer Nachricht nach dem Prinzip der abnehmenden Wichtigkeit. Das Hauptkriterium für die interne Strukturierung ist die Relevanz der Teilthemen.
5. Das externe Strukturierungspostulat verlangt die angemessene Plazierung eines Artikels bzw. die angemessene Strukturierung des ganzen Blattes. Auch hier gilt als Hauptkriterium die Bedeutung eines Ereignisses im Sinne des Relevanzpostulates.

2.2 Erwünschte Parteilichkeit

Wie immer man das Problem der Objektivität allgemein beurteilt, wenn man aus der Vogelperspektive die Berichterstattung als ganze betrachtet: Klar ist, daß der einzelne Journalist durch die beschriebenen Postulate in seinem Entfaltungsspielraum deutlich eingeschränkt ist. Seinem presserechtlichen Auftrag, nicht nur Nachrichten zu sammeln und zu verbreiten, sondern dazu auch Stellung zu nehmen, Kritik zu üben oder auf andere Art an der Meinungsbildung mitzuwirken, diesem Auftrag wird er mit den Mitteln der nachrichtlichen Information jedenfalls nicht gerecht.

Eine weiterführende Frage muß deshalb beinahe zwangsläufig lauten: Wieviel und was an Parteilichkeit durch die Medien ist erwünscht bzw. unerwünscht?

Ein möglicher Zugang, diese schwierige Frage zu beantworten, muß in einem Rechtsstaat wie der Bundesrepublik sicherlich in der Verfassung bzw. der Interpretation der Verfassung durch das dafür autorisierte Gericht gesucht werden. Hierzu sei ein Blick in eine Passage des Spiegel-Urteils von 1968 geworfen, die von fundamentaler Bedeutung für unser gesamtes Thema ist. Dort heißt es:

> »Eine freie, nicht von der öffentlichen Gewalt gelenkte, keiner Zensur unterworfene Presse ist ein Wesenselement des freiheitlichen Staates; insbesondere ist eine freie, regelmäßig erscheinende politische Presse für die moderne Demokratie unentbehrlich. Soll der Bürger politische Entscheidungen treffen, muß er umfassend informiert sein, aber auch die Meinungen kennen und gegeneinander abwägen können, die andere sich gebildet haben. Die Presse hält diese ständige Diskussion in Gang; sie beschafft die Informationen, nimmt selbst dazu Stellung und wirkt damit als orientierende Kraft in der öffentlichen Auseinandersetzung. In ihr artikuliert sich die öffentliche Meinung; die Argumente klären sich in Rede und Gegenrede, gewinnen deutliche Konturen und erleichtern so dem Bürger Urteil und Entscheidung.

In der repräsentativen Demokratie steht die Presse zugleich als ständiges Verbindungs- und Kontrollorgan zwischen dem Volk und seinen gewählten Vertretern in Parlament und Regierung. Sie faßt die in der Gesellschaft und ihren Gruppen unaufhörlich sich neu bildenden Meinungen und Forderungen kritisch zusammen, stellt sie zur Erörterung und trägt sie an die politisch handelnden Staatsorgane heran, die auf diese Weise ihre Entscheidungen auch in Einzelfragen der Tagespolitik ständig am Maßstab der im Volk tatsächlich vertretenen Auffassungen messen können« (zitiert nach Branahl, S. 21).

Hinsichtlich des gesamten Medienangebotes erkennt man unschwer, daß dies ein klares, eindeutiges Plädoyer für eine plurale, ja geradezu kontroverse Berichterstattung ist. Die Frage ist, ob sich dies in und mit einer einzelnen Darstellungsform verwirklichen läßt. Die Antwort hierauf muß eindeutig »nein« lauten, weshalb man schlußfolgern darf, daß diese Passage des Spiegel-Urteils die Magna Charta meinungsbetonter journalistischer Textarten darstellt.

Allerdings ist das nur die eine Seite der Medaille. Die andere Seite wird im Spiegelurteil schemenhaft sichtbar, wenn es dort heißt:»Soll der Bürger politische Entscheidungen treffen, muß er umfassend informiert sein...« Was hierunter zu verstehen sein dürfte, können wir einem anderen Urteil des Verfassungsgerichtes entnehmen, dem sogenannten Schmid-Urteil:

»Wenn die Presse von ihrem Recht, die Öffentlichkeit zu unterrichten, Gebrauch macht, ist sie zur wahrheitsgemäßen Berichterstattung verpflichtet. Die Erfüllung dieser Wahrheitspflicht wird nach gesicherter Rechtssprechung schon um des Ehrenschutzes des Betroffenen willen gefordert... Sie ist zugleich in der Bedeutung der öffentlichen Meinungsbildung im Gesamtorganismus einer freiheitlichen Demokratie begründet. Nur dann, wenn der Leser – im Rahmen des Möglichen – zutreffend unterrichtet wird, kann sich die öffentliche Meinung richtig bilden.« (zitiert nach Löffler, Ricker, 1978, S. 211).

Wir haben also als Journalisten verfassungsrechtlich einerseits die Aufgabe, das öffentliche Leben allgemein und die Politik im besonderen kritisch und durchaus meinungsbetont zu begleiten. In dieser Position ist der Journalist berechtigt, seinem Publikum die eigene Sicht der Verhältnisse nahezubringen und hierdurch meinungsbildend zu wirken. Dieses Modell soll von jetzt an unter dem Begriff »Faktor der Meinungsbildung« zusammengefaßt werden. Andererseits sind Journalisten zu umfassender und wahrheitsgemäßer Berichterstattung verpflichtet; denn nur hierdurch ist eine korrekte Meinungsbildung möglich. Dem liegt der Gedanke der Logik und Argumentationstheorie zugrunde, daß aus falschen Voraussetzungen nur durch reinen Zufall richtige Schlüsse gezogen werden können. Dahinter verbirgt sich überdies die viel grundlegendere Idee, daß Meinungen, Standpunkte etc. nicht überprüfbar sind. Ginge es nur um Meinungen, nur um Standpunkte, nur um wertende Kritik, dann wären einer gewissen Beliebigkeit der Berichterstattung Tür und Tor geöffnet. Deshalb das Modell der wahrheitsgemäßen und umfassenden Berichterstattung als erweiterte Norm journalistischen Handelns. Dieses zweite Modell soll »Medium der Meinungsbildung« heißen.

Journalistisches Handeln steht, sofern es hierbei um die Meinungsbildung der Leserschaft geht, immer in einem Spannungsverhältnis zwischen Faktor- und Mediumfunktion, zwischen direkter und indirekter Meinungsbildung, zwischen aktiver Überzeugungsarbeit und der Ermöglichung der Überzeugungsbildung durch die Rezeption von Fakten auf Seiten der interessierten Leserschaft.

2.3 Nachrichtliche Defizite und die Ergänzung durch den Kommentar

Der Kommentar ist eindeutig auf derjenigen Seite journalistischen Handelns anzusiedeln, die wir gerade als Faktor der Meinungsbildung bezeichnet haben. Er nimmt direkten Einfluß auf die Einstellungen seiner Leserinnen und Leser und versucht im Unterschied zu nachrichtlichen Texten nicht nur, die Bedingungen der Meinungsbildung zu ermöglichen.
Allerdings tut er dies in unterschiedlichen Graden. In einzelnen Textpassagen ähnelt er so sehr dem nachrichtlichen Text, daß ein normativ argumentierender Textanalytiker durchaus berechtigt wäre zu sagen: Das ist noch kein Kommentar. In anderen Passagen wiederum hat er sich so weit von jeder Art von Neutralität, ja mitunter sogar von diskursiver Fairneß entfernt, daß man ihm unbedenklich das Etikett »Polemik« anheften könnte.
Um dieser breiten Palette in der Darstellung wenigstens annähernd gerecht zu werden, gehen wir bildhaft von einer Skala aus, an deren einem Ende wir den erklärenden und an deren anderem den wertenden Kommentar ansetzen.

Beide Skalenenden sind, dies sei deutlich vorweggeschickt, lediglich als Idealtypen zu verstehen, die sich in der täglichen Praxis nur sehr selten in Reinform finden lassen. Die Praxis ist vielmehr geprägt von vielfachen Überschneidungen und Mischformen des Erklärens und Bewertens. Überdies ist uns natürlich bewußt, daß das Erklären sozialer Sachverhalte von Wertungen überhaupt nicht zu trennen ist.

Allerdings sind wir der Meinung, daß es innerhalb der breiten Kommentarpalette sehr wohl ein gewisses Gefälle gibt; ein Gefälle, das sich jedoch mit dem Gegensatz von größerer zu kleinerer Unparteilichkeit nur unzureichend beschreiben läßt. Ein vermeintlich streng erklärender Text kann sehr parteilich sein, wie jeder Gerichtsreporter zu versichern weiß, der sich mit Gutachten befaßt hat. Und ein bewertender Text kann sich um strikte Unparteilichkeit bemühen. Gute journalistische Testartikel zeigen dies.

Unparteilichkeit ist also eine Kategorie, die sich auf Nachrichten anwenden läßt, die aber bei der Analyse von Kommentaren nicht genug Erkenntnisgewinn verspricht. Daraus darf nun allerdings nicht im Umkehrschluß gefolgert werden, der Kommentator dürfe ruhig parteilich sein. Denn parteilich sind in aller Regel die, deren Tun der Journalist mit seinem Kommentar kritisch begleiten sollte, in mehr als ausreichendem Maße selbst.

Es nutzt niemandem und insbesondere nicht der Öffentlichkeit, wenn gegen die Parteilichkeit dieser Entscheidungseliten die Parteilichkeit eines Journalisten gesetzt wird. Dies kann unmöglich die Funktion eines Kommentars sein. Der Kommentar muß sich vielmehr von Fall zu Fall derjenigen »Partei« zugesellen, die durch ihr Handeln das größtmögliche Wohl für eine größtmögliche Zahl von Menschen so zu verwirklichen verspricht, daß dieses Handeln auf jede im wesentlichen ähnliche Situation erneut anwendbar ist. Der Kommentator ergreift also punktuell Partei, ohne parteilich im Sinne einer stabilen Verhaltensweise zu sein.

Wenn aber nicht Unparteilichkeit versus Parteilichkeit – oder anders formuliert: Subjektivität versus Objektivität –, was könnte dann das erwähnte Gefälle beschreiben, das innerhalb der Kommentarpalette besteht?

Wir schlagen vor, zum Kriterium für die Beurteilung von Kommentaren untereinander, aber auch in Abgrenzung zu verwandten Darstellungsformen die Überprüfbarkeit der enthaltenen Urteile zu machen. Mit Hilfe dieses Kriteriums müßte es im folgenden gelingen, zwei Großtypen der Kommentierung aufzuzeigen, die die besagten Endpunkte einer gedachten Skala der Überprüfbarkeit markieren: den erklärenden und den wertenden Kommentar.

Der Kommentar reagiert auf die Defizite der Nachricht, indem er deren Inhalte bewertet oder erklärt. Zusammenfassend kann man sagen: Er reflektiert die Inhalte der Nachricht.

Der erklärende Typ der Ergänzung

Der erklärende Kommentar reagiert, abstrakt formuliert, auf ein verständnisschwieriges Phänomen, das die Nachricht enthält. Er greift dieses Phänomen auf und unterbreitet den Lesern ein Erklärungsangebot. In aller Regel handelt es sich hierbei um den Versuch einer Antwort auf eine der drei folgenden Fragen:

• Warum ist etwas passiert? Warum hat jemand etwas getan? Warum ist eine Maßnahme ergriffen worden? Warum herrscht ein bestimmter Zustand?
• Wozu tut jemand etwas? Wohin wird es führen, daß jemand etwas tut? Was will er mit dem, was er tut, was beabsichtigt er damit?
• Wie im einzelnen passiert etwas? Wie im einzelnen tut jemand etwas? Wie hängt das, was da passiert, mit anderen Teilen der Wirklichkeit zusammen?

Der erste Fragenkomplex zielt ab auf ein kausales Verständnis von Zusammenhängen und Hintergründen. Er ordnet Details einander zu, indem er zwischen ihnen eine wirkende Kraft sieht, die mit mehr oder weniger großer Unausweichlichkeit Geschehnisse und Handlungen erzeugt, verhindert oder, in einem abgeschwächten Konzept, ermöglicht.

Im zweiten Fragenkomplex geht es um intentionale Erklärungen. Da wir in unserem Kulturkreis nur menschlichen Lebewesen echte Intentionalität zuerkennen, ist dies gleichbedeutend mit intentionaler Handlungserklärung. Wir können, beispielsweise, die Geschehnisse der Evolution nicht intentional erklären. Denn intentionale Erklärungen unterscheiden sich von kausalen in einem wesentlichen Punkt: Sie unterstellen einem Subjekt, sich willentlich und wissentlich für eine von mindestens zwei Möglichkeiten entscheiden zu können. Das setzt Absicht, Kenntnis und Freiheit voraus. So gesehen ist die intentionale Erklärung der Gegenentwurf zur kausalen.
Nun kann der erklärende Journalist nicht in die Köpfe agierender Personen hineinschauen. Er ist darauf angewiesen, aus der Beobachtung einer Hand-

lung und aus seinem Weltwissen heraus auf die Absichten, Kenntnisse und Freiheitsgrade eines Handelnden zu schließen. Es liegt nahe, daß hierbei der sprichwörtliche Boden der Tatsachen schnell rutschig wird. Es liegt außerdem nahe, daß bei einem solchen Verfahren kaum Vollständigkeit zu erzielen ist. Dazu dürfte die Motivation selbst relativ einfacher Handlungen zu komplex sein. Schließlich wird auch die Neutralität der Begriffswahl tangiert. Wir dürfen nicht vergessen, daß der beobachtende Journalist in der intentionalen Erklärung auf innere psychische Zustände und Vorgänge agierender Personen zurückgreifen muß. Wer aber jemals in der Verlegenheit war, »Interesse« von »Neugier«, von »Wissensdurst« oder »geistiger Regsamkeit« unterscheiden zu müssen, um sie einer Handlung zu attestieren, der wird zugeben müssen, daß eine überprüfbare und exakte Begrifflichkeit nur schwer zu gewährleisten ist.

Der dritte Fragenkomplex ist der funktionalen Erklärung gewidmet. Sie geht ein auf den Zusammenhang von Teil und Ganzem; sie kennt durchaus ursächliche oder intentionale Aspekte, aber niemals eindimensional und in sich abgeschlossen, sondern in Kreisläufen und komplexen Strukturen gegenseitiger Beeinflussung; sie beschreibt dort wechselseitige Beziehungen, wo vor allem das kausale Modell einseitige Beeinflussung annimmt; sie bezieht neben dem Vor- und Hintereinander der Phönomene auf einem Zeitstrahl das Neben- und Übereinander mit ins Kalkül. Die funktionale Erklärung ist weniger schematisch und übersichtlich – dafür trifft sie die Komplexität der Wirklichkeit besser; sie kommt alles in allem begrifflich vager und weniger exakt daher – dafür wird sie dem Facettenreichtum und der überwältigenden Vielschichtigkeit sozialer Phänomene eher gerecht als eindimensionale Erklärungen.

Der Kommentar arbeitet den Hintergrund eines erkenntnisschwierigen Phänomens auf, indem er die Ursachen des Phänomes aufdeckt, die Motive der damit befaßten Personen erhellt oder die Funktion des Phänomens innerhalb eines größeren Ganzen beleuchtet. Wir nennen dies gewöhnlich Erklärung eines Phänomens.

Der bewertende Typ der Ergänzung

Allen drei Formen des Erklärens ist gemeinsam, daß sie von der Wirklichkeit handeln. Das heißt, daß der Ausgangspunkt – nämlich das erkenntnisschwierige Phänomen – ein Bestandteil unserer sozialen, technischen oder kulturellen Umwelt ist. Trivial zu sagen, daß man nicht erklären kann, was nicht existiert.

Genau hierin besteht der Unterschied zum zweiten Großtyp des Kommentierens, dem wertenden oder bewertenden Kommentar. In seinem Mittelpunkt steht die zentrale Bewertung eines nachrichtlichen Sachverhaltes – oder eines aus dem Thema der Nachricht abgeleiteten Sachverhaltes. In dieser zentralen These äußert sich der Kommentator positiv oder negativ, bejahend oder verneinend, empfehlend oder ablehnend zu dem fraglichen Sachverhalt. Formalisiert kann die zentrale These unterschiedliche Formen annehmen:

»X ist gut/schön/nützlich.«

Die Frage ist, was ein Kommentator, der ein solches Werturteil abgibt, damit ausdrückt. Unbestritten ist, daß er das in Frage stehende »X« mit den Charakterisierungen »gut/schön/nützlich« zu Teilen beschreibt. Man erkennt dies unschwer daran, daß sich selbst so vieldimensionale Wertbegriffe wie »gut/schön/nützlich« nicht unterschiedslos auf jedes beliebige Phänomen der realen oder ideellen Welt beziehen lassen. Nützlichkeit (in seiner pragmatischen Dimension) ist ebenso wenig auf ein Baby anwendbar wie Schönheit (in seiner ästhetischen) auf die Schreibweise eines Wortes; und der Bau eines Termitenhügels ließe sich nicht als (moralisch) gut qualifizieren. Wer also einen Wertbegriff benutzt, der nimmt damit in Teilen genauso beschreibend Bezug auf die Wirklichkeit, als benutzte er einen rein deskriptiven Begriff wie »Taschenlampe«, »Landesparlament« oder »Gesetzesnovelle«.

Andererseits werden wir noch den Beweis dafür antreten, daß er mehr tut als das. Er fügt dem reinen Beschreiben etwas hinzu, das nicht der Überprüfbarkeit eines gemeinsamen Weltwissens entspringt, sondern seiner individuellen Setzung. Er nimmt Bezug auf ein teilweise sehr individuelles Werte- und Normengefüge und bezeichnet etwas als gut, schön oder nützlich, von dem andere ganz anderer Meinung sind: Sie setzen etwas anderes an diese Stelle. Mit anderen Worten: Wer einen Wertausdruck oder ein Werturteil äußert, der fügt dem reinen Beschreiben etwas hinzu, das – pathetisch formuliert – aus seinem Innersten stammt. Was dieses Etwas sein könnte, darüber gibt es kontroverse Denkschulen. Wir wollen hierauf einen kurzen Blick werfen.

Die erste Denkschule könnte man die »emotivistische Schule« bezeichnen. Sie besagt, daß der Satz »X ist gut« nichts weiter als eine positive Gefühlsaufwallung ist. Müßte man den Satz zerlegen, so würde man ihn in folgenden zwei Teilsätzen wiedergeben:

1. »X ist.«
2. »Bravo!« Oder »toll!« Oder »find ich prima!«

Der Nachteil dieser Denkschule besteht darin, daß so verstandene Wertungen oder Werturteile im Grunde nicht rational kommunizierbar sind. Mehr noch: Sie verfolgen überhaupt nicht den Zweck, kommuniziert zu werden. Sie sind – in der Diktion des Bühlerschen Organonmodells – lediglich Selbstentäußerung, geeignet bestenfalls dazu, anderen Menschen die eigene Befindlichkeit mitzuteilen.

Die zweite Schule wird mitunter als »subjektiv-persuasive Schule« bezeichnet. Demnach ist die Standardäußerung »X ist gut« zum einen eine gefühlsbetonte subjektive Selbstentäußerung und hierin der emotivistischen Schule ähnlich. Allerdings, so die weitere Überlegung, beinhalte die Wertung immer einen appellativen Bestandteil. Wer »X ist gut« sagt, der sagt hiernach:

1. »Ich finde X gut!« Oder »ich schätze X sehr!« Oder »ich ziehe X vor!«
2. »Finde du es auch gut!« »Schätze X ebenso wie ich!« »Ziehe auch du es vor!«

Diesem subjektiv-persuasiven Standpunkt zum Thema »Wertung« entspricht ein intuitionistisches Akzeptieren oder Ablehnen der Wertung durch einen Hörer oder Leser, das ein auf Rationalität begründetes Verstehen und Nachvollziehen gegenseitiger Positionen schwierig macht. Denn die Quelle so verstandener Wertung ist das einzelne Ich mit all seinen Präferenzen und Ablehnungen, im Extremfall sogar mit seinen ganz individuellen Spleens und Irrationalitäten.

Die dritte Schule schließlich ist die objektivistische. Nach ihr basiert der moralisch gemeinte Satz »X ist gut« auf der Annahme, daß X eine Reihe von positiven Eigenschaften habe, die das Werturteil »X ist gut« begründen. So etwa müßte man von einem Menschen, den man als »gut« bezeichnet, auch begründend sagen können, er sei in gewisser Weise »großzügig«, »warmherzig«, »selbstlos« oder »gutmütig«. Und da dies als eine rein analytische Beziehung gedeutet werden könnte, müßte man überdies in der Lage sein,

einige Begebenheiten aus dem Alltag von X vorzutragen, die die Charakterisierung »x ist großzügig/warmherzig...« rechtfertigen. Wir hätten es also mit
einer nicht streng empirischen, quasi-induktiven Schlußfolgerung zu tun.
Man wird nicht an jedes Werturteil den strengen Maßstab der objektivistischen Schule anlegen. Ein Sprecher beispielsweise, der ein munter vor sich
hinbrabbelndes Kleinkind mit den Worten »Ist es nicht süß!« charakterisiert,
muß nicht darauf gefaßt sein, sein Werturteil zu begründen; das wäre absurd.
Ein Kommentator allerdings, der die augenblickliche Politik einer bestimmten Partei als »pubertäre Laienspielaufführung« bezeichnet, ist verpflichtet,
hierfür begründende Belege anzuführen – dies um so mehr, um so heftiger
seine Attacke ausfällt.

Jeder Kommentator, der in der gewünschten Deutlichkeit Phänomene bewer-
tet, muß sich klarmachen, wie weit er sich hiermit von den nachrichtlichen
Normen der Unparteilichkeit und Überprüfbarkeit entfernt. Er behauptet,
Punkt eins, keine Tatsachen, sondern Meinungen. Er verläßt, Punkt zwei, das
Gebot neutraler Begrifflichkeit. Er wird in aller Regel, Punkt drei, nicht
gleichzeitig alle relevanten anderen Meinungen zitieren, das heißt, er verzichtet – zu Recht – auf Vollständigkeit. Und er wird auch nur im seltensten
Fall, Punkt vier, die eigentliche Quelle seiner Einschätzung nennen – etwa
seine Parteizugehörigkeit, seine weltanschaulichen Präferenzen etc.; er wird
also nicht für die (nachrichtlich) notwendige Transparenz sorgen.

Die Freiheit, dies alles lassen zu dürfen, verpflichtet ihn allerdings, seine
Meinung bis zu genau jenem Punkt zu begründen, der ihr Zustandekommen
nachvollziehbar werden läßt.

Der Kommentator ist verpflichtet, seine Werturteile durch Argumente
zu stützen, die entweder Tatsachengehalt haben oder kategorischen
Charakters sind. Sofern die Bedeutung dieser Argumente für sein
Werturteil nicht unmittelbar einleuchtet, muß er deren Relevanz aufzeigen.

3. Erklären als Kommentarleistung

3.1 Was heißt Erklären?

Der Begriff »Erklären« oder »Erklärung« hat, je nach Anwendungsgebiet, eine recht große Spannbreite. Wir hatten im vorangegangenen Kapitel die drei großen Grundmuster der Erklärung eines Hintergrundes genannt: das an der Kausalität, das an der Funktionalität und das an der Intentionalität orientierte Vorgehen. Im folgenden wollen wir den Begriff des Erklärens etwas umgangssprachlicher fassen und uns so den verschiedenen Formen zuwenden.

Das Erklären beginnt mit der Bedeutung: Etwas nachdrücklich oder feierlich (der Öffentlichkeit) mitteilen. In diesem Sinn wird gerade im Journalismus häufig – wahrscheinlich zu häufig – davon gesprochen, ein Politiker habe erklärt, die Mehrwertsteuer müsse nun doch nicht angehoben werden... Dieser Wortbedeutung wollen wir im folgenden nicht nachgehen; sie ist für unsere Zusammenhänge unwichtig.

In einer zweiten Bedeutung meint Erklären das Verständlichmachen eines unverständlichen oder schwierigen Wortes, einer Wortkombination oder eines ganzen Textes. Man könnte es am ehesten mit »Interpretieren« oder »Deuten« wiedergeben. Wir werden uns dieser Form des interpretierenden oder deutenden Erklärens nur relativ kurz unter dem Stichpunkt »Begriffsklärung« zuwenden. Darüber hinaus sind wir der Ansicht, daß das deutende oder interpretierende Erklären auch als eine besondere Spielart intentionaler Erklärungsmuster gesehen werden kann.

In dieser dritten Bedeutung geht es darum, das Handeln von Menschen verstehbar zu machen, die Gründe, die Absichten, die sonstigen Begleitumstände. Auch dies wird Gegenstand unserer Betrachtung.

Die vierte Variante des Begriffes »Erklären« bezieht sich auf die kausalen Zusammenhänge von Sachverhalten, also auf die Frage, wer oder was dafür verantwortlich oder ausschlaggebend ist, daß etwas anderes eingetreten ist. Auch diesem Problem werden wir uns zu widmen haben.

Schließlich und endlich versteht man unter Erklären auch die verschiedenen Arten des Einordnens eines speziellen und individuellen Sachverhaltes in allgemeinere Zusammenhänge.

3.2 Ursächliches Erklären – das Modell

Ursache und Intention: zwei Beispiele

Man stelle sich bitte die beiden folgenden Situationen vor: Auf einer vielbe-
fahrenen Autobahn kommt es im Berufverkehr zu einem Unfall. Die zwei
Unfallfahrzeuge stehen so ungünstig ineinander verkeilt, daß die beiden
Fahrspuren unpassierbar sind. Einzig die Standspur ist befahrbar, und das für
Lastwagen nur mit einiger Vorsicht. Sehr schnell staut sich der Verkehr auf
mehrere Kilometer Länge. Auch auf der Gegenfahrbahn kommt es durch
schaulustige Autofahrer zu einem kurzen Stau.
Die zweite Situation: Um das Tierschutzgesetz in Teilen neu zu fassen, läßt
eine Kommission des Parlaments einen Ethikspezialisten untersuchen, wel-
cher Umgang mit Nutz- und Haustieren zukünftig statthaft sein soll.
Zunächst klärt der Ethiker global die Ziele folgendermaßen ab: zuvörderst
müsse das Wohlergehen des Tieres berücksichtigt werden; Ausnahmen hiervon sollen nur dann statthaft sein, wenn es um die optimale medizinische
Behandlung von Menschen im Falle lebensbedrohender Erkrankung gehe.
Aus dieser Zielvorgabe heraus beschließt er neben vielen anderen Punkten,
Tierversuche und andere Beeinträchtigungen des Wohlergehens von Tieren
nur dann zuzulassen, wenn hierdurch nachweislich die medizinische Versorgung von Menschen optimiert werden kann.
Diese beiden fiktiven Episoden dienen dem Zweck, den Bogen von ursächlichen (oder kausalen) zu intentionalistischen Erklärungsmodellen zu verdeutlichen. Sie kennzeichnen damit zugleich die Wegstrecke, die wir in diesem
und im folgenden Kapitel zurückzulegen haben. Wir schreiten hierbei von
einem idealtypischen Skalenende, dem streng kausalen Erklären, zum anderen Ende, dem intentionalistischen Erklären.
Der Stau in unserem ersten Beispiel kommt nicht von ungefähr. Ebenso wie
der Vulkanausbruch des Pinatubo, wie das Gefrieren von Wasser zu Eis oder
der Einsturz einer Brücke gibt es ein Etwas, das dafür gesorgt hat, daß der
Pinatubo ausbricht, das Wasser gefriert und die Brücke einstürzt. Nun gibt es
für den Ethikspezialisten auch ein Etwas, das für seine Beschlüsse sorgt: das
Wohlergehen von Tieren, die medizinische Behandlung von Menschen etc.
Unser Ziel muß es sein, die Unterschiede und die möglichen Zwischenstufen
herauszuarbeiten.

Ganz offensichtlich wirkt ein Unfall wie der oben beschriebene anders auf
die Entstehung eines Staus, als es das geplante Wohlbefinden von Tieren auf

die Beschlüsse des Ethikers tut. Denken wir uns eine zweispurige Autobahn mit Standstreifen irgendwo auf der Erde vor zehn Jahren, heute oder im Jahr 2015: Wann und wo immer dieser Unfall bei hohem Verkehrsaufkommen passiert, wird es zu einem Stau kommen. Das jedoch könnten wir von dem Ethiker so nicht behaupten. Zu anderen Zeiten und an anderen Orten würde er gegebenenfalls andere Ziele setzen, beispielsweise den Vorrang des umfassenden menschlichen Wohlbefindens vor dem des Tieres. Man sieht: Das Verhältnis von Autobahnunfall einerseits und Ethikbeschluß andererseits ist gegenüber seiner jeweiligen Bezugsgröße geradezu seitenverkehrt. Der Unfall, der den Stau ausgelöst hat, liegt zeitlich vor dem Stau; das Wohlbefinden der Tiere, das den Beschluß des Ethikers veranlaßt, liegt als Idee vor und als Realisation zeitlich nach dem Beschluß. Die Wirkung des Unfalles auf die nachfolgenden Autos ist völlig unabhängig von jeder freien Wahlmöglichkeit; das Wohlbefinden der Tiere dagegen ist Gegenstand freier Wahl, zu dessen Erreichen man erst den Beschluß faßt.

Dieser Unterschied wird auch in der zentralen Fragestellung deutlich, mit der man an die beiden erklärungsbedürftigen Phänomene herantritt. Man fragt in dem einen Fall mit einer Warum-Frage: Warum ist der Stau entstanden? Im anderen Fall stellt man die Wozu-Frage: Wozu hat der Ethikspezialist gerade diesen Beschluß gefaßt? Wir haben es hier also mit zwei prinzipiell unterschiedlichen Modellen von Erklärungen zu tun. Allerdings muß eingeräumt werden, daß beide Modelle in der Praxis oft ineinander verschwimmen und ebenso oft gegeneinander austauschbar sind. Stellen wir uns einen Patienten vor, der zum Arzt geht. Auf die Frage, warum er das tut, wird man antworten: Weil er Magenschmerzen hat. Und auf die Frage, wozu er zum Arzt geht: Um die Magenschmerzen loszuwerden. Häufig benehmen sich also ursächliche und intentionale Phänomene wie zwei Seiten einer Medaille.

Ebenso häufig braucht man sowohl die ursächliche wie die intentionale Erklärung, um eine Handlung umfassend zu erklären. Nehmen wir einen Menschen, der einen guten Wagen der gehobenen Mittelklasse fährt. Er macht eine große Erbschaft und kauft sich daraufhin einen teuren Sportwagen, um sich einen Jugendtraum zu erfüllen. Beides, die Erbschaft als ermöglichende Ursache und die Erfüllung des Jugendtraums als Intention sind zum Verständnis der Handlung »Kauf eines teuren Sportwagens« notwendig.

Was ist eine Ursache?

Betrachten wir zunächst einmal das ursächliche Erklärungsmodell genauer. Ein für den Gebrauch in Alltagsdiskursen hinreichender Anforderungskatalog umfaßt vier Punkte:

1. Die Ursache liegt zeitlich vor dem bewirkten Sachverhalt. Diese Anforderung ist dann vernünftig, wenn man sie dahingehend ergänzt, daß in bestimmten selbstregulativen Kreisläufen die Grenzen zwischen Ursache und Wirkung bis zur Konturlosigkeit verschwimmen. In der Praxis wird dieses Phänomen oft als »Henne-Ei-Problem« diskutiert. So gibt es beispielsweise Probleme bei der Zuordnung der beiden Faktoren »soziales Elend« und »Alkoholismus«. Niemand wird bestreiten, daß es zwischen beiden einen sehr engen, beinahe kausalen Zusammenhang gibt; aber wer vermag in jedem Fall genau zu sagen, womit die Verelendungsspirale begonnen hat?

2. Zwischen Ursache und Wirkung sollte möglichst eine raum-zeitliche Nachbarschaft herrschen. Diese Anforderung wird dem Leser deutlicher, wenn er sich folgendes veranschaulicht: Oft geht einer Wirkung eine ganze Kette von Ursachen voraus, deren Ursprung vielleicht ganz woanders liegt und wenig Erklärungskraft für die fragliche Wirkung hat. Stellen wir uns als Wirkung einen Massenunfall auf der Sauerlandlinie vor, bei dem ein Mensch an einer außergewöhnlichen Verletzung gestorben ist: Er wurde buchstäblich enthauptet. Wir können die Ursache für die Massenkarambolage und den Toten nun in einem Tiefdruckausläufer suchen, der drei Tage zuvor in Island seinen Ursprung hatte. Wir können aber auch sagen: Stürmischer Wind und Kälte ließen die Fahrbahn auf der 420 Meter hoch gelegenen Brücke vereisen, wodurch mehrere Autos ineinanderrasten.

Das räumlich oder zeitlich nähere Phänomen einer wirkursächlichen Kette ist in der Regel das spezifischere für diese eine Wirkung und damit das informativere. Es ist auch dasjenige mit einer höheren Erklärungsplausibilität. Denn viele Wirkungen hängen nicht am Ende einer einzigen Ursachenkette, sondern mehrerer unterschiedlicher, deren Zusammenwirken erst die spezifische Wirkung zeitigt. Je weiter wir uns aber in der Bestimmung einer Ursache zeitlich vor die Wirkung begeben oder räumlich von ihr entfernen, um so größer ist die Wahrscheinlichkeit, daß sich noch andere Ursachenketten in das wirkursächliche Zusammenspiel »einschleichen«. In dieser Frage macht es sich bei der Erklärung sozial unerwünschter Erscheinungen wie Kriminalität, Terrorismus oder Drogenabhängigkeit so mancher Kommentar zu einfach; hier gibt es zwei Standardursachen – Armut und zerrüttete Verhältnisse –, die sicherlich nicht falsch sind, aber raum-zeitlich häufig so weit von der zu beobachtenden Wirkung entfernt wie das Islandtief von der Karambolage auf der A 45.

Gleichzeitig darf die erklärende Ursache aber auch nicht so nahe an die Wirkung heranrücken, daß sie den Blickwinkel für Zusammenhänge verstellt. Noch einmal zu der fiktiven Karambolage. Angenommen, der Leser des Kommentars wüßte nichts über die Witterungsverhältnisse. Dann könnte eine zu direkte Ursache so aussehen: In einem der Wagen, die in den Massenunfall verwickelt waren, löste sich durch den harten Aufprall ein scharfkantiges Gepäckstück von der Ablage im hinteren Teil des Autos, flog nach vorn und traf den Fahrer mit der Wucht einiger hundert Kilogramm im Nacken. Durch diese Erklärung bliebe ein Informationsdefizit: Wie nämlich kam es, daß der Fahrer mit solcher Wucht auf seinen Vordermann auffahren konnte?

Dieses Beispiel verdeutlicht, daß es sinnvoll sein kann, aus einer wirkursächlichen Kette zwei ursächliche Glieder herauszunehmen und zu benennen. Oft wir es das letzte Glied in der Ursachenkette sein, um den Auslöser der zu erklärenden Wirkung plastisch zu machen, und ein Ursachenglied mittlerer Distanz, um den größeren Zusammenhang und die Einbettung der wirkursächlichen Ereigniskette in ein vertrautes Ursache-Wirk-Schema zu verdeutlichen.

> Wir können also festhalten: Optimal ist diejenige »Ursachenentfernung«, die bei größmöglicher Nähe die Wirkung als ganze erklärt.

3. Es muß eine beliebig oft beobachtbare konstante Verbindung zwischen Ursache und Wirkung geben. Mit dieser Anforderung soll sichergestellt werden, daß die beiden Phänomene nicht rein zufällig zusammen auftreten. Ein beliebtes Lehrbuchbeispiel hierfür ist der Rückgang der Störche bei gleichzeitigem Rückgang der Geburten. Wenn man in raum-zeitlich unterschiedlichen Situationen die Verbindung Storchenpopulation - Geburtenhäufigkeit überprüft, wird man über kurz oder lang feststellen, daß die Beziehung nicht etwa konstant, sondern beliebig ist.

> Ursache und Wirkung müssen in einer beliebig oft beobachtbaren konstanten Beziehung zueinander stehen.

Es ist an der Zeit, hier einen zweiten, nämlich schwächeren Ursachetyp einzuführen. Da der überwiegende Teil aller Kommentare mit diesem zweiten Typ arbeitet, ist er für uns der wichtigere. Nehmen wir uns noch einmal die fiktive Karambolage vor; betrachten wir das Verhältnis von Armut und Kriminalität; nehmen wir den Zusammenhang von Formalbildung und Ausländerfeindlichkeit: In all diesen Beispielen – wie in den meisten anderen – gibt es keine konstante Verbindung zwischen Ursache und Wirkung. Wir begegnen in der Wirklichkeit immer wieder vereisten Straßen, auf denen buchstäblich nichts passiert; wir finden Armut, die nicht in die Kriminalität führt; und niedrige Formalbildung, die keine Feindseligkeit gegen Fremde auslöst. Gleichwohl haben wir es uns angewöhnt, von der Armut als weitverbreiteter Ursache der Kriminalität zu sprechen.

Das Stichwort ist schon gefallen: Sie ist weitverbreitet, bildet aber keine konstante Verbindung, sondern nur eine mehr oder weniger stabile. Um diesen Sachverhalt terminologisch von den konstanten ursächlichen Verbindungen trennen zu können, spricht man bei den stabilen Verbindungen auch von quasi-ursächlichen Verbindungen.

Wir nehmen diesen Faden sofort wieder auf, müssen jetzt aber eine letzte Anforderung einführen. Denn es gibt – dummerweise – konstante Verbindungen, in denen die Phänomene trotzdem nicht ursächlich zueinander stehen. Beispiel: Ein Barometer fällt immer rapide, bevor ein starker Wind aufkommt. Diese Verbindung erfüllt alle drei Anforderungen, und trotzdem wird niemand das Fallen des Barometers für die Ursache des Windes halten.

4. Deshalb formulieren wir die letzte Anforderung an eine gültige Ursache-Wirkung-Kette folgendermaßen:

> Wenn man die Ursache auf irgendeine Art beeinflußt, beeinflußt dies auch die Wirkung; insbesondere entfällt die Wirkung, wenn man die Ursache beseitigt.

Mit dieser letzten Anforderung ist zugleich ein ganz praktischer Gesichtspunkt verbunden, der die Funktion ursächlicher Begründungen in Kommentaren gut beleuchtet: Wenn man die Ursache eines Phänomens kennt, kann man das Phänomen beeinflussen. Die Frankfurter Rundschau (20. 1. 1998) beispielsweise schreibt zur Schweinepest: »Die Ursachen ... sind bekannt: Massentierhaltung, zunehmender Einsatz von Medikamenten, Verfütterung von Tierkörpermehl und Transporte quer durch Europa bereiten den Nährboden für die Virenseuche.« Ist diese Ursachenbestimmung korrekt, so hat man die Möglichkeit in der Hand, das bewirkte Phänomen abzustellen.

Echte und Quasi-Ursachen

Auf der Grundlage dieser vier Anforderungen – (1) zeitliche Abfolge, (2) raum-zeitliche Nähe, (3) konstante Verbindung und (4) Manipulationskonsequenzen – können wir nun besser zwischen echten Ursachen im physikalisch-naturwissenschaftlichen Sinn und quasi-ursächlichen Verbindungen zwischen sozialen Phänomenen unterscheiden. Eine echte Ursache läßt sich in allen vier Bereichen nachweisen. Deshalb können wir im Umkehrschluß auch sagen: Wo immer wir ein echt ursächliches Phänomen beobachten, können wir mit Sicherheit (=Konstanz) unmittelbar oder bald darauf (=zeitliche Folge und zeitliche Nähe) im Umfeld dieses Phänomens (=räumliche Nähe) eine Wirkung beobachten, sofern wir das Phänomen nicht verändern (=Manipulationskonsequenz).

Anders quasi-ursächliche Zusammenhänge. Die Punkte (1) und (2) gelten unverändert auch für diesen schwächeren Typus von Ursache. In Punkt (3) muß man bereits eine entscheidende Einschränkung verzeichnen: Aus der konstanten wird eine mehr oder weniger stabile Verbindung. Man kann, anders gesprochen, aus der Beobachtung eines quasi-ursächlichen Phänomens nicht mit Sicherheit schließen, daß es zu einer Wirkung kommt. Wo aber die Konstanz der Verbindung nur eingeschränkt gewährleistet ist, ist auch nicht für jede Manipulation der Ursache eine Auswirkung auf das Wirkphänomen gesichert.

Das streng kausale Modell erklärt uns also, warum sich etwas ereignet hat; gleichzeitig läßt es die sichere Vorhersage auf kommende Ereignisse zu. Das quasi-ursächliche Modell hingegen sagt uns, warum der Eintritt eines Ereignisses wahrscheinlich war; gleichzeitig läßt es Aussagen darüber zu, unter welchen Voraussetzungen was zu erwarten sein wird.

Der Kommentar hat es in den seltensten Fällen mit echten Ursachen zu tun.
Hier und da schimmert echte Kausalität in der Kommentierung ökologisch-
naturwissenschaftlicher Sachverhalte durch; auch die Kommentierung öko-
nomischer Sachverhalte hüllt sich gern in einen Mantel echter Kausalität, der
sich allerdings bei näherer Betrachtung zumeist als dünne Joppe aus Hypothesen oder Wahrscheinlichkeitsaussagen entpuppt.
Wir hielten es dennoch im letzten Abschnitt für wichtig, kurz die strikten
Anforderungen an eine exakte Erklärung zu skizzieren, um hiermit auf die
recht engen Grenzen unserer Erkenntnisfähigkeit in komplexen sozialen
Belangen aufmerksam zu machen. Was in so manchem Kommentar als exakte Erklärung daherkommt, ist nichts anderes als eine mehr oder weniger stabile Relation zwischen zwei Phänomenen. Unser kleiner Exkurs ist deshalb
auch als Appell zu verstehen, in der Hektik des redaktionellen Alltages ruhig
einmal den trügerischen Wert der Tagesaktualität beiseite zu schieben und
den Dingen auf den Grund zu gehen, anstatt dem blassen Ondit der Gewohnheit aufzusitzen.
Ein Beispiel hierzu: Das Attentat auf die Touristen von Luxor, bei dem mehr
als 60 Menschen getötet wurden, wurde anderntags beinahe unisono in Kommentaren so erklärt: Verzweifelte soziale Verhältnisse erzeugen islamisch-
fundamentalistisch infiltrierte Gesinnungstäter aus unteren Schichten, die
nichts zu verlieren haben als die Ketten ihrer Not. Eine Standarderklärung
also, siehe oben. Einige Wochen später dann lag die Vita aller drei Attentäter
vor: Junge Männer aus dem gut situierten Mittelstand, gebildet, politisch ein-
seitig interessiert, vergleichbar in ihrer Motivation und Gesinnungsstruktur
unserer RAF der 70er Jahre. Nicht daß wir die sozialen Verhältnisse für das
Zustandekommen bestimmter gesellschaftlicher Phänomene ablehnen wollten. Jedoch sollte man sich als Kommentator jederzeit der ungeheuren
»Streuweite« dieses Erklärungsansatzes bewußt sein. Er erklärt oft viel zu
viel, um noch irgendetwas genau erklären zu können, und verkommt hierdurch zu einem Alibi für mangelnde bessere Erklärungsansätze.

Einige Typen von Quasi-Ursachen

Der Kommentar hat es, wie gesagt, sehr viel häufiger mit weicheren Ursachen zu tun – die übrigens ab jetzt terminologisch nicht mehr gesondert
behandelt werden sollen. Wir wollen uns im folgenden einige typische Formen angucken, in denen sie häufiger in Kommentaren auftreten, und zwar
ausgehend von den Fragen, auf die sie antworten.

Auslösende Ursachen

Die erste große Gruppe ursächlicher Phänomene antwortet auf die Frage: Warum ist ein bestimmtes (soziales) Ereignis eingetreten? Warum tritt dieses Ereignis so immer wieder ein? Warum handeln Menschen in bestimmten Situationen so, wie sie handeln? Man könnte diese Gruppe »auslösende Ursachen« nennen.

An einem Beispiel festgemacht: Warum passieren auf einer bestimmten bundesdeutschen Straße in letzter Zeit so viele schwere Unfälle? Die erste Vorgehensweise bestünde darin, nach einem allgemein anerkannten Erfahrungssatz zu suchen, der zwei Phänomene in eine stabile Beziehung zueinander setzt: »Zu schweren Unfällen kommt es dann sehr oft, wenn dichter Verkehr auf starken Nebel trifft.« Dieser Satz verbindet die beiden Klassen von Phänomenen »dichter Verkehr plus Nebel« und »schwere Unfälle« miteinander. Zu prüfen wäre nun also im Umkehrverfahren, ob auf dieser Straße oft dichter Nebel und dichter Verkehr herrschen.

Nehmen wir an, dies sei nicht der Fall. Dann ist der allgemeine Erfahrungsgrundsatz zwar immer noch richtig, aber auf die konkrete Problemlage nicht anwendbar, weil zu speziell oder einfach unzutreffend. Also verwirft der Kommentator diesen Satz und sucht nach anderen, deren Bezug zu der fraglichen Wirklichkeit breiter und zutreffender ist. Fände der Kommentator einen solchen allgemeinen Erfahrungssatz, der mit der fraglichen Wirklichkeit dieser Straße in Einklang steht, so hätte er eine Erklärung gefunden.

Angenommen jedoch, der Kommentator findet diesen Erfahrungssatz nicht. Dann muß er ein anderes Verfahren einschlagen. Das könnte dann darin bestehen, sich eine Vielzahl von Unfällen vorzunehmen und zu schauen, ob es Gemeinsamkeiten im Vorfeld schwerer Unfälle gibt. Zwar findet unser fiktiver Kommentator kein einziges Phänomen, das auf alle schwere Unfälle anwendbar wäre, doch scheint ihm nach der Überprüfung vieler einzelner Unfälle das Phänomen »Zu-Schnell-Gefahren« als häufige Gemeinsamkeit aufzutreten. Er überprüft daraufhin, ob auf »seiner« Bundesstraße auch oft zu schnell gefahren wird. Bestätigt sich diese Vermutung, so hat er einen recht starken Erklärungsansatz gefunden.

Der Kern dieses Verfahrens ist, wie man unschwer erkennt, folgender: Man tritt mit einer Vermutung an den Einzelfall heran und schaut, ob sie sich dort bestätigt. Daraufhin prüft man, ob diese Vermutung sich auch im Allgemeinfall bestätigt, das heißt, ob es eine stabile Verbindung zwischen der vermuteten Ursache und der beobachteten Wirkung gibt. Ist dieser Weg nicht gangbar, beschreitet man ihn umgekehrt: Man schaut, welche Phänomene sich in raum-zeitlicher Nähe vor ähnlichen Wirk-Phänomenen häufen und überprüft sodann, ob sie auch vor dem konkreten Einzelfall zu finden sind, den es zu erklären gilt. Wichtig und nahezu unabdingbar ist nur, daß stets die am Allgemeinfall gewonnene Erkenntnis am Einzelfall bestätigt werden muß und umgekehrt solange es keinen allgemein akzeptierten Erfahrungssatz zwischen den beiden Klassen von Phänomenen gibt. Kommentatoren, die dies nicht tun, laufen bei sozialen Themen Gefahr, zur Bildung von Vorurteilen oder Stereotypen beizutragen; im Bereich strikt überprüfbarer Geschehnisse dagegen droht die Gefahr schlichter Fehlinformation.

Ermöglichende Ursachen

Eine zweite Gruppe ursächlicher Phänomene zielt auf etwas anderes ab. Sie antwortet nämlich auf die Frage: Wie war es möglich, daß ein bestimmtes soziales Ereignis eingetreten ist? Sehr salopp formuliert: Welche Schlupflöcher gab es, daß ein bestimmtes Ereignis eintreten konnte? Unterschwellig schwingt in dieser Frage oft der stille Vorwurf mit: Wer oder was ist aufgrund von Versäumnissen dafür verantwortlich, daß das passieren konnte, was passiert ist? Man könnte diese Art von Ursachen »Ermöglichungsursachen« nennen. Hierzu ein Beispiel: In einer ländlichen Region des sachsen-anhaltinischen Regierungsbezirks Halle häufen sich einige Jahre nach der Wiedervereinigung Korruptionsdelikte unter Bürgermeistern kleinerer Gemeinden. Zunächst finden die Justizorgane hierfür eine Ursache in dem Sinn, wie wir sie im letzten Abschnitt behandelt haben, nämlich als eine auslösende Ursache: In den Regierungsbezirken war sehr viel investiert worden, und wo viel öffentliches Geld fließt, ist die Motivation zur Bestechung und Bestechlichkeit groß. Allerdings erklärt das nicht ausreichend, warum dann in Großstadtgemeinden mit hohen Investitionen nicht ebenso oft bestochen wird. Und hier spielen die Ermöglichungsursachen eine Rolle. In vielen Fällen nämlich gab es in diesen kleinen Gemeinden nicht die Spur einer Kontrollinstanz durch die Gemeinderäte, aber auch keine Ansätze einer geordneten öffentlichen Haushaltsführung; Geld und Quittungen, so ermittelte die Staatsanwaltschaft in einem Fall, wurden in der Zigarrenkiste vom Oberbürgermeister verwaltet. Außerdem gab es hier nach der Wende auch keine erfahrenen Verwaltungskräfte, die den plötzlich einsetzenden Fluß von Millionenbeträgen hätte sachgerecht verwalten können.
Dies ist ein Paradebeispiel für derartige Ermöglichungsursachen: Geld, das motivationsstiftend wirkt; Schlupflöcher, die etwas nicht verhindern; und die

leicht verführbare Natur des Menschen, die in dieser Art von ursächlicher Erklärung sehr oft mitschwingt; all dies zusammengenommen erklärt, wie es zu der Häufung von Korruption kommen konnte.

Um formal korrekt zu sein, muß diese Form der Erklärung drei Ebenen durchlaufen. Zunächst muß es eine Annahme darüber geben, wie ein Ereignis oder eine Handlung verlaufen, wenn sie durch keine Norm-, Verbots- oder Kontrollinstanz gezügelt werden. Alternativ hierzu kann man auch, wie in unserem Beispiel, eine auslösende Ursache (=Investitionen bzw. große Summen Geldes) als Initialzündung annehmen. Danach dann muß nachgewiesen werden, daß die Norm-, Verbots- oder Kontrollinstanzen versagt haben oder nicht vorhanden waren. Und schließlich müßte gezeigt werden, daß diese Bedingungen exklusiv in dieser raum-zeitlichen Situation so herrschten. Denn träfe man andernorts auf dieselben Bedingungen – viel Geld, keine Kontrolle, keine geordnete Haushaltsführung etc. –, jedoch ohne dieselbe Tendenz zur Korruption, dann wäre die gegebene Erklärung auf jeden Fall unvollständig; vielleicht wäre sie sogar falsch.

Im Bereich natürlicher Ereignisse gibt es auch solche Ermöglichungsursachen zu beobachten, die lange Zeit unbemerkt und konsequenzlos im Verborgenen schlummern und erst durch eine auslösende Ursache aktiviert werden. Die sich häufenden Überschwemmungen im mittleren und unteren Verlauf großer Flüsse sind hierfür ein gutes Beispiel. Auslösende Ursache sind immer starke Regenfälle oder große Mengen Schmelzwasser. Beides jedoch wäre weitgehend problemlos, gäbe es nicht die Regulierung von Bächen und kleinen Zuflüssen, die Begradigung und Befestigung der dann betroffenen Flüsse, die Abnahme von Überschwemmungsflächen etc.

Wir können also festhalten, daß Ermöglichungsursachen nicht aus sich selbst heraus Wirkungen zeitigen, sondern nur im Zusammenspiel mit einem anderen ursächlichen oder intentionalistischen Faktor.

Verhinderungsursachen

Die dritte Gruppe variiert die Ermöglichungsursachen spiegelbildlich. Man könnte sie »Verhinderungsursachen« nennen, und sie antworten auf die zwei Fragen: Warum ist ein soziales Ereignis nicht eingetreten oder warum hat es geendet, obwohl mit guten Gründen zu erwarten gewesen wäre, daß es eintritt oder weiterläuft wie bisher? Und warum hat sich eine individuelle Handlung zerschlagen oder ist beendet worden, obwohl jemand offenkundig geplant hat, sie durchzuführen bzw. die Durchführung nicht zu unterbrechen oder beenden?

Das Grundmuster besteht also darin, daß etwas zu erwarten ist und ursächlich verhindert, vereitelt, verzögert oder sonstwie in seiner Ausführung beeinträchtigt wird. Das Problem bei dieser Art ursächlicher Erklärung besteht oft in dem Nachweis, daß das Ereignis oder die individuelle Handlung tatsächlich ohne die Verhinderungsursache eingetreten wären. Dieses Problem wird um so größer, um so lockerer der Zusammenhang zwischen dem Ereignis oder der Handlung einerseits und der verhindernden Ursache wird.

Stellen wir uns einen Geschäftsmann vor, der die Anschaffung eines Autotelephons plant und durch Zufall eine Studie über Unfallursachen liest; dort heißt es, daß das Telephonieren nach Alkohol und Geschwindigkeitsübertretungen die dritthäufigste Ursache für schwere Verkehrsunfälle darstellt. Er beschließt daraufhin, sich kein Autotelephon anzuschaffen. Gleichzeitig liest ein zweiter Geschäftsmann diese Studie und schafft sich trotzdem eines an. Die Frage ist also: Können wir aus dem Unterlassen der Handlung »Autotelephon-Kauf« und dem Wissen, daß der Geschäftsmann diese Studie gelesen hat, auf eine Ursächlichkeit schließen? Wir dürfen nicht nur, wir müssen diese Frage mit einem entschiedenen Jein beantworten. Diese relative Unsicherheit ist prekär, aber leider nicht zu ändern. Denn wir können, wie oben bereits einmal erwähnt, nur von echten Ursachen mit Sicherheit auf Wirkungen schließen. Quasi-ursächliche Begebenheiten hingegen lassen nur recht vage Schlüsse zu. Im besten Fall können wir etwas über die Wahrscheinlichkeit sagen, mit der es zu einer bestimmten Wirkung kommt. Im schlechtesten nicht einmal das.

Zusammenfassend läßt sich das Phänomen einer ursächlichen Wirkung wie folgt charakterisieren:
1. Es existiert ein Phänomen W, das es zu erklären gilt. Wir nennen dieses Phänomen vorbehaltlich der Punkte (2) und (3) Wirkung.
2. Es existieren neben dieser Wirkung andere, davon unabhängige Phänomene oder Ketten von zusammenhängenden Phänomen U1 bis Un, von denen wir sagen können: U liegt zeitlich vor der Wirkung, hat sich in raum-zeitlicher Nähe zur Wirkung abgespielt und kann so immer wieder oder häufig vor der Wirkung beobachtet werden. Wir nennen dieses Phänomen Ursache, sofern Punkt (3.1) erfüllt ist; wir sprechen von einer Quasi-Ursache, sofern Punkt (3.2) erfüllt ist. Und

wir sprechen dem Phänomen den Charakter jeder Ursächlichkeit ab, sofern Punkt (3.3) zutrifft. Es kann eine einzelne Ursachenkette U1 bis Un geben, es kann aber auch verschiedene unabhängige Ursachenketten U1 bis Un und U´1 bis U´n geben.

3.1 Es gibt folgende Erfahrung: Immer wenn die Ursache verändert wird, ändert sich auch die Wirkung. Dem Satz »Immer wenn...« könnte man den Charakter eines allgemeinen Gesetzes zusprechen.

3.2 Es gibt folgende Erfahrung: In X Prozent der Fälle, in denen die Ursache verändert wird, ändert sich auch die Wirkung. Oder: Häufig ist zu beobachten, daß einer willkürlichen Veränderung der Ursache eine Veränderung der Wirkung folgt. Diese Art von Satz können wir Wahrscheinlichkeitsgesetz nennen.

3.3 Es gibt folgende Erfahrung: Auf eine willkürliche Veränderung der vermeintlichen Ursache verändert sich die vermeintliche Wirkung nur in dem Maße, in dem sie sich auch ohne das Vorhandensein der vermeintlichen Ursache verändern würde.

3.3 Ursächliches Erklären – die Praxis

In der Praxis alltäglicher Kommentierung werden Ursachen selten explizit genannt. Vielmehr legt die Komplexität vieler Themen es nahe, sie mit intentionalistischen Erklärungen einerseits und mit funktionalen andererseits zu vermengen. Da diese Mischformen mehr Verwirrung als Klarheit schaffen, sei mit einem prägnanten Beispiel eingestiegen. Es geht hierbei um einen Autokonzern, dessen neues Modell nicht den Sicherheitsstandards entsprach, die in der internationalen Motorwelt von einem solche Produkt verlangt werden.

Die Lehren aus dem A-Klasse-Debakel

...Mercedes hat die Notbremse gezogen.: Die Auslieferung der A-Klasse wird für zwölf Wochen unterbrochen, um das Auto technisch nachzurüsten. Damit soll »endgültig« die Diskussion um den kippenden Kleinwagen beendet werden. Mindestens 300 Millionen Mark wird die Aktion nach offiziellen Angaben kosten. Wahrscheinlich dürften es – auf lange Sicht gesehen – noch einige hundert Millionen mehr sein. Wer trägt die Schuld an dem Debakel? Da waren zunächst die Ingenieure: Sie haben zu wenig getestet und sich stattdessen auf Simulationen am Computer verlassen. Hätten sie ihre Arbeit gewissenhafter erledigt, hätten sie die Fahrwerksschwächen erkennen müssen – und nicht ein Auto-Tester aus Schweden.

Da wäre der Entwicklungsleiter: Er hat seine Mannschaft unter starken Zeitdruck gesetzt und so Fehler und Nachlässigkeiten provoziert. Man wollte das Wettrennen gegen den neuen VW Golf gewinnen – und hat es doch so schmerzlich verloren.

Da wären die Firmensprecher: Sie haben das Problem zunächst verharmlost, als Ende September erstmals ein »Baby-Benz« von der Fahrbahn abhob. Zudem haben sie unterschätzt, zu welcher Schadenfreude Autofahrer anderer Marken fähig sind, wenn es bei Daimler mal nicht so läuft wie geplant.

Und schließlich wäre da noch der Vorstand: Er trägt die Gesamtverantwortung für eine Unternehmenskultur, in der Bedenken entweder nicht geäußert oder aber nicht ernst genommen werden... Bild am Sonntag, 16. 11. 1997

Beginnen wir mit dem zweiten Abschnitt: Der Entwicklungsleiter hat seine Mannschaft unter Zeitdruck gesetzt, um den Wettlauf gegen VW zu gewinnen, und so Fehler provoziert. Hierzu eine kurze Vorbemerkung: Eine ursächliche Erklärung steht und fällt mit der Existenz des ursächlichen Phänomens. Wenn man mit der Ursache »Regen« das Phänomen »nasse Wiese« erklärt, kann dieser Erklärung nur korrekt sein, wenn es tatsächlich geregnet hat und nicht etwa Tau die Ursache der Nässe ist. Das heißt: Wenn es wahr ist, daß Mercedes den Wettlauf gegen den Golf gewinnen wollte, und wenn die Behauptung berechtigt ist, die Entwicklung habe deshalb unter Zeitdruck gestanden, dann ergeben sich aus dem »Wettlauf« und dem »Zeitdruck« mit einiger Wahrscheinlichkeit erfahrungsgemäß Nachlässigkeiten und Fehler. Es kann mit Fug und Recht an dieser Stelle ein allgemeiner Erfahrungssatz zugrunde gelegt werden, der besagt, daß in komplexen technischen wie sozialen Arbeitszusammenhängen Zeitdruck zu Fehlern führt. Wir haben also mit »Wettlauf« und »Zeitdruck« eine auslösende Ursache, die uns die Fahrwerksschwäche erklärt.

Der erste Abschnitt hebt ab auf heute gängige Computersimulationen und die behauptete Tatsache, es sei zu wenig getestet worden. Nun kann man Computersimulationen (anstelle von Testfahrten) und mangelnde reale Testfahrten nicht für Fahrwerksschwächen verantwortlich machen – wohl aber für mangelnde Erkenntnisse darüber. Wir haben es hier also mit einer lehrbuchhaften Ermöglichungsursache zu tun, die zusammen mit den auslösenden

Ursachen »Wettlauf« und »Zeitdruck« sehr gut die Fahrwerksschwäche erklärt.

Der dritte Abschnitt beschäftigt sich mit den Firmensprechern. Sie haben »das Problem verharmlost« und »die Schadenfreude unterschätzt«. Die Frage ist, was hiermit erklärt werden soll. Halten wir fest: Als die »Problemverharmlosung« und die »Unterschätzung der Schadenfreude« durch die Firmensprecher begann, war das Problem, nämlich die Fahrwerksschwäche, bereits existent. Wir haben aber gesagt, daß ursächliche Phänomene vor ihren Wirkungen liegen müssen, um wirkliche Ursachen zu sein. Also kann mit dieser Passage – ebenso wie mit der nachfolgenden über den Führungsstil des Vorstandes – nicht mehr die Fahrwerksschwäche erklärt werden. Erklärt wird in den letzten beiden Passagen vielmehr »das Debakel« bzw., wie es dazu gekommen ist. Es werden also in Wirklichkeit zwei unterschiedliche Phänomene erklärt: die Fahrwerksschwäche und die Behandlung dieses technischen Problems durch die Firmensprecher.

Widersprüchlich und wenig überzeugend ist die Aussage des letzten Abschnittes, mit dem ja wohl auch das »Debakel« erklärt werden soll. Es sei, so der Kommentator, die Unternehmenskultur mit ihren Defiziten, die zu dem Debakel beigetragen habe. Ein Blick auf die Fortführung des Kommentars nach diesem letzten Abschnitt macht den Mangel an Überzeugungskraft deutlich:

Alle jene Menschen haben Fehler gemacht. Doch eines sollte bei alledem nicht vergessen werden: Die gleichen Menschen haben es zuvor geschafft, die Marke Mercedes und damit einen wichtigen Bestandteil der heimischen Autoindustrie so weit zu stärken, daß tausende von Arbeitsplätzen in Deutschland gesichert werden konnten...

Vahlens Großes Wirtschaftslexikon schließt im dritten Band seinen Artikel über »Organisationskultur« – der Begriff wird synonym zu Unternehmenskultur gebraucht – mit dem Satz: »Die Änderung von Organisationskulturen, die sich verfestigt haben, ist ein schwieriger, langwieriger Prozeß mit ungewissem Ausgang.« (Kieser, Bd. 3, S. 1398) Es ist angesichts der Langlebigkeit von Unternehmenskulturen – um nicht von Zählebigkeit zu sprechen – sehr fraglich, ob ein Konzern mit seiner Unternehmenskultur zu einem Produzenten automobiler Spitzentechnik werden kann, um sodann urplötzlich mit derselben Unternehmenskultur in eine Pannenserie aus Peinlichkeiten zu stolpern. Das scheint doch eher fraglich, zumindest unter dem Gesichtspunkt ursächlicher Zuweisung.

In der Kommentierung politischer Sachverhalte bedient sich der Kommentar
mit einer gewissen Vorliebe eines Ursachenmixes, wenn es zu erklären gilt,
auf welchen Wegen es zu bestimmten kritikwürdigen Zuständen gekommen
ist. Der vorliegende Fall behandelt den Rücktritt eines brandenburgischen
Ministers. Nach sechs Wochen Vorwürfen – es ging um Vetternwirtschaft und
Mißbrauch öffentlicher Fördermittel – trat Mitte November 1997 Edwin
Zimmermann von seinem Posten zurück. Ein Kommentar im Schwäbischen
Tagblatt behandelt in der ersten Hälfte die Uneinsichtigkeit der brandenbur-
gischen SPD, um sich in der zweiten der Frage zuzuwenden, wieso Edwin
Zimmermann so lange auf seinem Posten verharren konnte:

Auch ein Fall Stolpe

...Schon als ruchbar wurde, daß er mit Fördergeldern aus seinem
Haus eine hochmoderne »Schaubäckerei« auf dem familieneigenen
Bauernhof errichtet hatte, hätte er gehen müssen. Daß er so lange
blieb, ist vor allem dem eigenwilligen Staatsverständnis von Manfred
Stolpe anzulasten. Denn der affärengeplagte Ministerpräsident, der
selbst jahrelang auf den tröstenden Zuspruch seines Kabinetts ang-
wiesen war, hat es zugelassen, daß in seinem Umfeld ein Klima der
Kameraderie herangewachsen ist, das harte personelle Schnitte im
Interesse der Öffentlichkeit verbietet. Nicht was Brandenburg nützt
oder schadet, zählt, sondern was dem Ruf der Regierung und ihrem
Zusammenhalt förderlich ist. Die melodramatische »Dankesurkunde«,
die dem Skandal-Minister gestern überreicht wurde, fügt sich in dieses
Schema. Der Fall Zimmermann ist auch ein Fall Stolpe. Schwäbisches
Tagblatt, 15. 11. 1997

Die Struktur dieser Erklärung ist nachvollziehbar: Die Affären des Minister-
präsidenten sind auslösende Ursachen für ein »Klima der Kameraderie«, das
seinerseits wiederum verhindernde Ursache für »harte personelle Schnitte«
ist. Mit anderen, mit formalisierteren Worten: Druck erzeugt, dies ist eine
akzeptierte Gesetzmäßigkeit, Einigkeit und Zusammenhalt nach innen. Und
daß Affären Druck auslösen können, muß nicht näher erläutert werden. Diesen Zusammenhalt nach innen nennt der Kommentator »Kameraderie« und
drückt hiermit seine Haltung dazu aus: Es riecht nach Kumpanei und Muff.

Wir können aus diesem Beispiel die wohl verbreitetste und wichtigste Funktion ursächlicher Erklärungen in politischen, sozialen oder historischen
Zusammenhängen ableiten. Das ursächliche Phänomen hat hier, anders als in
technisch-naturwissenschaftlichen Zusammenhängen, keine zwingende Wir-

kung. Vielmehr beschreiben solche Phänomene nur einen situativen Rahmen, der erfahrungsgemäß in Menschen oder Menschgruppen Wünsche, Absichten, Pläne oder, abstrakt formuliert, Handlungsdispositionen aktiviert. Auf die Frage, wo die Quelle menschlichen Handelns liegt – im Individuum oder außerhalb –, vermögen ursächliche Phänomene nur die halbe Antwort zu geben. Will man das Handeln vieler (anonymer) Menschen, kranker Menschen mit eingeschränkter Willens- und Entscheidungsfreiheit oder großer Menschengruppen erklären, so trägt ein ursächliches Erklärungsmodell recht gut. Will man allerdings dem Handeln des einzelnen Individuums gerecht werden, so kann eine ursächliche Erklärung immer nur den Rahmen abstecken, innerhalb dessen das Individuum seine freie Handlungsentscheidung unter Abwägung vieler Faktoren trifft.

3.4 Intentionales Erklären – das Modell

Wie und womit man individuelles Handeln erklärt, ist letzten Endes (auch) eine weltanschauliche Frage. Schematisiert betrachtet geht es um folgendes Problem: Um so stärker wir von einem ursächlichen Erklärungsmodell ausgehen, um so stärker betrachten wir den Menschen als eine auf bestimmte Reize in einer bestimmten Weise reagierende Einheit. Hierbei ist es unbedeutend, ob die ursächlichen Reize außerweltlich in Form situativer Gegebenheiten oder innerweltlich in Form von Instinkten oder (erworbenen) Bedürfnissen angesetzt werden; denn auch Instinkte oder Bedürfnisse reagieren ihrerseits ja erst auf außerweltliche Gegebenheiten – auf Gefahr beispielsweise, auf Nahrungsknappheit oder soziale Isolation.
Andererseits wäre es aber auch grundfalsch, menschliches Handeln völlig losgelöst von diesen innerweltlichen und außerweltlichen Gegebenheiten verstehen zu wollen. Denn Menschen reagieren in der Regel durch ihr Tun auf bestimmte Gegebenheiten, allerdings mit einem so hohen Grad an Freiheit, daß die Beobachtung stabiler Beziehungen zwischen den gegebenen Phänomenen und dem Handeln schwierig wird.

Die Kernhandlung

Um uns dem Problem der Erklärung – oder dem erklärenden Verstehen – individuellen Handelns zu nähern, sollten wir zunächst die Frage untersuchen, welche Bestandteile zu einer Handlung im umfassenden Wortsinn gehören.

Am Beginn einer jeden Handlung steht ein Akt des Wollens: Das Individuum, das sich in einer bestimmten Situation befindet, will irgendeinen Aspekt dieser oder einer kommenden Situation so abändern, daß diese Situation seinem Wollen mehr entspricht als ohne sein Dazutun. Ein Unternehmer beispielsweise will mehr Gewinn für seinen Betrieb erwirtschaften und ein Gewerkschafter höhere Sicherheit für seinen Arbeitsplatz. Wir nennen dies den intentionalen Aspekt einer Handlung. An unserem Fachmann für ethische Fragen im Umgang mit Haus- und Nutztieren festgemacht, lautet das Ziel: größtmögliches Wohlbefinden von Tieren bei gleichzeitiger Beachtung medizinisch notwendiger und sinnvoller Tierversuche.

Im Anschluß an eine intentionale Festlegung wird der Betreffende sich überlegen, mit welchen Mitteln er sein Ziel auf effiziente, gegebenenfalls auch auf lustvolle oder moralisch akzeptable Art und Weise verwirklichen kann. Er kann dies natürlich nur unter Anwendung gegebener Mittel tun, wodurch der instrumentelle Aspekt charakterisiert ist. Der Unternehmer kann die Laufzeiten seiner Maschinen verlängern, und der Gewerkschafter kann im Rahmen einer Tarifverhandlung Sicherheiten aushandeln. Der fiktive Ethiker beispielsweise könnte dem Gesetzgeber schriftlich Empfehlungen einreichen oder aber zusammen mit einem Rechtsexperten Gesetzesvorschläge ausarbeiten. Er entscheidet sich für schriftliche Empfehlungen, die er dem Fachminister persönlich überreicht.

Bei einer Reihe von Handlungen empfiehlt es sich, den instrumentellen Aspekt der Handlung – man nennt ihn mitunter auch den Akttyp – um den Aspekt der Hilfsmittel zu erweitern. Im Falle unseres Ethikers wären dies beispielsweise der Computer, mit dem er schreibt, die Bücher, in denen er sich informiert etc. In komplexen sozialen Handlungen, mit denen sich der Kommentar zu befassen pflegt, spielt der Aspekt der Hilfsmittel eine untergeordnete Rolle oder überschneidet sich auf vielfältige Weise mit dem eigentlichen instrumentellen Aspekt.

In den Empfehlungen macht der Ethiker, neben vielen anderen, Vorschläge über den Charakter medizinischer Optimierung und die Art, wie man dies vor etwaigen Tierversuchen nachzuweisen hätte. Dabei geht er von dem ihm verfügbaren Wissen über das Verhältnis von Tierversuch und humanmedizinischer Versorgung aus; das heißt, er setzt sein Wissen so redlich und zielorientiert wie möglich ein. Damit wäre der Wissensaspekt dieser Handlung umrissen. Der Unternehmer könnte zu dem beschriebenen Mittel der Maschinenlaufzeit nicht greifen, wenn er nicht über Grundkenntnisse in ökonomischen Fragen verfügte. Dieser Wissensaspekt spielt natürlich bereits bei der Wahl der Mittel und der Hilfsmittel eine bedeutende Rolle. Man wird nicht umhin können, den Wissensaspekt und den instrumentellen Aspekt gerade komplexer Handlungen mit einer gewissen zeitlichen Ausdehnung als sich gegenseitig beeinflussende Größen zu betrachten. Schließlich fließt auf ähnliche Weise auch der Kontextaspekt in die Wahl des instrumentellen Aspekts ein und umgekehrt. Der Kontext betrifft vor allem die Umstände, unter denen die Handlung vollzogen wird. Einem Unternehmer, der in Zeiten von Arbeitskräftemangel seine Gewinne zu verbessern trachtet, stehen andere Instrumente zur Verfügung als in Zeiten großer Arbeitslosigkeit. Hiermit ist der innere Handlungskern abgeschlossen. Allerdings endet damit noch nicht die Handlung.

Handlungsfolgen

Aus einer Handlung im weiteren Sinn nämlich ergeben sich drei unterschiedliche Typen möglicher Handlungsfolgen. Zunächst einmal haben wir das Handlungsergebnis zu betrachten. Um zu verdeutlichen, was ein Handlungsergebnis ist, müssen wir einen kurzen Ausflug zu einer deutlich einfacheren Handlung machen, bei der die drei Folgen sich unmittelbarer aus dem inneren Handlungskern ergeben. Angenommen, ein Verkehrspolizist regelt an einer Baustelle per Handzeichen den Verkehr. Er hebt die rechte Hand mit dem Ergebnis, daß ein ankommender Autofahrer seinen Wagen abbremst und stehenbleibt. Genau dies war von dem Polizisten beabsichtigt, und wir nennen diese Handlungsfolge das Ergebnis der Handlung. Hätte der Polizist vor seinem Tun gründlich nachgedacht, so hätte er darauf kommen müssen, daß sich aus seiner Handbewegung weitere Folgen ergeben: Der Benzinverbrauch des Wagens steigt durch das Bremsen und das anschließende Anfahren; hinter dem Wagen müssen weitere Autos stoppen, wodurch an dieser Stelle die Luft mit Abgase belastet wird etc. Wir nennen dies das Handlungsresultat. Nehmen wir weiter an, daß einer der unfreiwillig wartenden Autofahrer auf einer Plakatwand einen Konzerthinweis entdeckt, auf den er sonst nicht aufmerksam geworden wäre. Das konnte der Polizist nach menschlichem Ermessen nicht voraussehen, weshalb wir es hier hier mit einem (unvorhersehbaren) Nebenresultat zu tun haben.

Wir vernachlässigen in diesem Kapitel unseren Ethikspezialisten und behelfen uns mit dem Polizisten, um noch ein anderes Detail beleuchten: Wie kommen wir von der Kernhandlung über das Ergebnis und das Resultat zum

Nebenresultat? Eine Möglichkeit, diesen Weg zu beschreiben, besteht in einer sogenannten Indem-Kette. Eine solche Kette beginnt am Handlungskern und schreitet von dort – quasi an einem Zeitstrahl entlang – über die verschiedenen Folgen der Handlung voran bis zu einem Ende, das sich je nach Komplexität der Handlung näher oder weiter befindet. Am Beispiel unseres Polizisten: Indem er die rechte Hand hochhebt, signalisiert er dem fließenden Verkehr, daß gestoppt werden muß. Indem er das signalisiert, veranlaßt er einen ankommenden Autofahrer, auf Bremse und Kupplung zu treten. Indem der Fahrer dies tut, bremst er den Wagen ab. Indem der Wagen abgebremst wird, werden folgende Autofahrer veranlaßt, ebenfalls zu bremsen. Indem viele Autos im Leerlauf wartend stehen, belasten sie die Luft mit Abgasen. Indem der Fahrer an dritter Position ebenfalls wartend steht, wird es ihm möglich, die Schrift auf einer Plakatwand zu lesen...

Man erkennt an diesem Beispiel, daß sich die Folgen einer Handlung sehr rasch, wie die Gischtwellen eines Schiffes, von ihrem Verursacher entfernen und dabei immer mehr Raum einnehmen bzw. immer mehr einzelne Phänomene in sich einschließen. Insbesondere »kreuzen« sie hierbei andere Wirklichkeiten wie etwa die Plakatwand, wodurch leicht Nebenresultate auftauchen, die nicht kalkulierbar waren. Wir werden auf diesen Umstand noch einmal intensiv eingehen müssen, wenn wir uns mit den Techniken der Bewertung einer Handlung beschäftigen.

Wie erfährt man Handlungsgründe

Die erste Frage, der wir uns unter dem Praxisgesichtspunkt zuwenden sollten, lautet: Woher weiß der Kommentator, wozu jemand etwas tut?

Eine mögliche Antwort hierauf: Diese spezielle Person hat genau das gleiche in sehr ähnlichen Situationen schon mehrfach getan, hat ein bestimmtes Ziel damit erreicht und schien offenkundig zufrieden mit ihrem Tun und dessen Folgen.

Leicht modifiziert hierzu: Eine Reihe anderer Personen, die wahrscheinlich einen vergleichbaren Wissens- und Erfahrungshorizont hatten, haben genau das gleiche in sehr ähnlichen Situationen schon mehrfach getan, haben ein bestimmtes Ziel damit erreicht und schienen offenkundig zufrieden mit ihrem Tun und dessen Folgen.

Das heißt: Der Kommentator kann die Frage nach dem Wozu nur vor dem Hintergrund (a) eines umfassenden Erfahrungswissens, (b) gegebenenfalls vertiefter Kenntnis der situativen Aspekte und (c) des Wissens- und Erfahrungshorizontes, also des kognitiven Hintergrundes der handelnden Personen beantworten. Jeder Leser dieser Zeilen kann sich das am Beispiel fremder Kulturen selbst klar machen. Angenommen, man sollte erklären, wozu in vielen Gesellschaften früherer Zeiten die Begüterten anläßlich öffentlicher Feiern und Wettkämpfe so viele und so wertvolle Geschenke, Siegesprämien etc. vergaben, daß sie selbst hierdurch finanziell weit zurückgeworfen wurden. Man müßte entweder blind spekulieren oder eine Vielzahl von Fällen bis in ihre immer wiederkehrenden Folgen hin beobachten, um den Grund zu finden. Er lag, nebenbei bemerkt, darin, daß der Geber durch die Geschenke bei seinen Stammes- und Clangenossen Ehre ansammeln und sich für eventuelle eigene Notfälle der Hilfe seiner Mitmenschen versichern wollte.

Schwieriger ist die Frage nach dem Wozu einer Handlung zu beantworten, wenn es um ein singuläres Tun geht, das ohne Vorbild ist. Zwar können wir immer noch die Punkte (b), also die situativen Aspekte, und (c), den kognitiven Hintergrund, einigermaßen gut ausloten; wir verfügen jedoch über kein allgemeines Erfahrungswissen. Das müssen wir durch andere Mittel kompensieren.

Und hier bleibt uns als Kommentator – oder allgemein: als Beobachter – nur die Möglichkeit, daß wir uns (d) in den Handelnden hineinversetzen und versuchen, seine Einstellungen und Bedürfnisse so gut wie möglich unter Berücksichtigung von (b) und (c) nachzuvollziehen. Und daß wir (e) dem Handelnden hierbei Rationalität unterstellen und wir selbst uns an die Regeln der Rationalität halten. Nun ist Rationalität ein großes Wort; es soll in unserem Zusammenhang jedoch nicht mehr bedeuten, als daß wir dem Handelnden unterstellen, daß er sein Tun rechtfertigen kann, indem er Gründe für das Tun anführen und eventuelle Einwände gegen die praktische Qualität des Tuns widerlegen kann.

Hierbei spielt es – zunächst – keine Rolle, ob der Beobachter die Gründe oder die Widerlegung der Einwände nachvollziehen kann bzw. will. Wenn jemand zu wissen meint, daß durch Handauflegung ein bösartiger Tumor geheilt werden kann, dann ist es für ihn rational, Handauflegung zu praktizieren. Erst die Tatsache, daß dieses Mittel von keinerlei praktischer Qualität für die Erreichung seines Ziels »Heilung« ist, wird irgendwann die Nicht-Rationalität seines Tuns erweisen. Handlungsrationalität hat von daher ein wenig den Charakter von »trial and error«; sie hat etwas Evolutionäres.

Wir sind also, so läßt sich zusammenfassend festhalten, bei der Erklärung von Handlungen auf Analogien und Wahrscheinlichkeitsschlüsse einerseits sowie auf ein tastendes Verstehen andererseits angewiesen. Von daher ist die Begründung von Handlungen natürlich nicht frei von wertenden Elementen.

Allerdings sollte der erklärende Kommentator unvermeidbare wertende Elemente dadurch kompensieren, daß er seinen Erkenntnisweg offenlegt und damit überprüfbar macht.

Damit sind wir am letzten Punkt unseres Modells angekommen. Wir erklären Handlungen letzten Endes danach, ob der instrumentelle Aspekt unter Berücksichtigung situativer Aspekte und des Wissensaspektes den Zweck erfüllt, der intendiert wird. Schematisiert sieht dieses Modell einer Erklärung folgendermaßen aus:

0. Situativer Aspekt: Eine Person befindet sich in einer bestimmten Situation, von der sie Kenntnis hat und die sie auf eine bestimmte Art einschätzt.
1. Intentionaler Aspekt: Die Person will auf der Grundlage dieser Situation einen ganz bestimmten Einfluß auf ihre Mitmenschen oder auf ihre Umwelt nehmen.
2. Kognitiver Hintergrund: Unter Berücksichtigung des Kontextes, der Hilfsmittel etc. glaubt sie zu wissen, daß sie diesen Einfluß am effizientesten oder lustvollsten oder moralischsten mit dem Mittel M erzielen kann.
3. Instrumentalaspekt: Also greift sie zu einem von ihr gewählten Zeitpunkt zum Mittel M.
4. Folgeaspekt: Daraus ergeben sich die Ergebnisse E, die Resultate T und die Nebenresultate N.

Hieraus ergeben sich automatisch Kriterien für einen Begriff, mit dem leider zu oft zu lax umgegangen wird: der Verantwortlichkeit von Handlungen. Verantwortliches Handeln nämlich setzt voraus, daß jemand handeln will – und nicht etwa unter Druck oder Zwang handelt; daß er die Wahl hat zwischen unterschiedlichen Mitteln – und nicht etwa, wie im Drama, jedes denkbare Mittel gleich negative Folgen zeitigt; und daß er um die Folgen seines Tuns weiß – und nicht etwa blind in eine Falle tappt, die er bei seinem Kenntnisstand einfach nicht sehen kann. Nur wer alle drei Kriterien erfüllt, kann für sein Handeln in vollem Umfang verantwortlich gemacht werden.

3.5 Intentionales Erklären – die Praxis

Schematisierte und normierte Handlungen

Handlungen sind um so leichter erklärbar, um so schematisierter bzw. normierter sie sind. Im Falle der Schematisierung nämlich hat der Kommentator die Möglichkeit, auf analoge Handlungen bzw. auf Erfahrungswissen zurückzugreifen. Er kann überdies eine gehörige Portion an Erfahrungswissen bei seiner Leserschaft voraussetzen.

Normiertes Handeln dagegen ist dadurch leicht zu erklären, daß die Norm entweder den instrumentellen Aspekt oder das Ziel, im Zweifelsfall auch beides festschreibt. Dies gilt übrigens auch für Handlungen, die gegen Normen verstoßen.

Der folgende Kommentar vereint beides in sich: Schematisierung und Normierung einerseits, aber auch Normverstoß bzw. Normabweichung. Die Nachricht, zu der dieser Kommentar gehört, enthielt wenig mehr als die Meldung, daß im Prozeß gegen die Verantwortlichen des Mauerbaus – unter ihnen Erich Honecker – am Vortag die Anklageschrift verlesen worden sei. Da es im Vorfeld zu einer Vielzahl von Spekulationen über das Wesen und die Funktion dieses Prozesses gekommen war, lag es nahe, einen tendenziell erklärend-einordnenden Kommentar zu schreiben. Dieser Typus gehört ansich erst in das folgende Kapitel. Er wird trotzdem hier abgehandelt, weil das Einordnen über die Handlungserklärung bewerkstelligt wird – womit erneut die Schwierigkeit einer auch nur annähernd exakten Typologie illustriert ist.

Mühsamer Prozeß

Schon vor Beginn des Prozesses gegen Honecker und seine Mitangeklagten war klar, daß das Verfahren eine schwierige Gratwanderung sein würde. Zwar sitzen die politischen Spitzenrepräsentanten eines untergegangenen Staates auf der Anklagebank, doch hat das Moabiter Gericht peinlich den Eindruck zu vermeiden, es handle sich um einen politischen Prozeß. Das hat Konsequenzen, die auch an der Großzügigkeit – um nicht Überfairness oder gar Nachgiebigkeit zu sagen – der Richter ablesbar waren. So blieb die denkbare Ordnungsstrafe aus, als am vierten Verhandlungstag einer der Angeklagten mit Verspätung erschien und zur Entschuldigung auf die verpaßte S-Bahn verwies. Und nach wie vor kann der einstige Staatschef vor Sitzungsbeginn ungerügt mit seinen alten Gefolgsleuten flirten und die

geballte Faust zur Kommunistenshow heben – zum Hohn der anwe-
senden Angehörigen jener Todesopfer, die auf Geheiß Honeckers und
seiner Genossen an der DDR-Grenze niedergemacht worden sind.
Deutlich wurde an den ersten Verhandlungstagen ebenfalls, daß der
Verteidigung daran gelegen ist, auf Zeitgewinn zu spielen und dabei
Alter und Gesundheit ihrer Mandanten als Trumpf-As zu benutzen...
Der Patriot, 1. 12. 1992

Halten wir fest: Träger der Handlung sind die Richter auf der einen und die
Rechtsanwälte auf der anderen Seite. Die Handlung der Richter besteht darin, den Prozeß zu führen. Der situative Kontext hierbei ist der Argwohn einer
kritischen Öffentlichkeit, die politische Justiz wittert. Die Handlung der
Rechtsanwälte dagegen ist die Verteidigung der Angeklagten; situativer Kontext hier ist das Alter bzw. die gebrechliche Gesundheit der Angeklagten.
Die Frage in beiden Fällen ist, wie so oft bei einer Handlungserklärung: Wie
und mit welchem Ziel tun sie das?
Beiden Seiten steht bei ihrem Handeln ein streng normierter Kanon an Hilfsinstrumenten zur Verfügung, der eingesetzt werden kann, aber nicht muß. Vor
diesem Hintergrund werden – den Handlungsstrang »Richter« betreffend –
drei Geschehnisse skizziert, die in die Großhandlung verwoben sind: eine
etwas keck entschuldigte Verspätung; der (viel zu vage beschriebene) Flirt
des ersten Mannes der DDR mit seinen Mitangeklagten; und die geballte
Faust zu Anfang aller Prozeßtage. Alle drei Geschehnisse sind geeignet, die
Richterbank zu bestimmten prozessoralen Hilfsinstrumenten greifen zu lassen. Wenn die Richter hiervon keinen Gebrauch machen, so verfolgen sie
damit ein Ziel: Sie wollen den Eindruck vermeiden, es handle sich bei
»ihrem Prozeß« um ein politisches Verfahren.
Was den sogenannten Flirt und die geballte Faust betrifft, kann man sich der
Erklärung des Kommentators anschließen. Denn in der Tat sind es oft gerade jene symbolhaften Kleinigkeiten, die einer kritischen Öffentlichkeit als
Anlaß für Überinterpretationen dienen. Was allerdings die Nicht-Ahndung
der Verspätung betrifft, gibt es von ihr zu einer drohenden Fehlinterpretation
der argwöhnenden Öffentlichkeit einen bestenfalls mittelbaren Bezug. Vielmehr scheint die Nicht-Ahndung der Verspätung ein Argument für die wertende Parenthese des Kommentators zu sein, man könne das Handeln der
Richter sehr wohl auch als »Überfairness oder gar Nachgiebigkeit« bezeichnen.
Formalisiert kann man diese Handlungserklärung folgendermaßen darstellen:

0. Es gibt in der Öffentlichkeit die Befürchtung, der Prozeß könne eine politische Abrechnung mit dem System der DDR werden.
1. Das Gericht will, daß nicht der Eindruck entsteht, der Prozeß sei ein solch politischer Prozeß.
2. Es glaubt zu wissen, diesen Eindruck dadurch verhindern zu können, daß es in bestimmten Detailfragen tolerant ist.
3. Also greift es, sobald diese Detailgeschehnisse auftreten, zum Mittel der Toleranz.

Handlungserklärung und Rationalität

Ähnliche Überlegungen ließen sich zum Vorgehen der Verteidigung anstellen. Wir verzichten darauf, um uns einem weiteren Fall zuzuwenden, der eine ganz bestimmte Brisanz beinhaltet. Wir hatten im Modell-Kapitel festgestellt, daß die Erklärung von Handlungen nicht zuletzt darauf beruht, dem Handelnden Rationalität zu unterstellen. Wir wenden uns nun einem Fall zu, in dem eine Handlung gerade aus ihrer Irrationalität heraus schlüssig erklärt wird – so zumindest scheint es vordergründig.

Anfang 1993 kam es zu einem der spektakulärsten Attentate in der Geschichte des weltweiten Terrorismus. Ein Anschlag auf das berühmte World Trade Center in New York erwies zum wiederholten Mal die Verletztbarkeit der modernen urbanen Massengesellschaft. Doch anders, als in vergleichbaren Fällen, verging nicht einmal eine Woche, und ein Hauptverdächtiger war gefaßt. Grund genug, diesen fast kurios zu nennenden Umstand in einem Kommentar zu erklären.

Schlichtweg verrückt

Die Mühlen der Gerechtigkeit mahlen gemeinhin langsam. Daß bereits sechs Tage nach dem Anschlag auf das New Yorker World Trade Center der Jordanier Salameh als Tatverdächtiger hinter Gittern sitzt, ist sicher ein Erfolg für FBI und Polizei. Allerdings ist Salameh auch, um im Bild zu bleiben, freiwillig zwischen die Mühlsteine gesprungen. Wer – sollte alles so gewesen sein – unter eigenem Namen ein Auto mietet, um eine Bombe zu placieren, es nach dem Anschlag als gestohlen meldet und dann auch noch die Kaution zurückhaben will, hat wenig Chancen, in die Ruhmeshalle genialer Verbrecher aufgenommen zu werden.

Bis zu dieser Stelle hat der Kommentator die Tat nicht eigentlich erklärt, sondern eher beschrieben. Er bleibt seinen Lesern nämlich eine Antwort auf die Frage schuldig, warum der Jordanier so gehandelt hat, wie er gehandelt hat, welches Ziel er dabei verfolgt hat, von welchem Wissenstand aus er es getan hat etc. Schauen wir in den Fortgang des Kommentars.

> Wer den Kopf über so viel Dummheit schüttelt, macht den Fehler, einen mutmaßlich politisch-religiös motivierten Bombenleger an den Maßstäben der reinen Vernunft zu messen. Das Konzept, die Sache des Islam durch Mord und Terror ausgerechnet in Manhattan zu fördern, ist ähnlich ›vernünftig‹ wie das blutige Katz-und-Maus-Spiel, das derzeit der Wirrkopf David Koresh, der sich für Jesus hält, im texanischen Hinterland veranstaltet. Während Koresh noch auf Gottes Botschaft wartet, hat Salameh – treffen die Vermutungen des FBI zu – seinen jenseitigen Auftrag schon erhalten und ausgeführt.
> So wenig der texanische Jesus mit dem Christentum zu tun hat, so fern stehen auch die Jünger Scheich Omars dem Islam. Verrückte, die eine Religion nach eigenem Schlechtdünken interpretieren, sind nicht radikale Vertreter eines grundsätzlich gefährlichen Glaubens, sondern schlichtweg Verrückte. Süddeutsche Zeitung, 6./7. 3. 1993

Dieser Kommentar belegt auf eindrucksvolle Weise die oben vertretene Ansicht, daß es für eine gelungene Handlungserklärung nicht ausreicht, sich in einen anderen hineinzuversetzen. Zwar ist dies eine notwendige, aber eben keine hinreichende Voraussetzung. Hinzu muß eine wie auch immer geartete Rationalität treten, die der Handelnde an den Tag legt und der Beobachter verstehend nachvollziehen kann. Diese Rationalität kann durch die situativen Gegebenheiten, durch den kognitiven Hintergrund des Handelnden sowie durch die Verfügbarkeit (oder Nicht-Verfügbarkeit) möglicher instrumenteller Aspekte bis an den Rand der Unkenntlichkeit deformiert sein – wichtig ist, daß selbst die deformierteste Rationalität über den Nachvollzug ihrer Begründung, sprich über ihre Rechtfertigung rekonstruierbar ist. Wo das nicht gegeben ist, kann nur »Verrücktheit« oder Ähnliches konstatiert werden.

Handlung und Zielbestimmung

Es ist nicht immer einfach, aus dem in der Wirklichkeit vorzufindenden »Material« nachvollziehend und verstehend die Zielsetzungen einer Person oder einer Personengruppe zu rekonstruieren. Dabei ist es häufig gar nicht das große, das letzte, das strategische Ziel, das Probleme bereitet; nein, es ist oft genug die Zwischenetappe auf dem Weg dorthin, deren Nachvollzug und Rekonstruktion das viel größere Problem darstellt. Dies soll im folgenden am Beispiel der Petersberger Beschlüsse der SPD zur Änderung des Asylrechts – auf die Beschlüsse zum Einsatz von Blauhelmen wird nicht eingegangen – ganz kurz dokumentiert werden. Zwar besteht in den folgenden vier Kommentaren Einmütigkeit über das strategische Ziel: Erlangung der Macht in Bonn. Doch ist diese Erkenntnis nicht derart umwerfend, daß man sich mit ihr als Kommentator zufrieden geben sollte. Interessanter ist, welches »Zwischenglied« auf dem Weg zum großen Ziel, der Macht in Bonn, der Kommentator in der Indem-Kette der Handlungsfolgen als gegeben ansieht.

Die FAZ kommentierte die Zielsetzung der Beschlüsse vor dem Hintergrund der zunehmenden Unzufriedenheit breitester Bevölkerungsschichten so:

> Wie auch immer: Die Sozialdemokraten haben auf dem Petersberg einen taktisch geschickten Zug unternommen, der es ihnen erlaubt, politisch Ballast abzuwerfen. Der Versuch, 1994 Regierungsverantwortung zu übernehmen, ist aussichtsreicher geworden – dies war wahrscheinlich auch das Ziel der Wehnerschen Kurskorrektur von 1959 gewesen, und die Geschichte hat ihm Recht gegeben.

Die Westfälische Rundschau zum selben Thema:

> Engholms Ziel ist klar: Er möchte der Koalition bei der Themensetzung den Wind aus den Segeln nehmen, um offensiver mit seinem Sofortprogramm die Fehler der Regierungspolitik angehen zu können. Dabei setzt der Zauderer auf Risiko. Denn wenn ihm die Partei nicht folgt, kann er als Kanzlerkandidat einpacken.

Einen wieder anderen Schwerpunkt setzt die Westfalenpost:

> Wenn erst einmal Bewegung in eine Geschichte gekommen ist, wie jetzt geschehen, dann besteht gute Aussicht, daß politische Programmatik und aktuelle Erfordernisse wieder zur Deckung gebracht werden. Die Opposition muß diese Kuh vom Eis bekommen, wenn sie glaubwürdig ihren Anspruch geltend machen will, jederzeit zur Übernahme der Regierungsgeschäfte bereit und fähig zu sein.

Abschließend die Bild:

> Engholm und Klose haben am Wochenende wieder eine Kurskorrek-
> tur verkündet – beim Asylrecht und zum Thema Bundeswehreinsatz.
> Der linke Flügel wird sich rühren, ein paar hundert Oberstudienräte
> werden die SPD verlassen. Der Preis ist notwendig, wenn es die SPD
> ernst meint, in Bonn wieder die Macht zu übernehmen.
> (Alle Beispiele vom 24. 8. 1992)

Bis auf die Bildzeitung haben alle drei Kommentatoren leicht unterschiedliche Vorstellungen über die Ziele Engholms. Die FAZ macht es sich leicht,
indem sie unterstellt, Ziel sei das Abschütteln von überflüssigen Ballast
gewesen. Die Westfälische Rundschau bringt eine innerparteiliche
Zwischenetappe in die Diskussion. Und die Westfalenpost schließlich spielt
auf die Außenwirkung der SPD an, deren Ansehen durch ihre Haltung zum
Asyl in breitesten Bevölkerungsschichten damals Schaden zu nehmen droh-
te.
Wir müssen uns darüber klar sein, daß ein Kommentar sich der wirklichen
Zielsetzung nur in seltenen Fällen völlig sicher sein kann. Allein schon deshalb, weil komplexe Handlungen eine Reihe von zeitlich nachgeordneten
sowie parallel verlaufenden Folgen zeitigen, von denen nicht einmal der
Handelnde selbst immer genau sagen könnte, wo seine Prioritäten zum Zeitpunkt seines Tuns lagen.
Handlungserklärungen, die in einem Kommentar schon aus Gründen der
Darstellungsökonomie ihre Schwerpunkte auf ein oder zwei Ziele setzen,
unterliegen deshalb immer der subjektiv gefärbten Sinngebung bzw. Deutung
des Kommentierenden. Das bedeutet aber im Umkehrschluß nicht, daß
Handlungserklärungen willkürlich sind. Es gibt nämlich bei genauerem Hinsehen Grenzen der Rechtfertigungsmöglichkeiten, die durch unser Verständnis von Rationalität gesetzt sind. Wo diese Grenzen nicht ernst genommen
oder mißachtet werden, verharrt die »Erklärung« – die plötzlich keine mehr
ist – in einem unverständlichen Niemandsland.

3.6 Funktionales Erklären – das Modell

Abgrenzung gegen Intentionalität

Das Modell der intentionalen Erklärung hat nur eine bestimmte Reichweite
– darüber hinaus ist es, genauso wie ein falsches Werkzeug, nicht geeignet,

soziale Geschehnisse vernünftig zu erklären. Es trägt von Fall zu Fall nicht weit genug.

Einer dieser Fälle besteht darin, daß man ein Handeln erklärt, das nicht von einer einzelnen Person oder einer kleinen, konsensfähigen Gruppe ausgeht, sondern von einer großen Gruppierung. Verschärft würde dieser Fall noch dadurch, daß der Kommentar nicht eine abgrenzbare Handlung, sondern ein durchgängiges Verhalten zu erklären hätte – etwa das Verhalten der katholischen Kirche zur Abtreibungsdebatte oder der Umweltbewegung zur Kernkraft.

Ähnlich liegt der Fall, wenn sich das soziale Phänomen vollends von Menschen oder Menschengruppen gelöst hat und einen institutionellen Charakter angenommen hat; Beispiele hierfür wären die Ehe, der christliche Glaube, die Rechtsordnung, die Wissenschaft oder die soziale Marktwirtschaft. Man wird all diesen Institutionen keinen einheitlichen Willen unterstellen können. Im Gegenteil, einige von ihnen leben sogar davon, daß sich in ihnen sehr unterschiedliche Willensakte artikulieren und realisieren; und trotzdem tun diese Institutionen etwas mit unserer Gesellschaft im ganzen, mit anderen angrenzenden Institutionen oder mit Großgruppierungen.

Und schließlich bleibt noch ein dritter Fall. Er liegt immer dann vor, wenn die Resultate einer Handlung interessanter sind als die beabsichtigten Ergebnisse; wenn sich quasi hinter dem Rücken der Handelnden eine zweite Sinn- oder Nutzenebene in das gesellschaftliche Geschehen einschleicht. Wir hatten oben über archaische Gesellschaften gesprochen, in denen die Begüterten anläßlich öffentlicher Feiern und Wettkämpfe viele und wertvolle Geschenke, Siegesprämien etc. vergaben. Über die individuellen Motive waren wir uns im klaren: Ehre und Risikovorsorge, also eine Mischung aus Sponsoring und Versicherung. Über diese individuelle Motivation hinaus läßt sich allerdings eine zweite Kraft feststellen, die hinter dem Rücken der Einzelnen wirkt. Sie sorgt dafür, daß individuelle Begabung und Tüchtigkeit, daß ein materieller Vorsprung wie die Erbschaft wertvoller Güter und daß schlußendlich glückliche Wechselfälle des Schicksals die Kluft zwischen Reich und Arm, Oben und Unten nicht zu groß werden ließen. Soweit die sich auftuende Kluft den materiellen Aspekt betraf, sorgte die Verausgabung durch Geschenke immer wieder für eine gewisse Egalisierung. Hier hatte sich eine zweite Sinn- und Nutzenebene eingeschlichen.

Diese zweite Ebene bezeichnen wir als Funktion bzw. das Modell als einordnendes oder funktionales Erklären. Daß die Erklärung dort, wo Funktionalität und Intentionalität gleichermaßen anwendbar sind, zu unterschiedlichen Ergebnissen führt, zeigt sich an unserem letzten Beispiel sehr schön. Die Vergabe von Geschenken können wir intentional zunächst als Streben nach Ehre und Ruhm, sodann auf längere Sicht als Risikoabsicherung für Wechselfälle des Lebens betrachten. Unter funktionalen Gesichtspunkten dagegen ist dieses Verhalten der vielen Einzelnen geeignet, die Gesellschaft in einem materiellen Gleichgewicht zu halten. Wenn wir überdies unterstellen oder nachweisen können, daß dieses Gleichgewicht einem wichtigen Gesamtziel von Gesellschaften dient, nämlich der Stabilität und Kontinuität, dann können wir sagen: Dieses Verhalten ist funktional für die betreffende Gesellschaft.

Nehmen wir dagegen unser heutiges Sponsoring und Versicherungswesen. Letzteres bedeutet zwar nicht die Verausgabung durch ausschließlich Begüterte bis an den Rand der eigenen materiellen Erschöpfung, wohl aber dient es einem sehr ähnlichen Zweck: Rückversicherung gegen unabsehbare Risiken. Allerdings wird man seine Funktion anders akzentuieren müssen. Wie immer sie sein mag: Es geht auf jeden Fall nicht um die Egalisierung oder um die Umverteilung materieller Güter von oben nach unten.

Deutlicher wird die unterschiedliche Funktion an der Analogie des Sponsoring. Wenn wir in diesem Zusammenhang intentional von Imagemehrung sprechen, dann läßt sich hierin durchaus eine Parallele zum Streben nach Ehre und Ruhm des archaischen Begüterten finden. Allerdings endet hier die Parallelität. Funktional nämlich dient das Sponsoring herkömmlicher Art auf jeden Fall nicht der Wahrung gesellschaftlicher Egalität. Im Rahmen größerer Konzepte könnte man das Sponsoring funktional vielleicht als eine spezielle Maßnahme der Unternehmens- und Marktkommunikation bezeichnen, die das Vertrauen der Bevölkerung in das Verantwortungsbewußsein des Unternehmertums für solche öffentlichen Anliegen festigt, die die Allgemeinheit nicht leisten kann. Man wird hieraus weiter schließen dürfen, daß heutiges Sponsoring eine Kompensation für Leistungen darstellt, die eine egalitäre Gesellschaft aus eigener Kraft bewerkstelligen könnte.

Chancen funktionalen Erklärens

Ein recht ähnliches Verhalten – das Verschenken materieller Güter in und für die Öffentlichkeit – erweist sich also in intentionaler Hinsicht als recht ähnlich; in funktionaler dagegen sind beide Verhaltensweisen deutlich unterschieden, beinahe sogar konträr. Woran liegt das? Eine Antwort auf diese Frage findet man am besten in dem Ziel, das die übergeordnete Gesamtheit verfolgt, in unserem Fall also die archaischen Begüterten bzw. die Sponsoren zusammen mit den jeweiligen Öffentlichkeiten. Dieses Ziel und diese Gesamtheit kann man sehr weit oben ansetzen, indem man die Gesellschaft schlechthin als Gesamtheit betrachtet; in diesem Fall würde man wahrscheinlich zu sehr abstrakten Zielen wie Kontinuität, Stabilität, allgemeine Nutzenmehrung etc. kommen.

Man kann aber auch eine Teilgesamtheit der Gesellschaft betrachten, zum Beispiel die Gesamtheit des wirtschaftlichen Geschehens mitsamt seiner Subjekte in archaischen Gesellschaften und heute. Hierauf bezogen kann man feststellen: Die archaische Teilgesamtheit »Wirtschaftsleben« war um ein Vielfaches mehr an der Sicherung der Grundbedürfnisse orientiert; jede diesbezügliche Störung führte beinahe automatisch zur Störung der übergeordneten Gesamtheit »Gesellschaft«. Die moderne Teilgesamtheit »Wirtschaftsleben« hingegen ist an Zielen orientiert, die unter dem Begriff «soziale (und globale) Marktwirtschaft« zusammengefaßt sind; hierzu gehören die Gewinninteressen des Unternehmers genauso wie die Absicherung sozialer Standards.

Vor diesem übergeordneten Hintergrund lassen sich nun die unterschiedlichen Funktionen problemlos einordnen. Das Herschenken großer materieller Werte sichert die Grundbedürfnisse und stabilisiert über den Umweg der Egalität der Gesellschaft deren innere Existenz und ihre Abwehrbereitschaft nach Außen. Dasselbe Verhalten würde eine Wirtschaftsgemeinschaft heutigen Zuschnitts sofort in den Ruin führen, weil es an die Wurzeln der in ihr herrschenden Verfahrensweisen ginge.

Wir haben mithin nicht nur erklärt, wie und wozu die beiden Verhaltensweisen des Verschenkens in und für die Öffentlichkeit funktionieren; wir haben über eine funktionale Betrachtung ermittelt, daß sie zwar prima vista ähnlich, im Grunde jedoch auch sehr verschieden sind.

Die Elemente eines funktionalen Modells

Das Hauptelement des einordnenden oder funktionalen Erklärens ist die Teilgesamtheit, die innerhalb einer größeren Gesamtheit steht und auf irgendeine Art Prozesse anstößt oder Prozesse und Zustände verändert; oder die verhindert, daß Prozesse angestoßen oder Prozesse und Zustände verändert werden, also stabilisierend wirkt. Wir nennen dies abgekürzt das Verhalten der Teilgesamtheit.

Die Gesamtheit bzw. die Teilgesamtheit zeichnet sich dadurch von ihrer Umwelt aus, daß man von ihr genau zu sagen weiß, wo ihre Grenzen liegen, was zu ihr gehört und was nicht. Bei sozialen Gesamtheiten kann überdies angegeben werden, welche konstanten Verhaltens- oder Verfahrenssregeln in ihr oder für sie gelten.

Die Umwelt kann ihrerseits eine andere Teilgesamtheit sein oder aber ein Konglomerat von Elementen, deren Grenzen nicht bestimmbar sind und die keine festen Verfahrens- oder Verhaltenssregeln gegenüber der Ausgangs-Teilgesamtheit haben.

Eine solche soziale Teilgesamtheit kann eine Gruppierung von Menschen, gegebenenfalls sogar ein einzelner Mensch sein; ein Beispiel hierfür wäre ein Demonstrationszug oder die Besucher einer Kinovorstellung. Sie kann in einer Organisation bestehen, das heißt in dem zweckorientierten Aufbau eines sozialen Gebildes, das durch irgendeine Art von Mitgliedschaft bestimmt wird und ein hohes Maß an Verfahrens- und Verhaltenskonstanz aufweist; als Beispiel sei hierfür ein Unternehmen betrachtet, dem qua Anstellungsvertrag bestimmte Mitglieder angehören und das bestimmte Verfahren wie die Produktion von Gütern, aber auch das Überweisen von Gehältern mit hoher Konstanz realisiert. Sie kann aber auch eine Institution sein, also ein Bündel von gesellschaftlich akzeptierten Normen und Werten darstellen, deren Ziel die Regelung grundsätzlicher sozialer Beziehungen ist. Beispiele hierfür wären die Ehe, die Rechtsordnung, die Regeln des globalen Wettbewerbs etc.

Neben diesen sozialen Gesamtheiten sind die organischen sowie die dinglichen Gesamtheiten zu erwähnen, die ebenfalls Funktionen übernehmen können. Ein Beispiel für eine organische Gesamtheit wären Bakterien, die in unserem Darm für ein problemloses Verdauen sorgen; eine dingliche Gesamtheit wäre ein am Stadtrand befindlicher Einkaufskomplex, der eine Funktion für den Konsum der Bevölkerung hat.

Derartige Gesamtheiten sind stets, neben anderem, auch Teil einer übergeordneten Gesamtheit. Die Institution »Wettbewerb« beispielsweise ist Teil der Gesamtheit »Wirtschaftsleben«. Eine Gesamtheit wie etwa die Institution »Wettbewerb« kann sehr wohl Teil unterschiedlicher Gesamtheiten sein – beispielsweise »Wirtschaftsleben« und »Sport« – und hat dann eventuell jeweils andere Funktionen.

Die Funktion einer Teilgesamtheit hängt mithin von der übergeordneten Gesamtheit ab, innerhalb der und für deren Ziele sie »funktioniert«. Mit anderen Worten: Die Funktion einer Teilgesamtheit besteht darin, durch ihr Verhalten ganz bestimmte Konsequenzen zu realisieren, die für die Ziele der übergeordneten Gesamtheit förderlich, stabilisierend oder hinderlich sind.

Wir können somit das Modell auf einige wenige Punkte reduzieren, die von
Belang sind:

1. Es gibt innerhalb einer Umwelt und einer übergeordneten Gesamtheit eine Teilgesamtheit, die sich klar von beiden abgrenzen läßt. Als
soziale Teilgesamtheit zeichnet sie sich durch eine graduell unterschiedliche Verfahrens- und Verhaltenskonstanz aus.
2. Die Teilgesamtheit praktiziert ein bestimmtes Verhalten oder Verfahren, das innerhalb der übergeordneten Gesamtheit wirkt. Wir nennen dieses Verhalten im Fall 3.1 funktional, im Fall 3.2 funktionsabträglich, im Fall 3.3 unfunktional.
3. 1 Das Verhalten/Verfahren der Teilgesamtheit ist dem Ziel der übergeordneten Gesamtheit förderlich.
3. 2 Das Verhalten/Verfahren der Teilgesamtheit ist dem Ziel der übergeordneten Gesamtheit abträglich.
3. 3 Das Verhalten/Verfahren der Teilgesamtheit hat keine Konsequenzen für das Ziel der übergeordneten Gesamtheit.

3.7 Funktionales Erklären – die Praxis

Das Probleme der exakten Darstellung

Es bedarf keiner umfangreichen Erwähnung und erst recht keiner Begründung, daß und warum in der Praxis alltäglicher Kommentierung das oben
vorgestellte Modell funktionaler bzw. einordnender Erklärung so gut wie nie
in voller Breite entfaltet wird. Hierzu fehlt dem Kommentator nicht nur der
nötige Platz; es wäre überdies in vielen Fällen überflüssig bis langweilig, alle
einzelnen Posten abzuhaken, zumal sie sich für eine interessierte und informierte Leserschaft häufig von selbst verstehen.
Von daher werden wir im folgenden nur Torsi eines funktionalen Erklärens
vorstellen können. Darin darf jedoch nicht unbedingt ein Defizit gesehen
werden; denn die Unvollständigkeit und Ergänzungsbedürftigkeit des Torsos
kann gerade durch die Beschränkung auf das Notwendigste den Blick auf
und für das Wesentliche schärfen.
Und ein zweites wird auf den folgenden Seiten klar: Die Einteilung zwischen
erklärenden und wertenden Kommentaren erweist sich ein erneutes Mal als

problematisch im Sinne ihrer Praktikabilität. Sie ist und bleibt ein theoretisches Konstrukt, das unleugbar einen darstellungstechnischen Wert für dieses Buch hat, das überdies dem Kommentator auch ein unerläßliches Analyseinstrument zu einem trennscharfen Umgang mit der vorgefundenen Wirklichkeit ist, in der kommentierenden Textformulierung jedoch schnell auf unüberbrückbare Hürden stößt.

Eine (beinahe) vollständige Modellumsetzung

Wie gedanklich klar und deshalb nachvollziehbar ein funktional erklärender Kommentar dennoch sein kann, kann am folgenden Text nachvollzogen werden. Der nachrichtliche Anlaß hierzu ist denkbar gefährlich; denn allzu oft führen Jubiläen zu unreflektiertem Jubilieren oder zum Nähkästchen-Plaudern. Nicht so der folgende Kommentar.

40 Jahre DGB

In den 40 Jahren ihres Bestehens haben die Gewerkschaften des Deutschen Gewerkschaftsbundes außerordentlich viel erreicht. Die Bundesrepublik ist ein Land mit einem hohen Maß an Wohlstand, sozialer Sicherheit und Arbeitsfrieden. An all diesen Errungenschaften haben die Gewerkschaften entscheidend mitgearbeitet. Ohne sie stünde das Land heute nicht so stabil da, in vieler Hinsicht weiter entwickelt als seine europäischen Nachbarn. Die Bundesrepublik konnte sich nur deshalb so ruhig entfalten, weil es den Gewerkschaften in den vergangenen 40 Jahren gelang, ein akzeptiertes Gegengewicht zu den Arbeitgebern zu bilden.

Die Verdienste der Vergangenheit begründen jedoch noch länst keine Zukunft. Im Vorfeld des EG-Binnenmarktes ist das Kapital dabei, sich weiter zu konzentrieren. Durch Unternehmenszusammenschlüsse entstehen neue, ungewöhnlich große Machtgebilde, die längst den nationalen Rahmen sprengen.

An die Stelle des Unternehmers der Nachkriegszeit, der die Gewerkschaften zwar nicht liebte, aber ihre Rolle akzeptierte, ist inzwischen vielerorts der Manager getreten, der bei der Mehrung des Kapitals die Gewerkschaften oft eher als Störenfried und soziale Leistungen leichtherzig als Belastung betrachtete.

Auch die Arbeitnehmer haben sich verändert. Bei der Mehrheit, die am eigenen Leibe nie dauerhaft große Not erleiden mußte, schwindet das Bedürfnis, in großen Organisationen Schutz zu suchen. Der Bürger ist als Arbeitnehmer und Wähler selbstbewußter geworden. Er tritt die

Wahrung seiner Interessen nicht mehr so selbstverständlich an große Apparate ab.
Diese Entwicklungen tragen dazu bei, die Machtbalance zwischen Arbeitgebern und Arbeitnehmern zu gefährden. Die Politik, der daran gelegen sein müßte, das notwendige, sehr empfindliche Gleichgewicht zwischen Arbeit und Kapital zu bewahren, neigt im Zweifelsfalle allzu leicht dazu, sich auf die Seite des Kapitals zu schlagen.
Die Gewerkschaften haben die Gefährdung, denen sie ausgesetzt sind, inzwischen erkannt. Sie diskutieren über Reformen. Diese sind dringend erforderlich. Die Zukunft wird sich den Gewerkschaften nur erschließen, wenn es ihnen gelingt, auch weiterhin eine starke Gegenmacht zu sein. Westdeutsche Allgemeine Zeitung, 13. 10. 1989

Die Struktur dieses Textes ist klar und deutlich, sein Erklärungsmuster leicht nachvollziehbar und rational. Als Teilgesamtheit ist die Gewerkschaft zu betrachten, die in den vergangenen Jahren durch ihre Funktion, ein »akzeptiertes Gleichgewicht zu den Arbeitgebern« zu bilden, gesamtökonomische Ziele wie »Wohlstand«, »soziale Sicherheit« und »Arbeitsfrieden« gewährleistet hat. Als Teilgesamtheit agiert sie zusammen mit gewandelten anderen Teilgesamtheiten – einerseits dem Kapital, andererseits dem Arbeitnehmer neuen Zuschnitts – in einer sich ändernden Gesamtheit: dem EG-Binnenmarkt und einer selbstbewußteren Bürgergesellschaft.
Wir hatten oben festgestellt, daß sich Funktionen in veränderten Gesamtheiten ändern können. Genau dies konstatiert unser Kommentar. Die Funktion, via akzeptierter Machtbalance die übergeordneten Ziele zu garantieren, ist nicht mehr gesichert, weil die Funktion selbst in Frage gestellt ist. Man kann aus heutiger Sicht, knapp 10 Jahre später, die Gültigkeit dieser Analyse nur bestätigen.

Funktionales Erklären und Verfahrens- bzw. Verhaltenskonstanz

In unserem Modellkapitel hatten wir als eine Abgrenzungsmöglichkeit der Teilgesamtheit gegenüber anderen Teilgesamtheiten bzw. gegenüber ihrer Umwelt die Konstanz im Verfahren bzw. Verhalten bezeichnet. Diese Konstanz basiert auf Regelhaftigkeit des Verhaltens oder Verfahrens. Man könnte mit einem anderen Begriff auch sagen: Sie basiert auf einem Normenkanon.
Diese Tatsache machen sich viele Kommentare zunutze, indem sie die vorgefundene Wirklichkeit an einer quasi idealen Regelhaftigkeit messen. In der Terminologie des funktionalen Erklärens: Sie analysieren, ob eine Teilge-

samtheit von einer bewährten Verfahrenskonstanz abweicht und hierdurch
funktionsabträgliche oder zumindest unfunktionale Konsequenzen zeitigt.
Die folgende Kommentarpassage ist eine von sehr vielen, sehr ähnlichen
Reaktionen der Presse auf die Kabinettsumbildung im Jahr 1993. Einhellig
war nicht nur die Kritik der Mehrzahl der Kommentare; einhellig war auch
die Vorgehensweise. Hier ein Beispiel:

Kabinetts-Erneuerung?

...Regierungsumbildung zur Halbzeit bedeutet doch, daß man erkennbar schwache Kabinettsmitglieder auswechselt; Politiker, die sich in
ihrem Ministeramt verschlissen haben, in allen Ehren entläßt; daß
man zur Lösung neuer Probleme schwerpunktmäßig neue Strukturen
schafft. Aber Bundeskanzler Kohl ist nicht frei in seiner Gestaltungs-
befugnis. Zudem wurde er in seinem Zeitplan empfindlich gestört,
denn Minister gingen, Minister mußten gehen, Minister resignierten,
ehe sie gegangen wurden. Kohl hatte es nicht mehr in der Hand, von
seiner Gestaltungskompetenz zu dem von ihm gewünschten, wirksamsten Zeitpunkt Gebrauch zu machen...
Ein Technologie- und Forschungsminister Riesenhuber (CDU) beispielsweise war brillant in seinem Amt, doch in Hessen nicht parteiak-
tiv. Nachfolger Wissmann von der baden-württembergischen CDU, mit
43 Jahren ein Vertreter der jungen Generation, balanciert die politische CDU-Waage aus, wonach nämlich die Hessen nicht stärker im
Bonner Kabinett vertreten sein dürfen als die Baden-Württemberger,
seit Schäuble (früher Bundesinnenminister) in den CDU/CSU-Frakti-
onsvorsitz überwechselte. Das ist auch eine Machtposition in Bonn.
Und was für eine!
Da werden Kabinetts-Umbildungen zu Drahtseilakten; zu Luftnum-
mern, ohne Netz, aber mit doppeltem Boden. Rheinische Post, 20. 1.
1993

Der funktional erklärende Teil dieser Kommentarpassage beantwortet die
Frage, welches Verfahren bei der Institution»Kabinettsumbildung« regelhaft
zu beobachten ist (oder sein sollte) und wie, daran gemessen, die tatsächli-
che Kabinettsumbildung verfahren ist. Unausgesprochen und doch deutlich
genug steht das Ergebnis im Raum: Diese Kabinettsumbildung ist mindestens unfunktional, eher sogar funktionsabträglich.

Auf einer zweiten Ebene wird sodann eine ganz andere Funktionalität aufgezeigt, die sich aus dem fragilen Einfluß- und Machtgefüge Bonner Politik

ergibt. Gemeint ist das Austarieren unterschiedlicher Landesinteressen im föderativen Gefüge unseres Landes.

In diesem letzten Beispiel haben wir es mit einer funktionalen Erklärung zu tun, die nicht um ihrer selbst willen aufgestellt wird; vielmehr dient sie der wertenden bzw. abwertenden These des Kommentars – »Drahtseilakt«, »Luftnummer« – als Argument oder Begründung. Indem die Funktionsabträglichkeit einer Teilgesamtheit aufgezeigt wird, wird ein Werturteil argumentativ gestützt, das auf die ein oder andere Art eine Regel- oder Normverletzung moniert. Dies ist ein häufig zu beobachtender Gesamtzusammenhang funktionalen Erklärens in Kommentaren.

3.8 Das erklärende Referat

Wir verlassen mit diesem Kapitel endgültig den engeren und exakteren Bereich des Begriffes »Erklären«; wir verlassen ebenfalls den für Kommentare spezifischen Bereich an Textbausteinen und wenden uns einem Textelement zu, das gleichwohl in so gut wie jedem Kommentar anzutreffen ist. Wir nennen dieses Element »Referat«.

Im gemeinsprachlichen Umgang mit dem Wort »erklären« gibt es einen Gebrauch, den folgendes Beispiel verdeutlicht: Eine Person A fragt einen ortskundigen B nach dem Weg von X nach Y; daraufhin beginnt B mit dem einleitenden Satz: »Ich versuche Ihnen das mal zu erklären....« Was dann folgt, ist keine Erklärung, die auf keinerlei Art von Gesetzmäßigkeit rekurriert, wie unsere bisherigen Erklärungen das getan haben. Vielmehr vermittelt sie in mehr oder weniger geordneter Form Fakten, um in A einen Wissensbestand zu erzeugen, der ihn in die Lage versetzt, von X nach Y zu kommen. B wird hierbei weitgehend auf Tatsachenäußerungen zurückgreifen; hier und da wird er jedoch auch Wertungen einfließen lassen – etwa in der Wortwahl oder in kleinen Empfehlungen.

Genau dies tut das Referat in einem Kommentar. Hierin unterscheidet es sich, nebenbei bemerkt, nicht von Textpassagen etwa in der Reportage, dem Feature oder der großen Magazingeschichte. Dies ist auch nicht verwunderlich, denn die Funktion dieses speziellen Textelementes ist in allen genannten Darstellungsformen dieselbe: Es soll Hintergrundinformation vermitteln, ohne hierbei den strengen Aktualitäts- und Neutralitätsgeboten nachrichtlichen Schreibens entsprechen zu müssen.

Hier, allerdings, müssen wir eine wichtige Einschränkung machen. Der

Kommentar ist keine Darstellungsform, deren Schwerpunkt in der Vermittlung faktischer Informationen zu suchen ist. Hierfür gibt es die berichtenden Textformen, die in der Ausprägung etwa des Hintergrundberichtes genügend Freiraum für jeweils eigene Meinungselemente lassen.

Das Referat des Kommentars hat deshalb eine nur »dienende« Funktion; es erfüllt keinen informationellen Selbstzweck. Wir gehen im folgenden auf drei unterschiedliche Funktionen ein und werden versuchen, die Grenzen des Referates genauer zu bestimmen.

Themeneinstieg, Vorgeschichte und Umfeld

Viele Mantelkommentare, die nicht unmittelbar neben der thematisch zugehörigen Nachricht stehen, steigen mit einem kleinen Themenreferat ein; sie rekapitulieren auf eine weitgehend sachliche Art den nachrichtlichen Anlaß für den folgenden Kommentar. Hierzu ein kurzes Beispiel:

Das Angebot der Republik

Der Generalbundesanwalt von Stahl hat das Verfahren gegen die Möllner Mörder an sich gezogen. Die Begründung: Der Anschlag ist gedacht und geeignet, die innere Sicherheit der Bundesrepublik zu gefährden und zur Wiedereinrichtung einer nationalsozialistischen Diktatur in Deutschland beizutragen.
Das sind andere Töne, als sie nach Rostock-Lichtenhagen zu hören waren... Die Tageszeitung, o.J.

Ein solcher referierender Themeneinstieg bietet sich immer dann an, wenn zwischen Nachricht und Kommentar gegebenenfalls mehrere Seiten liegen oder die Nachricht sogar in der Seitenabfolge hinter der Kommentarkolumne plaziert ist. Hinzu kommt, daß in vielen Zeitungen der Kommentar zweispaltig erscheint, wodurch einer aussagekräftigen Überschrift enge Grenzen gesetzt sind. In diesen und ähnlichen Fällen ist der referierende Themeneinstieg entfernt mit dem Lead-Einstieg einer Nachricht zu vergleichen, ohne allerdings deren strenge Anforderungen erfüllen zu müssen.

Oft ist es für das Verständnis der eigentlichen erklärenden oder bewertenden Kommentierung wichtig, das Umfeld bzw. die Vorgeschichte zu einem Thema zu kennen. Diese Vorgeschichte kann den Entwicklungsstrang nachzeichnen, der zu dem aktuellen Sachverhalt führt; sie kann im Kontrast zur aktuellen Situation frühere Verhältnisse rekapitulieren; sie kann vergleichbare Fälle oder ähnliches Anführen, um hieraus anschließend Folgerungen für die aktuelle Gegebenheit abzuleiten. Das Umfeld dagegen zeichnet organisatorische, gesetzliche oder andere normative Rahmenbedingungen auf; es skizziert Faktoren wie kulturelle, wirtschaftliche oder politische Rahmenbedingungen, soweit sie das Verstehen der eigentlichen Kommentierung befördern.

Wir sehen an den soeben skizzierten Umfeldern und Vorgeschichten, wie fließend der Übergang von der echten Erklärung zum erklärenden Referat ist. Wir können und werden dieses schwierige Problem hier nicht lösen, möchten aber nochmals betonen, daß das Referat des Kommentars immer nur der Aufhellung dient, niemals der Wissenvermittlung um ihrer selbst willen.

In diesem Sinne fährt der oben begonnene Kommentar »Das Angebot der Republik« nach dem Themeneinstieg mit einer Vorgeschichte fort:

> Der Generalbundesanwalt von Stahl hat das Verfahren gegen die Möllner Mörder an sich gezogen. Die Begründung: Der Anschlag ist gedacht und geeignet, die innere Sicherheit der Bundesrepublik zu gefährden und zur Wiedereinrichtung einer nationalsozialistischen Diktatur in Deutschland beizutragen.
>
> Das sind andere Töne, als sie nach Rostock-Lichtenhagen zu hören waren. Nicht an versuchten Mord dachte man, als über einhundert Vietnamesen und Vietnamesinnen stundenlang in dem brennenden Haus eingeschlossen waren. Angeklagt wurde ausschließlich wegen schweren Landfriedensbruch (sic!). Die einzige Anklage wegen versuchten Mordes erfolgte gegen eine Person, die einen Brandsatz auf einen Polizisten geworfen hatte.
>
> Die Übernahme des Verfahrens durch den Generalbundesanwalt ist eine längst überfällige politische Geste... Die Erklärung dieses Terroranschlags zur Chefsache öffnet den Blick dafür, wie aus der Resignation angesichts der Überfälle auf Menschen herauszutreten wäre...

Die beiden letzten Sätze machen klar, daß die referierende Vorgeschichte im zweiten Absatz keinem informationellen Selbstzweck dient, sondern das Verständnis der Besonderheit dieser jüngsten Entwicklung fördert.

Wort- und Begriffsklärung

Ein zweites Anwendungsgebiet des erklärenden Referates liegt in der Klärung unbekannter Wörter oder eines nicht vertrauten Begriffes. Im Falle unbekannter Wörter handelt es sich in der Regel um Fachtermini oder Fremdwörter, deren (lexikalische) Bedeutung erklärungsbedürftig ist. Dies bedeutet, verkürzt formuliert, eine Leistung, die im wesentlichen so auch von jedem Sprach-Lexikon erfüllt wird. Etwas komplexer stellt sich die Erklärung von unbekannten Begriffen dar. Unter Begriffen verstehen wir von einzelnen Wörtern unabhängige Vorstellungen oder Inhalte, die unserem Denken zugrunde liegen

Auch hier gilt: Wort- und Begriffsklärungen sind nicht um ihrer selbst willen da. Der Kommentar ist kein verschämt verbrämter Lexikonkasten der Nachricht. Vielmehr ist die Wort- und Begriffserklärung nur dort am Platze, wo sie dem Verständnis der erklärenden bzw. bewertenden Kommentierung des nachrichtlichen Sachverhaltes dienlich ist.

Zu Beginn des Jahres 1993 war Wahlkampf in Frankreich, und um die Sozialistische Partei war es in der Wählergunst nicht gut bestellt. Genau das wußte man als durchschnittlicher Leser der Süddeutschen Zeitung bestenfalls am Rande, wenn überhaupt. In dieser Situation erschien eine kleinere Nachricht im Blatt; in ihr wurde vermeldet, Mitterand plane eine Verfassungsänderung. Der fragliche Artikel, so war nachrichtlich weiter zu vernehmen, regele die Kompetenzen des Präsidenten in bestimmten krisenhaften Situationen. Hierzu erschien der folgende Kommentar.

Solo in Demokratie

Francois Mitterrands vergilbtes Buch »Der permanente Staatsstreich« zeugt für die Erbitterung, mit der er einst fast ein Vierteljahrhundert lang als Oppositioneller das politische System von Charles de Gaulles Fünfter Republik bekämpfte. Nachdem er 1981 selber in den Sattel des General gestiegen war, fand Mitterand die gegebenen Möglichkeiten, Frankreich am kurzen Zügel Gangart und Richtung aufzuerlegen, plötzlich recht behaglich. Knapp drei Wochen bevor ihm nach allgemeiner Stimmung die parlamentarische Mehrheit zu entgleiten droht, will er nun von der übermäßigen Machtfülle des Staatschefs etwas abtreten.

Der fragliche Verfassungsartikel 16 gibt dem Präsidenten das Recht, geeignete Maßnahmen zu ergreifen, falls die Institutionen der Republik, die Unabhängigkeit der Nation, die Unversehrtheit des Staatsgebiets oder das Funktionieren der rechtmäßigen Organe bedroht sind. De Gaulle, der den Notstandsparagraphen quasi eigenhändig schrieb, hatte Situationen wie die vom Frühling 1940 vor Augen, als die Dritte Republik vor Hitlers Wehrmacht kapitulierte, oder einen möglichen

Atomkrieg. Angewendet wurde der Artikel nur einmal, als rebellische Militärs 1961 die Entlassung Algeriens in die Unabhängigkeit zu verhindern suchten.

Daß das tausendjährige Frankreich dank zweier Amtsperioden Mitterands nie mehr in Gefahr geraten könnte, werden selbst dessen treueste Anhänger nicht behaupten. Aber es herrscht Wahlkampf, und viel Munition haben die Sozialisten nicht. Initiativen aus dem Elysée sind Schützenhilfe: Noch ehe die Franzosen zu den Urnen gehen, besucht der Weltpolitiker Mitterand Clinton und Jelzin. Und bevor seine Mannschaft sich abschminkt, zeigt der Chef ein Solo in Demokratie. Süddeutsche Zeitung, 4. 3.93

Der mittlere Abschnitt dieses Kommentars ist eine Begriffsbestimmung. Es geht um den Verfassungsartikel, dessen Inhalt dem durchschnittlichen Leser nicht bekannt sein konnte. Er wird der Leserschaft in einer Mischung aus inhaltlicher Beschreibung und historisch-genetischer Erklärung nahegebracht.

Allerdings – und dies ist das eigentlich wichtige – muß man diese Begriffsklärung in ihrer eigentlichen Funktion sehen. Der Kommentator muß nämlich auf die Erklärung des Verfassungsartikels zurückgreifen, um seine Begründung des Handelns Mitterands stützen zu können.

Das wird sofort deutlich, wenn wir den Begründungsverlauf dieses Kommentars genauer betrachten:

These: Mitterand trennt sich von Art. 16 nur deshalb, um seiner Sozialistischen Partei im Wahlkampf zu helfen.

1. Begründungsstrang: Die Sozialisten haben Hilfe nötig, denn sie stehen in der Wählergunst schlecht da; deshalb auch die Auslandsbesuche kurz vor der Wahl.

2. Begründungsstrang: Mitterand war zwar ehemals ein Gegner des »Regierungssystems De Gaulle«, hat aber als Präsident die damit verbundene Machtfülle nicht aufgegeben.

3. Begründungsstrang: Inhalt und Zweck des fraglichen Artikels (begriffliche Klärung) sind auch heute nicht obsolet, sondern könnten jederzeit wieder relevant werden.

Ohne den dritten Strang würde die gesamte Begründung der Handlungsweise Mitterands einiges an Substanz verlieren. Sein zwiespältiges Verhältnis zu dem System De Gaulles, das er einerseits bekämpft, andererseits für sich instrumentalisiert hat, würde nicht deutlich genug. Überdies würde nicht klar, daß die mit dem Artikel verbundenen Befugnisse durchaus nicht obsolet sind.

Wir beschränken uns auf diese drei Grundformen des erklärenden Referates – den referierenden Themeneinstieg, die Vorgeschichte bzw. das Umfeld und die Wort- bzw. Begriffsklärung. Wichtig ist es, die dienende Funktion des Referates im Aufbau und in der Strategie des Gesamtkommentars festzuhalten. Wir sind deshalb unter anderem der Ansicht, daß beispielsweise die weitgehend faktenbezogene Aufarbeitung eines runden Jahrestages, die rein referierende Beschreibung seiner Historie oder Genese, nicht Gegenstand eines Kommentars sein sollte. Hierzu gibt es Artikel aus dem großen Feld »Bericht- und Hintergrund«.

4. Bewerten als Kommentarleistung

4.1 Bewerten – das Modell

Wir beschäftigen uns auf den folgenden Seiten mit einem der schwierigsten Probleme, das sich uns im Zusammenhang mit unserem Thema, dem Kommentar, überhaupt stellt. Es ist die Frage, was eine Wertung oder Bewertung ist, was ihr Gegenteil sein könnte und ob bzw. wie man Wertungen in ihrem Binnenverhältnis zueinander ordnen kann.

Trotz dieser Schwierigkeiten kommen wir um diese zentralen Fragen nicht umhin. Denn so wie der Mittelpunkt des erklärenden Kommentars ein verständnisschwieriges Phänomen war, so ist der Mittelpunkt bzw. die Zentralaussage des wertenden Kommentars ein Wertsatz oder Werturteil – oder eben, verkürzt gesprochen, ein Wertung.

Um möglichen Irritationen vorzubeugen, machen wir hier bereits darauf aufmerksam, daß wir den Terminus »Werturteil« nicht nur im Hinblick auf den Bereich des Ethischen begrenzen. Wir gehen vielmehr davon aus, daß die entscheidende Grenzziehung die zwischen folgenden Ausgangspositionen zu sein hat: Treffe ich eine Aussage, weil ich glaube zu wissen, daß ihr Inhalt existent ist – oder treffe ich sie, weil ihr Inhalt Gegenstand meiner Entscheidung oder Setzung ist?

Wir benutzen den Begriff »Werturteil« deshalb synonym zum publizistischen Terminus »Meinungsäußerung«; wir wenden ihn auch im Hinblick auf ästhetische Aussagen oder Aussagen über die Nützlichkeit der (instrumentellen) Dingwelt im weitesten Sinne an.

Wir haben es also mit prinzipiell drei Idealtypen von Sätzen zu tun:

1. »X ist gut« für den ethischen Bereich der sozialen Welt.
2. »X ist schön« für den ästhetischen Bereich der Welt der Kunst.
3. »X ist nützlich« für den praktischen Bereich der Welt der (nicht-künstlerischen) Artefakte.

Wie schon bei den erklärenden Modellen, so wollen wir auch in diesem Fall von zwei Beispielen ausgehen und uns, sozusagen von einer sicheren Seite herkommend, Stück für Stück auf das schlüpfrige Parkett wertender Aussagen begeben.

Text 1: »Frau M ist Mutter zweier Kinder.«
Text 2: »Frau M ist eine tüchtige Frau.«

Semantische Merkmale

Die erste Frage, der wir uns zuwenden sollten, lautet: Wie kann man den Bedeutungsinhalt eines Wortes (oder einer Wortfolge) so formalisieren, daß dem Wort irgendein Phänomen der realen oder ideellen Wirklichkeit eindeutig zuzuordnen ist?

Die Suche nach einem solchen Verfahren hat einen ganz einfachen Grund: Eine gängige Grenzziehung zwischen Tatsachen- und Meinungsäußerung wird durch die sogenannte prinzipielle Überprüfbarkeit des Gesagten oder Gemeinten markiert. Allerdings sollte ich sinnvollerweise nur dasjenige Phänomen überprüfen, von dem ich weiß, daß es gemeint ist; andernfalls laufe ich Gefahr, ein anderes als das vom Sprecher oder Texter gemeinte Phänomen überprüfend in Angriff zu nehmen.

Die Unterscheidung zwischen Tatsachenbehauptung einerseits und Werturteilen oder Meinungsäußerungen andererseits basiert also auf einem zweistufigen Verfahren. Verfahrensstufe eins muß zunächst sicherstellen, ob die (in der Regel strittige) Behauptung in einem sprachlich semantischen Sinne überhaupt wahrheitsfähig ist. Ist dies sichergestellt, setzt Stufe zwei ein, die sich um das Auffinden (prinzipiell vorhandener) empirischer Daten bemüht. Mit dieser groben Einteilung soll übrigens nicht ausgeschlossen werden, daß sich, von Fall zu Fall, beide Stufen gegenseitig ergänzen.

Angenommen, jemand sagt, ein Bierglas sei fast voll; und ein anderer, es sei zu sieben Achteln gefüllt. Wenn ich feststellen möchte, ob der Sprecher vom Typ »fast voll« Recht hat oder nicht, müßte ich zunächst wissen, was »fast voll« bedeutet. Ich müßte es, mit anderen Worten, so genau beschreiben oder eingrenzen können, daß feststeht, was genau überprüft werden muß. Damit werde ich Schwierigkeiten haben. Anders bei »zu sieben Achteln gefüllt«. Ich weiß genau, was ich zu überprüfen habe. Denn ich könnte es mit anderen Worten, mit einer Graphik, sogar mit einem mathematischen Ausdruck so exakt und allgemeinverbindlich ausdrücken, daß jedem klar wird, was genau zu überprüfen ist.

Zurück zu unserer Ausgangsfrage: Gibt es Verfahren, die Wahrheitsfähigkeit festzustellen – und damit die Unterscheidung zwischen Meinungsäußerung und Tatsachenbehauptung? Die Antwort hierauf ist, wie so oft in den Geisteswissenschaften, ein entschiedenes Jein. Neben der sogenannten »Prototypentheorie«, die uns nicht entscheidend weiterbringen würde, gibt es das Modell der semantischen Merkmale. Es hat seine Tücken und Grenzen, bringt uns jedoch in unserem Zusammenhang weiter als die Theorie der Prototypen.

Nach dem Modell der semantischen Merkmale kann die Bedeutung eines Wortes in eine Reihe von Teilbedeutungen zerlegt werden. Zwei Begriffe bzw. die sie abbildenden Worte unterscheiden sich demnach durch mindestens ein Merkmal voneinander.
Als Bedeutungsmerkmale kommen drei verschiedene Kategorien in Frage:
1. Übergeordnete oder nebengeordnete Klassen oder Gattungen: So etwa wäre zu dem Wort »Stuhl« eine übergeordnete Klasse »Sitzgelegenheit« oder – noch höher gegriffen – »unbelebtes Objekt«. Eine benachbarte Klasse wäre »Schemel«.
2. Eigenschaften: Unter Eigenschaften kann man alle Merkmale verstehen, die prinzipiell unserer sinnlichen Wahrnehmung zugänglich sind und eine Kategorie von Phänomenen trennscharf von einer anderen unterscheiden. Solche Eigenschaften am Beispiel »Stuhl« wären: »hat eine Lehne«, »bietet einer Person Platz« usw.
3. Relationen: Hierunter verstehen wir Merkmale, die sich nicht unmittelbar unserer sinnlichen Wahrnehmung erschließen, sondern Teil unseres allgemeinen Wissens und Verständnisses von der Wirklichkeit sind. Ein relationales Merkmal von »Vater« beispielsweise ist »hat (mindestens) ein Kind«.

Auf der Grundlage dieser Merkmalslehre können wir nun hingehen und Satzbestandteile auf ihre Bedeutungsinhalte hin untersuchen. Wir wollen dies hier im Hinblick auf Text 1 nur mit einem einzigen Wort tun: »Mutter«.
Als Gattungsbegriff wählen wir »Lebewesen«; wir addieren hierzu die drei Eigenschaftsmerkmale »menschlich« und »weiblich« und »erwachsen«, womit wir bei »Frau« angekommen sind. Nun fügen wir dem noch eine relationale Eigenschaft hinzu: »hat (mindestens) ein Kind geboren«. In einer formalisierten Schreibweise ausgedrückt:

Mutter =: Lebewesen + menschlich + weiblich + erwachsen + hat (mindestens) ein Kind geboren!

Bereits an diesem einfachen, für unser intuitives Verständnis unproblematischen Wort zeigt sich die Schwierigkeit begrifflicher Unschärfen und Verschiebungen. Das relationale Merkmal nämlich »hat (mindestens) ein Kind

geboren« ist in einer Zeit, in der Leihmutterschaft und Adoption zur Tages-
ordnung gehören, in zunehmendem Maße anfechtbar. Man wird sich deshalb
irgendwann in nicht allzu ferner Zeit um einen anderen Begriff von Mutter-
schaft kümmern oder ein anderes Wort suchen müssen, das der sich diffe-
renzierenden Wirklichkeit Rechnung trägt.

Trotzdem kann man festhalten: »Mutter« läßt sich mit dem Instrument der
semantischen Merkmale – man nennt sie auch Seme – weitestgehend erfassen. Wir können hierzu auch sagen: »Mutter« ist ein beschreibendes oder
deskriptives Wort. Denn es gibt prinzipiell semantische Merkmale, die geeignet sind, die »Bestandteile« des Begriffes vollständig zu erfassen und ihn
trennscharf gegen andere Begriffe abzugrenzen.

Wenn man es versuchte, ließen sich für die anderen Wörter des Textes 1 ähnliche Feststellungen treffen. Insbesondere wird man weiterhin feststellen
können: Die grammatische und syntaktische Zuordnung der Teilaussagen
dieses Satzes ist eindeutig, sodaß der gesamte Satz – quasi als Summe seiner
Teilaussagen – eine eindeutige Gesamtaussage (Proposition) ergibt.

Wir können also sagen: Auf der Grundlage des Satzes von Text 1 ist es möglich zu untersuchen, ob Frau M Mutter ist und ob sie zwei Kinder hat. Mit
einem anderen Wort: Der Satz »Frau M ist Mutter zweier Kinder« ist prinzipiell überrprüfbar, was gleichbedeutend mit den zwei Feststellungen ist: Der
Satz ist wahrheitsfähig bzw. der Satz ist eine Tatsachenbehauptung.

In diesem Zusammenhang muß vor einem häufigen Mißverständnis gewarnt
werden: Ein wahrheitsfähiger Satz bzw. eine Tasachenbehauptung drückt
keine wahre Tatsache aus. Dies festzustellen bleibt einer Überprüfung vorbehalten, die von Fall zu Fall vorgenommenwerden muß. Immerhin aber ist
sicher, was überprüft werden muß.

Wertende Begriffe: Gegenstandsbereich und Dimensionalität

Kommen wir zu Satz 2. Das uns interessierende Wort ist »tüchtig«. Wer
immer es unternimmt, dieses Wort in seine Merkmale zu zerlegen, wird auf
folgende zwei Probleme stoßen. Entweder braucht er zur Erfassung und
Abgrenzung des Begriffes Eigenschafts-Merkmale, die sich einer exakten
Wahrnehmung entziehen. So etwa könnte man sich vorstellen, daß »hat
Erfolg« oder »arbeitet viel« in die Merkmalskette aufgenommen werden, die
jedoch ihrerseits erst semantisch zu klären wären. Das Ergebnis wäre eine
endlose Kette von Bestimmungsversuchen.

Oder er erfaßt den Begriff nicht vollständig, wodurch er in seinen Randbereichen fließende Übergänge zu anderen begrifflich verwandten Kategorien bekommmt. Dadurch allerdings wird es problematisch, von einem Phänomen – beispielsweise von Frau M – mit Bestimmtheit zu sagen, ob sie unter den Begriff »Tüchtigkeit« fällt oder nicht eher unter den Begriff »Fleiß« oder gar »Sorgfalt« oder »Workaholic«.

Dies führt dazu, daß niemand genau zu sagen weiß, was überprüft werden müßte, wenn festgestellt werden soll: Ist Frau M wirklich tüchtig? Oder ist sie fleißig? Oder sorgfältig? Oder eine Workaholic?

Nun könnte der Eindruck entstanden sein – und er ist häufig genug in Diskussionen zu hören –, dies alles sei völlig subjektiv, ja geradezu beliebig. Dieser Eindruck wäre, jedenfalls in dieser Rigidität, nicht richtig. Die Tatsache, daß ein Kommentator jemanden für tüchtig erklärt, sagt nämlich sehr wohl etwas über diesen Jemand aus. Denn »tüchtig« hat zweifelsohne beschreibende oder deskriptive Elemente; einen Stein oder einen Aktenordner kann ich nicht für tüchtig halten.

Ähnlich geht es mit vielen anderen, vorschnell für rein wertend erachteten Wörtern bzw. Begriffen. »Böse« ist weitgehend wertend, und dennoch kann ich es nicht auf einen Stein anwenden, an dem ich mir soeben meinen Zeh gestoßen haben; »böse« beinhaltet also auch Merkmale, die unbestreitbar sind – jedenfalls in unserem Sprach- und Kulturkreis.

Die Tatsache, daß ein Kommentator jemanden für tüchtig erklärt, sagt aber noch mehr. Es sagt etwas über die Verhaltens- oder Handlungsdimensionen aus, in denen sich unser Jemand bezüglich der wertenden Äußerung des Kommentators befunden hat. Wenn ich von einem Sportler sage, er sei »recht schnell« gewesen, dann beurteile ich eine einzige Dimension, nämlich die der Bewegung pro Zeiteinheit. Das ist nur dann sinnvoll, wenn Schnelligkeit eine Kategorie ist, die für diese Sportart relevant ist. Von einem Gewichtheber zu sagen, er sei »recht schnell« gewesen, ist nicht relevant für die Beurteilung dieser Sportart.

Von einem Menschen zu sagen, er sei »fleißig«, beinhaltet mindestens zwei Dimensionen seines Verhaltens: über die zeitliche Ausdehnung und die Intensität seiner Anstrengungen. Und jemanden für »tüchtig« zu erklären, besagt, daß er »Fleiß« mit »Geschick« und einem gewissen »Erfolg« zu vereinbaren versteht. Wir haben es also mit mehreren Dimensionen zu tun, die von »tüchtig« angesprochen werden.

Es ist also nicht so, daß Wertbegriffe bzw. wertende Wörter gleichsam ein

Abbild frei floatender Subjektivität sind. Richtig ist vielmehr, daß sie durch den Gegenstandsbereich, auf den sie anwendbar sind, und die Dimensionalität begrenzt werden. Richtig ist aber auch, daß diese Grenzen um ein vielfaches variabler sind als die beschreibender Begrifflichkeit.

Wertende Begriffe: der Normbezug

Eine der wichtigsten Eigenschaften von Wertäußerungen besteht darin, daß sie ein Phänomen der Wirklichkeit in einen Bezug zu einem Normsystem setzen. Wenn ich von einem Läufer sage, er sei schnell, dann beziehe ich mich hierbei auf ein Normsystem, das mindestens zwei Leistungen zu erbringen hat: Es gibt mir durch die eindeutige Verknüpfung von Zeit und Weg einen überprüfbaren Maßstab vor; und es gibt mir auf diesem skalierten Maßstab einen Streubereich vor, innerhalb dessen die Fortbewegung dieses speziellen Läufers liegen muß. Der überprüfbare Maßstab heißt »Strecke pro Zeiteinheit«. Er ist universell und eindeutig. Ein zweiter Aspekt hingegen ist sehr viel uneindeutiger – die Frage nämlich, wieviele Sekunden ein Läufer, sagen wir der nationalen Spitzenklasse, auf der 100-Meter-Strecke laufen muß, um als »schnell« bezeichnet zu werden.

Um dieses Problem mit einer Übersimplifizierung zu verdeutlichen: Bei 20 Sekunden wird jeder Kundige sagen: »Dieser Läufer ist nicht schnell.« Denn so weit reicht der Streubereich nicht, innerhalb dessen das Wort »schnell« anwendbar bzw. der Begriff berechtigt wäre.

Wir sind damit bei einer faszinierenden Tatsache angekommen: Wertbegriffe mit eingrenzbarem Gegenstandsbereich und geringer Dimensionalität lassen sich immer gut dadurch negativ abgrenzen, daß man sagen kann: Dieses und jenes Phänomen fallen auf jeden Fall nicht unter den Begriff. Konkret: Ein Lustmord fällt auf jeden Fall nicht unter den Begriff »moralisch«. Hingegen zu behaupten, eine Gesetzesnovelle sei »nützlich« oder nicht, dürfte fast immer ohne nähere Eingrenzung des Normbezuges problematisch sein.

Gegenstandsbereich, Dimensionalität und Normbezug bilden zusammen ein komplexes Geflecht, das im Zusammenspiel mit anderen kontextualen Aspekten Schlüsse darüber zuläßt, in welchem Umfang ein Wertbegriff tatsächlich rein wertend, teil-wertend oder sogar weitgehend beschreibend (deskriptiv) ist.

Hierzu ein letztes Beispiel. In einer Schachpartie setzt der Spieler Weiß seine Dame von C3 nach C6. Ein Beobachter dieses Zuges sagt:»Ein guter Zug!« Ein anderer Beobachter sagt:»Ein Verlegenheitszug, der keinen Gewinn verspricht!« Wahrscheinlich können diese beiden Beobachter lange miteinander streiten, ohne zu einem Ergebnis zu kommen.

Anderer Ort, anderes Spiel. Der Spieler Weiß rückt seine Dame von C3 nach C6 und setzt mit diesem Zug den Spieler Schwarz ins Schachmatt. Ein Beobachter sagt:»Ein guter Zug!« Und keiner widerspricht.

Was ist passiert? Niemand wird bestreiten, daß das Wort »gut« über einen fast beliebig großen Gegenstandsbereich verfügt und zudem noch derart vieldimensional ist, daß sich die Dimensionen überhaupt nur in Abhängigkeit vom gemeinten Gegenstand bestimmen lassen. »Gut« ist mithin prädestiniert, ein Wertbegriff schlechthin zu sein.

Durch den situativen Kontext allerdings treten eine Reihe von Einschränkungen auf; insbesondere gibt es ein Normensystem, das zwei Leistungen erbringt: Es umreißt klar die Möglichkeiten des Verhaltens in einem Schachspiel, und es gibt ein eindeutiges Sieg-Kriterium vor.

Wir können für diesen einen Fall also folgendes festhalten: Der Gegenstandsbezug des Begriffes »gut« ist durch die Satzaussage gegeben: Gegenstand ist der Zug der weißen Dame von C3 nach C6. Die Viel-Dimensionalität von »gut« ist durch die konkrete Spielsituation auf einen Wert beschränkt: Sieg oder Nicht-Sieg. Und das Siegkriterium ergibt sich aus dem Regelwerk des Spiels, das wir bisher nur anders bezeichnet haben, nämlich Norm oder Normierung.

Die Aussage »X ist gut« – »der Wein ist gut«, »dieser Spaziergang war gut« – ist in der überwiegenden Mehrzahl aller Fälle eine rein wertende Behauptung. Hier, in unserem Schach-Beispiel, ist sie auf der Grundlage des exakten Gegenstandsbereiches, der Eindimensionalität und des Normbezuges rein beschreibend. Wer die Regeln und das Ziel des Schachspiels akzeptiert und die Spielsituation versteht, der kann diesen Satz nicht ablehnen, sondern muß ihn als Beschreibung eines überprüfbaren Phänomens akzeptieren.

Wir sollten an dieser Stelle kurz innehalten und rekapitulieren. Von einem Wertbegriff können wir dann sprechen, wenn sich ein Begriff nicht durch semantische Merkmale trennscharf beschreiben läßt. Hierbei müssen die Sprechsituation und der Kontext berücksichtigt werden. Durch Eingrenzungen des Gegenstandsbereiches, der Dimensionalität und des Normbezuges nämlich können wertende Begriffe in ihrem jeweiligen Kontext dramatische Bedeutungsveränderungen erfahren.

Analog gilt für einen ganzen Satz: Ein Satz stellt ein Werturteil dar, wenn er einen Wertbegriff so beinhaltet, daß seine Aussage (Proposition) nicht mehr trennscharf gegen benachbarte Aussagen beschreibbar ist. Normalerweise steht der Wertbegriff in solchen Sätzen in prädikativer Stellung.
Wir gebrauchen die Begriffe »wertende Äußerung«, »Werturteil« und »Meinungsäußerung« im folgenden synonym.

Normsätze

Wir können diesen Teil unserer Modellbetrachtungen zum Werturteil bzw. zur Meinungsäußerung nicht verlassen, ohne einen Blick auf ein zentrales Problem geworfen zu haben. Eingangs dieses Kapitels hatten wir gesagt, die eigentliche Trennlinie zwischen Tatsachenbehauptungen und Werturteilen / Meinungsäußerungen sei durch folgende Grundsituation bestimmt: Treffe ich eine Aussage, weil ich glaube zu wissen, daß ihr Inhalt existent ist – oder treffe ich sie, weil ihr Inhalt Gegenstand meiner Entscheidung oder Setzung ist. Konsequenterweise ergibt sich hieraus sofort die Frage, wie überprüft wird bzw. werden kann, ob etwas existent ist.
Diesem (erkenntnistheoretischen) Problem gehen wir auch weiterhin aus dem Weg. Jedoch müssen wir in diesem Zusammenhang auf zwei für den Kommentator interessante Konstellationen hinweisen.

Stellen wir uns den Fall vor, daß ein Kommentator folgendes schreibt: »Jeder erwachsene Bundesbürger ab dem 18. Lebensjahr hat Anspruch auf eine staatliche Grundversorgung in Höhe von monatlich 1.200 Mark.« Die Aussage, das setzen wir voraus, sei semantisch klar und eindeutig. Jedoch gibt es diese »Grundversorgung« bekanntermaßen nicht, weshalb wir strenggenommen nichts an ihr oder mit ihr überprüfen, sondern nur deren Nicht-Existenz feststellen können. Ähnliches gilt für den »Anspruch« usw.
Bei genauerem Hinsehen wird klar: Das ist keine Aussage über einen existenten, sondern über einen gesollten oder gewünschten Sachverhalt. Um es noch genauer einzugrenzen: Es ist eine Aussage über ein gesolltes oder gewünschtes Handeln, über ein Verhalten, über eine Maßnahme – kurzum es ist eine (regulative) Normaussage. In Kommentaren werden wir solche Aussagen in Appelle, Empfehlungen oder Aufforderungen gekleidet finden. Es können konkrete Handlungs- oder Verhaltensanweisungen sein: Wenn die Situation s eintritt, dann tue genau das und das. Es können jedoch auch Zielsetzungen sein, die den Weg zum empfohlenen Ziel offenlassen: In einer bestimmten Situation tue alles nötige, um das Ziel z zu erreichen.

Derartige Normen sind in aller Regel Werturteile – denn sie entspringen, wie gesagt, einer Entscheidung oder Setzung und basieren infolge ihrer Unüberprüfbarkeit nicht auf Wissen. Allerdings wird man einräumen müssen, daß Normen in Bezug auf ein bestimmtes System Tatsachenbehauptungen darstellen können. So etwa der Satz: »Der Läufer darf nur schräg gezogen werden.« Bezogen auf das zugrundeliegende System »Schach« ist dies eine überprüfbare Behauptung; als Satz ist sie semantisch eindeutig; also ist es eine wahre Tatsachenbehauptung bezüglich des Systems »Schach«.

> Normen können in unterschiedlichen Satzformen ausgedrückt werden. Manche Normsätze beinhalten scheinbar sachliche Aussagen, andere Aufforderungen oder Appelle, wieder andere Zielsetzungen. Auf jeden Fall handelt es sich hierbei um Werturteile, die nur – beispielsweise als Regeln – bezüglich eines bestimmten Systems den Charakter einer Tatsachenbehauptung annehmen können.

Zu Konstellation zwei. Ein Kommentator versteigt sich zu der kühnen Behauptung: »Unmittelbar vor seiner Exekution hat der Täter ein leises Stoßgebet um Vergebung gesprochen.« Wir unterstellen erneut semantische Eindeutigkeit; wir unterstellen überdies, daß alle Leser dieses Kommentars akzeptieren, daß im Prinzip ein Gebet von einer anderen Redegattung abgrenzbar ist, daß es überprüfbare Formeln für das Erflehen von Vergebung gibt etc. Und wir unterstellen, daß wir keine Äußerung des Täters aus dem Vorfeld seiner Exekution zu diesem Thema haben. Was für eine Art Aussage haben wir hier vor uns?

Das juristische Unterscheidungskriterium ist in solchen Fällen die prinzipielle Beweisbarkeit eines Sachverhaltes. Demnach kommt es darauf an, »ob generell, d.h. bei Vorliegen aller nötigen Beweismittel, festgestellt werden könnte, ob die Aussage wahr oder unwahr ist.« (Branahl 1992, S. 59) Dieses Kriterium ist sicherlich berechtigt, solange ein sachkundiger Beurteiler einen konkreten Begriff von eventuell verlorengegangenen oder verborgenen oder noch zu erwartenden Beweismitteln besitzt.

Mithin ist diese Kommentaräußerung zweifellos prinzipiell überprüfbar – etwa durch Richtmikrophone beim Gebet oder Befragung des Täters zwischen Gebet und Exekution. Nur nutzt dies herzlich wenig. Denn diese prinzipiellen Beweise sind unwiderruflich verloren. Und andere sind im Diesseits nirgendwo erkennbar.

Es wäre deshalb zu überlegen, hier nach einer eventuellen Grenze zwischen den beiden Begriffen »Meinungsäußerung« und »Werturteil« zu suchen: Letzteres als echte Setzung auch im semantischen Verständnis, ersteres als Äußerung über lediglich in der Theorie überprüfbare Phänomene.

Begleitvorstellungen

Bevor wir uns der Praxis zuwenden, müssen wir ein weiteres Feld möglicher Irrtümer beackern. Neben den echten Wertbegriffen nämlich tummeln sich auf der bunten Palette der sprachlichen Äußerungen noch andere Wörter, die Wertbegriffe wiederzugeben scheinen, sich bei näherem Hinsehen jedoch als Grenzgänger entpuppen.

Beginnen wir mit zwei sehr klaren Fällen: »Lüge« und »Baby«. Bei dem Wort »Lüge« haben die meisten Menschen unseres Sprach- und Kulturraumes ein eher ablehnendes, negatives Empfinden, bei »Baby« ein positives, bejahendes. Dies könnte zu der irrigen Ansicht führen, es handle sich bei solchen Begriffen um Wertungen.

Der Satz »die Person P hat zum Zeitpunkt z bezüglich des Themas t gelogen« ist eindeutig eine wahrheitsfähige Behauptung. Weiterhin unterstellen wir hier einfach einmal, daß es prinzipiell Methoden gibt, diese Aussage zu überprüfen. Wir haben es also mit einer lupenreinen Tatsachenbehauptung zu tun. Und trotzdem: Wörtern wie »Lüge«, »Baby«, »Urlaub« oder »Startbahn West« haftet in mehr oder weniger großen Kreisen der Gesellschaft eine gemeinsame, über den beschreibenden Charakter hinausgehende zusätzliche Bedeutung an.

Derartige »Nebenbedeutungen«, die ein Wort über einen inneren begrifflichen Kern hinaus in seiner Bedeutung prägen, erwecken teils assoziative, teils affektive, teis ab- bzw. aufwertende und sogar teilweise stilistische Begleitvorstellungen. Man nennt diese Nebenbedeutungen auch Konnotationen.

Insgesamt lassen sich mindestens fünf verschiedene Ausformungen unterscheiden, die mehr oder weniger eng zu den Konnotationen zu rechnen sind:

1. Die individuelle Assoziation: Es ist dies eine Begleitvorstellung, die sich aus dem jeweils eigenen Empfindungs- und Erfahrungshorizont eines Texters oder Lesers ergibt.
2. Konventionalisierte Assoziationen: Dies sind Begleitvorstellungen, die in größeren Zielgruppen automatisch aktualisiert werden, wenn das Wort fällt.

So etwa assoziieren viele Menschen mit »Beamtentum« die Vorstellung »Faulheit«; andere »Disziplin und Staatstreue«. Der Gehalt dieser Begleitvorstellungen läßt sich am ehesten mit der »typisch«-Formulierung ermitteln. »Diszipliniert: typisch Beamter!« Konventionalisierte Assoziationen sind recht flüchtig;. selbst kleinere gesellschaftliche Veränderungen können sie bereits nachhaltig beeinflussen.

3. Konventionalisierte Konnotationen: Hierbei handelt es sich um Wörter, die bestimmte Gefühlswerte ausdrücken: »Gaul« beispielsweise gegenüber »Pferd«, aber auch »Roß« gegenüber »Pferd«. Diese Art der Konnotation ist relativ stabil.

4. Sozial oder situativ bedingte Stilwerte: Dies sind Wörter, die in unterschiedlichen sozialen Schichten oder in unterschiedlichen Situationen für ein und dasselbe Phänomen verwendet werden. »Urin« und »Pisse« wäre ein drastisches Beispiel hierfür; »Kohle«, »Knete« und »Geld« dagegen ist ein – unterschiedslos – alle sozialen Schichtungen langsam durchdringender Wortgebrauch. Gerade dieses letzte Beispiel zeigt, daß der Übergang von (4) zu (3) fließend ist.

5. Regionalismen: Der berühmte »Breuler« und das »Hähnchen«; die »Tomate« und der »Paradeiser«; die »Schrippen«, »Brötchen« und »Semmeln« – sie alle sind Randfälle von Konnotationen, denn ihre Begleitvorstellung beschränkt sich auf eine regionale Zuordnung des Sprachnutzers.

Wir können festhalten: Für den Kommentar relevante Punkte sind insbesondere (2), (3) und (4). Ein Kommentator, der mit einem dieser Worte arbeitet, äußert sich nicht ausschließlich sachbezogen, sondern immer auch in dem ein oder anderen Sinne wertend. Äußerungen mit Begleitvorstellungen (Konnotationen) sind oft Zwitter zwischen wahrheitsfähigen Sätzen und Meinungsäußerungen bzw. Wertungen, wobei in juristisch relevanten Zusammenhängen – hiervor sei gewarnt – Tatsachengehalt und Meinungsanteil voneinander getrennt und gesondert betrachtet werden.

> Die mit einer Äußerung verbundenen affektiven oder wertenden Begleitvorstellungen dürfen nicht mit der Wertung oder Setzung eines Werturteils verwechselt werden. Denn Begleitvorstellungen können auch aus eindeutigen Tatsachenäußerungen erwachsen.

Koreferenz und uneigentlicher Wortgebrauch

Koreferenz nennt man ein Textmittel, von dem der Kommentar sehr oft
Gebrauch macht. Es beruht darauf, daß man, möglichst gleich zu Textbeginn,
ein Phänomen mit einem bestimmten Wort einführt und man dann im weiteren Verlauf mit anderen Wörtern Bezug darauf nimmt. So etwa könnte man
Helmut Kohl mit »Bundeskanzler« bezeichnen, ihn sodann den »Wiederver-
einigungskanzler« oder »Mustereuropäer« nennen, mit ironischem Zungenschlag den »Halbierer der Arbeitslosigkeit«, den »Oggersheimer« usw. Der
Witz an diesem Verfahren besteht darin, daß man hierdurch blitzschnell aktuelle und längst vergangene Phänomene in einen tatsächlichen oder vermeintlichen Zusammenhang bringen und damit elegant Anspielungen plazieren
kann.
Auch die Koreferenz muß wohl als ein Zwitter betrachtet werden. Allerdings
erhält diese Technik ihre wertenden Bestandteile nicht unbedingt durch den
Gebrauch spezieller Ausdrücke mit wertendem oder konnotativem Charakter
– in Kommentaren sind gar nicht einmal so selten Koreferenzen mit ausschließlich beschreibenden (deskriptven) Ausdrücken auffindbar. Der implizit
wertende Charakter entsteht vielmehr durch die Zusammenführung von Teil-
wirklichkeiten, die ursprünglich nichts oder nur sehr bedingt etwas miteinander zu tun hatten. Denn es ist ja umbestritten wahr, daß Helmut Kohl aus
Oggersheim kommt und die Halbierung der Arbeitslosenzahl verkündet hat.

Wir schließen unsere Betrachtungen zu den Wertbegriffen und ihrer »Umgebung« mit einem generellen Hinweis auf die Vielzahl der Möglichkeiten des
uneigentlichen Wortgebrauchs. Hiervon spricht man immer dann, wenn ein
Wort normalerweise, also lexikalisch korrekt, auf ein bestimmtes Phänomen
anwendbar ist – »Zirkus« auf eine entsprechende Institution des Unterhal-
tungsgewerbes – und dasselbe Wort dann auf etwas ganz anderes angewendet wird – »Zirkus« auf eine Debatte des Bundestages.
Über den uneigentlichen Wortgebrauch läßt sich pauschal nichts sagen; zu
unterschiedlich sind die verschiedenen Möglichkeiten. Wenn es beispielsweise von einem Medienkonzern heißt, er habe »sich ein neues Blatt einver-
leibt«, dann ist mit »Blatt« sicherlich keine einzelne Zeitung gemeint; dennoch steht der Tatsachengehalt dieser Äußerung außer Zweifel. Wird hingegen die Art, in der ein Unternehmen Rücklagen bildet, mit der eines Ham-
sters verglichen, so tritt der Tatsachengehalt stark in den Hintergrund.

4.2 Bewerten – die Praxis

Das Spektrum wertender Begriffe

In den Modellüberlegungen der letzten Seiten, die mit normsprachlichen Beispielen arbeiteten, mag der Eindruck entstanden sein, Wertungen bestünden prinzipiell aus Adjektiven, die, satzbautechnisch gesprochen, Bestandteil der Satzaussage sind, also in prädikativer Position. Dieser Eindruck wäre falsch.
Selbstverständlich findet sich die wertende Aussage oft in einem Adjektiv in prädikativer Stellung – aber eben nicht immer. Wahrscheinlich wäre es auf Dauer eintönig, Wertungen auf eine einzige Art auszudrücken, weshalb sie ebenso im Verb des Prädikats oder in beliebigen Substantiven zu finden sind.

Eine beliebte Art der Bewertung in Kommentaren beispielsweise ist es, ein und denselben Sachverhalt mit stark konnotierenden Substantiven aus verschiedenen Perspektiven zu bennen. Dieses Verfahren funktioniert natürlich nur unter der Voraussetzung, daß der gemeinte Sachverhalt entweder als bekannt vorausgesetzt werden kann oder einmal mit einem so neutralen Wort bezeichnet wird, daß er danach dann bekannt ist. Dieses Verfahren haben wir oben unter der Bezeichnung »Koreferenz« kennengelernt.

Hilflos bei Giftunfällen

Hilflosigkeit, Schlamperei und das organisierte Chaos – die Bergungsarbeiten auf dem Giftfrachter Oostzee zeigen, wie schlecht die Behörden auf den Ernstfall vorbereitet sind. Dilettantismus feiert fröhliche Urständ.
Täglich fahren Giftbomben über unsere Straßen, rollen über die Schienen oder schippern durch die Lande. Angst und bange kann es einem werden, wenn man erfährt, daß täglich etwa 40 Gift-Schiffe an Cuxhaven vorbeifahren, daß die Bundesbahn jährlich 39,6 Millionen Tonnen gefährliche Güter transportiert.
Gefahrgut-Transporte wird es immer geben. Aber sie müssen besser kontrolliert werden... Westfalenpost, 7. 8. 1989

Wir stoßen in dieser Passage auf zwei unterschiedliche Phänomene, deren Benennung der Kommentator mit jeweils anderen Wörtern variiert. Zunächst haben wir die Bergungsarbeiten; sie werden bezeichnet als »Hilflosigkeit, Schlamperei und das organisierte Chaos« einerseits und indirekt wohl auch als »Dilettantismus«. Sodann haben wir die Gefahrgut-Transporte, die zuvor bereits als »Giftbomben« eingeführt wurden; spezifiziert nach den Transportwegen kommen sie dann nochmals als »Gift-Schiffe« und »gefährliche Güter« vor. Es macht natürlich für die suggestive Wirkung einen gehörigen Unterschied, ob ich von »Gefahrgut-Transporten« oder von »Giftbomben« lese. Dem »Gefahrgut« haftet ja sogar noch ein positiver Beigeschmack an – es ist halt ein Gut.

Selbstverständlich können Wertungen auch in einem Verb transportiert werden. Durch einen Kabinettsbeschluß können »Milliarden ausgegeben«, »in den Wirtschaftskreislauf investiert« oder »verplempert« werden, je nach Sicht der Dinge.

Problematisch ist, wie weit der Kommentator bei seinem fraglos großen Spielraum in der begrifflichen Varianz gehen sollte. Hier gibt es keinen Königsweg. Wohl aber kann man mit einiger Berechtigung vor marktschreierischer Übertreibung warnen. Offenkundig nämlich gibt es ein unausgesprochenes Kommentatorengesetz – zu beobachten vor allem bei hochgradig engagierten Schreibern; dieses Gesetz schreibt eine unmittelbare Relation zwischen der vermeintlichen Bedeutung eines Phänomens, der vermeintlichen Dummheit agierender Personen auf der einen und der Grellheit der zu benutzenden Wertungen auf der anderen Seite vor. Und das liest sich dann so:

> Kardinal Wetter hat Schwangerschaftsabbrüche mit dem grauenhaften Sexualmord an der siebenjährigen Natalie Astner verglichen. Damit hat er nicht nur deren schreckliches Schicksal in verabscheuungswürdiger Weise für seine politischen Zwecke mißbraucht und die Tat in unvorstellbarer Art verharmlost, wie Natalies Familie zu Recht sagt. Der Erzbischof hat auch all jene Frauen, die sich meist unter großen Bedenken und erheblichen Konflikten zur Abtreibung entscheiden, als »Lustmörderinnen« dargestellt. Den empörten Äußerungen der Familie ist nichts hinzuzufügen. Außer einem: Wenige Tage zuvor... Der Tagesspiegel, zitiert nach: Berliner Zeitung, 6. 1. 1998, Pressestimmen

Eine solche Begriffswahl ist, jedenfalls in den Augen des Verfassers, völlig überzogen. Ja, sie hat sogar den Ductus des Oberlehrerhaften mit gehobenem Zeigefinger. Es braucht doch einer mündigen, erwachsenen Leserschaft nicht mitgeteilt zu werden, daß der Sexualmord an einem Kind »grauenhaft« ist und ein »schreckliches Schicksal« darstellt; dies und ähnliches wissen Leser auch ohne die erhellenden Hinweise des Kommentators.

Implizite Wege des Wertens

Es gibt viele verschiedene Mittel und Wege, einen Sachverhalt in einem
kommentierenden Text wertend zu vermitteln. Wir können ihnen allen an
dieser Stelle unmöglich nachgehen, zumal es sich in nicht wenigen Fällen als
ausgesprochen problematisch erweisen dürfte, welche Anteile in dem einen
oder anderen Fall wertend und welche deskriptiv sind.

Wortfiguren

Die klassische Rhetorik unterscheidet zwischen den Figuren einzelner Wörter, verbundener Wörter (Satzfiguren) und Sinn- oder Gedankenfiguren –
eine Unterscheidung, die an einigen Stellen wie etwa der Ironie auf kleine
Probleme stößt, insgesamt aber ein sehr gutes Instrumentariat zur theoretischen Unterscheidung und praktischen Anleitung darstellt. Wir können leider
hier diese Bereiche nicht einmal streifen. Gleichwohl wollen wir, ohne auf
diverse Systematiken einzugehen, im folgenden einige Möglichkeiten vorstellen.
Der Kommentar ist, nach der Glosse, derjenige publizistische Ort, an dem
sich der Journalist in seiner Wort- bzw. Begriffswahl austoben kann. Dies
kann einen eher witzig-ironischen oder einen witzig-beschreibenden Charakter annehmen – wobei der Begriff »Witz« hier durchaus in seiner alten
Bedeutung »geistvoll« gemeint ist.
Ein sehr schönes Beispiel aus dem großen Bereich der Bildhaftigkeit findet
sich anläßlich der alarmierenden Meldung, daß jede vierte Krankheit durch
falsche Ernährung ausgelöst werde. Hierzu folgender Kommentareinstieg:

Mit Messer und Gabel

Was man nicht in den Topf hineintut, kann auch nicht wieder heraus-
kommen, sagen die Franzosen. Was die Deutschen in den Topf tun, ist
oft falsch, meist zu fett und nur selten naturbelassen. Der Selbstmord
mit Messer und Gabel kostet das kranke Gesundheitswesen Milliarden... Westfalenpost, 7. 4. 1989

Wie in jedem guten Stilistik-Handbuch, so kann auch hier nur vor dem über-
triebenen Einsatz rhetorischer Mittel gewarnt werden. Texte werden hierdurch zu »bedeutungsschwanger«, im Zweifelsfall droht sogar unfreiwillige
Sprachkomik. Die folgende Kommentarpassage hat unserer Meinung nach
diese Grenze trotz oder wegen des traurigen Anlasses überschritten. Sie

stammt, dies sei der Fairneß halber erwähnt, von einem Gastkommentator.
Anlaß war die Tatsache, daß der Iran soeben den Mordbefehl gegen den
Schriftsteller Rushdie erneuert hatte.

Rushdie und die neue Einsamkeit

Die Bundesrepublik droht, dem Iran in die gleiche ethische Falle zu
tapsen wie in den 80er Jahren bei der Ostpolitik. Es mag rationale
Gründe für eine Entspannung geben und für Wirtschaftsbeziehungen.
Wenn diese Staatsvernunft aber Bürger- und Menschenrechte beisei-
te schiebt, mendelt sich der Trank der Vernunft in die giftige Brühe des
Zynismus und des Verrats... Die Tageszeitung, 14. 2. 1992

Es ist schwer nachvollziehbar, wie die einzelnen Bilder dieses Textes untereinander und mit der gemeinten Wirklichkeit zusammenhängen. Insbesondere die Passage, in der sich ein Trank in eine giftige Brühe mendelt, macht uns
gehörige Schwierigkeiten. Wir assoziieren hierbei immer wieder Cocktails
eines Hexensabbats mit Krötenschwänzen und Vollmond – das typische
Ergebnis einer inadäquaten Bildervermengung (Katachrese), deren Wirkung
auf den Leser kaum noch kalkulierbar ist. Die Vermengung unterschiedlicher
Bilder sollte man sich als Stilmittel unbedingt für glossierende Texte vorbehalten, wie folgender Satz nahelegt: »Der Zahn der Zeit, der schon so manche Träne getrocknet hat, wird auch über diese Wunde Gras wachsen lassen.«

In den sogenannten Figuren in einzelnen Worten gibt es zwei große
Gruppen: (a) Es wird das Allgemeine (Gattung) für das Spezielle
(Art) gesetzt oder umgekehrt, beispielsweise »Bonn« für die Bundes-
politik. (b) Es wird das Spezielle durch ein anderes Spezielles aus
dem gleichen Bereich des Allgemeinen ersetzt, beispielsweise
»Fuchs« für einen listig handelnden Menschen. Beide Figurentypen
wecken gleichermaßen Aufmerksamkeit, Typ (b) betont zudem ein
Charakteristikum in besonderem Maße.

Satzfiguren

Wir wenden uns nun von den Wortfiguren ab und den Satzfiguren zu. Sie
heißen in der Rhetorik der klassischen Antike genauer »Figuren in Wortver-

bindungen« und zeichnen sich dadurch aus, daß sie sich teilweise über recht lange Textpassagen hinaus erstrecken.

Noch ein Appell

Ach, Frau Merkel. Wieder mal eine Kampagne für die Gleichberechtigung. Wieder mal Appelle, der anderen Hälfte der Menschheit doch bitteschön endlich mehr Rechte einzuräumen. Und wieder mal wird aller guter Wille kaum etwas nutzen. Denn wieder mal will eine, die´s geschafft hat, denen helfen, die von solchen Erfolgen Lichtjahre entfernt sind. Da listet die Ministerin brav auf, was wir doch alle längst wissen: Daß es die meisten Frauen unglaublich viel Kraft und Energie kostet, Beruf und Familie miteinander zu verbinden. Daß Spitzenjobs noch immer fast ausschließlich Männersache sind. Und daß vier Fünftel der Alten, die mangels ausreichender Rente von Sozialhilfe leben, weiblich sind. Und weiter? Was kann die Ministerin denn tun gegen die Borniertheit derer, die ihre Privilegien mit Zähnen und Klauen verteidigen? Sie appelliert. An die von Männern dominierte Politik, an die von Männern beherrschte Wirtschaft. Sie setzt sich ein: Für mehr Teilzeitstellen, gegen Nachteile für diejenigen, die so ganz nebenbei auch noch Kinder aufziehen. So schön es ist, wenn der öffentliche Dienst jetzt zum Vorreiter werden soll – wirklich ändern wird sich nichts, solange die Frauen nicht selber Druck machen. Daheim in der Familie verlangen, daß der Mann seinen Teil beiträgt zu Kindererziehung und Hausarbeit. Im Beruf dem Chef klarmachen, daß sie genausoviel leisten wie ihre männlichen Konkurrenten. Solange sich da nichts ändert, sind alle noch so gut gemeinten Appelle und Modelle für die Katz. Abendzeitung, 2. 11. 1992

Man kann in den sogenannten »Figuren in Wortverbindungen« drei verschiedene Typen unterscheiden: Solche, die durch Hinzufügung an sich überflüssiger Worte zustandekommen; solche durch Weglassung eigentlich notwendiger; und schließlich solche, die durch Umstellung der gewohnten Abfolge der Worte zustandekommen.

Mindestens zwei dieser Typen finden sich in diesem Kommentar. Als klassische Hinzufügung am Satzanfang (Anapher) wird man die Einstiegssequenz »wieder mal ...« betrachten dürfen, durch die sehr schön und konsequent vier Satzglieder miteinander verbunden werden: »Kampagne«, »Appelle«, »guter Wille« und schließlich die Trägerin dieses guten Willens, »eine, die´s geschafft hat«.

Allgemein könnte man die Anapher als eine von vielen Figuren der Nachdrücklichkeit bezeichnen. Damit, allerdings, geht noch keine Wertigkeit einher. Die kommt in unserem Beispiel erst durch den Inhalt der ersten Sätze, aber auch durch den Interjektionssatz zu Beginn des Kommentars »Ach, Frau Merkel.«

Der Interjektionssatz kann als Figur der Auslassung betrachtet werden; denn er ist keine abgeschlossene grammatische Satzeinheit, sondern ein Satztorso. Gleichzeitig drückt gerade die Interjektionspartikel »ach« eine deutliche Distanz zu einem Gegenstand aus. Zusammen mit dem anaphorisch gebrauchten »wieder mal« kommt es so zu einem nachdrücklich distanziert wertenden Grundtenor gleich zu Beginn des Kommentars.

Gegen Ende des Kommentars benutzt die Kommentatorin noch einmal sehr geschickt das Mittel der Auslassung: »...wirklich ändern wird sich nichts, solange die Frauen nicht selber Druck machen. Daheim in der Familie verlangen, daß der Mann seinen Teil beiträgt zu Kindererziehung und Hausarbeit. Im Beruf dem Chef klarmachen, daß sie genausoviel leisten wie ihre männlichen Konkurrenten.« Die Sätze »Daheim in der Familie...« und »Im Beruf dem Chef...« sind – jedenfalls vom Erwartungshorizont des Lesers aus betrachtet – Parallelismen zu dem Vorsatz »solange die Frauen nicht selber Druck machen.« Durch die Auslassung (Ellipse) der Konjunktion plus Subjekt »solange die Frauen« oder »solange sie« gewinnt auch hier die Konkretisierung des zuvor abstrakt eingeführten »Druck machen« mehr an Wucht und Überzeugungskraft.

Eine sehr häufige und empfehlenswerte Figur in Wortverbindungen ist die Wiederholung eines Wortes oder einer kurzen Wortsequenz am Beginn und Ende einer Sinneinheit (Kyklos oder auch Redditio). Eine derartige Sinneinheit kann ein einzelner Satz, ein Abschnitt, aber auch ein ganzer Kommentar sein. Nachstehend haben wir einen Kommentar zum Thema »Tiefflüge von Militärflugzeugen«, zu denen der damalige Verteidigungsminister Stoltenberg ein Reformkonzept vorgelegt hatte. Der Kommentar ist in der Mitte gekürzt.

Ein wenig dünn

Viel Lärm – um wenig. Der ganz große Knüller ist das Tiefflugkonzept von Verteidigungsminister Stoltenberg wohl nicht. Jedenfalls fällt es schwer, die angekündigten Erleichterungen mit Vorschußlorbeeren zu überschütten. Bei der Kernfrage, wieviele Tiefflugstunden pro Jahr tatsächlich gestrichen werden, tut sich der Minister schwer. Drei oder viertausend von insgesamt 68000, das scheint ein wenig dünn. Vor allem bei den Verbündeten hat sich Stoltenberg offensichtlich die Zähne ausgebissen. Keine der 45000 Stunden ... hat er ihnen abringen können...

Angesichts der Tatsache, daß die Front der Tieffluggegner zur größten Bürgerinitiative der Republik geworden ist, wird Stoltenbergs Mini-Konzept auf wenig Gegenliebe stoßen. Viel Lärm wird bleiben – die Proteste auch. Westfälische Rundschau, 29. 9. 1998

In diesem Beispiel findet sich die Wiederholung am Beginn bzw. am Ende des Gesamttextes. Diese Technik macht einen Kommentar »rund«; sie bedient in besonderer Weise unser Bedürfnis nach Geschlossenheit und Wahrhaftigkeit einer Aussage.

Verstärkt wird dieser Eindruck von »Rundheit« noch dadurch, daß in diesem Beispiel eine bekannte Sentenz – »viel Lärm um nichts « – am Textanfang dahingehend verfremdet wird, daß durch die Verfremdung sofort die inhaltliche Aussage angedeutet wird: »Das Konzept ist nicht der große Knüller«.

Am Textende hingegen erneut eine Verfremdung, diesmal jedoch ganz anderer Natur: Während nämlich die Sentenz »viel Lärm um nichts« normalerweise im übertragenen Sinne gebraucht wird, geht es hier, in unserem Kommentar, um den Lärm der Flugzeuge, also eine ganz handfeste Belästigung.

Durch die gelungene Rahmenkonstruktion dieses Kommentars wird nicht nur, wie erwähnt, unser Bedürfnis nach Geschlossenheit bedient; darüber hinaus arbeitet der Kommentator hier bewußt oder unbewußt mit dem bewährten Aristotelischen Grundsatz, daß der erste Eindruck entscheidend, der letzte bleibend sei.

In den sogenannten Figuren in Wortverbindungen lassen sich drei Gruppen unterscheiden: Diejenige, die Worte zu dem erwarteten Text hinzufügt; diejenige, die Worte dort ausläß, wo sie zu erwarten sind; und diejenige, die die erwartete Wortstellung über Bord wirft und durch eine ungewöhnliche Wortstellung ersetzt. Alle drei Figuren dienen gleichermaßen der Betonung und Hervorhebung einzelner Aussagen.

Gedankenfiguren: die Frage

Geschickt gestellte und plazierte Fragen können etwas Diabolisches haben.
Sie sind ein mächtiges Mittel der Manipulation, können jedoch auch Weg-
weiser durch einen Text oder Problemaufriß en miniature sein.

Insgesamt können wir vier verschiedene Typen von Fragen unterscheiden.
Die erste ist für unsere momentane Thematik belanglos; es handelt sich hier-
bei nämlich um Gliederungsfragen, die Stück für Stück beantwortet werden.
Ihre Funktion läßt sich am ehesten mit der von Zwischentiteln vergleichen.
Sie bringen Ordnung in einen Text und sind nicht unbedingt kommentarspe-
zifisch.

Die zweite Form der Frage konfrontiert den Leser mit offenen und (derzeit)
unbeantwortbaren Problemen. Sie dient dazu, neue thematische Horizonte zu
markieren, auf Eventualitäten hinzuweisen, Desiderate unseres Wissens und
unserer Erfahrung aufzuzeigen. Allerdings, so scheint uns, sollte man mit
dieser zweiten Frageform, der Problemfrage, im Kommentar sparsam umge-
hen. Das folgende Beispiel verdeutlicht hoffentlich, warum.

In großer Sorge

Der Rücktritt Schewardnadses ist ein Alarmsignal. Er gibt auch Rätsel
auf. Die drohende Diktatur nennt Schewardnadse als Rücktrittsgrund.
Aber welche? Fürchtet er den Militätputsch? Oder sieht er Gorbat-
schow selbst auf dem Weg zum Diktator? Seit langem verfolgen die
Generale mit erbittertem Mißtrauen den Reformkurs Gorbatschows.
Mit größter Sorge sehen aber auch die auf Demokratie gerichteten
Kräfte, wie Gorbatschow in seiner Not die Präsidialmacht immer weiter auszubauen sucht.
Immer deutlicher wird, daß Gorbatschow vor den Trümmern der
Perestroika steht. Die Frage ist: Warum Schewardnadse nicht länger
mit ihm kämpfen will. Das Land droht unterzugehen in einem Sumpf
von Korruption, Mißwirtschaft und offener Sabotage. Wenn Gorbat-
schow nicht verhindern kann, daß einer der Getreuesten der Perest-
roika das Schiff verläßt, das zu sinken droht, so ist das wie ein Einge-
ständnis des gescheiterten Versuchs, die Sowjetunion zu erneuern.
Wenn das so ist: Wie lange wird Gorbatschow noch widerstehen?
Wohin wird er sich wenden? Der Versuch... Westdeutsche Allgemeine
Zeitung, 21. 12. 1990

Dieser Kommentar verstößt auf jeden Fall gegen das Prinzip, daß der Journalist – jedenfalls im Regelfall – Antworten zu geben habe. Man sollte dieses Prinzip nicht verabsolutieren, aber auch schon als relatives Prinzip kollidiert es mit dem zitierten Text. Denn allein die bloße Zahl der Fragen ist geeignet, mehr Konfusion denn Nachdenklichkeit zu erzeugen.

Der dritte Typ ist die sokratische Frage. Sie arbeitet mit der vermeintlichen Unwissenheit oder Überzeugungslosigkeit des Kommentators, die in Frageform verpackt an den Leser herangetragen werden und ihn selbst die Antwort finden lassen sollen.

Warum nicht die Dünnen???

Der Präsident der Ärztekammer, Dr. Vilmar, will, daß man den Dicken höhere Versicherungsbeiträge abnimmt. Da bei ihm ein »Dicker« schon bei 70 bis 80 Kilo Gewicht anfängt, würden mindestens zwei Drittel der erwachsenen Deutschen bestraft...
Warum sollen nur die Dicken mit höheren Abgaben bestraft werden? Warum nicht die Mageren, die zerbrechlicher und weniger widerstandsfähiger sein könnten? Warum nicht die Großgewachsenen, die sich eher den Kopf einschlagen können? Warum nicht die Kleinen, die im Menschengewühl leichter zertrampelt werden können?
Wenn wir, die echten und die angeblich Dicken, uns solche wahnhaften Ausfälle gefallen lassen, verdienten wir wirklich, bestraft zu werden – wegen Dummheit. Bildzeitung, 17. 7. 1991, Die Dicken?

Spätestens nach der Lektüre dieses Kommentars versteht man, warum dieser Fragetyp auch »ironische Frage« oder »sokratische Ironie« heißt. Bei diesem Fragetyp geht es nämlich – anders als in der streng sokratischen Dialektik – nicht so sehr darum, den Gegenüber fragend zu widerlegen. Vielmehr ist es das Anliegen dieses Fragetyps, eine im Grunde lächerliche Wirklichkeit vermittels vordergründig naiver Fragen zu demaskieren.

Wir kommen zur letzten Frageform, der rhetorischen Frage. Wir unterscheiden sie nicht von der Suggestivfrage, da wir die Grenzziehung zwischen beiden Fragetypen für beliebig halten und glauben, daß der begriffliche Kern beider Typen identisch ist.
Die rhetorische Frage erwartet keine Antwort. Entweder beinhaltet sie die Antwort in sich selbst – »Merkst du nicht, daß du störst?« –, oder sie kann auf einen sicheren Konsens in der angesprochenen Zielgruppe bauen – Kar-

neval: »Solle mer se reinlasse?« So unscheinbar, ja sogar harmlos diese beiden Beispiele sein mögen: Geschickt gestellte und plazierte Fragen können
etwas Diabolisches haben. Sie sind ein mächtiges Mittel der Manipulation.
So mächtig, daß der jeglicher emotionalen Aufwallung unverdächtige Heinrich Lausberg in der abgespeckten Version seiner »literarischen Rhetorik« in
völlig ungewohnte Verzückung gerät:

> »Die ›rhetorische Frage‹ (interrogatio; interrogatum...) peitscht die
> Affekte durch die Evidenz der Unnötigkeit der fragenden Formulierung
> auf. Auf die Frage wird deshalb keine Antwort erwartet, da sie ja die
> der exclamatio (dem Ausruf – d. Verf.) nahestehende Formulierung
> einer Aussage ist«. (Lausberg 1990, S. 147f.)

Wahrscheinlich kann hier noch ein zweiter Aspekt hinzugefügt werden. Wir
alle sind wohl psychisch so beschaffen, daß wir zum einen unseren eigenen
Ansichten den meisten Glauben schenken und auch die höchste Berechtigung zubilligen, daß wir, zum anderen, jeden für sympathisch und glaubwürdig halten, der unsere Ansichten teilt. Schafft es folglich ein Kommentator, mit Hilfe einer rhetorischen Frage unsere bejahende Zustimmung zu
erheischen, so hat er zumindest ein Stück unseres Vertrauens gewonnen.
Hierzu folgendes Beispiel.

Stolpes Ehre

> Manfred Stolpe - ein Mann hilft Menschen in Not. Und verhandelt dar-
> über mit verbrecherischen Machthabern. Unehrenhaft?
> Ein Mann beschreibt seine Rolle in der DDR. Und gibt damit Auf-
> klärung über das Leben und Leiden im Stasi-Staat. Unehrenhaft?
> Ein Mann bekennt, nicht genug Widerstand gegen die Mächtigen im
> totalitären Staat geleistet zu haben. Unehrenhaft?
> Solange Manfred Stolpe nicht nachgewiesen wird, daß er Menschen
> in der DDR geschadet hat, ist er nach den Regeln unseres Rechts-
> staates unschuldig. Eine Vorverurteilung Manfred Stolpes wäre ein
> später Triumph der widerlichen Stasi. Wer sich daran beteiligt, handelt
> unehrenhaft. Bildzeitung, 22. 1. 1992

Zunächst gibt es zur rhetorischen Frage grundsätzlich anzumerken, daß derjenige, der die Frage stellt, damit auch den kommunikativen Rahmen
absteckt. Konkret: In diesem Kommentar werden Wahrnehmung und Denken
der Leser auf das Problem »Ehre« bzw. »Unehrenhaftigkeit« gelenkt. An diesem Problem soll man sich als Leser orientieren. Nun ist es aber so, daß man

eine nicht unehrenhafte Handlung noch lange nicht ehrenhaft finden muß. Und mehr noch: Eben diese Handlung kann, obwohl nicht uneherenhaft, sehr wohl zum eigenen Nutzen und Frommen, sehr wohl auch gegen die Interessen Dritter gerichtet gewesen sein. Denn längst nicht alles, was zum eigenen Nutzen und gegen die Interessen Anderer getan wird, ist unehrenhaft.

Das heißt: Wer die rhetorische Frage geschickt genug stellt, bestimmt nicht nur die Antwort: Ja oder Nein. Er schränkt auch den kognitiven Rahmen möglicher anderer Überlegungen dramatisch ein.

Doch der zitierte Kommentar beinhaltet einen weiteren rhetorischen Kniff, der nur möglich wird durch die besondere Wirkung der rhetorischen Frage. Die erste Kommentarfrage muß jeder mit Nein beantworten; es ist nicht unehrenhaft, Menschen in Not zu helfen. Dies gilt für die zweite Frage erst recht; Aufklärung ist in unserer Gesellschaft ein Wert an sich, an dem sich zu beteiligen nicht unehrenhaft sein kann. Man hat bis zu diesem Punkt als Leser dem Kommentator bereits zwei Mal Recht gegeben. Die psychologische Hemmung, bei der nächsten Frage Nein zu sagen, ist damit deutlich gestiegen.

Schaut man sich nun diese dritte Frage affektfrei an, so könnte man sie sehr wohl mit einem verhaltenen, ganz vorsichtigen Ja beantworten. Denn lange, bevor dieser Kommentar erschienen war, wußte man von den verschiedenen, weit verbreiteten Formen des Widerstandes in der DDR selbst durch Menschen, die keine Kirchenmacht in ihrem Rücken hatten.

Dieser Kommentar schafft es also, ohne ein im strengen Sinn formal gültiges Argument, rein mit den Mitteln der Rhetorik, dem Leser zu suggerieren, Manfred Stolpe habe in der DDR ehrenhaft gehandelt. Völlig unabhängig davon, wie Stolpes DDR-Engagement einzuschätzen sei, zeigt sich in diesem Text die Wirksamkeit der »Waffe« Rhetorik.

Fragen erfüllen im Kommentar vier unterschiedliche Funktionen: (a) Sie gliedern ihn wie eine Zwischenüberschrift. (b) Sie konfrontieren den Leser mit derzeit unbeantwortbaren Problemen und sensibilisieren ihn hierdurch. (c) Sie täuschen Unwissenheit vor und demaskieren in zumeist ironischer Absicht eine lächerliche Wirklichkeit. (d) Sie suggerieren in Frageform eine ganz bestimmte Antwort.

Gedankenfiguren: die Ironie

Auf die Ironie wird im nächsten Teil dieses Buches, der sich mit der Glosse befaßt, ausführlich eingegangen. Deshalb soll hier nur eine ganz kurze Betrachtung dieses besonderen rhetorischen Mittels angestellt werden. Die Ironie kommt in zwei Hauptkategorien vor. Einmal gibt derjenige, der sich der Ironie bedient, Unwissenheit oder Unverständnis vor. In der zweiten Form dagegen täuscht die Ironie eine Meinung oder allgemein eine Haltung vor, die es so gar nicht gibt. Die erste Form hat tendenziell die Wirkung der Naivität oder sogar der Torheit; die zweite dagegen kann in ihrer Wirkung deutlich aggressiver sein, je nach vorgetäuschter Haltung.

Das erste Problem der Ironie im Kommentar ist ein recht banales. Es müßte nämlich, um die Wirkung der Ironie sicherzustellen, hundertprozentig gewährleistet sein, daß jeder Leser erkennt, wo diese Figur beginnt und wo sie endet. Ist dies nicht gewährleistet, so läuft der Kommentator Gefahr, daß seine Meinung oder Erklärung dort für bare Münze genommen wird, wo er ironisiert – und dort für Ironie, wo er seriös zu argumentieren oder erklären glaubt. Aus der Besprechung und der gegenseitigen Kritik einiger hundert Kommentare von Seminarteilnehmern weiß der Verfasser definitiv, daß Ironie ein Mittel des Kommentierens ist, das zu oft nicht klappt. Er kann davor nur dringend warnen.

Das zweites Problem ist ein recht kompliziertes. Gehen wir einmal von folgender Überlegung aus: Wenn Ironie bedeutet, das Gegenteil von dem zu sagen, was man denkt, so müßte ein Leser lediglich die »Vorzeichen« einer Aussage vertauschen, und schon wäre er bei dem eigentlichen Gedanken. Diese Überlegung klingt logisch, nur ist leider die Ironie alles andere als eine an Logik interessierte Figur.
Das erste Problem liegt in der exakten Bestimmung des Gegenteils einer Behauptung. Was ist, beispielsweise, das Gegenteil von süß? Sauer, bitter, salzig? Was das Gegenteil von teuer? Billig, preiswert?
Das zweite Problem liegt in der ironischen Überhöhung begründet. Wer eine Bundestagsdebatte bestenfalls als »mäßig« empfand, der wird sie in der Form der Ironie als interessant, fesselnd, spannend oder informativ darstellen. Nimmt man davon das Gegenteil – was immer das im Einzelfall sein man –, so wird man auf jeden Fall nicht bei »mäßig« landen.
Die Verkehrung der Vorzeichen klappt deshalb nur mit solchen Aussagen, in denen wir es mit nicht-skalierbaren (kontradiktorischen) Charakterisierun-

gen zu tun haben wie etwa bewegt-ruhend, tot-lebendig, wahr-unwahr, drin-draußen usf. Betrachten wir daraufhin den folgenden Text, der unter der Vignette »Meinung« erschinen ist.

Heißer Tip

Homosexuelle sind also zu warm für die heiße Schlacht. Schließlich könnte der Leutnant eifersüchtig auf den Feldwebel sein, der was mit dem Gefreiten hat, den nun auch der Leutnant mag. So läßt sich kein Krieg führen, das gefährdet den Sieg. Und deshalb dürfen Homosexuelle degradiert oder aus der Bundeswehr entlassen werden. Das Bundesverwaltungsgericht zu Berlin hat`s entschieden.

Zugegeben: Zuerst dachten wir ja, dieses Urteil sein ein Rückfall ins Mittelalter. Aber bei genauerer Betrachtung müssen wir den Richtern entsetzlich dankbar sein: Sie haben uns vor Augen geführt, daß unsere Geschichtslehrer seit Jahrhunderten nichts als Lügen verbreiten.

Daß Julius Cäsar Gallien und Britannien erobert hat – unmöglich, schließlich mochte der Feldherr auch Männer. Die Spartaner, ein Kriegervolk, das den Athenern schwer zu schaffen machte? Blödsinn, schließlich schlossen die nicht nur auf dem Schlachtfeld die Reihen fest. Die Amazonen, die vor Troja Agamemnon und seine Griechen hart angingen – Hirngespinste eines gewissen Homer. Und der Alte Fritz kann nie im Leben im »Ruhm genialer Kriegskunst« (Brockhaus) gestanden haben – der stand doch auf Lange Kerls.

Die Berliner Richter haben nicht nur mit der Geschichtsklitterung aufgeräumt (nach intensiven historischen Recherchen, nehmen wir an); sie haben uns auch ein probates Mittel zur Hand gegeben, falls wir keine Lust auf den langweiligen Wehrdienst haben – einfach den Musterungsarzt anbaggern. Abendzeitung, 1. 7. 1992

So unbestreitbar amüsant, ja geradezu brillant dieser Text ist – als Kommentar ist er abzulehnen. Zwar erfahren wir eindeutig die Meinung des Kommentators, denn wir haben es hier mit einer Kontradiktion zu tun: Entweder ist man für oder gegen die Teilnahme von Homosexuellen am Militärdienst. Aber wir erfahren mit keinem Wort, warum der Autor ernsthaft gegen eine Ablehnung ist. Gerade das aber, den ernsthaften Diskurs und die ernsthafte rationale Auseinandersetzung mit einem Gegenstand, hatten wir als eigentliches Anliegen des Kommentars bezeichnet.

Das Mittel der Ironie bedeutet, Unwissenheit oder Unverständnis vor-
zutäuschen und hierdurch den Eindruck einer gewissen Naivität und
Weltfremdheit zu erzeugen. Eine zweite Form der Ironie täuscht eine
Haltung des Texters vor, die seiner tatsächlichen Haltung meist dia-
metral widerspricht.

Szenische Erweiterung und Personenfiktion

Die szenische Erweiterung – in der klassichen Rhetorik Evidentia genannt –
ist eine lebhaft-detaillierte Schilderung eines für das Thema typischen Phänomens: einer Handlung, eines Geschehnisses, eines (dinglichen) Gegenstandes oder einer Person. Sie arbeitet mit den Mitteln der Aufzählung sinn-
fälliger Einzelheiten, wodurch in der Gesamtheit ein einprägsames Bild entsteht. Der Kommentator versetzt seine Leserschaft in die Rolle eines Augen-
zeugen, der die Phänomene nicht etwa liest, sondern zu sehen scheint. (Lausberg, 1990a, S. 399f. und Ueding, Steinbrink, 1986, S. 291f.)
Im einzelnen bedient sich die szenische Erweiterung hierbei vor allem dreier Instrumente. Das erste, für den Kommentar unspezifischste, ist der Wechsel der Tempora. Denn die szenische Erweiterung verwendet grundsätzlich
das Präsens, um Unmittelbarkeit, Authentizität und »Dabeisein« zu suggerieren. Unspezifisch ist dieses Mittel deshalb, weil der Kommentar eine Darstellungsform ist, die oft über weite Passagen hinweg im Präsens formuliert
wird.
Prägnanter ist ein zweites Merkmal vieler szenischer Erweiterungen, und
zwar die für den Kommentar eher untypische Beschäftigung mit dem Ort
eines Geschehens. Es ist einleuchtend, daß insbesondere szenisch verarbei-
tete Handlungen durch die kurze Schilderung der Umgebung an Authentizität
gewinnen.
Das mit Abstand typischste Mittel ist die Detaillierung. Detaillierung besagt,
daß ein Phänomen in seinen einzelnen konkreten Bestandteilen und Erschei-
nungsformen geschildert wird. Sprachlich drückt sich dies häufig in syntak-
tischen und semantischen Parallelismen aus. Typisch für Detaillierung ist
überdies der Gebrauch wörtlicher Rede durch eine der dargestellten Personen.

Der kalte Zeitgeist und die FDP

Man muß den jungen Mann auf der Bühne dabei beobachten, mit welchem Widerwillen er dieses Wort ausspricht. Er ziert sich, als sei ihm schon die bloße Existenz eines solchen Wortes unerträglich. Er rümpft die Nase, er faßt dieses Wort an wie ein verschimmeltes Wurstbrot und läßt es dann angewidert in den Saal fallen: »... Gemeinwohl.« Und dann sagt er es noch zweimal, mit immer mehr Widerwillen. Der junge, alerte Herr tut fast so, als wäre das Gemeinwohl eine besondere Spielart der Gemeinheit.

Diese kleine Szene auf dem Parteitag war bezeichnend: Gemeinwohl, Solidarität, Fürsorge und soziale Gerechtigkeit – das waren offenbar Pfui-Wörter für den Redner. Und dieser Redner war nicht irgendwer, sondern der Generalsekretär der FDP. Für Guido Westerwelle ist Sozialpolitik Politik von gestern... Süddeutsche Zeitung, 10. 6. 1996

Wir finden in diesem kleinen Beispiel alle drei erwähnten Mittel, freilich mehr oder weniger stark ausgeprägt. Das Prinzip der Detaillierung ist am besten nachvollziehbar. Es geht dem Kommentator nach seinen eigenen Worten darum, das Phänomen »Pfui-Wörter für den Redner« szenisch zu vermitteln. Sehr deutlich wird die Detaillierung in dem semantischen Parallelismus: »Widerwille«, »sich zieren«, »unerträglich«, »Nase rümpfen«, »anfassen wie ein verschimmeltes Wurstbrot«, »angewidert fallen lassen« – semantische Variationen über einen Eindruck. Schwächer ausgeprägt ist der syntaktische Parallelismus: »Er ziert sich...«, »Er rümpft die Nase...«, »er faßt dieses Wort an...« Syntaktisch ebenfalls parallel verlaufen die drei Miniaturvergleiche: »als sei ihm schon die bloße Existenz ... unerträglich«, »wie ein verschimmeltes Wurstbrot«, »als wäre das Gemeinwohl eine besondere Spielart der Gemeinheit«. Die wörtliche Rede schließlich beschränkt sich auf ein einziges Wort: »...Gemeinwohl«. Aber dieser eine zentrale Begriff ist es, der hier symbolisch für die Pfui-Wörter dieses Parteitages steht.

Die Ortsangabe fällt eher karg aus, was bei der Örtlichkeit, nämlich der Rednerbühne in einem Versammlungssaal, nicht sonderlich verwundern wird. Nichtsdestotrotz wäre es einem sachlich-abstrakt schreibenden Kommentator reichlich egal, daß diese Worte von einer Bühne herab in einen Saal fallengelassen worden sind. Er würde sich mit der Charakterisierung »Parteitag« begnügen und alles andere der Imagination seiner Leser überlassen. Deutlicher erkennbar ist wiederum der Tempuswechsel. Während die kleine Szene im Präsens geschildert wird, wechselt der Kommentator in seiner zusammenfassenden Rückschau zu Beginn des zweiten Absatzes sofort ins

Präteritum. Erst im letzten Satz, mit dem die allgemeinen Reflexionen des Kommentators beginnen, verwendet er, allerdings aus anderen Gründen, erneut das Präsens.

Die kleine Schwester der szenischen Erweiterung ist die Personenfiktion. In ihr werden nicht-personale Phänomene wie etwa eine Partei, eine Regierung oder eine Institution zu menschlichem Verhalten, Empfinden und Denken, ja sogar zur Sprache befähigt. Mit ihrer Hilfe ist es möglich, abstrakte Vorgänge lebendiger und anschaulicher zu machen. Mehr noch als dies ermöglicht es die Personenfiktion, sehr komplexe, weit verzweigte Geschehnisse und Handlungsstränge innerhalb einer Großgruppierung auf einen gemeinsamen, recht kleinen Nenner zu bringen. Sie kommt damit dem begrenzten Platz des Kommentars entgegen, der es häufig nicht gestattet, komplexe Ereignisse in der ihnen innewohnenden Vielgestaltigkeit zu entwickeln.

Einig Beamtenparadies

Der ostdeutsche Arbeiter- und Bauernstaat hatte mit einer Tradition gebrochen, die seit Bismarcks Reichsgründung unangetastet geblieben war: Das SED-System verzichtete von Beginn an auf Beamte und ließ seinen Unterdrückungsapparat von sogenannten Staatsfunktionären in Gang halten. Diese wasserköpfige DDR-Bürokratie bildet nun einen schwer verdaulichen Teil des Honecker-Vermächtnisses, und das Fehlen eines Beamtenrechtsartikels in der Verfassung des anderen deutschen Staates macht die Konkurseröffnung nicht einfacher.
Flugs haben sich die Verbandsvertreter der bundesdeutschen Berufsbeamten hilfsbereit an die Seite der DDR-Staatsdiener gestellt... Südwest Presse, 20. 8. 1990

Der Einstieg in diesen Kommentar ist eine typische Personenfiktion. »Der ostdeutsche Arbeiter- und Bauernstaat« bzw. »das SED-System« tut etwas – er bricht mit einer Tradition , er verzichtet auf etwas. Diese Formulierung suggeriert einen einheitlichen, zielorientierten Willen, ein geschlossenes Handeln im Sinne eines instrumentalen Handlungsaspektes, ja letzten Endes so etwas wie ein Bewußtsein. Diese personalisierende Sicht der Ereignisse zieht sich weiter über die Metapher »Konkurseröffnung« und endet in den Verbandsvertretern, die sich hilfsbereit an die Seite der DDR-Staatsdiener stellen.

Die Wirkung beider Figuren, der szenischen Erweiterung genauso wie der Personenfiktion, kann von Fall zu Fall weit über die Veranschaulichung und Vereinfachung hinausgehen. Im Extremfall können beide Figuren – oder eine Mischform aus beiden – eine affektive, ja sogar eine emotionalisierende Wirkung entfalten, die einem rationalen Diskurs abträglich ist.

Szenische Erweiterungen und Personenfiktionen dienen der Veranschaulichung und der typisierenden Vereinfachung. Sie kommen hierdurch der Kürze kommentierender Texte entgegen.

Der Vergleich

»Alle Vergleiche hinken.« Diese alltägliche Weisheit stimmt. Denn der Vergleich, das liegt in seinem Wesen begründet, setzt zwei unterschiedliche Phänomene zueinander in Beziehung und behauptet deren Ähnlichkeit in zumindest einem Aspekt. Es liegt auf der Hand, daß diese Technik zum Widerspruch geradezu herausfordert. Dies um so mehr dann, wenn der Vergleich argumentativen Zwecken dient.

Wir können prinzipiell bei einem Vergleich zwei »Welten« unterscheiden: die Objektwelt und die Vergleichswelt. Letztere ist diejenige Welt, mit deren Hilfe ich vergleiche, erstere diejenige, die verglichen werden soll. Wenn ich also das Prozedere einer Beratung im Bundestag mit der Beweglichkeit eines Basaltblockes vergleiche, so ist die Beratung die Objektwelt, der Basaltbrocken die Vergleichswelt.

Beide Welten bestehen prinzipiell aus einer Vielzahl unterschiedlicher Elemente, die ihrerseits in einer bestimmten Struktur zueinander stehen. Welche Elemente aus beiden Strukturen in den Vergleich einfließen, ist letztes Endes in das Belieben des Texters gestellt. In unserem Beispiel ist das Element in der Struktur »Beratung im Bundestag« der Anteil innovativer Ideen oder etwas ähnliches; das hierzu komplementäre Vergleichselement in der Struktur »Basaltblock« ist die »Schwere«, die »Unveränderlichkeit« oder »Unbeweglichkeit«.

Prinzipiell lassen sich zwei verschiedene Vergleichstypen unterscheiden, und zwar der Analog- oder Parallelvergleich einerseits und der Suggestivvergleich andererseits. Hinsichtlich ihres Aufbaues sind sie identisch, hinsichtlich ihres Verwendungszweckes allerdings verschieden. Der Analogvergleich setzt zwei reale Welten zueinander in Beziehung; sehr häufig wird beispielsweise in der Geschichte nach Vorbildern oder deren Gegenteil gesucht. Eines der bekanntesten Beispiele für einen Analogvergleich ist der Essay von Hans Magnus Enzensberger im Spiegel Nr. 6, 1991, unter dem Titel »Hitlers Wiedergänger«. Die Vorgehensweise Enzensbergers besteht im wesentlichen darin, Strukturen und Elemente Nazideutschlands mit denen des Irak zu parallelisieren mit dem Ziel, die Gefährlichkeit Saddam Husseins nachzuweisen. Dies zeigt bereits die Funktion des Analogvergleichs: Er dient argumentativen Zwecken.

Die Vergleichswelt des Suggestivvergleichs hingegen ist fiktiv. Die Funktionen des Suggestivvergleichs – sein Name sagt es bereits – sind die Veranschaulichung, die Unterhaltung, die Anregung.

Zur Verdeutlichung des Suggestivvergleichs ein kleines Beispiel aus einem uns bereits bekannten Kommentar. Es geht um die Verhandlungen zur deutschen Einheit.

Überleitung

...Die Art und Weise, wie in Bonn Schicksalsfragen deutscher und europäischer Zukunft behandelt werden, erinnert zunehmend an einen Pokerspieler, der die Karten der anderen genau kennt, selbst das beste Blatt hat und aus diesem Wissen heraus die Einsätze immer höher treibt... Neues Deutschland, 27. 6. 1990

Strukturelemente der Objektwelt sind die Verhandlungsteilnehmer; die Macht oder die finanziellen Mittel, über die sie verfügen; die Forderungen, die sie stellen. Hierzu komplementär sind in der Vergleichswelt die Spieler; der Besitz des besten Blattes; die Höhe der Spieleinsätze. In diesem Vergleich kommt es dem Kommentator darauf an, daß sich Assoziationen, die sich mit der Struktur »Pokerspiel« verbinden, auf die Struktur »Vereinigungsverhandlung« übertragen. Und zweitens kommt es darauf an, daß sich die Assoziation, die sich mit dem beschriebenen Element »Pokerspieler« verbindet, auf das unausgesprochene Element »bundesdeutscher Verhandlungsführer« überträgt usw.

Die Fiktionalität des Suggestivvergleichs hat schon so manchen Texter vergessen lassen, daß die Struktur der Vergleichswelt komplementär zu der der Objektwelt sein muß, um Vergleichbarkeit herzustellen. Und mehr noch: Die Vergleichswelt muß eine wiedererkennbare Struktur haben. Sie darf nicht völlig beliebig sein. Andernfalls nämlich scheitert der Vergleich, wie folgendes Beispiel belegt:

Harter Brocken

Nach dem Motto »Klotzen und nicht kleckern« hat die Bundesregierung jetzt drei sehr dicke Steuer-Würfel auf den Tisch geworfen. Aber die Würfel sind nur auf vier Seiten beschriftet: erstens kräftig erhöhte Steuern auf Benzin, Diesel, Heizöl und Erdgas, zweitens eine höhere Versicherungssteuer, drittens eine Anhebung der Mehrwertsteuer und viertens ein höherer Einkommenstarif für Spitzeneinkommen. Eine genaue Festlegung über den Inhalt des neuen Steuerpaketes ist angeblich noch nicht erfolgt, denn an diesem Wochenende sollen die Würfel noch einaml kräftig geschüttelt werden... Rheinische Post, 23. 2. 1991

Es gibt keine Würfel mit nur vier beschrifteten Seiten, und warum es ausgerechnet drei sind, die auf jeweils vier Seiten beschriftet sein sollen, verschließt sich dem Verständnis des Verfassers völlig. Hier ist, um auf Augenhöhe zu bleiben, dem Kommentator das Bild des Suggestivvergleichs aus dem Ruder gelaufen.

Daß man auf ausgesprochen amüsante und dennoch informative Art mit Hilfe eines Suggestivvergleichs einen ganzen Kommentar gestalten kann, mag abschließend folgendes leicht gekürztes Beispiel belegen:

Eine teure Partie

Gegensätze ziehen sich an. Die Braut ist von Adel, der Bräutigam proletarischer Herkunft. Die Braut ist finanziell seit langem nicht auf Rosen gebettet, während der Bräutigam den Eindruck erweckt, als könne er sich alles leisten.
Doch gemach: Noch ist das Aufgebot von Rolls-Royce und VW nicht bestellt. Viele Freier buhlen um die Gunst der britischen Nobel-Lady, die sich entsprechend ziert und ihr Ja-Wort hinauszögert. Im Hintergrund zieht natürlich auch der Vater die Fäden...
Schließlich ist da auch noch ein Freier aus Bayern, der sich selbst als den besten aller Kandidaten betrachtet. Er verläßt sich nicht nur auf seine Schönheit, sondern spielt als Trumpf aus, daß sich die Holde schon mehrfach mit ihm eingelassen hat. Nimmt sie einen anderen, fordert BMW die Verlobungsgeschenke zurück, und jeder andere, der zum Zuge kommt, muß dann für viel Geld der Angebeteten den stan-

desgemäßen Auftritt verschaffen. Ein teures Vergnügen. Augsburger
Allgemeine, 15. 11. 1997,

Im Gegensatz zum Suggestivvergleich, der in Kommentaren gerne und häufig verwendet wird, findet sich der Analogvergleich nur sehr selten in Kommentaren. Sein bevorzugter Platz ist der Leitartikel oder der Essay. Der
Grund hierfür dürfte denkbar simpel sein: Der gute, der aussagekräftige Analogvergleich ist zu lang; er sprengt den Umfang eines normalen Kommentars.

Verantwortlich dafür ist das Prinzip, nach dem die zwei strukturierten Ele-
mentemengen der beiden Welten konzipiert werden müssen. Die argumentative Kraft eines Analogvergleiches nämlich beruht auf folgender Technik:
Zunächst werden für eine möglichst große Zahl von strukturkomplementären
Elementen aus der Objekt- wie der Vergleichswelt Ähnlichkeiten festgestellt
oder beschrieben. Sodann wird, quasi im argumentativen Schluß, ein Element der Vergleichswelt nachgewiesen, das so in der Objektwelt zwar (noch)
nicht nachweisbar ist, das aber infolge der übrigen Ähnlichkeiten wahrscheinlich existent oder hochgradig zu erwarten ist.

Anlaß der folgenden Schlußpassage eines Leitartikels ist das Verbot der
Refah-Partei in der Türkei. Der Leitartikler nimmt diesen Faden auf und
spinnt ihn dahingehend weiter, daß in der Türkei ein allgemeines Unvermö-
gen herrsche, mit den Problemen und Herausforderungen eines modernen
Staatswesens westlicher Prägung fertig zu werden. Er beendet den Leitartikel folgendermaßen:

Die Türkei im kritischen Alter

...Auch beim Blick über die eigenen Landesgrenzen muß den Türken
schwindeln. Innerhalb von gut zehn Jahren sind in ihrer unmittelbaren
Nachbarschaft drei mächtige politische Systeme sang- und klanglos
verschwunden, die mindestens ebenso dauerhaft gebaut zu sein
schienen wie ihr eigenes kemalistisches Modell: die Monarchie des
Schahs im Iran, der Kommunismus des Politbüros in der Sowjetunion
und das föderative Balkan-Experiment in Jugoslawien.

Beunruhigend ist dabei, daß alle drei Staaten Parallelen zur türkischen
Republik aufweisen. Erstens: Sie alle gingen entweder an religiösen
oder an ethnischen Gegensätzen zugrunde. Die Türkei hat gleich beide Varianten aufzuweisen: den politischen Islam und den Aufstand der
Kurden im Südosten des Landes.

Zweitens: Ob Moskau, Belgrad oder Teheran – in allen drei Staaten
wurden Reformen über die Köpfe des Volkes hinweg von den neuen

Machthabern per Erlaß durchgezogen. Bei Persern, Russen und Türken kappten Schah, Generalsekretär und Gazi Mustafa Kemal zudem die religiösen und kulturellen Wurzeln.
· Drittens: Sogar die Geburtsstunden dieser neuen Staaten liegen nahe beieinander. Sie wurden alle auf den Trümmern des Ersten Weltkriegs errichtet. Und die Lebenserwartung?
Lenins Staat wurde 73 Jahre alt, der Staat der Südslawen 74, und Atatürks Republik erreicht in diesem Jahr das kritische Alter von 75 Jahren. Süddeutsche Zeitung, 19. 1. 1998

Wie auf einem Konstruktionsbrett werden in dieser Textpassage die Bauprinzipien des Analogvergleichs entwickelt. Parallel verhalten sich die Elemente »religiöse und ethnische Gegensätze«; »Reformen von oben«; »Kappen der religiösen und kulturellen Wurzeln«; »Gründung nach dem Ersten Weltkrieg«. In diesen Elementbeschreibungen sind bereits die wichtigsten Strukturähnlichkeiten enthalten: Obrigkeitsstaat, Antagonismen in Kultur und Religion, mangelnde Kontinuität. Die naheliegende Schlußfolgerung besteht nun einfach darin, das Scheitern der drei Strukturen der Vergleichswelt, nämlich Persiens, der Sowjetunion und Jugoslawiens, auf die Türkei zu übertragen.

Das große Problem aller Analogvergleiche findet sich bezeichnenderweise zu Beginn eines großen Analogvergleiches, der ebenfalls in einem Leitartikel der Süddeutschen zum Thema der Konstruktion und zum Werdegang des neuen Europas zu lesen war. Hier heißt es lapidar:

Zwei, drei, viele Europas?

...Da die Geschichte allenthalben wiederkehrt, möge man sich an die Vereinigung und das späte 19. Jahrhundert erinnern... Süddeutsche Zeitung, 1. 10. 1992

Mit der Behauptung, daß Geschichte allenthalben wiederkehrt, mag der Leitartikler Recht haben. Ob dies allerdings in einer Form passiert, die es erlaubt, aus ihr zu lernen – oder mit ihr zu argumentieren –, ist eine der umstrittensten Fragen der Geschichtsphilosophie überhaupt. Insofern ist der Gebrauch selbst des entwickeltsten historischen Analogvergleichs eine Wertung.

Vergleiche setzen zwei Welten zueinander in Beziehung. Der Sugge-
sitvvergleich setzt die Wirklichkeit in Beziehung zu einer Fiktion; er
dient der Ausschmückung und Illustration, der Unterhaltung und der
Emotionalisierung. Der Analogvergleich setzt Wirklichkeit mit Wirklichkeit in Beziehung. Er kann dieselben Funktionen haben wie der
Suggestivvergleich; meistens jedoch dient er argumentativen
Zwecken.

5. Argumentieren als Kommentarleistung

Wir haben in Kap. 2.3 die unterschiedlichen Auffassungen über die Aussage eines Werturteils dargelegt und begründet, warum der Kommentator sich einer objektivistischen Auffassung anschließen sollte. In diesem Zusammenhang haben wir gezeigt, daß eine objektivistische Auffassung ihn zur Begründung seiner Meinungsäußerungen verpflichtet; wir hatten dies die diskursive Legitimation seiner außergewöhnlichen Machtposition genannt, die er so nur mit wenigen anderen Berufsgruppen teilt.

Wir sollten uns deshalb nun der weiterführenden Frage zuwenden, welche Begründungs- bzw. Argumentationsverfahren es gibt, um eine strittige Äußerung zu stützen. Es geht hierbei, wohlgemerkt, nicht nur um Werturteile bzw. Meinungsäußerungen; es geht auch um strittige Tatsachenbehauptungen. Jedoch veranschlagen wir die Bedeutung derartiger Nachweisverfahren als eher gering, weshalb wir im folgenden das Schwergewicht auf die argumentative Stützung von Meinungsäußerungen legen werden.

5.1 Argumentieren – das Modell

Bereits in der soeben verwendeten Begrifflichkeit verbirgt sich ein erster Fallstrick. Es ist nämlich die Frage, ob Begründungen und Argumentationen dasselbe sind – oder in welchem Verhältnis sie zueinander stehen. Ehemals war die Begründung der umfassende Begriff. Er beinhaltete sowohl die ursächliche Erklärung, die intentionale Erklärung wie die Begründung eines Meinens, Glaubens oder Wissens. Inzwischen hat der Begriff eine Bedeutungsverengung erfahren und bezieht sich nur noch auf die Begründung von Handlungen und auf die Begründung des eigenen Meinens und Glaubens. Von Argumentation hingegen spricht man immer dann, wenn etwas, das zwischen zwei oder mehr Menschen strittig ist, mit Hilfe eines sprachlichen Verfahrens in Unstrittiges überführt werden soll oder wird. Mit anderen Worten: Man argumentiert für eine strittige These.

Eine zweite, wichtigere Abgrenzung sollten wir noch treffen, die zu mancherlei Irritation Anlaß geben könnte, nämlich die zwischen Erklären und Argumentieren. Hierzu zwei Beispielsätze.

> Text 1: Der Sänger S ist offensichtlich schwer erkrankt; denn er hat die heutige Veranstaltung abgesagt, bei den beiden letzten Vorstellungen

die schwierigen Partien sehr unsauber gesungen und in den Pausen
Tabletten genommen.
Text 2: Lion Feuchtwanger hatte während der nationalsozialistischen
Diktatur Deutschland verlassen; denn als Jude mußte er befürchten,
verfolgt und mißhandelt zu werden.

Offensichtlich zielen die beiden Passagen nach dem einleitenden »denn...«
auf zwei unterschiedliche Zwecke. Text 2 benennt mit dem Denn-Satz den
Grund dafür, warum Feuchtwanger Deutschland verlassen hat. Er war Jude
und mußte Mißhandlungen, Folter und Mord befürchten.
Anders der Denn-Satz in Text 1. Die Tatsache, daß der Sänger S die heutige
Veranstaltung abgesagt hat, kann unmöglich - so wie das Jude-Sein und die
drohende Mißhandlung - der Grund für die unsauber gesungenen Partien an
den Vorabenden und die Tabletteneinnahme sein.
Text 1 also begründet nicht, warum der Sänger S erkrankt ist. Vielmehr werden Indizien aufgezählt, die es wahrscheinlich erscheinen lassen, daß der
Sänger krank ist. Das wiederum ist nur dann sinnvoll, wenn die Krankheit
zweifelhaft oder umstritten ist. Andererseits ist es nur sinnvoll zu begründen,
warum Feuchtwanger Deutschland verlassen hat, wenn unumstritten ist, daß
er Deutschland verlassen hat.

Wir halten also dreierlei fest: Man argumentiert für strittige Tatsa-
chen- und Meinungsäußerungen, indem man das in der Zielgruppe
Strittige durch Unstrittiges zu erhärten und dadurch in Unstrittiges
umzuwandeln versucht. Man begründet menschliches Handeln ganz
allgemein; hierbei steht die Handlung als solche fest. Außerdem
begründet man das eigene Meinen und Glauben. Im Allgemeinen
wird man dies dann tun, wenn es auf Widerspruch stößt oder zu
stoßen droht. Und schließlich: Erklärungen zielen darauf ab, verstehbar zu machen, warum und wie (oder wozu) Ereignisse (oder menschliches Handeln) auftreten; hierbei werden mehr oder weniger stark
gesetzmäßige Abläufe unterstellt. Die Tatsache der Handlung bzw.
des Ereignisses ist hierbei nicht umstritten.

Nun wäre es schön, wenn es ein ganz bestimmtes Verfahren gäbe, anhand
dessen man aufzeigen könnte, wie argumentative Verfahren funktionieren.

Dies ist jedoch leider nicht der Fall. Vielmehr haben wir es mit mindestens vier großen Schulen zu tun.

Die erste ist die in der Tradition der »Oxford Philosophy« stehende, logik-kritische und sprachphilosophische Schule, deren argumentationstheoretischer Begründer zweifelsohne Stephen Toulmin ist (Toulmin, 1975). Auf seinem universalistischen Ansatz bauen auch unsere Überlegungen im folgenden auf.

Die zweite Schule wurzelt in der antiken Topik, das heißt in der Lehre der argumentativen Gesprächsführung und der situativen Argumentationsschemata. Ihr nachgerade klassischer Vertreter in der neuesten Zeit ist Chaim Perelman (Perelman, 1980). Das Problem dieser Verfahrensweise liegt in der Fülle möglicher Schemata (Topoi oder Loci). In einer jüngst veröffentlichten »Anweisung zum subversiven Denken« unterscheidet der Philosoph Hubert Schleichert zwischen 19 verschiedenen Schemata (Schleichert, 1997, S. 24ff.). Ueding und Steinbrink unterscheiden in ihrem »Grundriß der Rhetorik« gar 24 Topoi bzw. Loci (Ueding, Steinbrink, 1986, S. 220ff.), wobei damit nach oben noch kein Ende gesetzt ist. Wir werden im folgenden diesen Weg deshalb nicht beschreiten, weil es uns zu weit verzweigt, zu umständlich erscheint.

Bleibt als dritte die kognitivistische Schule, repräsentiert etwa durch Christoph Lumer (Lumer, 1990). Ohne auf Lumers faszinierende »Praktische Argumentationstheorie« hier näher eingehen zu wollen, sei soviel gesagt: Die strukturfunktionale, an Erkenntnisprinzipien orientierte Verfahrensweise scheint uns zu abstrakt, als daß man sie fruchtbar in der Kommentierung alltäglicher Problemstellungen anwenden könnte. Gleichwohl ist sie jedem Interessierten als Denkschule empfohlen.

Der Vollständigkeit halber sei, viertens, noch auf das Gedankengebäude der Diskursethik von Habermas verwiesen, das jedoch endgültig die Verwendbarkeit in einem bewertenden 60ig-Zeiler sprengt.

Ein Argumentationsschema

Wir hatten gesagt, daß wir uns an Toulmins universalistischem Modell orientieren (Toulmin, 1975, S. 88ff.), allerdings mit den uns sinnvoll erscheinenden Modifikationen und Verkürzungen, die etwa von Schmidt-Faber in seinem Buch »Argument und Scheinargument« vorgeschlagen worden sind (Schmidt-Faber, 1985, S. 19ff.). Wie auch schon in den vorangegangenen Kapiteln, soll das Thema am Beispiel einiger fiktiver Sätze erarbeitet werden.

Ausgangspunkt einer Argumentation ist ein beliebiger, aber eben strittiger
Satz. Wir können ihn Behauptung, These oder einfach nur Satz nennen.
Kenntlich gemacht wird er im folgenden durch ein Fragezeichen, das in
Klammern gesetzt wird.

These: Die Abiturientin A. kann Journalismus studieren (?)

Wenn ich diesen Satz begründen will – etwa weil er von Opponenten bestrit-
ten wird –, liefere ich ein Argument. Formal sind Argumente Sätze, die einen
Hinweis auf ihren Argument-Charakter haben. Das kann ein »denn«, ein
»weil« oder »deshalb« am Anfang des Satzes sein; es kann aber auch eine
Umschreibung wie »der Grund hierfür...« oder vergleichbares sein. Inhaltlich
sollte das Argument in der Zielgruppe unstrittig sein. Überdies muß es natürlich die These auf irgendeine Art absichern.

Arg.:   Denn sie hat einen Notenschnitt von 1,4

Bei genauerer Betrachtung sagt diese Angabe nichts aus über die Fähigkeit
der Abiturientin A., Journalismus zu studieren. Besser hätte ich argumentieren können:»Denn sie hat sich während eines Zeitungs-Praktikums glänzend
bewährt.« Allerdings hängen – und da liegt die Schwäche dieses Arguments
– die (formalen) Zugangsbedingungen eines Journalismusstudiums nicht von
spezifischen Eignungen ab. Und genau um die soll es gehen, wenn gesagt
wird:»Sie kann Journalismus studieren.«
Das Argument »Denn sie hat einen Notenschnitt von 1,4« ist jedoch immer
noch keine hinlängliche Absicherung für die These »Sie kann Journalismus
studieren«; denn es sagt nichts darüber aus, wo der NC für das Fach Journalismus liegt. Deshalb bedarf es eines weiteren Gliedes in der Argumentation,
der sogenannten Regel – sie wird oft auch Grundsatz, Allsatz oder Basis-
konditional genannt:

Regel: Der NC liegt bei 1,8

Regeln haben immer allgemeinen Charakter. Im Falle von theoretischem
Wissen handelt es sich um allgemeine Gesetze, die gewöhnlich wissenschaftlich nachgewiesen sind. Im Falle von praktischem Wissen – unser Beispiel steht dafür – sind es Normen, Bewertungsmaßstäbe, Werte, Verordnungen oder (juristische, nicht naturwissenschaftliche) Gesetze; oft aber sind
es auch bloße Klischees.

Gar nicht so selten wird von Opponenten nicht das Argument eines Propo-
nenten angegriffen, sondern die Regel. In der Tat könnte man bei unserem
Beispiel einwenden, daß der NC willkürlich und die Praxis der zentralen Vergabe von Studienplätzen mit Hilfe des Notendurchschnittes insgesamt in Frage zu stellen sei. Um unsere Regel zu verteidigen, bedarf es eines letzten
Schrittes, der sogenannten Stütze. Stützen enthalten die Erfahrungen und die
letzten Gründe, die die Regel sinnvoll bzw. akzeptabel erscheinen lassen.
Stützen begründen die Güte der Regel und sollten im Optimalfall dafür sorgen, daß sie akzeptiert wird.

Stütze: ZVS Dortmund

Unser zweites Beispiel steht für einen sehr viel »weicheren« Bewertungs-
maßstab. Es zeigt zudem, daß Bewertungsmaßstäbe in einer Zielgruppe
akzeptiert sein müssen, um eine Argumentation plausibel erscheinen zu lassen. Denn die folgende Argumentation, vorgetragen in einer Versammlung
von Bundesligatrainern, würde mit Sicherheit zu bedeutend geringerer
Akzeptanz führen als in der Spielervereinigung einer Kreisklasse.

These:	A. war früher ein guter Fußballspieler (?)
Arg.:	Denn er hat von 1978-1985 in der Bundesliga gespielt
Regel:	Wer in der Bundesliga spielt, muß ein guter Fußballer sein
oder	
Regel:	Alle Bundesligaspieler sind gute Fußballer
Stütze:	Allgemeines Weltwissen, Erfahrung

Es ist ersichtlich, daß diese Regel nur von einem naiven oder etwas groß-
sprecherischen Kreisligisten nicht akzeptiert werden könnte – er würde die
Berechtigung allerdings in einem konkreten Spiel Bundesliga- gegen Kreis-
liga-Club unmittelbar erfahren.
Anders die Erfahrung und das allgemeine Weltwissen einen Spitzentrainers.
Da er die Regel nicht unbedingt akzeptabel finden wird, überzeugt ihn auch
die Absicherung der These durch das Argument nicht unbedingt.
In den meisten Fällen kann man bei einer alltäglichen Argumentation Regel
und Stütze weglassen. Denn sie verstehen sich in einer halbwegs homogenen
Zielgruppe von selbst. Allerdings sollte man sich darauf nicht unbedingt verlassen. Im Zweifelsfall ist es ratsam, die Argumentation breiter anzulegen,
um ein Maximum an Transparenz zu schaffen. Folgendes Beispiel mag das
erhellen.

These: Das Land L. ist ein guter Absatzmarkt für Schuhe (?)
Arg.:   Denn dort laufen 80% der Menschen barfuß

Mit demselben Argument - »denn dort laufen 80% der Menschen barfuß« - kann man jedoch auch die genau gegenteilige Behauptung stützen.

These: Das Land L. ist ein schlechter Absatzmarkt für Schuhe (?)
Arg.:   Denn dort laufen 80% der Menschen barfuß

Erst eine volkswirtschaftlich oder betriebswirtschaftlich abgesicherte Regel würde erweisen, welche These sich durch das Argument wirklich stützen läßt.

Nachdem wir uns das Grundschema aus These, Argument, gegebenenfalls Regel und Stütze nun erarbeitet haben, können wir zwei weitere Überlegungen einbeziehen: die Relevanz eines Arguments für eine These und die Richtigkeit des Arguments. Angenommen, es gilt, folgende strittige These zu bekräftigen:

These: Die Person P. hat die Bank B beraubt (?)

Ich stütze diese These mit zwei unterschiedlichen Argumenten:

Arg.1   Denn P. ist hoch verschuldet
oder
Arg. 2   Denn in der Wohnung P.´s wurden geraubte Geldscheine
            gefunden

Es dürfte intuitiv ersichtlich sein, daß Arg. 2 von stärkerer »Kraft« für die Stützung der These ist als Arg. 1. Es hat, so sagen wir ab jetzt, eine größere Relevanz.

Die Relevanz eines Arguments wird dadurch ersichtlich, daß man sich die Regel vergegenwärtigt, die dem Verhältnis von Argument und These zugrundeliegt. In unserem fiktiven Beispiel könnten wir die beiden Regeln folgendermaßen formulieren:

Regel 1   Wer hoch verschuldet ist, ist verdächtig, Banken zu berau-
            ben
Regel 2:   Wer in seiner Wohnung Geldscheine aus einem Bankraub
            aufbewahrt, ist verdächtig, Banken zu berauben

An diesem kleinen Beispiel wird ersichtlich, daß die Akzeptabilität der Regel maßgeblich ist für die Relevanz des Arguments. Sie entscheidet über die Frage, in welchem Grad das Argument die These absichert. So gesehen ist die Regel weniger ein kommunikatives Instrument einer Argumentation als vielmehr ein Analyseinstrument zur Feststellung der Güte eines Arguments.

Was es mit der Richtigkeit auf sich hat, soll an einem weiteren Beispiel geklärt werden. Angenommen, wir stehen vor folgender These:

These:	P. verdient als freier Journalist gutes Geld (?)
Arg.:	Denn er arbeitet für Focus und Stern, die weit über Tarif bezahlen
Regel:	Übertarifliche Zahlung führt zu gutem Verdienst

Auf den ersten Blick sichert das Argument – unter Berücksichtigung der Regel – die These recht gut ab. Man könnte auch sagen: Das Argument ist für die These relevant. Allerdings könnte jemand kommen und die Richtigkeit des Arguments in Frage stellen, etwa indem er nachfragt: »Wie oft arbeitet P. für Focus und Stern? Tut er dies regelmäßig oder nur gelegentlich?«
Die Richtigkeit fragt mithin nach der Wahrheit oder der Berechtigung dessen, was im Argument ausgesagt wird. In diesem Fall wird die Wendung »arbeitet für« zumindest teilweise in Frage gestellt. Die Richtigkeit kann sich einmal an dem Wahrheitsgehalt der im Argument getroffenen Aussage bemessen (Tatsachenbehauptungen), ein anderes Mal an dem Grad der Berechtigung (Werturteil, Meinungsäußerung). In beiden Fällen gilt: Schwindende Richtigkeit des Arguments läßt immer die Qualität der Argumentation insgesamt schwinden, egal wie relevant die Aussage des Arguments sein mag.
Stellt sich also in unserem Beispiel heraus, daß P. nur gelegentlich für eine der beiden Zeitschriften arbeitet, so hat das Argument wenig Richtigkeit.

Wir können festhalten: Argumentieren heißt, Strittiges unter Verwendung von Unstrittigem in Unstrittiges zu überführen. Eine vollständige Argumentation besteht aus der These, dem Argument, einer Argumentregel und einer Stütze.
Weiterhin gilt: Sinkt die Richtigkeit, so kann ein Argument noch so relevant sein: Die Argumentation leidet insgesamt. Umgekehrt: Sinkt die Relevanz, so kann ein Argument noch so richtig sein: Die Argumentation leidet ebenfalls insgesamt.

Drei Wege, vier Argumenttypen

Um eine strittige These argumentativ zu stützen, kann ich prinzipiell drei unterschiedliche Wege einschlagen. Angenommen, es handelt sich um die Frage, ob im Landesparlament die heutige Abstimmung über feste Betreuungszeiten für Schüler an Grundschulen von der Regierungspartei gewonnen wird oder nicht. Weg Nummer eins: Ich gehe selbst hin und beobachte die Abstimmung. Dieses Verfahren beruht auf eigener sensorieller Wahrnehmung, und argumentativ verarbeitet könnte sich dieser Weg nur darin niederschlagen, daß man sagt: »Ich habe es selbst gesehen/gehört« etc. Dieser Weg wird sich in der überwiegenden Mehrzahl der Fälle einem Kommentator verschließen.

Ein zweiter Weg besteht darin, daß ich Hilfssachverhalte zu Rate ziehe, von denen ich auf die fragliche Abstimmung schließen kann. Ein solches Bündel von Hilfssachverhalten, die der fraglichen Abstimmung zeitlich vorgelagert sind, wären beispielsweise die Mehrheitsverhältnisse im Parlament, der Krankenstand der Abgeordneten, der vom Fraktionschef ausgesprochene Fraktionszwang zusammen mit dem Druck auf einzelne Abgeordnete usw. Hilfssachverhalte nach Beendigung der Abstimmung wären das Mienenspiel der Abgeordneten beim Verlassen des Plenarsaals, eine ausgelassene Feier in den Räumen der Regierungsfraktion am Abend oder andere Auswirkungen der Abstimmung. Man bezeichnet diesen Weg als substantiell, den Argumenttyp bezeichnet man als Indizargument.

Der dritte Weg schließlich ist ein recht simpler: Ich frage einen Zeugen oder befrage ein relevantes Zeugnis – etwa das Sitzungsprotokoll – nach dem Ausgang der Abstimmung. Man nennt diesen Weg referentiell, das Argument ein Zeugnis- oder Attestargument; in publizistischer Terminologie könnte man hierbei auch von einem Quellenargument sprechen.

Etwas anders liegen die Verhältnisse in folgendem Fall: Der Kommentator steht nicht vor dem Problem, ob die Abstimmung gewonnen worden ist; vielmehr empfiehlt er den Abgeordneten aller Parteien, doch tunlichst mit der Regierung für das Gesetz, d.h. für feste Betreuungszeiten zu stimmen. Das heißt, daß er eine spezielle Meinungsäußerung, nämlich einen Normsatz, argumentativ stützen muß. Erneut gibt es den Weg, einfach auf das eigene Meinen zu verweisen und dieses kategorisch für berechtigt zu erklären.

Ein zweiter Weg ist, in Analogie zu dem Indizargument von oben, ebenfalls substantiell. Er basiert darauf, daß man auf die Ergebnisse einer Handlung – in diesem Fall der Abstimmung – verweist und deren Vor- bzw. Nachteile

beleuchtet. In Anlehnung an Schmidt-Faber wollen wir sie Vorteilsargumente nennen. Ein Vorteil der Einrichtung fester Betreuungszeiten wäre beispielsweise die Möglichkeit für Alleinerziehende, ohne Tagesmutter etc.
einer festen Halbtagsbeschäftigung nachgehen zu können.
Der dritte und letzte Weg ist erneut referentiell. Wenn ich jemandem etwas
empfehle oder nahelege, jemanden auffordere oder an ihn appelliere, dann
kann ich dies tun, indem ich mich auf ein Gebot berufe. Dies kann ein
Gesetz, es mag eventuell aber auch nur eine Verhaltensnorm im weitesten
Sinne sein. Ein wirklich hartes Gebot oder Verbot steht uns in unserem fiktiven Fall nicht zur Verfügung. Allerdings könnten wir allgemein auf die Norm
der Chancengleichheit am Arbeitsmarkt zwischen Kinderlosen und Eltern
verweisen, die durch die fragliche Abstimmung befördert würde.

5.2 Argumentieren – die Praxis

Indizielle Argumentationen – das Beispiel

Der mit Abstand größte Teil der Argumentationen wird mit Indizien bestrit-
ten, mit Hilfssachverhalten also, die auf die strittige These verweisen. Leider
ist mit dieser Feststellung nur wenig geholfen, denn Indizargumente sind in
sich derart unterschiedlich, daß die Kategorie »Indizien« an ihrer eigenen
Mannigfaltigkeit zu ersticken droht.

Eine sehr gängige Methode, um eine strittige These argumentativ zu stützen,
besteht in der Aufzählung von Beispielen, die das fragliche Urteil stützen.
Hierzu ein sehr plakativer Kommentareinstieg. Der Anlaß: Anfang 1993
schlug vor den Shetland-Inseln in der Quendale-Bucht der Tanker Braer leck;
anhaltender Sturm und hoher Wellengang behinderten die Rettungsarbeiten,
85.000 Tonnen Nordseeöl waren bereits ausgelaufen, als folgender Kommentar erschien:

Wie lange noch?

Ein betrunkener Kapitän löst 1989 die Exxon-Valdez-Katastrophe vor
Alaska aus. Bei Livorno sterben 1991 an die 150 Menschen, als die
Mannschaft der Moby Prince im Fernsehen Fußball anschaut und ihr
Fährschiff einen anderen Tanker rammt. In der Hafeneinfahrt von La
Coruna kommt im vergangenen Dezember der Lotse erst an Bord, als
die Aegean Sea schon auf Grund liegt. Die Braer, deren 85.000 Ton-
nen Öl jetzt vor Shetland auslaufen, ist trotz Orkan und schlechter

Sicht nicht die sichere, sondern die kürzere Route gefahren. Schrottschiffe, deren schlecht ausgebildete und erbärmlich bezahlte Mannschaften zu rücksichtsloser Fahrt gepreßt werden, machen unsere
Meere und Strände unsicher... Solinger Tageblatt, 7. 1. 1993

Die strittige These lautet in diesem Fall:»Schrottschiffe, deren schlecht ausgebildete und erbärmlich bezahlte Mannschaften zu rücksichtsloser Fahrt
gepreßt werden, machen unsere Meere und Strände unsicher.« Wir sind hiermit sofort bei dem eigentlichen Kernproblem indizieller Argumentation mit
Beispielen, der Frage nämlich, wie die Beispiele beschaffen sein müssen und
wieviele ich brauche, um eine These zu stützen.
Zunächst sollten wir generell festhalten: das einzelne Beispiel beinhaltet
einen singulären Sachverhalt, der seinerseits für ein größeres Ganzes steht.
Hierbei lassen sich zwei Fälle unterscheiden.
Erstens: Die Beispiele sind bezüglich der behaupteten Ganzheit ähnlich
(strukturgleich). Dies ist gewöhnlich dann der Fall, wenn das einzelne Bei-
spiel ein miniaturisiertes Spiegelbild der behaupteten Ganzheit darstellt.
Unser soeben zitierter Kommentar gehört tendenziell in diese Kategorie. Im
Falle strukturgleicher Beispiele minimiert sich das Problem der Repräsenta-
tivität des einzelnen Beispiels. Konkret: Wenn immer wieder Tanker aus
Gründen menschlichen Versagens in küstennahe Unglücke verwickelt sind,
dann kann berechtigterweise der Schluß gezogen werden:»Schiffe mit
Mannschaften, die aus diversen Gründen versagen, machen unsere Küsten
unsicher.«
Hierbei repräsentiert jedes einzelne Beispiel bereits für sich diese Folgerung
– allerdings nicht in einer verallgemeinernden Form. Deshalb lautet die weiterführende Frage, wieviele solcher Beispiele man braucht, um die Schlußfolgerung als von dem konkreten Fall abstrahierende und verallgemeinernde
Behauptung aufstellen zu dürfen.
Diese Frage wird hier und überall unbeantwortet bleiben müssen; denn das
beschriebene Verfahren ist kein empirisch induktives Beweisverfahren, sondern lediglich eine begriffliche Verallgemeinerung von beobachtbaren Phänomenen. (Genau hier übrigens erweist sich der Charme zwingender nume-
rischer bzw. statistischer Angaben, die zu pauschal unter Hinweis auf
Churchills Fälschungsaphorismus in journalistischen Kreisen abgelehnt werden.)

Zweitens: Die Beispiele sind untereinander tendenziell unterschiedlich, haben jedoch entweder in ihrer Schnittmenge oder in ihrer Addition eine Gemeinsamkeit, die das behauptete Ganze beinhaltet. Bevor wir diesen Fall diskutieren, hier ein Kommentar, der nach diesem Muster vorgeht:

Schwankende Grüne

Ihre politische Kindheit haben die Grünen längst hinter sich; in Parlamenten und Koalitionen haben sie ihre Unschuld gelassen. Eine erwachsene »Altpartei«, wie viele ihrer Mitglieder fürchten, sind sie aber auch noch nicht.

Die Grünen stecken noch immer – das zeigte ihre Bundesversammlung in Dortmund erneut – mitten in der politischen Pubertät. Schlimmer: Sie gefallen sich darin.

Sie wissen, was sie nicht wollen, aber sie wissen nicht, was sie wollen. Sie ärgern sich über ihre »Medienstars«, die sich vor den Kameras spreizen, während im Saal die Basis resolutioniert. Aber gleich danach bejubeln sie jeden populistischen Auftritt eben dieser »Strömungshengste und -stuten«, der Ditfurths und der Ströbeles.

Sie wählen jemanden zum Sprecher, der in Berlin gerade die Koalition mit der SPD platzen lassen möchte – und jubeln Jürgen Trittin aus Hannover zu, der über die erfolgreiche Beendigung der Koalitionsgespräche in Niedersachsen berichtet. Nach einem Jahr des Grabenkampfes und der Nabelschau hatte der alte, scheidende Vorstand eines erkannt: Wenn die Grünen in Bonn mit ihrem Kapital an Wählerstimmen wuchern wollen, wenn sie Einfluß nehmen wollen in der »großen« Politik, müssen sie Menschen pflegen, die diese Politik auch glaubhaft nach außen verkörpern. Die Bundesversammlung applaudierte Fücks, der brechen wollte mit den Tabus der frühen Jahre, aber sie wählte ihn nicht. Sie wählte einen Vorstand der Neulinge mit einem alten linken Hasen an der Spitze.

Die Grünen können und wollen sich noch immer nicht entscheiden zwischen der Politik der kleinen Schritte und der linksorthodoxen Fundamentalopposition, zwichen bescheidenem Bäumchenpflanzen und der großen Geste der Systemkritik.

Womöglich werden sie sich nie entscheiden können. Politische Talente werden sie dann weiterhin verschleißen oder in den Austritt treiben. Westdeutsche Allgemeine Zeitung, 11. 6. 1990

Es geht in diesem Kommentar – auf der Beispielsebene – einmal um die Bewunderung für und den Ärger über Medienstars; um die Zustimmung zur SPD-Koalition in Hannover und die Ablehnung derselben in Berlin; um die

Zustimmung zum Bruch mit alten Tabus, die sich allerdings nicht in einem
Wahlerfolg des Tabu-Verletzers niederschlägt. Alles in allem, so wird man
festhalten dürfen, geht es um recht verschiedene Phänomene. Auf jeden Fall
wird man kaum von struktureller Gleichheit zwischen diesen drei Beispielen
und der behaupteten Ganzheit sprechen können. Gleichwohl gibt es nach
Ansicht des Kommentators eine Gemeinsamkeit: Die Grünen »wissen, was
sie nicht wollen, aber sie wissen nicht, was sie wollen«.

In der Tat hat jedes einzelne der drei Beispiele etwas mit dieser Unentschie-
denheit des Wollens und Verhaltens zu tun, die der Kommentator sentenzar-
tig in seiner (vorweggenommenen) Schlußfolgerung zusammenfaßt. Sie ist
in jedem der drei Beispiele als Wesenselement erkennbar vorhanden. Deshalb sprechen wir zwar von struktureller Ungleichheit der Beispiele untereinander und in Bezug auf die behauptete Ganzheit, gehen aber von einer
gemeinsamen Schnittmenge aus.

Im Unterschied dazu ist in keinem einzelnen der drei Beispiele klar und
erkennbar das Wesenselement »Pubertät« zu erkennen. Das aber wird vom
Kommentator in einer zweiten These behauptet: »Die Grünen stecken noch
immer mitten in der politischen Pubertät.«

Wir sollten hier ganz kurz innehalten und uns folgendes klarmachen. Aus der
Addition einzelner Teile kann sich gegebenenfalls ein qualitativ neues
Ganzes ergeben. Viele einzelne Autos bilden, unglücklich auf einem
Streckenabschnitt »addiert«, einen Stau. Wer einmal bei der Unwahrheit
ertappt wird, hat in den Augen seiner Mitmenschen gelogen – nicht mehr und
nicht weniger. Wer allerdings ständig lügt, der wird unglaubwürdig, er wird
als ein »notorischer Lügner« angesehen; damit kommt er in eine neue begriffliche Kategorie.

Genau dies ist in unserer zweiten behaupteten These – »politische Pubertät«
– geschehen: Aus der Addition strukturungleicher Beispiele ergibt sich eine
neue, den Möglichkeiten entsprechend gut abgesicherte Erkenntnis.

Indizielle Argumentation mit Wahrscheinlichkeiten

In dem soeben beleuchteten Verfahren ging es darum, von einzelnen konkreten Phänomenen auf ein übergeordnetes Ganzes bzw. auf eine allgemeingül-
tige Aussage zu schließen, die den Inhalt der strittigen These ausmachte. In
Anlehnung an empirische Verfahrensweisen wollen wir dies ein quasi-induk-
tives Verfahren nennen. Im folgenden nun beschreiten wir den umgekehrten
Weg und betrachten, wie man ein (mehr oder weniger) konkretes einzelnes

Phänomen argumentativ stützen kann. Dieses Verfahren wollen wir quasi-deduktiv oder wahrscheinlichkeitsorientiert nennen.

Das Grundmuster einer quasi-deduktiven Argumentation sieht etwa folgendermaßen aus: Wir haben einen Satz mit einer Aussage, die den Charakter einer allgemeinen und akzeptierten Regel hat. Daneben haben wir ein konkretes einzelnes Phänomen (Konkretum). Beide lassen sich so miteinander verknüpfen, daß aus ihnen eine bestimmte These entweder zwingend oder wahrscheinlich folgt – was mit anderen Worten bedeutet: Relevanz und Richtigkeit sind entweder absolut vorhanden (zwingend) oder sehr hoch (wahrscheinlich). An einem konkreten Beispiel verdeutlicht:

Ein Grundrecht wird ausgehöhlt

...Flüchtlinge, die über den Landweg in die Bundesrepublik kommen (und das sind mehr als 90 Prozent), haben nach der angestrebten Grundgesetzänderung praktisch keine Chance, Gehör zu finden. Die etablierten Parteien erheben nämlich kurzerhand alle EG-Staaten und alle Nachbarstaaten Deutschlands zu sicheren Drittstaaten. Die Begründung: Diese Transitländer verfolgten niemanden und böten Verfolgten Schutz. Die Wahrheit: Auch einige westeuropäische Länder räumen Flüchtlingen nur sehr mangelhaft Rechtsschutz ein.
Vor allem aber gewähren Polen und die CSFR praktisch keine Asylverfahren. Die Folgen: Alle Flüchtlinge, die einen unserer Anrainer durchqueren, können von hier sofort zurückgeschickt werden. In den östlichen Nachbarländern erhalten sie kein Bleiberecht und werden in ihren folternden und mordenden Heimatstaat abgeschoben...Frankfurter Rundschau, 8. 12. 1992

Der formale Aufbau dieser Argumentation hat etwa folgendes Muster:
1. Konkretum (explizites Argument): Alle EG-Staaten sind zu sicheren Drittstaaten erklärt, aber die Sicherheit ist nicht gewährleistet.
2. Konkretum (explizites Argument): Polen und die CSFR haben praktisch keine Asylverfahren und schieben sofort ab.
3. Konkretum (explizites Argument): 90 Prozent aller Flüchtlinge kommen durch eines dieser Länder.
4. Konkretum (implizites Argument): Dies 90 Prozent werden dorthin zurück abgeschoben.
1. Allgemeingültiger Satz (implizite Regel): Immer dann, wenn neun von zehn Menschen von einem Grundrecht keinen Gebrauch machen können, ist das Grundrecht stark beeinträchtigt.

1. Schlußfolgerung (These): Flüchtlinge, die über den Landweg in die Bundesrepublik kommen, haben nach der angestrebten Grundgesetzänderung praktisch (zu 90 Prozent) keine Chance, Gehör zu finden.
2. Schlußfolgerung (These): Das Grundrecht auf Asyl wird ausgehöhlt.

Formal ist diese Argumentation ausgesprochen stark; fast ist man versucht, ihr einen zwingenden Charakter zuzuerkennen. Während die Relevanz der Argumente für die beiden Thesen als sehr hoch eingestuft werden muß, hakt es etwas bei der Frage der Richtigkeit der Argumente. Insbesondere die Argumentaussage, auch das uns umgebende EG-Ausland sei in Asylfragen unsicher, scheint etwas gewagt. Aus der Sicht der politischen Situation von 1992 liegt hier jedenfalls die größte Schwäche dieser ansonsten sehr starken Passage.

Argumentationen mit Quellen bzw. Zeugen

Attestargumente sind die Stiefkinder des Kommentars. In den allermeisten Fällen deckt der Kommentator überhaupt nicht auf, durch welche Zeugen oder Zeugnisse er zu seinem Wissen oder zu seiner Einschätzung gekommen ist. Dort, wo es geschieht, beschränkt er sich in der Regel auf die bloße Nennung eines Namens, bestenfalls gekoppelt mit einer Funktionsbezeichnung. Natürlich muß der Kommentator, journalistisch gedacht, nicht auf seine Quelle eingehen; der Kommentar ist sicherlich diejenige Darstellungsform, die sich bezüglich ihrer Quellen um keinerlei Transparenz zu bemühen braucht. Das ist die »journalistisch handwerkliche« Seite der Medaille.
Betrachtet man diese Frage allerdings aus der Sicht des Diskursgelingens bzw. seiner Voraussetzungen, so kann man ein solches Verfahren nur als befremdlich bezeichnen. Wir verlassen uns in unseren durch Wissenschaft, Expertentum und Arbeitsteilung geprägten Gesellschaften in so vielen Situationen auf das Wissen und die Einschätzung Dritter, daß nicht in dieser Tatsache selbst ein Problem begründet liegt, sondern nur in der Frage, wer dieser Dritte von Fall zu Fall und von Thema zu Thema genau ist. Detaillierte Aufklärung hierüber ist in strittigen Fragen gleichbedeutend mit rationaler Auseinandersetzung. Überdies sei nochmals daran erinnert, daß Glaubwürdigkeit, Sympathie und Seriosität eines Zeugen auf der oben behandelten peripheren Route der Argumentüberprüfung maßgeblich über die Akzeptanz einer Botschaft entscheidet. Man wird deshalb mit Recht kritisch anmerken dürfen, daß in sehr vielen Kommentaren eine Möglichkeit des optimierten Überzeugungstransfers verschenkt wird.

Eine typische Umgangsweise mit Quellen dürfte seine Wurzeln in den sogenannten Bonner Kreisen haben. Dort werden von Politikern, von Lobbyisten
und »Strippenziehern« jedweder Art an interessierte Journalisten Informationen unter verschiedenen Voraussetzungen gegeben. Die strikteste hiervon –
»unter drei« – bedeutet soviel wie das Gebot, eine Information so zu verbreiten, daß deren Quelle tunlichst von niemandem identifiziert werden kann
– was natürlich in jeglicher Hinsicht ein frommer Selbstbetrug ist.
In der Tradition eines derartigen Umgangs mit Quellen steht die folgende
Passage. Es geht hierbei um ein Autobahnprojekt – die »DüBoDo« – quer
durch das Ruhrgebiet, das wie kaum ein zweites Großprojekt in dieser Region die Gemüter bewegt.

Letzter Versuch

Zu den Toten, die noch lange leben, gehört die DüBoDo. Die SPD-
regierten Städte Dortmund, Bochum, Essen und Hattingen haben sich
in der Vergangenheit durch Ratsbeschlüsse gegen den Weiterbau des
Teilstücks zwischen Dortmund und Bochum weiter in Richtung Dortmund und Richtung Velbert ausgesprochen. Daß dies ein Fehler war,
wird unterderhand inzwischen zwar von vielen Verantwortlichen auch
in der SPD eingeräumt. Aber gebunden an die Beschlüsse und mit
Rücksicht auf die Grünen und die gerade am schöngelegenen
Südrand des Reviers starke Lobby der Gegner des Weiterbaus, fällt
der SPD eine Korrektur ihrer eigenen falschen Entscheidungen von
einst auch heute noch schwer... Westdeutsche Allgemeine Zeitung,
29. 6. 1989

Formalisiert ist diese Argumentation so simpel, wie Attestargumentationen
nun einmal sind:

These:	Es war falsch, die DüBoDo nicht vollständig weitergebaut zu haben (?)
Arg.:	Das sagen viele Verantwortliche der SPD hinter vorgehaltener Hand

Man muß an dieser Stelle einmal die Regel ins Spiel bringen, die so oder sehr
ähnlich allen Attestargumentationen zugrunde liegt. Sie lautet:

Regel:	Der Zeuge/ das Zeugnis/ der Experte ist (sind) im Hinblick auf das strittige Problem glaubwürdig/ kundig/ zuverlässig

Eine solche Regel kann jedoch erst dann akzeptiert werden, wenn offengelegt wird, um wen oder was es sich handelt. Zur Mindestanforderung an ein Attestargument gehört deshalb die Offenlegung der Quelle. Wünschenswert ist überdies die Offenlegung des weiteren Hintergrundes eines Zeugen. Hierzu zählen wir an erster Stelle die Kompetenz, die durch Kriterien wie berufliches bzw. wissenschaftliches Engagement, durch den zeitlichen Rahmen der Beschäftigung mit und den Zugang zu diesem Sachverhalt bestimmt wird. Neben der Kompetenz sind Kenntnisse über die Neutralität bzw. Aufrichtigkeit für die Einschätzung eines Zeugen wichtig. Zweifel an der Neutralität sind immer dann angebracht, wenn die Annahme begründet ist, daß ein Zeuge durch sein Zeugnis eine These stützt, die ihm Vorteile bringt. Ein solcher Vorteil wird nur in den seltensten Fällen dem Zeugen unmittelbar zufließen; häufiger werden Unternehmungen, Verbände oder Institutionen Nutznießer des Vorteils sein, in deren Diensten der Zeuge steht oder deren Ziele er teilt.

Die Minimalanforderung an ein Zeugnisargument besteht deshalb darin, den Zeugen und seinen Hintergrund zumindest soweit deutlich werden zu lassen, daß sich Leser vor dem Hintergrund ihres Allgemeinwissens einen ungefähren eigenen Eindruck bilden können. Diese Anforderung sehen wir in der folgenden Passage erfüllt, in der es um die zentrale These geht, daß immer mehr Jugendliche immer enthemmter zum Mittel der Gewalt greifen.

Schrankenlose Ich-Tugenden

...Überall in der »zivilisierten« Welt erlebt eine fassungslose Mehrheit den Auftritt der Emthemmten. Im englischen Cambridgeshire wurde ein 14 Jahre alter Schüler im Klassenzimmer von hinten mit einem Küchenmesser niedergestochen. Sie erhalte jede Woche tausend Briefe mit Klagen über das Bullying, über tyrannische Schikanen von Jugendlichen an Jugendlichen, sagt die Vorsitzende der englischen Kinderschutz-Organisation Kidscape, Michele Elliott; an einigen englischen Schulen herrschten »New Yorker« Zustände... Frankfurter Allgemeine Zeitung, 10. 2. 1993

Eine der Sternstunden der Argumentation mit Zeugen bzw. Zeugnissen dürfte für jeden Kommentator immer dann gekommen sein, wenn er einen Zeugen bzw. Experten der Gegenseite für seine eigene zentrale These bemühen kann. Damit nämlich hat er automatisch den Verdacht ausgeräumt, einen weltanschaulich zu seiner eigenen Position tendierenden, mithin nicht neutralen Zeugen zitiert zu haben. In der folgenden Textpassage geht es dem

Leitartikler darum aufzuzeigen, daß die Einwanderung in die Bundesrepublik zwar deutsche Realität, eine multikulturelle Gesellschaft jedoch nicht in dem Maße erstrebenswert sei, wie dies von Vertretern des (multikulturellen) Verfassungspatriotismus propagiert wird.

Keine Vielvölkerrepublik

...Daß es in der multikulturellen Gesellschaft friedlich und tolerant zugehen werde, glaubten lange Zeit auch die Multikultur-Avantgardisten bei den Grünen. Die Zukunft werde bunt und lebendig sein wie ein orientalischer Basar oder zumindest so gesellig wie ein türkisches Straßenfest. Inzwischen ist bei den Grünen harter Realismus eingekehrt. Der Frankfurter Stadtrat Cohn-Bendit und Thomas Schmid, ein führender Theoretiker der Grünen, beschreiben die Zukunft so: »Die multikulturelle Gesellschaft ist hart, schnell, grausam und wenig solidarisch, sie ist von beträchtlichen sozialen Ungleichgewichten geprägt und kennt Wanderungsgewinner ebenso wie Modernisierungsverlierer, sie hat die Tendenz, in eine Vielfalt von Gruppen und Gemeinschaften auseinanderzustreben und ihren Zusammenhalt sowie die Verbindlichkeit ihrer Werte einzubüßen.«... Frankfurter Allgemeine Zeitung, 13. 2. 1992

Argumentationen mit Geboten bzw. Normen

Die sogenannten Gebotsargumente erstrecken sich sehr weit: Sie beginnen mit Alltagsnormen, in denen jeweils Teile unseres Zusammenlebens geregelt sind, beziehen sich auf moralische Sätze und enden mit den ehernen Grundsätzen unserer Verfassung. Es ist naheliegend, daß ein derart breites Spektrum Variationen dieses Argumenttyps hervorbringt, deren wichtigste Ausprägungen wir uns kurz verdeutlichen sollten.

Zunächst einmal ist es für den praktischen Umgang mit diesem Argumenttyp nützlich, sich den Unterschied zwischen Regeln und Prinzipien klar zu machen. In beiden Fällen handelt es sich um Sätze, die ein bestimmtes Verhalten vorschreiben, nahelegen, gutheißen oder ähnliches; beide haben mithin unstrittig normativen Charakter, weshalb wir sie in die große Kategorie der Gebote, Verbote oder Sollensvorschriften aufnehmen können.

Allerdings unterscheiden sich beide in einem Punkt gravierend: Regeln sind nicht gegen andere Regeln aufzuwiegen, Prinzipien dagegen sehr wohl. Niemand wird während eines Fußballspiels ernsthaft darüber debattieren wollen, ob die zu einem Eckstoß führende Regel nicht zugunsten derjenigen Mannschaft abgemildert werden sollte, die dramatisch im Rückstand ist. Im Schulalltag wird man nicht darüber debattieren, wann der Unterricht zu enden hat; denn auch das ist in einem Regelwerk festgehalten. Erst wenn diesem ein übergeordnetes anderes Regelwerk mit klaren Vorgaben zugeordnet ist, kann das erste Regelwerk temporär oder situativ außer Kraft gesetzt werden. Dann endet beispielsweise der Unterricht um 10.30 Uhr, weil das Thermometer 30 Grad im Schatten zeigt – egal ob diese Anzeige durch Sonneneinwirkung oder das Gasfeuerzeug eines pfiffigen Schülers zustandegekommen ist.

Wir können festhalten: Regeln haben etwas Starres; idealtypisch gibt es nur zwei Möglichkeiten, mit ihnen zu verfahren: Man hält sie ein oder verstößt dagegen. Ein Abwägen von Regeln gegeneinander ist nicht möglich.

Anders die Prinzipien. Sie sind elastischer; sie beziehen sich – idealtypisch – nicht unisono auf einen ganzen Verhaltenskomplex, sondern bedürfen von Fall zu Fall der begründeten Anwendung, der Abwägung gegen andere Prinzipien, der Modifikation im Sinne einer Abschwächung oder Ergänzung. Prinzipien sind unter intellektuellen Gesichtspunkten interessanter, geben aber aufgrund ihrer Elastizität auch mehr Anlaß zur Interpretation – und damit zum Streit.

Gebote werden normalerweise auf eine bestimmte Art und Weise formuliert: »Man soll...«, »Es ist verboten...« oder »Es ist erlaubt...« Stärkere Formulierungen sind: »Du mußt...«, »Man sollte unbedingt...« oder »Es ist notwendig, daß...« Neben dieses Standardformulierungen gibt es allerdings noch recht versteckte Arten, ein Gebot auszusprechen. In unserem Grundgesetz beispielsweise heißt es: »Die Würde des Menschen ist unantastbar.« Und an späterer Stelle: »Politisch Verfolgte genießen Asyl.« Während man der Endsilbe *bar in dem konkreten Kontext noch den Gebotscharakter entnehmen kann, hat der letzte Satz endgültig die Form einer Aussage.

Wenn wir uns im folgenden einige Beispiele für Gebotsargumentationen anschauen, sollten wir zwischen dem eigentlichen Gebot als Inhalt eines Satzes und dem Gebotssatz unterscheiden. Das Gebot bestimmt, welche Handlung oder Verhaltensweise geboten, verboten oder gesollt ist. Der Gebotssatz hingegen sagt sehr häufig etwas über die graduelle Abstufung, mit der diese Handlungen oder Verhaltensweisen erwartet oder abgelehnt werden.

Die Mehrzahl aller Gebotsargumente in Kommentaren kommt sehr gut getarnt daher. Wahrscheinlich ist dies ein Reflex auf die Tatsache, daß man einen politisch mündigen Bürger mit Geboten und Verboten eher verschrecken denn überzeugen kann. Das folgende Beispiel ist deshalb die Ausnahme.

Unausgegoren

Die Misere in den neuen Bundesländern bringt sonderbare Vorschläge an den Tag. Der jüngste: Eine »Aufbauanleihe« für den Osten, aufzubringen von den Besserverdienenden. Er ist rechtlich wie wirtschaftlich gleichermaßen unausgegoren. Rechtlich fragwürdig ist er, weil Karlsruhe bereits 1984 eine ähnliche Anleihe verworfen hat. Das Grundgesetz deshalb heute zu ändern, wäre nur zu verantworten, wenn die Anleihe einen Sinn macht. Dies ist jedoch nicht der Fall... Westdeutsche Allgemeine Zeitung, 31. 8. 1992

Selbst in diesem recht prägnanten Beispiel versteckt sich das Gebot noch hinter der Formulierung »Karlsruhe hat bereits 1984 eine ähnliche Anleihe verworfen«. Stark formalisiert hat diese Passage folgende Form:

These: Man sollte diese Anleihe als rechtlich unausgegoren
bezeichnen (?)
Arg.: Denn derartige Anleihen sind laut Karlsruhe verboten
Regel: Gebote und Verbote des Verfassungsgerichtes haben
höchsten Stellenwert in unserer Rechtsordnung
Stütze: Verfassung der Bundesrepublik

Man erkennt in dieser abstrakteren Form die »Wucht« und Qualität eines guten Gebotsargumentes. Da der Spruch eines Verfassungsgerichtes eher den Charakter einer Regel als den eines Prinzips hat, käme ein eventueller Opponent an diesem Argument nicht vorbei – es sei denn, ihm gelingt der Nachweis der Unrichtigkeit oder Irrelevanz des Arguments.

Wir haben oben bei der Einführung des Toulminschen Argumentationsschemas gesagt, daß die sogenannte Regel zumeist Normen, Bewertungsmaßstäbe, Werte, Verordnungen oder (juristische, nicht naturwissenschaftliche) Gesetze beinhaltet. Bei genauerem Hinsehen kann man feststellen, daß der Inhalt von Regeln in Teilen deckungsgleich ist mit unseren Geboten.
In der Tat findet sich in vielen Argumentationen das Gebot oder die Norm nicht im Argument selbst, sondern in der Regel. Einen solchen Fall haben wir in der folgenden Kommentarpassage. Das Thema dieses Kommentars dreht sich um Rüstungsplanungen Ende der 80er Jahre angesichts der neuen Situation in den Ländern des ehemaligen Ostblocks.

Warten auf Wien

...Man kann schlechterdings nicht hochrüsten gegen die Armee einer Bevölkerung, mit der man sich wiedervereinigen will. In diesem Zusammenhang sollte schnellstens auch auf die Forderung nach Modernisierung der Kurzstreckenwaffen verzichtet werden: Wen bedrohen die, wenn nicht die neuen Reformländer DDR und CSSR? Westfälische Rundschau, 6. 12. 1989

Formalisiert sieht diese Argumentation folgendermaßen aus:

These:	Kurzstreckenwaffen sollten nicht modernisiert werden (?)
Arg. 1:	Denn sie zielen auf die DDR (und die CSSR)
Arg. 2:	BRD und DDR stehen kurz vor der Wiedervereinigung
Regel:	Wenn zwei Staaten sich vereinigen wollen, verbietet es sich, gegeneinander aufzurüsten

Unter streng kategorialen Gesichtspunkten, so könnte man einwenden, haben wir es nicht mit einer Gebotsargumentation zu tun; denn dann müßte das Gebot zwingend im Argument stehen. Allerdings zeigt sich hier die begrenzte Reichweite des Toulminschen Modells der Argumentation, an dem häufig genug die mangelnde Trennschärfe zwischen Argument und Regel kritisiert worden ist. (Vgl. hierzu Hegselmann, 1985, S. 26f.). Es spräche nämlich nichts dagegen, mit einer impliziten Regel folgende Formalisierung vorzunehmen:

These:	Kurzstreckenwaffen sollten nicht modernisiert werden (?)
Arg. 1:	Denn sie zielen auf die DDR (und die CSSR)
Arg. 2:	Staaten wie der BRD und der DDR, die sich vereinigen wollen, verbietet es sich, gegeneinander aufzurüsten
Regel:	Immer dann, wenn sich Rüstung verbietet, sollte man auf Modernisierung von Waffen verzichten

Es spricht sogar sehr viel für diese zweite Lösung; denn in der ersten vorgestellten Variante besteht die Gefahr eines naturalistischen Fehlschlusses; dies ist der grundsätzlich fehlerhafte Schluß vom Sein auf ein Sollen.

Wir können als Konsequenz aus dieser kleinen kontroversen Betrachtung die Erkenntnis mitnehmen, daß sich gerade im Fall von Geboten und Normen nicht immer ein sauberer Trennstrich zwischen Argumenten und Regeln ziehen läßt.

Wir schließen mit einem vollständigen Kommentar, der in seiner argumentativen Strategie im wesentlichen auf der Macht von Geboten und Normen aufbaut.

Vom Umgang mit Soldaten

Die diskriminierende Behandlung der Wehrpflichtigen aus den ostdeutschen Ländern bei den Zulagen zum Wehrsold ist unerträglich. Sie wird begründet mit der Behandlung des öffentlichen Dienstes im Einigungsvertrag. Dabei wird der Leitsatz aufgestellt, daß der öffentliche Dienst nicht der Schrittmacher für die Löhne und Gehälter sein soll und daß deshalb nur eine nachträgliche Anpassung der Beamtenbesoldung an die allgemeine Entwicklung der Einkommen vorgenommen werden darf.

Diese Argumentation ist im Falle der Wehrpflichtigen aus den neuen Bundesländern absurd. Die inzwischen achttausend Eingezogenen aus dem Ostteil der Bundesrepublik sind weder Beamte noch Angestellte oder Arbeiter des öffentlichen Dienstes, sondern vom Gesetz zum Dienst verpflichtete Soldaten, die einen Anspruch auf Gleichbehandlung mit allen anderen Soldaten haben, zumal da viele von ihnen in Westdeutschland Dienst tun. Auch die Armee hat solch einen Anspruch auf Gleichbehandlung ihrer Soldaten gegenüber dem Staat, das heißt, gegenüber dem Gesetzgeber und der zivilen Gesellschaft, denen sie dient. Die Zurücksetzung der Wehrpflichtigen aus dem Ostteil der Bundesrepublik beim Entlassungsgeld und beim Weihnachtsgeld ist deshalb skandalös und staatspolitisch töricht. Sie zeigt nicht nur die Enge des politischen Horizonts der Bonner Bürokratie insbesondere im Bundesfinanz- und im Bundesinnenministerium, sondern wirft auch ein kaltes Licht auf den Deutschen Bundestag und auf die Bundesregierung insgesamt.

Man hat bisher nicht gehört, daß den Ministern, Staatssekretären und Abgeordneten aus den fünf neuen Ländern geringere Bezüge zugedacht worden wären als ihren Kollegen aus Westdeutschland. Aber was für die finanziell gegenüber ihren Landsleuten ohnehin privilegierten Politiker recht ist, ist doch wohl billig für die einfachen Soldaten, die ihrer Wehrpflicht genügen, auf ihrem weit bescheideneren Einkommensniveau hart am Existenzminimum. Die Welt, 6. 3. 1991

In diesem Kommentar werden zwei Normen gegeneinander abgewogen – ein recht häufig zu beobachtendes Verfahren in größeren Kommentaren und Leitartikeln. Auf der einen Seite ist da der Einigungsvertrag mit dem Leitsatz

über die Löhne und Gehälter im öffentlichen Dienst. Auf der anderen Seite steht die Norm der Gleichbehandlung.
Bei derartigen Abwägungen gibt es prinzipiell zwei unterschiedliche Verfahren: Das erste läuft darauf hinaus, die Höherwertigkeit der einen Norm gegenüber der anderen in dem fraglichen Fall nachzuweisen. Die zweite dagegen stellt den Geltungsanspruch der einen Norm in Frage. Genau das passiert hier. Es wird gezeigt, daß der Einigungsvertrag mitsamt daraus resultierendem Leitsatz für die Besoldungsgruppe »Soldat« nicht gilt. Andererseits wird der Gleichheitsgrundsatz als Handlungsmaxime für alle Soldaten postuliert – ein Postulat, dessen Berechtigung durch drei Beispiele, nämlich Minister, Staatssekretäre und Abgeordnete, gestützt wird.

Argumentationen mit Vorteilen bzw. Handlungsergebnissen

Dieser letzte Argumenttyp ist, ähnlich den Indizien, sehr weit verbreitet. Er nimmt in der Kommentierung einen so breiten Raum ein, daß er in manchen Fällen nicht mehr mit der notwendigen Sorgfalt gehandhabt wird.
Die Logik dieses Argumenttyps besteht im wesentlichen in folgender Überlegung: Jede einfache oder komplexe Handlung hinterläßt Spuren. Wenn wir also in irgendeiner Art einen Normsatz formulieren – indem wir beispielsweise zu einer Handlung auffordern, einen Appell an jemanden richten oder allgemein eine Empfehlung aussprechen –, dann können wir diesen Normsatz damit stützen, daß wir einen Vorteil nennen, der sich aus der Verwirklichung der Empfehlung, des Appells, der Aufforderung oder der Norm ergibt.
In der Praxis der Kommentierung – es geht um die Übernahme öffentlich Bediensteter der ehemaligen DDR in das Beamtenverhältnis – sieht das folgendermaßen aus:

Einig Beamtenparadies

...Keinesfalls aber dürfen durch voreilige Entscheidungen über den Beamtenstatus bestimmter Berufsgruppen Fakten geschaffen werden, die zu einer irreversiblen Aufblähung der Bürokratie führen. Wer jetzt fixe Zahlen für den Anteil von Beamten an den Beschäftigten in der ostdeutschen Verwaltung fordert oder in die Welt setzt, verfolgt allein engstirnige Interessenpolitik. Schon der Bundeshaushalt würde bald von den Personalkosten für die Gehälter und Pensionen seiner Millionen Beamten erdrosselt werden. Eine ungehemmte Ausdehnung des Beamtentums auf die DDR wäre also von Übel... Südwest Presse, 20. 8. 1990

Wir können in dieser Argumentation zwei Vorteilsargumente erkennen – die
hier freilich als Nachteile daherkommen. Erstens die irreversible Aufblähung
der Bürokratie, zweitens die Belastung des Bundeshaushaltes durch Gehälter
und Pensionen.

Wir sollten wieder einmal kurz innehalten und uns fragen, welche Kriterien
über die Güte einer Vorteilsargumentation entscheiden. Zunächst und zual-
lererst wird man sagen müssen: Entscheidend ist die Frage, ob es sich
tatsächlich und für wen um einen Vorteil handelt, der durch die Verwirklichung einer Norm etc. erzielt wird. Was dem einen ein Vorteil ist, kann dem
nächsten schon ein Nachteil sein.

Zweitens: Der Grad der Wahrscheinlichkeit, mit dem ein Vorteil durch die
empfohlene Handlung eintritt, ist auf jeden Fall mitentscheidend. In unserem
Fall: Wird es tatsächlich zu einer irreversiblen Aufblähung und zu einer Belastung des Haushaltes kommen?

Ein drittes Kriterium, das unmittelbar mit unserem zweiten zusammenhängt:
Können durch alternative Handlungen dieselben Vorteile schneller, effekti-
ver, gegebenenfalls auch moralisch akzeptabler erzielt bzw. dieselben Nachteile vermieden werden? In unserem Fall: Könnte etwa durch die Umwand-
lung von DDR-Beschäftigten in Angestellte ein geringerer Nachteil erzielt
werden? Hierzu gehört auch die Frage, was eigentlich passiert, wenn überhaupt keine Handlung vollzogen wird – wenn etwa keiner der DDR-Bedien-
steten übernommen wird.

Abschließend ein viertes Kriterium: Werden die Vorteile, die ja handlungs-
theoretisch Ergebnisse sind, eventuell durch versteckte Nachteile – vielleicht
in Form von Handlungsresultaten – wieder aufgewogen? Neutralisiert sich
somit der Vorteil oder wendet er sich im Endeffekt sogar in einen Nachteil?

Wir können nun die Güte der Vorteilsargumentation unserer Passage etwas
besser einschätzen. Man kann wohl mit einer gewissen Berechtigung sagen,
daß die Kriterien eins und zwei voll erfüllt werden: Niemand will diese
Nachteile, und sie werden mit einem hohen Grad an Wahrscheinlich eintreten.

Problematisch ist das dritte Kriterium. Die Stellen unbesetzt zu lassen ist ein
Unding, das viel größere Probleme nach sich ziehen würde. Bliebe lediglich,
sie mit weniger Kräften zu besetzen. Die sich hieraus ergebenden Vor- und
Nachteile müßten in einer korrekten Argumentation festgestellt und gegeneinander abgewogen werden.

Kriterium vier läßt sich bei einer so komplexen Handlung nur sehr schwer

abschätzen – zumal der Handlungskern nur sehr ungenau umschrieben wird: »Es dürfen durch voreilige Entscheidungen über den Beamtenstatus bestimmter Berufsgruppen keine Fakten geschaffen werden«.
Hier wie in sehr vielen Vorteilsargumentationen ist das Problem der Alternativen der Dreh- und Angelpunkt. Man kann sie in einem durchschnittlichen Kommentar allein aus Platzgründen nur ausgesprochen selten analysieren. Dort jedoch, wo man dies tut, sollte man es mit einer klaren Offenlegung nicht nur des Vorteils, sondern auch des Vorteilsnehmers verbinden.

Kritisieren und Würdigen

Zum Geschäft des Kommentars gehört die argumentative Auseinandersetzung nicht nur mit Empfehlungen und Normen, sondern auch mit den daraus resultierenden Handlungen selbst. Da wir uns bereits in dem Kapitel über intentionale Handlungserklärung intensiv mit dem Phänomen »Handlung« beschäftigt haben, sollten wir uns hier auf das nötigste beschränken. Eine Handlung, dies sei nochmals kurz angerissen, besteht formalisiert aus folgenden fünf Aspekten:

1. Situativer Aspekt: Eine Person befindet sich in einer bestimmten Situation, von der sie Kenntnis hat und die sie auf eine bestimmte Art einschätzt.
2. Intentionaler Aspekt: Die Person will auf der Grundlage dieser Situation einen ganz bestimmten Einfluß auf ihre Mitmenschen oder auf ihre Umwelt nehmen.
3. Kognitiver Hintergrund: Unter Berücksichtigung des Kontextes, der Hilfsmittel etc. glaubt sie zu wissen, daß sie diesen Einfluß am effizientesten oder lustvollsten oder moralischsten mit dem Mittel M erzielen kann.
4. Instrumentalaspekt: Also greift sie zu einem von ihr gewählten Zeitpunkt zum Mittel M.
5. Folgeaspekt: Daraus ergeben sich die Ergebnisse E, die Resultate T und die Nebenresultate N.

Zu einer solchen Handlung oder ihrem Träger, dem Handelnden, kann ein Kommentator prinzipiell drei unterschiedliche Haltungen beziehen: Er kann sie loben; er kann sie kritisieren; und er kann sie verteidigen.
Die Hauptstoßrichtung von Lob und Kritik zielt auf das positive Verhältnis bzw. das Mißverhältnis des Folgeaspektes zu einem der anderen vier Aspekte. Im folgenden ein Kommentar, der dieses Muster in selten zu beobachtender Perfektion umsetzt:

Lebensadern für Berlin

Erst jüngst hatte der Regierende Bürgermeister Momper die Luftkorridore zwischen Berlin und dem Westen als Lebensadern der geteilten Stadt verteidigt. Jetzt plötzlich will der rot-grüne Senat das Blut in diesen Adern verdünnen. Die Zahl der Flüge soll reduziert werden, um die Lärmbelästigung zu vermindern. Bei allem Verständnis für das umweltpolitische Motiv, können die Berliner den Pferdefuß dieser Forderung nicht übersehen. Der Senat setzt zum falschen Zeitpunkt mit den falschen Methoden falsche Prioritäten.

Der Zeitpunkt ist falsch, weil gerade jetzt über die Einbeziehung Westberlins in den internationalen Luftverkehr gesprochen werden soll und der innerdeutsche Luftverkehr erweitert wird. Die Auswirkungen auf Passagierzahlen und Flugdichte in Tegel sind noch gar nicht abzuschätzen. Die Methode ist falsch, weil die alliierten Fluggesellschaften selbst entscheiden müssen, wieviel Flüge für sie rentabel sind und welche Einschränkungen möglich wären. Die Prioritäten sind falsch, weil Lärmschutz und Umweltschonung nicht dazu führen dürfen, die einzige unkontrollierte Verbindung von und nach Berlin zu beschneiden... Hessisch Niedersächsisch Allgemeine, 5. 8. 1989

In dieser Passage werden – nach unserer Terminologie – gleich drei Handlungsaspekte verworfen: der situative Aspekt, der hier als Zeitpunkt bezeichnet wird; der Instrumentalaspekt, den der Kommentar als Methode bezeichnet. Und der Folgeaspekt, hier als falsche Priorität bezeichnet. Interessant ist gerade dieser letzte Aspekt; denn wir haben es hier mit dem klassischen Fall zu tun, daß sich das (gewollte) Ergebnis der geplanten Maßnahmen – Lärmschutz – und das (ungewollte) Resultat – Beeinträchtigung der unkontrollierten Verbindung – notwendigerweise gegenseitig bedingen: Lärmschutz war vor November 1989 nur durch Reduzierung der Flüge möglich.

Neben dem Lob und der Kritik einer Handlung gibt es noch eine dritte Grundhaltung, die Verteidigung. Die der Verteidigung zugrundeliegende Standardsituation besteht in einer Handlung, die von einem Opponenten kritisiert wird, woraufhin der Verteidiger sie entweder rechtfertigt oder entschuldigt. Wer eine Handlung entschuldigt, der gibt zwar zu, daß an dieser Handlung etwas falsch war; gleichzeitig nennt er jedoch Gründe, die die Verantwortung des Handelnden für seine Handlung abmildern oder sogar gänzlich verneinen.

Von verantwortlichem Handeln spricht man im allgemeinen immer dann, wenn drei Kriterien erfüllt sind: Der Handelnde hat (a) freiwillig und ohne

Zwang gehandelt, er wußte (b) um die Situation, um das von ihm angewandte Instrumentariat und um die Folgeaspekte seines Tuns, und er hatte (c) zu der kritisierten Handlung Alternativen – zumindest hatte er die Möglichkeit, gar nicht zu handeln. Etwas zu entschuldigen bedeutet also, den Nachweis zu führen, daß und warum einer dieser drei Punkte nicht erfüllt war.

Es ist in unseren Augen bezeichnend für die globale Stoßrichtung der Gesamtheit des Kommentars, daß kaum in ihnen entschuldigt wird. Im Gegenteil. Der folgende Kommentarausschnitt repräsentiert eine Tendenz, deren Kern in dieser Form häufig zu beobachten ist. Es geht um die bereits einmal zitierte Äußerung von Kardinal Wetter, in der Abtreibungen mit dem Sexualmord an einem kleinen Mädchen verglichen werden. Hierzu heißt es im Tagesspiegel:

> ...Wenige Tage zuvor (vor der Äußerung Wetters – der Verf.) hatte die Bundesfamilienministerin gefordert, das Abtreibungsrecht zu überprüfen und damit einen neuen und völlig unnötigen Streit vom Zaun gebrochen. Gewiß hat sie die Münchener Eskalation nicht geahnt und nicht gewollt. Doch ganz unverantwortlich für die Blüten, die die Debatte nun treibt, ist Nolte nicht. Der Tagesspiegel, zitiert nach Berliner Zeitung, 6. 1. 1998, Pressestimmen

Man mag zu Noltes Vorstoß stehen, wie immer man will – sie ohne jede weitere Begründung für die unsägliche Äußerung dieses Klerikers »irgendwie« in die Verantwortung zu nehmen, grenzt an begriffliche Ignoranz. Hier werden eindeutig moralische Grenzen der Kommentierung überschritten.

Im Gegensatz zur Entschuldigung zielt die Rechtfertigung darauf ab, die von einem Opponenten vorgetragene Kritik zurückzuweisen und eine Handlung als richtig zu begründen. Der Rechtfertigende wird sich hierbei vor allem zweier Mittel bedienen: Entweder weist er den oder die Punkte der Kritik als unwahr oder unberechtigt zurück, oder er gibt zusätzliche Informationen zur Erklärung der Handlung, die ihrerseits den oder die Kritikpunkte widerlegen. Der folgende Fall spielt vor dem derzeit hochsensiblen Hintergrund »Kinderpornographie«.

Geschehen war folgendes: Ein ehemaliger Pädagoge hatte auf dem Schmuddelmarkt der Pornographie Bilder mit nackten Kindern angeboten. Im Laufe der Ermittlungen erhärtete sich scheinbar der Verdacht, daß ihm von einem ehemaligen Chefermittler im Kommissariat für Kinderpornographie zugearbeitet worden war. Es ist leicht nachvollziehbar, daß ein Sturm der Empörung über die Arbeitsweise der Polizei losbrach – von dem Pädagogen ganz zu schweigen.

Zwischen Schund und Kriminalität

Es mutet schon seltsam an, wenn ausgerechnet ein Polizist in einem Prozeß der Verteidigung die Argumente liefert. So geschehen im Berliner Landgericht, wo derzeit einer der angeblich größten deutschen Kinderpornohändler erneut vor Gericht steht. Der angeklagte ehemalige Pädagoge konnte glaubhaft machen, daß er seine Bilder nackter Kinder der Polizei zwecks Begutachtung regelmäßig vorgelegt hatte. Kaum glaublich, aber wahr: Die Polizei stufte die Fotos, mit denen der Mann handeln wollte, irgendwo im Niemandsland zwischen (legalem) FKK-Nacktschund und Kinderpornographie ein und schickte sie anstandslos zurück. Die Staatsanwaltschaft ist aufs höchste irritiert.

Die Aufregung ist berechtigt, aber nur zum Teil: Was in Sachen Pädophilie nur ekelhaft ist und was verboten, ist Ermessenssache, unterschiedlich in den einzelnen Bundesländern, erst recht innerhalb der EU. Verbindliche Maßstäbe gibt es nicht.

Der Vorgang wirft allerdings ein Schlaglicht auf den Zustand der Ermittlungsbehörden. In Berlin, laut Polizei »Hauptstadt der Kinderpornographie«, arbeitet ein kleines sechsköpfiges Kommissariat mit Uralt-Computern zur Zeit etwa 10.000 Verdachts-Videos ab. Für die Ausstattung der Polizei haben Private gesorgt. Da muß es nicht wundern, wenn einzelne Beamte die Sache auch nicht so ernst nehmen.
Berliner Zeitung, 7. 1. 1998

Wir haben in diesem Kommentar den seltenen Fall, daß beide Verteidigungshandlungen in einem Text vorkommen. Zunächst wird die Handlung des ehemaligen Pädagogen gerechtfertigt – womit von unserer Seite dem Kommentator nicht etwa unterstellt werden soll, er rechtfertige Kinderpornographie. Nein, der Kommentator tut das, was seine ureigenste Aufgabe sein sollte: Er schüttet nicht etwa kurzatmig einen Kübel der Empörung über die Beteiligten aus, sondern arbeitet sauber den eigentlichen Hintergrund heraus: Pornographie ist Ermessenssache. Daß er hierdurch den Pornohandel des Ex-Pädagogen rechtfertigt – rechtfertigen muß –, ist bitter, aber unvermeidbar.

In einem zweiten Schritt wendet sich der Kommentator sodann dem nächsten potentiellen Objekt der Empörung zu, den ermittelnden Polizisten. Deren Handeln wird nicht gerechtfertigt, aber entschuldigt; und zwar mit den miserablen personellen und sachlichen Gegebenheiten, mit denen sie der Hauptstadt der Pornographie Paroli bieten sollen.

Es sei in diesem Zusammenhang abschließend eine kleine Anmerkung unsererseits erlaubt, die so manchem zornigen Gesinnungsethiker unter den Kommentatoren nicht passen wird: Es gibt nichts Peinlicheres als einen empörten Kommentar zu einem Thema, das in jedem sittlich normal Empfindenden Empörung wachruft. Man muß als Kommentator nicht vor Empörung bersten, wenn Ausländer von Nazis mißhandelt oder ermordet; wenn Kinder geschändet und gemeuchelt; wenn hilflose Greise und geistig Behinderte gedemütigt und vernachlässigt werden. Eine sachliche Erklärung, warum es zu solchen Taten kommt, ist allemal besser geeignet, die Mißstände zu verändern. Der Pornographie-Kommentar ist nicht zuletzt deshalb beachtenswert, weil er einem Thema, das zur Empörung Anlaß bietet, mit der gebotenen Sachlichkeit begegnet.

6. Aufbau und Strategie

Wir haben in den zurückliegenden Kapiteln über den erklärenden und den wertenden Kommentar alle wesentlichen Textelemente kennengelernt, die den breiten Mittelbau des Kommentars, quasi seinen Körper ausmachen. Wir wollen uns im folgenden den unterschiedlichen Ein- und Ausstiegen dieser Textform zuwenden und die verschiedenen Strategien untersuchen, die sich aus den Kombinationsmöglichkeiten der Textelemente ergeben.

6.1 Einstiege und Ausstiege

Wir haben nicht den Anspruch, in der Behandlung der Kommentareinstiege und -ausstiege auch nur annähernd vollständig zu sein. Das scheint uns nicht praktikabel angesichts der Vielzahl unterschiedlicher Möglichkeiten. Stattdessen wollen wir auf eine typische Formen eingehen, die in den unterschiedlichsten Variationen und Mischformen realtiv oft anzutreffen sind.

Im Zusammenhang mit dem erklärenden Referat haben wir uns bereits mit dem wohl häufigsten Einstieg in den Kommentar beschäftigt, dem Themeneinstieg. Es sei hier nochmals kurz resümiert: Der Themeneinstieg bietet sich immer dann an, wenn die Plazierung von Nachricht und zugehörigem Kommentar die Vermutung nahelegt, daß ein Leser zu Beginn des Kommentars kurz auf die notwendigen Essentials des Themas hingewiesen werden sollte. Dies gilt umso mehr in folgenden zwei Fällen: Erstens wenn die Überschrift keine aussagefähigen Inhalte transportieren kann; und zweitens wenn ein Aspekt kommentiert wird, der in der zugehörigen Nachricht räumlich weit entfernt thematisiert worden ist, sodaß davon ausgegangen werden muß, daß eine Reihe von Lesern ihn nicht zur Kenntnis genommen hat.
Der Themeneinstieg sollte sich, je nach Kommentarlänge, auf zwei, maximal drei Sätze beschränken. Er kann in seiner stilistischen und sprachlichen Gestaltung den Anforderungen entsprechen, die man an einen Einstieg in einen nachrichtlichen Text stellt – freilich ohne die strikte Neutralität in der Begrifflichkeit. Wir zitieren hier noch einmal folgenden Beispieltext:

Das Angebot der Republik

Der Generalbundesanwalt von Stahl hat das Verfahren gegen die Möllner Mörder an sich gezogen. Die Begründung: Der Anschlag ist gedacht und geeignet, die innere Sicherheit der Bundesrepublik zu

gefährden und zur Wiedereinrichtung einer nationalsozialistischen
Diktatur in Deutschland beizutragen.
Das sind andere Töne, als sie nach Rostock-Lichtenhagen zu hören
waren... Die Tageszeitung, o.J.,

Denkbar und sicherlich auch eleganter ist hingegen ein Themeneinstieg, der
die Informationspflicht bereits mit einem pointierten Zungenschlag versieht
und so dem Leser vorweg einen Fingerzeig gibt, welches Ziel der Kommentator anvisiert.

Kassen-Gesellschaft

Da sage niemand, die Regierenden in der DDR seien nicht lernfähig.
In schönster Kapitalisten-Manier wollen Lothar de Maizière und sein
eifriger Innenminister Peter-Michael Diestel millionenschwere Hon-
kong-Chinesen zu DDR-Bürgern machen – gegen Kasse, versteht
sich... Abendzeitung, 20. 8. 1990

In diesem Einstieg wird man über das nachrichtliche Geschehen informiert;
gleichzeitig jedoch bekommt man deutlich signalisiert, daß der Kommentator das fragliche Ereignis kritisch bewerten will.

Von diesem Themeneinstieg mit pointiertem Zungenschlag gibt es einen
fließenden Übergang hin zum Theseneinstieg. Naturgemäß ist der Theseneinstieg typisch für einen wertenden Kommentar mit stark argumentativen Bestandteilen. Der Theseneinstieg hat einen großen Vorteil, der zugleich
sein größter Nachteil ist: Er motiviert diejenigen zum Weiterlesen, die die
Tendenz der These teilen; und er schreckt die Opponenten der vertretenen
Tendenz ab. Man wird den Theseneinstieg deshalb immer dann gefahrlos
benutzen können, wenn sich die öffentliche Meinung zu einem Thema noch
nicht verfestigt hat oder man als Kommentator sicher sein kann, für eine
homogene Zielgruppe zu schreiben.

Einfältige Argumente

Einfallsloser und durchsichtiger ist Oppositionspolitik kaum noch zu
machen. Da versucht der Frankfurter Magistrat mit Tempo-30-Gebo-
ten auf einem 100 Meter langen Schutzstreifen vor Schulen und Kin-
dertagesstätten die Sicherheit für die Kinder zu erhöhen, und prompt
warnt die Römer-CDU die Eltern, sich nicht in »falscher Sicherheit zu
wiegen«... Frankfurter Rundschau, 24. 8. 1990

Mit diesem Theseneinstieg ist die Position des Kommentators klar umrissen. Gleichzeitig verdeutlicht dieses Beispiel, daß Kommentare mit einem Theseneinstieg in der Regel nicht auf eine Skizzierung des Themas verzichten können. Sehr ähnlich verhält es sich mit dem Sentenzeneinstieg. Unter einer Sentenz verstehen wir einen kurzen, pointierten Sinnspruch, der auf einen allgemeineren Sachverhalt verweist. Wir unterscheiden nicht zwischen »etablierten« und ad hoc gebildeten Sinnsprüchen, nicht zwischen eher aphoristischen und eher sprichwörtlichen usf.

Ein guter Sentenzeneinstieg läßt sowohl das Thema wie die Tendenz seiner Kommentierung erkennen; gleichzeitig führt er humorvoll, witzig oder unterhaltend an den Text heran. Im folgenden jeweils ein Beispiel für einen ad hoc gebildeten und einen sprichwörtlichen Sentenzeneinstieg

Die Macken der Japaner

Nichts ist uns so lieb wie unsere Vorurteile. Und weil uns kaum etwas so lieb ist wie unser Auto, sind uns unsere Vorurteile über unsere Autos besonders lieb. Die Betonung liegt auf »unsere«. Ausländer, das heißt importierte Kraftfahrzeuge, sind uns nicht so lieb. Soweit die Vorurteile. Die Fakten sind andere... Westfalenpost, 20. 4. 1990

Nur ein Tropfen aus Gold

Gold macht den Lahmen Füße, sagt ein Sprichwort. Dem fußkranken Ex-Tiger Südkorea dürfte der Verkauf des Edelmetalls durch seine Bürger das Gehen indes kaum leichter machen. Bei 153 Milliarden Dollar Auslandsschulden ist selbst das bisher vom Internationalen Währungsfonds und ausländischen Banken geschnürte Hilfspaket viel zu dünn, als daß damit die Krise an den Finanzmärkten gemeistert werden könnte. Der patriotisch anmutende Symbolakt, wohl durch Regierungsdruck »gefördert«, ist ein Tropfen auf den heißen Stein... Rheinische Post, 6. 1. 1998

Nach unseren Beobachtungen gibt sich der Kommentator im Durchschnitt mit dem Ende seines Textes nicht so viel Mühe wie mit dem Einstieg. Zu viele Kommentare »tröpfeln« etwas lieblos aus. Dabei sollte man gerade den letzten Eindruck, den ein Leser mitnimmt, in der Gesamtwirkung eines Textes nicht unterschätzen. So wie der erste Eindruck maßgeblich die Zu- und Abwendung sowie die prägende Schemabildung steuert, so hinterläßt der

letzte Eindruck oft genug einen Merkposten in der Erinnerung. Gut formuliert, steigert er die Informations- und Überzeugungsleistung eines Kommentars.

Ein auf jeden Fall gangbarer Weg des Kommentarausstiegs besteht darin, die
vorgetragenen Gedanken noch einmal zusammenzufassen. Wir wollen dieses
Verfahren den resümierenden Ausstieg nennen. Unter einem Resümee verstehen wir eine Zusammenfassung, die die vorangegangenen Inhalte von
einer erhöhten und weiterführenden Warte aus focussiert; im Idealfall verbindet sie dies mit einer meinungsbetonten Pointierung. Wir unterscheiden
hiervon nicht das Fazit, unter dem man eine eher abstrakte Zusammenfassung versteht, die sich mit einer gewissen Notwendigkeit aus dem Vorangegangenen ergibt.

Ein Kommentar über das Attentat eines islamischen Fundamentalisten
bemüht als Parallelvergleich den Fall des texanischen Christen David
Koresh, der seine vermeintliche Gemeinde als Jesus terrorisierte. Es ist ein
eher erklärender Kommentar, der das Attentat auf das New Yorker World Trade Center Anfang 1993 zu beleuchten versucht. Er endet mit folgendem
Resumee:

Schlichtweg verrückt

...Verrückte, die eine Religion nach eigenem Schlechtdünken interpretieren, sind nicht radikale Vertreter eines grundsätzlich gefährlichen
Glaubens, sondern schlichtweg Verrückte. Süddeutsche Zeitung, 6./7.
3. 1993

Dieser Resümee-Ausstieg erfüllt im wesentlichen alle Anforderungen, die
wir an ein gutes Resümee stellen. Er focussiert die vorangegangenen Aus-
führungen, indem er die Aussge der Überschrift aufgreift: schlichtweg ver-
rückt. Er denkt vorangegangene Gedanken weiter, indem er auf den Zusammenhang von Tat und (richtig verstandenem) Glauben hinweist. Und er pointiert: »nach eigenem Schlechtdünken«.

Eine weitere gängige Methode des Kommentarausstiegs ist der appellative
Ausstieg. Wer ihn einsetzt, sollte zwei Punkte beachten: Der Appell sollte
einen konkreten Adressaten haben und einen konkreten Auftrag beinhalten.
Der denkbar schlechteste – zugegebenenmaßen karikierte – Ausstieg lautet
also: »Der Staat sollte endlich dafür Sorge tragen, daß sich etwas ändert.«
Dieser Appell wird mit Sicherheit rein gar nichts in Bewegung setzen.

Man braucht sich nur die Funktion des Appells klarmachen, um die zwei erwähnten Punkte zu bestätigen. Gewöhnlich will der Kommentator damit doch erreichen, daß eine Person oder Personengruppe, eine Institution etc. etwas ganz bestimmtes unternimmt, um einen Mißstand abzustellen. Fühlt sich jedoch niemand angesprochen oder weiß nach der Lektüre des Appells niemand, was konkret getan werden sollte, so wird auch nichts geschehen. Ein Kommentar über das endlose Hin und Her um die Verlängerung der Geschäftszeiten, der eindeutig für längere Einkaufsmöglichkeiten plädiert, endet so:

Verkrustet

... Die Bevormundung geht zu weit, wenn Gewerkschaften entscheiden, ob die Verbraucher – das sind auch ihre vielen Millionen Mitglieder – zu später Stunde einkaufen oder sonntags frische Brötchen essen dürfen. Statt die Verweigerungshaltung fortzusetzen, sollten die Arbeitnehmerorganisationen lieber vernünftige Bedingungen für die Beschäftigten aushandeln – und für jene, die es bei etwas mehr Flexibilität gerne werden wollen. Frankfurter Rundschau, 21. 5. 1996

Hier sind der Adressat – die Gewerkschaften – und der Appellinhalt – Vereinbarungen bei Tarifverhandlung – hinreichend konkretisiert. Man könnte diesem Ausstieg bzw. unserer Einschätzung, er sei hinreichend konkret, eventuell vorwerfen, es fehle an der Konkretheit der Vereinbarungen. Hierzu zwei kurze Anmerkungen. Erstens ist der Platz, den ein Ausstieg bietet, sehr knapp, weshalb sich detaillierte Lösungsweg-Vorschläge als unmöglich darstellen. Zweitens sollten wir genau zwischen dem Ziel einer Handlung oder Maßnahme, für die appelliert wird, und dem Lösungsweg zu diesem Ziel unterscheiden. Der Kommentator muß generell nicht den Lösungsweg zur Beseitigung eines von ihm beklagten Mißstandes kennen – allein schon deshalb nicht, weil es ihn in einem frühen Stadium des Erkennens eines Mißstandes überhaupt noch nicht gibt. Der Kommentator sollte aber sehr wohl wissen, wohin die Fahrt gehen soll.

Eine ebenso elegante Lösung wie der Sentenzeneinstieg ist der Sentenzenausstieg. Da wir ihn oben bereits besprochen haben, sei hier nur noch auf ein kleines Problem der ad hoc gebildeten Sentenz hingewiesen: Sie muß in sich stimmig sein. In einem Kommentar über die Dienstwagenaffäre der Bundestagspräsidentin heißt es:

Der Sündenfall und die Heuchler

... Dies alles ändert nichts daran, daß die Bundestagspräsidentin sich selbst diskreditiert hat. An ihrer Lauterkeit sollten keine Zweifel bestehen müssen. Für die politischen Heuchler, die nun auf sie deuten, gilt freilich der Satz, daß von der Hand, deren ausgestreckter Finger auf Rita Süssmuth deutet, vier auf die eigene Person zurückweisen. Süddeutsche Zeitung, 14. 3. 1991

Der Kommentator ist entweder ein hochtalentierter Fingerartist oder des Zählens unkundig. Denn wie immer man es anstellt: Es zeigt ein Finger auf Rita Süssmuth, einer gen Himmel und drei zurück. Mit derartigen kleinen Fehlern macht man sich unnötigerweise einen guten Schluß kaputt; was dann beim Leser hängenbleibt, ist der Eindruck, der Kommentator nehme es insgesamt nicht so genau. Dies sollte möglichst vermieden werden.

Wir schließen diesen Abschnitt mit einem Ausstieg, vor dem gar nicht genug gewarnt werden kann: dem prognostischen. In einem interessanten kleinen Aufsatz schreibt der Wissenschaftsjournalist Gero von Randow zu prognostischen Verfahren:

»Zwei Kategorien, mit denen der Mensch die Zukunft zu ergründen sucht, heißen Ursache und Wirkung. Sie sind probate Denkhilfen; schwierig wird es freilich, wenn sie sich als Gewirr von Wirkungen und Rückwirkungen darstellen. ›Vernetztes Denken‹ wird dann gern empfohlen, aber leider ähnelt die Wirklichkeit meist weniger einem wohlgeknüpftem Netz als vielmehr einer Riesenschüssel Spaghetti, in der alles miteinander verschlungen ist.« (von Randow, 1995, S. 27)

Der Kommentator ist gut beraten, sich angesichts dieser Spaghetti-Schüssel vornehmer Zurückhaltung in prognostischen Fragen zu befleißigen. Denn die gute Prognose ist konkret in zweierlei Hinsicht: Sie nennt die Bedingungen oder den Zeitrahmen; und sie nennt den Inhalt dessen, was sich ereignen, realisieren oder verwirklichen wird. Und genau hier hat sie ihre Achillesverse.

6.2 Textaufbau und Argumentation

In den folgenden Kapiteln werden wir versuchen, die bisher behandelten Textelemente und gedanklichen Figuren zu vollständigen Kommentaren sammenzufügen. Wir werden uns hierbei auf folgende Elemente und Figuren beschränken, ohne sie noch im einzelnen zu detaillieren: Einstiege, Ausstiege, erklärende Referate, zentrale Thesen und zugehörige Argumentationen, erkenntnisschwierige Probleme und zugehörige Erklärungen.

Es müßte möglich sein, mit Hilfe dieser Basiselemente und -figuren die wichtigen und typische Vorgehensweisen erklären zu können. Hierunter verstehen wir unter aufbautechnischen Gesichtspunkten die Anordnung bzw. die Abfolge der einzelnen Elemente und Figuren sowohl bezüglich ihrer Vollständigkeit wie ihrer Reihenfolge. Unter strategischen Gesichtspunkten hingegen verstehen wir hierunter den Umgang des Kommentators mit argumentativen und erklärenden Inhalten.

Wenn ich einen Leser von meiner Sicht der Dinge überzeugen möchte, dann habe ich prinzipiell mehrere Möglichkeiten, dies zu tun. Schematisiert und vereinfacht geht dies auf drei unterschiedliche Arten:

1. Ich konfrontiere den Leser mit nur einer Sicht der Dinge, nämlich meiner eigenen und keiner anderen. Wir bezeichnen dies als eine standpunktzentrierte Strategie; den Kommentartyp nennen wir Standpunktkommentar.
2. Im Gegensatz dazu: Ich lasse verschiedene Sichtweisen, Einwände und Argumente zu und versuche, mich mit einer gewissen inneren Logik von Position zu Position zu einer neuen Erkenntnis vorzuarbeiten, die meinem Standpunkt entspricht. Wir nennen diese Strategie und den entsprechenden Typ diskursiv.
3. Ich konfrontiere den Leser mit zwei Sichtweisen, die in einer idealtypischen Weise zwei mögliche Sichten repräsentieren. Danach entscheide ich mich als Kommentator – gegebenenfalls mit einer zusätzlichen Begründung – für einen der beiden Standpunkte. Wir bezeichnen diese Strategie und den Kommentartyp als dialektisch.

Der Standpunktkommentar

Der Standpunktkommentar kann in seiner Tendenz sowohl wertend wie erklärend sein. Wichtig an ihm ist, daß er als tendenziell wertender Typus nur Pro-Argumente, als tendenziell erklärender nur ein Erklärungsmuster zuläßt. Negativ ausgedrückt: Er setzt sich nicht mit der Gegenseite auseinander – nicht einmal zu dem Zweck, sie zu widerlegen. Er kennt überhaupt keine anderen Standpunkte als den eigenen. Insofern geht es ihm ausschließlich darum, diesen einen Standpunkt erklärend oder argumentativ zu stützen.

Außerdem ist es typisch für den Standpunktkommentar, daß er sich weitgehend einem einzigen Gegenstand im Thema zuwendet. In der Praxis bedeutet dies: Er spricht eine zentrale These aus und belegt sie. Oder: Er benennt – explizit oder implizit – ein erkenntnisschwieriges Phänomen und erklärt es. Dabei bedient er sich eines weitgehend schnörkellosen Aufbaus.

Der Standpunktkommentar wird wie kein anderer Typ dem begrenzten Platz gerecht, der normalerweise dem Kommentator zur Verfügung steht. Gleichzeitig ist er infolge seines schnörkellosen Vorgehens leicht nachvollziehbar, verständlich und eingängig. Allerdings ist diese Begrenztheit natürlich auch sein größtes Handikap. Denn viele komplexe Phänomene sind nicht nur weiß oder schwarz. Das heißt: Eine einzige Bewertung bzw. ein einziges Erklärungsmuster wird diesen Phänomenen nicht gerecht. Umso breiter aber das Spektrum möglicher Bewertungen oder Erklärungsmuster ausfällt, umso geringer wird in einer informierten Leserschaft die Akzeptanz eines eindimensionalen Standpunktes ausfallen.

Deshalb sollte ein Kommentator zum Standpunktkommentar verstärkt dann greifen, wenn er sich auf ein thematisch neues Terrain begibt. Hier hat er die größte Chance, mit einer eindimensionalen Sicht der Dinge ein Maximum an Überzeugungstransfer zustande zu bringen. Sobald ein Thema in einem Zielpublikum so weit verbreitet ist, daß hierzu ein Meinungs- und Willensbildungsprozeß stattgefunden hat, hat es der eindimensionale Standpunktkommentar schwer, auf bestehende Meinungsstrukturen verändernd einzuwirken. In der Regel wird er dort stabilisierend wirken, wo er auf Zustimmung stößt, ohne jedoch die Chance einer größeren Meinungsänderung zu besitzen.

Unter dem Gesichtspunkt der Aufbautechnik reicht der Standpunktkommentar von sehr einfachen Mustern bis hin zu Texten, die das gesamte Repertoire dessen ausschöpfen, was wir besprochen haben.
Im folgenden beginnen wir zunächst mit der Minimalversion eines standpunktorientierten bewertenden Kommentars. Anlaß hierzu war die Tatsache, daß der Kämmereichef der Stadt Solingen seine Unterschrift unter ein Papier verweigerte, in dessen Konsequenz es zur Schaffung einer neuen städtischen Stelle gekommen wäre.

Mit dem Sparen ernst machen

(1.1) Für den treusorgenden Hausvater gilt: Sind seine Geldmittel begrenzt, dann muß er unterscheiden zwischen unabweisbaren Ausgaben und wünschenswerten Anschaffungen. Auf noch so Sinnvolles muß er verzichten, wenn es nicht zu bezahlen ist. (1.2) Dieser banale Grundsatz hat auch für Kommunalpolitiker zu gelten, sofern sie das Attribut »verantwortungsvoll« für sich beanspruchen. (1.3) Die Zeiten, da sich »die Stadt« – und das sind bekanntlich wir alle – noch etwas leisten konnte, sind vorbei, wenn man allen Prognosen glauben will. (1.0) Soll das Stichwort »Sparen« nicht nur eine leere Phrase bleiben, muß Verzicht geübt werden. Beginnen sollte man mit Wünschenswertem, aber nicht mehr Bezahlbarem. (1.4) Auch an die Übereinkunft, eine neue Stelle bei der Stadt nur zu schaffen, wenn dafür eine andere wegfällt, ist an dieser Stelle zu erinnern. Solinger Tageblatt, 7. 1. 1993

Formalisiert haben wir es mit folgender Konstruktion zu tun:

1.0) Zentrale These in der Form einer (normativen) Aufforderung: Die Stadt muß sparen!
1.1) Suggestivvergleich, der die zentrale These unterstützt.
1.2) Überleitungssatz, der die zentrale These variiert.
1.3) Doppeltes Argument zur These: Die Stadt hat kein Geld; dies sagen alle Prognosen.
1.4) Gebotsargument zur zentralen These: Es gibt eine ältere Übereinkunft.

Es wird deutlich erkennbar, daß dieser Kommentar nur ein Ziel mit einem einzigen Mittel verfolgt: Er will von seiner zentrtalen These überzeugen, ohne nach rechts oder links zu schauen.
Einen sehr viel größeren Rahmen dagegen schöpft der folgende Kommentar aus, der ebenfalls bewertend ist und dem wir in gekürzter Fassung bereits begegnet sind:

Lebensadern für Berlin

(1) Erst jüngst hatte der Regierende Bürgermeister Momper die Luftkorridore zwischen Berlin und dem Westen als Lebensadern der geteilten Stadt verteidigt. Jetzt plötzlich will der rot-grüne Senat das Blut in diesen Adern verdünnen. Die Zahl der Flüge soll reduziert werden, um die Lärmbelästigung zu vermindern. (2.0) Bei allem Verständnis für das umweltpolitische Motiv, können die Berliner den Pferdefuß dieser Forderung nicht übersehen. Der Senat setzt zum falschen Zeitpunkt mit den falschen Methoden falsche Prioritäten.

(2.1) Der Zeitpunkt ist falsch, weil gerade jetzt über die Einbeziehung Westberlins in den internationalen Luftverkehr gesprochen werden soll und der innerdeutsche Luftverkehr erweitert wird. Die Auswirkungen auf Passagierzahlen und Flugdichte in Tegel sind noch gar nicht abzuschätzen. (2.2) Die Methode ist falsch, weil die alliierten Fluggesellschaften selbst entscheiden müssen, wieviel Flüge für sie rentabel sind und welche Einschränkungen möglich wären. (2.3) Die Prioritäten sind falsch, weil Lärmschutz und Umweltschonung nicht dazu führen dürfen, die einzige unkontrollierte Verbindung von und nach Berlin zu beschneiden.

(3.0) Seit der Zeit der Rosinenbomber ist der Flugverkehr für die Berliner eine Nabelschnur zur Freiheit, die weder durch Autobahnen noch durch Eisenbahnlinien ersetzt werden kann. Er vermittelt das Gefühl, jederzeit frei ein- und ausreisen zu können. Jederzeit bedeutet auch möglichst oft. Denn Berlin lebt als Kongreßstadt, Wirtschaftsmetropole und Verkehrsknotenpunkt von häufigen und schnellen Verbindungen. Die wachsende Zahl der Flugbewegungen und Passagiere ist der beste Beweis dafür.

(4.0) Man kann nur hoffen, daß die zuständigen drei Westmächte den dirigistischen Plänen des Senats die verdiente Abfuhr erteilen. Hessisch Niedersächsisch Allg, 5. 8. 1989

Formalisiert betrachtet stellt sich dieser Text in etwa folgendermaßen dar:
1.0) Thematisierender Einstieg; durch den ersten Satz wird auf den Widerspruch zwischen der alten und der neuen Berliner Regierung verwiesen
2.0) Dreigliedrige zentrale These: Zeitpunkt, Methode, Priorität falsch
2.1) Argument zu Teil eins der These
2.2) Argument zu Teil zwei der These
2.3) Argument zu Teil drei der These
3.0) Referierender Teil: Bedeutung der Verkehrswege nach Berlin
4.0) Ausstieg: appellierend

Dieser letzte Kommentar besticht durch klare Gliederung und stringenten Aufbau. Außerdem ist die Zuordnung argumentativer bzw. referierender Teile zu der zentralen These jederzeit nachvollziehbar. Wir halten dies gerade im Kommentar für besonders wichtig. Denn besonders in Argumentationen ist es üblich, vermeintlich selbstverständliche Zwischenschritte zwischen These und Argument zu überspringen, zu verkürzen etc. Diese verkürzende Vorgehensweise ist so stark verbreitet, daß ihr die Argumentationslehre unter dem Fachterminus »enthymemische Argumentation« ein ganz besonderes Augenmerk widmet.

Als Kommentator – zumal unter begrenzten Platzvorgaben – sollte man sich dieser Gewohnheit immer bewußt sein und für ein äußerstes Maß an Gliederung und Klarheit sorgen.

Ein voll entfalteter Standpunktkommentar hat demnach folgenden Aufbau:

(1) Einleitung (kann entfallen)
(2) Zentrale These bzw. erkenntnisschwieriges Phänomen
(3) Erklärendes Referat (kann entfallen)
(4) Pro-Argumentation für die These bzw.
     eindimensionale Erklärung des erkenntnisschwierigen
     Phänomens
(5) Ausstieg (kann entfallen)

Wir greifen abschließend noch einmal unsere Gedanken zum Enthymem auf. Eine Sonderform dieser Auslassungs- oder Verkürzungstendenz nämlich besteht darin, die These nicht »explizit« zu benennen, sondern die Schlußfolgerung seiner Leserschaft zu überlassen – also die These »implizit« zu handhaben.

Von dieser Vorgehensweise sollte ein Kommentar sparsamen Gebrauch machen. Denn sie ist fehleranfällig. Nur dort, wo sich die These zwingend und selbstverständlich aus dem argumentativen Gesamtzusammenhang ergibt, ist eine implizite These vertretbar. Andersherum formuliert: Nur dort, wo eine explizite These zwingend und selbstverständlich ist und durch die Explikation den Geruch des Oberlehrerhaften annimmt, nur dort sollte auf sie verzichtet werden.

Der diskursive Kommentar

Unter einem Diskurs versteht man eine Vorgehensweise, die mit einer gewissen inneren Logik von Punkt zu Punkt schreitet und auf diese Weise zu einer neuen Erkenntnis führt. Entsprechend dieser recht offenen Vorgabe ist der diskursive Kommentar der bunteste, abwechslungsreichste, aber mit Sicherheit auch der schwierigste und derjenige, der in der Praxis am häufigsten zu aufbautechnischen Mängeln führt.

Für ihn gilt mehr noch als für den standpunktzentrierten, daß der Kommentator sich um ein Maximum an Gliederung und Klarheit bemühen sollte.

Denn häufig mischen sich in ihm argumentative, erklärende Teile und referierende Textelemente bzw. Gedankenfiguren.

Wir hatten oben gesagt, der diskursive Kommentar lasse verschiedene Sichtweisen, Einwände und Argumente zu und versuche, sich mit einer gewissen inneren Logik von Position zu Position zu einer neuen Erkenntnis vorzuarbeiten. In der Praxis bedeutet dies häufig: Der Kommentator setzt sich mit einer gegnerischen Position auseinander und bedient sich unterschiedlicher Argumenttypen oder Erklärungsansätze, um die eigene Position zu stärken und die gegnerische zu schwächen. Hierzu folgendes Beispiel, dem wir bereits in einem früheren Zusammenhang begegnet sind.

Vom Umgang mit Soldaten

(1.0) Die diskriminierende Behandlung der Wehrpflichtigen aus den ostdeutschen Ländern bei den Zulagen zum Wehrsold ist unerträglich. (2.1) Sie wird begründet mit der Behandlung des öffentlichen Dienstes im Einigungsvertrag. Dabei wird der Leitsatz aufgestellt, daß der öffentliche Dienst nicht der Schrittmacher für die Löhne und Gehälter sein soll und daß (2.0) deshalb nur eine nachträgliche Anpassung der Beamtenbesoldung an die allgemeine Entwicklung der Einkommen vorgenommen werden darf.

(3.1) Diese Argumentation ist im Falle der Wehrpflichtigen aus den neuen Bundesländern absurd. (3.1.1) Die inzwischen achttausend Eingezogenen aus dem Ostteil der Bundesrepublik sind weder Beamte noch Angestellte oder Arbeiter des öffentlichen Dienstes, (3.1.2) sondern vom Gesetz zum Dienst verpflichtete Soldaten, die einen Anspruch auf Gleichbehandlung mit allen anderen Soldaten haben, (3.1.3) zumal da viele von ihnen in Westdeutschland Dienst tun. (3.2.0) Auch die Armee hat solch einen Anspruch auf Gleichbehandlung ihrer Soldaten gegenüber dem Staat, das heißt, gegenüber dem Gesetzgeber und der zivilen Gesellschaft, denen sie dient. Die Zurücksetzung der Wehrpflichtigen aus dem Ostteil der Bundesrepublik beim Entlassungsgeld und beim Weihnachtsgeld ist deshalb skandalös und staatspolitisch töricht. Sie zeigt nicht nur die Enge des politischen Horizonts der Bonner Bürokratie insbesondere im Bundesfinanz- und im Bundesinnenministerium, (3.3.0) sondern wirft auch ein kaltes Licht auf den Deutschen Bundestag und auf die Bundesregierung insgesamt.

(4.1) Man hat bisher nicht gehört, daß den Ministern, Staatssekretären und Abgeordneten aus den fünf neuen Ländern geringere Bezüge zugedacht worden wären als ihren Kollegen aus Westdeutschland.

(4.0) Aber was für die finanziell gegenüber ihren Landsleuten ohnehin privilegierten Politiker recht ist, ist doch wohl billig für die einfachen Soldaten, (4.2) die ihrer Wehrpflicht genügen, auf ihrem weit bescheideneren Einkommensniveau hart am Existenzminimum. Die Welt, 6. 3. 1991

Formalisiert haben wir es in diesem Kommentar mit einer recht vielschichtigen Thesenbildung und Argumentation zu tun. Ein mögliches Interpretationsmuster der unterschiedlichen Schichten könnte folgendermaßen aussehen:

1.0)	Themen- und gleichzeitiger Theseneinstieg
2.0)	These der Contra-Position
2.1)	Argumentation pro Contra-Position: Einigungsvertrag
3.1)	Hilfsthese der Pro-Position: Absurdität
3.1.1)	1. Argument pro Hilfsthese = Contra-Argument zur These der Contra-Position von (2.0)
3.1.2)	2. Argument pro Hilfsthese = Contra-Argument zur These der Contra-Position von (2.0)
3.1.3)	3. Argument pro Hilfsthese = Contra-Argument zur These der Contra-Position von (2.0)
3.2.0)	1. Fazit aus (3.1.1 - 3.1.3)
3.3.0)	2. Fazit aus (3.1.1 - 3.1.3)
4.0)	Appellhafte Schlußthese
4.1)	1. Argument pro Schlußthese
4.2)	2. Argument pro Schlußthese

Wir wollen ganz bewußt hier nicht verschweigen, daß die vorgenommene Darstellung der unterschiedlichen Schichten eine von mehreren Möglichkeiten darstellt. Gerade diskursive Kommentare sind ab einem bestimmten Umfang zu komplex, um sich einem einzigen und eindeutigen Interpretationsmuster zu beugen.

Diese Feststellung gilt nicht in dem Maße für einen besonderen Typus von diskursiven Kommentaren, der sich einer ganz besonderen Strategie bedient: Er schließt durch Argumentationen oder Erklärungen Positionen so lange aus, bis nur noch eine übrig bleibt, nämlich die des Kommentators. Zur besseren Abgrenzung nennen wir diesen Typ den diskursiv ausschließenden Kommentar und die Vorgehensweise Ausschlußverfahren.

Erneut müssen wir einen naheliegenden Irrtum ausräumen. Der soeben behandelte Kommentar »Vom Umgang mit Soldaten« hat ebenfalls eine gegnerische Position widerlegt und mit Hilfe einiger Argumente die eigene Position gestärkt. Allerdings gibt es zwei deutliche Unterscheidungsmerkmale: Das Ausschlußverfahren belegt grundsätzlich nie einen Pro-Standpunkt, sondern widerlegt immer nur andere Standpunkt. Und zweitens: Der normale diskursive Kommentar befaßt sich mit realen anderen Standpunkten, die er zu widerlegen trachtet. Der diskursiv ausschließende dagegen trägt an eine strittige These solange denkbare Argumente heran bzw. an ein erkenntnisschwieriges Phänomen solange mögliche Erklärungen und widerlegt sie sodann, bis nur noch ein Argument oder eine Erklärung übrig bleiben, deren Widerlegung nicht gelingt. Das heißt, daß im Kern die Widerlegung möglicher Standpunkte das eigentliche Beweisverfahren ist und der eigene Standpunkt nur deshalb (vorläufig) gilt, weil er (momentan) nicht widerlegbar ist. Wir schauen uns dieses Verfahren zunächst am Beispiel eines tendenziell bewertenden, sodann eines tendenziell erklärenden Kommentars an.

Unausgegoren

(1.1) Die Misere in den neuen Bundesländern bringt sonderbare Vorschläge an den Tag. Der jüngste: Eine »Aufbauanleihe« für den Osten, aufzubringen von den Besserverdienenden. (1.2) Er ist rechtlich wie wirtschaftlich gleichermaßen unausgegoren.
(2.0) Rechtlich fragwürdig ist er, (2.1) weil Karlsruhe bereits 1984 eine ähnliche Anleihe verworfen hat. (2.2) Das Grundgesetz deshalb heute zu ändern, wäre nur zu verantworten, wenn die Anleihe einen Sinn macht. Dies ist jedoch nicht der Fall.
(3.0) Was soll sie eigentlich: Investitionen in der Ex-DDR auslösen, den Haushalt entlasten, soziale Schieflagen korrigieren?
(3.1) Unternehmen investieren, wenn sie einen Markt sehen, Gewinne winken. An allen diesen Ecken hapert`s derzeit jedoch. Seit der Osteuropa-Markt weggebrochen ist, ist die EX-DDR als Sprungbrett für den Osthandel ausgefallen. Das wird noch eine Weile so bleiben. Seit die Lohnkosten in Ostdeutschland so steil angestiegen sind, ist der ostdeutsche Standort für die meisten Fertigungen uninteressant geworden.
Zu schweigen davon, daß ungeklärte Eigentumsverhältnisse, administrative Hemmnisse und schludrige Regelungen im Einigungsvertrag – so bei der Stromwirtschaft – private Investoren abschrecken.
(3.2) Bliebe also der Zweck, den Staatshaushalt zu entlasten. Eine verkappte Steuererhöhung mit anderen Worten. Sie widerspräche

allen bisherigen Beteuerungen der Regierung. Die Erfahrung lehrt,
daß man zu Steuererhöhungen, um die Einigung zu finanzieren, nie
nie sagen sollte. Sollten sie tatsächlich notwendig werden, sollte die
Regierung sie offen betreiben.
(3.3) Oder sollte die Anleihe das schlechte Gewissen beruhigen? Ein
Gutteil der Lasten für den Osten wird derzeit über höhere Beiträge zur
Bundesanstalt für Arbeit aufgebracht. Getragen werden sie ausschließlich von Sozialversicherten. Selbständige wie Beamte gehen
dabei frei aus. Diese soziale Schieflage ist bislang nicht korrigiert worden. Die Ergänzungsabgabe wirkt eher als Feigenblatt.
(4) Der Voraschlag schmeckt nach G`schaffelhuberei – so, als müsse
man etwas tun, wisse aber nicht so recht was. Westdeutsche Allgemeine Zeitung, 31. 8. 1992

Die Struktur dieses Kommentars ist von beachtenswerter Klarheit und Strin-
genz in der Gliederung. Nach einem Themeneinstieg (1.1), der bereits deutlich Farbe bekennt – »sonderbare Vorschläge« –, kommt die zentrale wertende These: »rechtlich wie wirtschaftlich unausgegoren«.
Zunächst wird unter (2) der Rechtsaspekt abgehandelt, indem nachgewiesen
wird, daß die Aufbauanleihe rechtlich kaum zu realisieren ist. Sodann kommt
(3.0) eine dreigliedrige Frage, die den nachfolgenden Absätzen Reihenfolge
und Inhalt vorgibt. Unter (3.1) und (3.3) wird in einer Mischung aus intentionaler und funktionaler Erklärung gezeigt, daß die geplante Anleihe nicht
geeignet ist, Investoren anzulocken oder soziale Schieflagen zu beseitigen.
Unter (3.2) wird die Vermutung widerlegt, die Anleihe könne den Staatshaushalt entlasten. Punkt (4) schließlich können wir als resümierende
Zusammenfassung betrachten.

Wichtig ist, sich die Gesamtstrategie dieses diskursiv ausschließenden Kommentars zu vergegenwärtigen. Er tritt an ein Projekt der Regierung, dem man
zunächst einmal ein gewisses Maß an Sinnhaftigkeit unterstellen sollte, mit
einer Reihe vernünftig erscheinender Thesen: Die Aufbauanleihe ist rechtlich
realisierbar; und sie ist ökonomisch sinnvoll, indem sie Investitionen auslöst
oder haushaltstechnische Probleme oder soziale Probleme löst.
Wenn wir als Leser dem Kommentator darin folgen, daß dies die relevanten
Realisations- und Wirkungsaspekte dieser Anleihe sein müßten, dann hat der
Kommentar – teils erklärend, teils argumentativ – mit seinem schrittweisen
Ausschluß dieser Aspekte nachgewiesen, daß der Plan nicht vernünftig ist. Er
ist berechtigt, ihn »unausgegoren« zu nennen.

Diese Strategie kann sich im diskursiven Kommentar auch mit dem positiven Nachweis einer These mischen. Im folgenden Kommentar wird ein erkenntnisschwieriges Problem aufgeworfen: Warum interveniert die Staatenwelt nicht in Bosnien, wo sie es doch gerade erst in Somalia und im Irak getan hatte? Sodann werden an die Motivation der Staaten drei Vermutungen (Hypothesen) herangetragen: Moralität, Scheu vor militärischem Risiko und der Kostenfaktor. An zwei Fällen, und zwar Somalia und Irak, wird sodann aufgezeigt, daß sich die Richtigkeit zweier Vermutungen nachweisen läßt, nämlich des militärischen Risikos und des Kostenfaktors – nicht aber die Vermutung der Moralität. Wenn, so die weitere Folgerung, diese beiden Motive für Bosnien nicht gegeben sind, weil das militärische Risiko zu hoch und der erwartete Profit zu niedrig sind, dann kann Moralität kein Motiv sein, denn andernfalls müßte inzwischen eingegriffen worden sein.

Bosnien, Somalia, Irak

(1.1) Wenn amerikanische Soldaten in Somalia einmarschieren und alliierte Flugzeuge Irak bombardieren, warum keine Intervention in Bosnien, wo tagtäglich und unaufhörlich Blut fließt? (1.0) Die Antwort mag niemand gerne hören, obwohl sie seit Monaten auf der Hand liegt. Moralische Verwerflichkeit, die den Serben zuhauf anzukreiden ist, reicht in der realen Politik offensichtlich nicht als Voraussetzung für einen Militär-Eingriff.

Ob sie es zugeben oder nicht, stellen sich die Staatenführer noch zwei weitere Fragen: (2.1) Wie groß ist mein strategisches Interesse, (2.2) wie hoch werden die Kosten sein? In Somalia stehen keine Interessen auf dem Spiel, aber zugleich erschien das Risiko als außerordentlich gering. Doability – »Machbarkeit« – lautete die Devise in Washington; schließlich galt es, nur ein paar bewaffnete Räuberbanden zu züchtigen. In Irak war gar der Idealfall gegeben: Den geringen Kosten eines Luftangriffs standen ausgeprägte strategische Interessen gegenüber: Öl, die Stabilität einer kritischen Region, die Schwächung eines Diktators, der aus seinen imperialen Ambitionen nie einen Hehl gemacht hat.

Und Bosnien bedeutet: hohes Risiko, geringe Erfolgschance, ein eher abstraktes Interesse. Bomben auf einen ethnischen Flickenteppich? Das wäre, als ob man einen Preßlufthammer benutzte, wo ein Zahnbohrer vonnöten ist. Das ganze Land besetzen? Das erfordert nicht Brigaden, sondern Armee-Corps. »Lohnt« es sich? Leider sitzen die Bosnier nicht auf dem größten Ölfaß der Welt, und noch bedrohen die Serben nicht den europäischen Frieden. Ihren Zorn über den sacro egoismo der Nationen sollten aber gerade die Deutschen bescheiden

vortragen. Sie wären die letzten, die auf dem Balkan intervenieren
würden. Süddeutsche Zeitung, 15. 1. 1993

Zusammenfassend läßt sich der Aufbau des diskursiven Kommentars unter
Berücksichtigung seiner Strategie folgendermaßen schematisieren:

(1)   Einleitung (kann entfallen)
(2)   Zentrale These bzw. erkenntnisschwieriges Phänomen
(3)   Erklärendes Referat (kann entfallen)
(4)   Pro-und Contra-Argumentation für die These
      mit Hilfserklärungen
      bzw. mehrdimensionale Erklärung des erkenntnisschwierigen
      Phänomens mit Hilfsargumentation
(5)   Ausstieg (kann entfallen)

Im Unterschied dazu hat der diskursiv ausschließende Kommentar folgenden
Aufbau:

(1)   Einleitung (kann entfallen)
(2)   Vermutete Argumente für eine Hypothese
      bzw. vermutete Erklärungen für ein erkenntnisschwieriges
      Phänomen
(3)   Erklärendes Referat (kann entfallen)
(4)   Widerlegung der vermuteten Argumente
      bzw. Widerlegung der vermuteten Erklärungen
(5)   Nennung der nicht-widerlegbaren Argumente
      bzw. Erklärung = vorläufiges Ergebnis
(5)   Ausstieg (kann entfallen)

Der dialektische Kommentar

Nach den vorangegangenen Überlegungen erklärt sich der dialektische Kommentar fast von selbst. Sein Hauptmerkmal besteht darin, daß er zu seinem
Gegenstand zwei widerstreitende Thesen zuläßt, die sich auf die Gegensatz-

paare »Gut / nicht gut«, »Nützlich / schädlich«, »Empfehlenswert / abzulehnen« usw. reduzieren läßt.

Er ist im wesentlichen bewertend, was sich aus der Natur der Sache ergibt. Erklärungen heben, wie wir gesehen haben, in der Regel zu stark auf Fakten ab, als daß sich mit ihnen auch nur annähernd gegensätzliche Standpunkte konstruieren ließen. Es ist nun einmal nicht möglich, das Debakel der A-Klasse von Mercedes in ein und demselben Kommentar mit Personalmangel und Zeitdruck einerseits und mit personellem zeitlichem Überschuß andererseits zu erklären. Wohl aber ist es möglich, die Erfassung von 18.000 genetischen Fingerabdrücken unter dem einen Gesichtspunkt als nützlich und unter einem anderen als schädlich zu klassifizieren.

Umgangssprachlich hieße dies: Es werden sowohl die Vor- wie auch die Nachteile eines Sachverhalts beleuchtet. Völlig zu Unrecht wird diese Vorgehensweise oft als Zwar-Aber-Kommentierung abgelehnt, ja sogar vehement befehdet. Wer dies tut, geht von der falschen Voraussetzung aus, daß die Meinung des Journalisten im Mittelpunkt eines jeden Kommentars stehen müsse. Konsequenterweise müßten Vertreter dieser Richtung auch jeder tendenziell erklärenden Kommentierung den Kampf ansagen.

Allerdings geht es im Kommentar nicht um die Meinung des Kommentators. Die ist sogar ausgesprochen uninteressant. Es geht um die Konsequenzen aus einer vorgetragen Meinung: Es geht darum, daß sich die öffentliche Meinung so korrekt wie möglich bilde. Und hierzu ist es notwendig, daß eine Meinung so gut wie möglich begründet wird.

Warum also sollten nicht zwei unterschiedliche, ja widersprüchliche Meinungen mit den ihnen zugrundeliegenden Sichtweisen unterschiedslos präsentiert werden? Warum sollte man nicht unter dem Gesichtspunkt des Selbstbestimmungsrechts der Frau für Abtreibung und unter dem Gesichtspunkt des Lebensschutzes dagegen sein? Letzten Endes kann man ja auch gegen jede Art von Tötung sein und dennoch für ein so weitreichendes Notwehrrecht plädieren, daß hierdurch die Tötung eines sehr aggressiven Angreifers gerechtfertigt wird.

Es gibt keinen verallgemeinerbaren vernünftigen Grund für die Annahme, der dialektische Kommentar sei von vornherein als farblos oder gar funktionslos abzulehnen. Im folgenden präsentieren wir abschließend einen dialektischen Kommentar, der beiden Seiten annähernd gleich viel Gewicht einräumt.

Ein Gewinn für Unternehmen

(1) Auf den ersten Blick scheint der jüngste Vorschlag des Arbeitge-
ber-Präsidenten Klaus Murmann durchaus bestechend: Warum sollen
die Beschäftigten nicht so viel verdienen, wie es der jeweiligen
Ertragslage des Unternehmens entspricht? (2) In gewinnträchtigen
Zeiten stiegen dann Löhne und Gehälter, (3) geht es dem Betrieb
schlechter, müßten eben alle um des Erhalts ihrer Arbeitsplätze willen
den Gürtel enger schnallen.

(2) Vor allem aber trüge dieses Modell der oft vorgetragenen Unter-
nehmerklage Rechnung, daß die derzeitigen Lohn- und Gehaltsab-
schlüsse für eine ganze Branche der unterschiedlichen Struktur und
Größe der einzelnen Betriebe nicht gerecht würden. Und schließlich
gibt es schon lange, vor allem in den Großunternehmen der metall-
verarbeitenden Industrie, sogenannte Hausverträge, ausgehandelt
nur zwischen Betriebsrat und Arbeitgeber. Was zunächst unter dem
Gesichtspunkt der Arbeitsplatzsicherung ganz vernünftig klingt,
erweist sich jedoch bei näherem Hinsehen als äußerst problematisch.

(3) In Zeiten wirtschaftlicher Prosperität mag sich die unmittelbare
Beteiligung der Arbeitnehmer am Ertrag erfreulich auswirken. Was
aber passiert bei schlechter Ertragslage? Nichts anderes, als daß der
Unternehmer sein Risiko ebenso unmittelbar auf seine Beschäftigten
abwälzt. Außerdem ist die Ertragslage eines Betriebs, wie jeder
Bilanzexperte weiß, außerordentlich auslegungsfähig, Gewinne lassen sich vielfältig kaschieren.

Schließlich aber schlüge ein solches individualisiertes Entlohnungs-
modell den Gewerkschaften eines ihrer wichtigsten Instrumente, die
Tarifautonomie, aus der Hand. Allein den Versuch dürften sie mit heftiger Gegenwehr beantworten. Süddeutsche Zeitung, 7. 3. 1989

Zwei Dinge sind unverkennbar: Wir haben es hier mit einem lupenreinen dialektischen Kommentar zu tun. Auf der einen Seite die Position der Arbeitgeber (2); sie ist »bestechend«, was argumentativ unter Zuhilfenahme erklärender Elemente aufgezeigt wird. Auf der anderen Seite die gewerkschaftliche
Sichtweise (3) ; danach ist die Unternehmensposition »bei näherem Hinsehen äußerst problematisch«.

Zweitens ist unverkennbar, daß der Kommentator die Position der Unternehmer nicht bedingungslos teilt. Er sagt: »Auf den ersten Blick scheint...« und
»bei näherem Hinsehen äußerst problematisch«. Allerdings darf hieraus wohl
kaum geschlossen werden, daß der Kommentator die Gewerkschaftsposition
teilt; dies wäre nur möglich, wenn es sich um zwei sich gegenseitig aufhe-
bende (kontradiktorische) Positionen handelte. Die aufgezeigten Positionen

sind jedoch nur gegensätzlich (konträr), weshalb die Kritik an einer der Positionen nichts über die Einstellung zur anderen aussagt. Überdies liegt es aus inhaltlichen Erwägungen nahe, daß der Kommentator auf den aktuellen Vorschlag kritisch eingeht, nicht jedoch auf die Gewerkschaftsposition, die hier lediglich reaktiven Charakters ist.

Wir können somit festhalten: Dieser dialektische Kommentar zeigt recht ausgewogen zwei Positionen und bezieht seinerseits eine vorsichtig distanzierende Haltung zu der (nachrichtlich) aktuellen Position. Dies hat wahrlich nichts mit einer ausgewogenen und farblosen Zwar-Aber-Kommentierung zu tun, sondern ist ein kleines Stück tagesaktueller Aufklärung bester Art.

Formalisiert hat der dialektische Kommentar folgenden Aufbau:

(1)   Einleitung (kann entfallen)
(2)   Zentrale idealtypische Thesen Pro und Contra
(3)   Erklärendes Referat (kann entfallen)
(4)   Argumentation für die Thesen Pro und Contra
(4)   Vermittelnde neue These (kann entfallen)
(5)   Ausstieg (kann entfallen)

6.3 Abgrenzungsfragen

Wir schließen diesen Teil des Buches mit einem kurzen Versuch, den Kommentar gegen zwei andere Darstellungsformen abzugrenzen: den Hintergrundbericht und den Leitartikel.

Der Hintergrundbericht ist, im Gegensatz zum Kommentar, keine komplementäre Darstellungsform. Das heißt, daß er nachrichtlich oft unbegleitet ist, gleichwohl jedoch auf ein aktuelles Geschehen reagiert. Damit hat er die Verpflichtung, zunächst einmal in einer recht sachlichen Art und Weise auf das eigentliche Geschehen einzugehen.

In einigen Zeitungen ist dies anders. Sie verweisen im Anschluß an eher kürzere Meldungen auf spätere Seiten wie etwa »Bericht und Hintergrund«, die dann, wohlgemerkt, nicht identisch mit den Kommentar- bzw. Meinungsseiten sind. In diesen Fällen haben wir es zwar auch mit einer Art von Komplementarität des Hintergrundberichtes zu tun; genauso wie der Kommentar hat er einen nachrichtlichen Text an seiner Seite. Anders jedoch als der Kommentar kann er auf die Inhalte dieses Textes nicht weitgehend freien Bezug nehmen. Während nämlich der Kommentar einen scheinbar absolut unwichtigen Nebenaspekt des Themas aufgreifen kann, ja sogar häufig auf Aspekte im Thema eingeht, die überhaupt erst in Zukunft eintreten können oder auch nicht, ist der Hintergrundbericht auf das Gebot der Relevanz und der Tatsächlichkeit verwiesen.

Der Kommentar kann über mögliche Folgen einer Maßnahme spekulieren; der Hintergrundbericht kann lediglich mitteilen, was in welchen Kreisen über mögliche Folgen spekuliert wird. Der Kommentar kann etwas empfehlen oder ablehnen; der Hintergrundbericht kann lediglich verlautbaren, welche Kreise aus welchen Gründen etwas empfehlen oder ablehnen. Und der Kommentator kann etwas für gut oder schlecht befinden; der Hintergrundbericht kann durchblicken lassen, wer alles dieses Etwas für gut oder schlecht befindet.

Ein weiterer Unterschied des Hintergrundberichtes zum Kommentar ist in stilistisch-sprachlicher Hinsicht zu suchen. Der Kommentar hat hier, wie wir gesehen haben, sehr große Freiheiten. Er bedient sich bildhafter Ausdrucksweisen und anderer rhetorischer Mittel; er variiert Bezeichnungen für ein Gemeintes im Sinne der Koreferenz, arbeitet mit Suggestivvergleichen, mit fiktiven Beispielen und vieles mehr.

Auch hier geht der Hintergrundbericht um ein vielfaches vorsichtiger zu Werke. Zwar wird sich auch in ihm die ein oder andere metaphorische Ausdrucksweise aufspüren lassen; es wird sich hier und da auch eine sanfte Anspielung via Koreferenz finden lassen, aber damit sind die Grenzen des Hintergrundberichtes auch schon erreicht. Die sprachlich-stilistische Welt des Fiktiven beispielsweise, wie wir sie etwa im Suggestivbereich antreffen, hat in berichtenden Darstellungsformen nichts zu suchen.

Wir können deshalb durchaus die Faustformel aufstellen, daß der Hintergrundbericht in sprachlich-stilistischer Hinsicht, von kleinen Freiräumen abgesehen, den nachrichtlichen Texten verpflichtet ist.

Der größte Unterschied allerdings dürfte in der Tatsache liegen, daß der Hintergrundbericht sich expliziter Wertungen weitgehend enthält. Zwar rutscht durch die kleinen Freiheiten der sprachlich-stilistischen Möglichkeiten manche implizite Wertung in die Darstellung des Hintergrundberichtes; für klare, explizite Werturteile jedoch, wie wir sie oben kennengelernt haben, ist der Hintergrundbericht nicht der Ort.

Denn das Bewerten ist nicht seine eigentliche Aufgabe. Die liegt vielmehr in der Aufarbeitung des Hintergrundes eines Themas. Wir verstehen darunter die Einbettung eines (aktuellen) Sachverhaltes in größere und längerfristige Strukturen desselben Bereiches – beispielsweise die Erhöhung der Mehrwertsteuer im mittelfristigen System staatlicher Abgaben. Wir verstehen hierunter seine Berührpunkte und Überschneidungen mit verwandten Strukturen anderer Systeme – beispielsweise das Theatersterben im Zusammenhang mit der Privatisierungsmanie unserer Gesellschaft. Und wir verstehen schließlich darunter die genaue Beschaffenheit, die Vorgehens- oder Funktionsweise eines (aktuellen) Sachverhalts, so wie sie sich in einem nachrichtlichen Text im engeren Sinn nicht mehr vermitteln läßt. (Vgl. hierzu Quandt, Ratzke, 1989, S. 117 – 121)

Es fällt auf, daß diese Eingrenzung des Begriffes »Hintergrund« sehr gut mit den Ergebnissen übereinstimmt, die mit der Technik des funktionalen Erklärens zu erzielen sind. Von funktionalen Erklärungen hatten wir an der entsprechenden Stelle gesagt, daß sie durch ihre Geschmeidigkeit der sozialen Welt in ihren fließenden Zusammenhängen und Übergängen optimal angepaßt sind. Der Gegenstand des Hintergrundberichtes ist der Zusammenhang sozialer Gegebenheiten im weitesten Sinne. Es kann deshalb nicht verwundern, daß seine vorherrschende Darstellungstechnik dem Modell des funktionalen Erklärens unter Beachtung wichtiger nachrichtlicher Routinen entspricht, so wie wir es gerade besprochen haben.

Der große Bruder des Kommentars ist der Leitartikel. Groß im wörtlichen Sinn; denn sein augenfälligster Unterschied gegenüber dem Kommentar liegt in seiner schieren Länge, die ihm natürlich ein bedeutend breiteres thematisches Spektrum eröffnet. Ein weiterer formaler Unterschied ist in der Tatsache zu finden, daß der Leitartikel in fast allen Zeitungen unabhängig ist von aktuellen Nachrichten.

Im Unterschied zum Hintergrundbericht, der sehr wohl auf ein aktuelles Ereignis reagiert, geht die Unabhängigkeit des Leitartikels einen bedeutenden Schritt weiter: Der Leitartikel hat sich von der Tagesaktualität der nachrichtlichen Lage emanzipiert. Er kann tagesaktuell in dem Sinn sein, daß ein Ereignis seine Schatten weit vorauswirft und deshalb zum Termin seiner Verwirklichung Gegenstand des Leitartikels wird; er ist jedoch häufig genug »nur« zeitaktuell, indem er Themen aufgreift, die momentan zur Diskussion stehen.

Zwar bedient sich der Leitartikel desselben Instrumentariates wie der Kommentar: Er erklärt und bewertet und bezieht zu Strittigem argumentativ Stellung. Allerdings tut er dies – nicht zuletzt infolge seiner Länge – auf eine viel grundsätzlichere, ja auch gründlichere Art. Er skizziert nicht nur gesellschaftliche Trends und Probleme, sondern schildert sie anhand von Beispielen. Er umreißt nicht die Konsequenzen einer beispielsweise politischen Maßnahme, sondern zeigt aus der Vergangenheit oder am Beispiel benachbarter politischer Systeme auf, wie vergleichbare Maßnahmen zu verlaufen pflegen. Es reicht ihm nicht, eine Bewertung wie »gut« oder »schlecht«, »empfehlendwert« oder »unnütz« auszusprechen und mit Vorteils- oder Indizargumenten zu belegen; der Leitartikel wird darum bemüht sein, die Normen und Grundsätze aufzudecken, auf deren Grundlage er seine Bewertung vollzieht. Mehr noch: Er wird seine eigenen Normen bzw. Grundsätze und deren Anwendbarkeit im konkreten Fall mit denen seiner Opponenten vergleichen.

Das heißt: Der Leitartikel setzt in viel weiterem Maße die Techniken ein, die in den voraufgegangenen Kapiteln über das Erklären, Bewerten und Argumentieren aufgezeigt worden sind. Indem er beispielsweise die Normen seiner Bewertung offen diskutiert, deckt er die Relevanz und Bedeutung seiner Argumente auf und problematisiert sie.

Und noch einmal müssen wir die Länge des Leitartikels ins Feld führen, um ein weiteres Merkmal zu verdeutlichen. Der Leitartikel bettet vordergründig kleinere Geschehnisse von geringer Tragweite in einen umfassenden strukturellen Rahmen ein. Er zieht die großen Verbindungslinien zwischen den einzelnen Phänomenen. Wenn man so will, ist der Leitartikel ein kleines Stück Geschichtsschreibung über und für den zeitgeschichtlichen Augenblick.

Wo immer über den Leitartikel debattiert wird, taucht die Ansicht auf, er sei ein Text, der sich an drei verschiedene Publika wende: an den normalen Leser; an den Politiker, den Wirtschaftsboß, an Entscheidungseliten; und an die eigene Redaktion. Letzteres wird unter anderem etymologisch begründet; so heißt der Leitartikel in der angelsächsischen Publizistik »Editorial«, und im Französischen nennt man ihn »Article de fond«. Allerdings finden sich in beiden Sprachen auch andere Bezeichnungen. Im Englischen beispielsweise »Leader«, im Französischen »Premier«. Dies und andere Überlegungen lassen, so Eric Reger in seiner Untersuchung des Leitartikels (Reger 1993, S. 302), eher darauf schließen, daß mit diesen Bezeichnungen ehemals eine Platzangabe, nicht aber eine Wertigkeit oder Meinungshierarchie gemeint war.

Es mag ja durchaus sein, daß der Leitartikel ein Instrument der Chefredaktion oder der Herausgeberkonferenz ist, die Meinung des Blattes auch im Hinblick auf die eigene Redaktion zu beeinflussen. Es lassen sich aber ebenso Beispiele in der Liga der Qualitätszeitungen finden, die nahelegen, daß in Leitartikeln durchaus unterschiedliche Ansichten zu durchaus grundlegenden Fragen zu Tage treten. Wenn in der Süddeutschen Zeitung beispielsweise soziale Phänomene einmal aus der Sicht der Innenpolitik, sodann aus der des Wirtschaftsressorts im Leitartikel behandelt werden, dann kann durchaus der Eindruck entstehen, sich in unterschiedlichen normativen Universen zu befinden. Aber warum sollte des unbedingt schlecht sein?

Wie dem auch sei – der Leitartikel ist auf jeden Fall im Konzert der Darstellungsformen im Hinblick auf die Willens- und Meinungsbildung breiterer Leserschichten, auf die Beeinflussung von Wirklichkeit ganz allgemein und auf die Mitgestaltung von Politik und Wirtschaft der Königsweg.
Die Nachricht vermittelt ein singuläres, von seinen Bezügen losgelöstes Ereignis. Der Hintergrundbericht bettet es in diese Bezüge ein; er zeigt, wie dieses einzelne Ereignis mit seiner näheren Umwelt überprüfbar zusammenhängt und in ihr funktioniert.
Der Kommentar bewertet diese Ereignisse; er verläßt damit die Ebene des Wissens und begibt sich auf die des Meinens und der Setzung. Er zeigt aber auch Zusammenhänge des Ereignisses zu seiner näheren Umwelt auf; und auch er macht klar, wie dieses Ereignis in seiner Umwelt funktioniert – aber immer mit dem ausgesprochenen oder unausgesprochenen Ziel, daß seine Leser die Wertigkeit des Ereignisses besser einschätzen können. Der Kommentar reduziert nicht nur die komplexe Wirklichkeit, indem er strukturelles Wissen über sie vermittelt, sondern indem er die Möglichkeiten einer rationalen Bewertung aufzeigt und hierdurch die Bedingungen des gesellschaftlichen Diskurses schafft.
Der Leitartikel schließlich ist, richtig verstanden und richtig verfaßt, ein kleiner Beitrag zum permanenten und unerreichbaren Ziel der Aufklärung. Er löst sich von dem einzelnen Ereignis, das für ihn nur Anlaß zu einer umfassenden Betrachtung, Reflexion oder Analyse ist. Ihm geht es darum, die Wirklichkeit so umfassend und restlos wie möglich zu begreifen. Hierin wohl dürfte sein Hauptunterschied zu dem der Tagesaktualität verhafteten Kommentar liegen.

Teil II: Die Glosse

Vorbemerkung

Es sei schwer, keine Satire zu schreiben, sagen die Satiriker, seit Juvenal vor 1900 Jahren das Wort geprägt hat. Doch was meinen sie damit, der Spötter über das verderbte Rom ebenso wie, sagen wir, Tucholsky, der Ironiker des untergehenden Bürgertums? Etwa daß es ein Kinderspiel sei, mit spitzem Stift die Eitelkeiten der Menschen und die Übel der Welt aufzuspießen? Ja, mehr noch: Satirische Texte, meinen sie, schrieben sich bisweilen sogar von selbst. Dann nämlich, wenn die Wirklichkeit insgesamt eine Wendung ins Lächerliche genommen habe, gewissermaßen objektiv komisch geworden sei. In solchen Zeiten bringe sie, Material und Autor zugleich, mühelos die schönsten Satiren hervor.

Einverstanden, möchte man sagen, und schon lachen die Satiriker sich ins Fäustchen. Die Wirklichkeit soll sprechen, aber sie spricht doch gar nicht, ohne daß sich jemand zu ihrem Sprachrohr macht. Folglich – sei auch die Welt ein Tollhaus, das selbst des Spottes spottet – will auch die Realsatire unserer Zeit in Sprache gebracht, wollen Reden von Politikern, kirchlichen Würdenträgern und Verbandspräsidenten, Talkshow-Beiträge und juristische Gutachten, Kontaktanzeigen in Stadtmagazinen und Postwurfsendungen von Möbelzentren zu Satiren und Glossen verarbeitet werden.

Das ist nun ohne Zweifel unser Metier, das der berufsmäßigen Schreiberlinge, der Journalisten. Aber selbst hartgesottene Kollegen, die Interviews, Porträts und Reportagen mit professioneller Routine zu Papier bringen, tun sich da schwer; fast jedem stockt der Atem, wenn ihn das Los trifft, die fällige Glosse zu schreiben. Und fast immer heißt der Einwand, Wortwitz produzieren, überraschende Kapriolen schlagen, funkelnde Pointen abschießen ließe sich nicht auf Kommando. Richtig, perfekte Glossen zu schreiben, ist tatsächlich eine Kunst; gute zu schreiben, aber ein Handwerk, das erlernbar ist. Diesem Zweck dient der dritte Teil des Buchs.

Seine Zielsetzung ist also nicht wissenschaftlich, sondern eindeutig praktisch orientiert. Es geht nicht in erster Linie um Erkenntnis, etwa die kategoriale Unterscheidung von Glossentypen und ihre Klassifikation, sondern um Verständnis zwecks anschließender Praxis. Daraus ergibt sich auch der Aufbau des Textes als eine Reihe von Stufen, die schrittweise von theoretischen Überlegungen zum konkreten Handwerk führen.

Das erste und zweite Kapitel analysieren die Merkmale der Glosse und bestimmen den Texttyp Glosse in Abgrenzung vor allem gegenüber dem Kommentar. Damit soll klar werden, was gemeint ist, wenn von einer Glosse die Rede ist. In den Kapiteln drei bis fünf geht es darum, in das Innenleben dieses Texttyps, seine Funktionsweise und Logik einzudringen. Es soll, wie im Blick durchs Mikroskop, erkennbar werden, was eine Glossenidee ist, wie man sie dramaturgisch realisiert und welche stilistischen Mittel dafür zur Verfügung stehen. Wie also Konzeption, Dramaturgie und Stilelemente zusammenspielen, damit ein Text die Wirkungen hervorbringt, die man von einer Glosse erwartet: ein mildes Schmunzeln, schallendes Gelächter, eine helle, scharfe Distanzierung oder eine blitzartige Erkenntnis. Ein Exkurs zwischen Kapitel drei und vier versammelt satirische Kabinettstückchen der Klassiker, und Werkstattberichte am Schluß geben, ermutigend und zur Nachahmung anregend, Einblick in das fröhliche Chaos, in dem heute wie zu allen Zeiten satirische Texte entstehen.

1. Begriff

1.1. Was die Glosse ist

Rainer Camen hat mit seiner Untersuchung »Die Glosse in der deutschen Tagespresse« die erste wissenschaftlich-systematische Analyse der Stilform Glosse veröffentlicht. Vorher wurde das Thema, wenn in der deutschen Publizistik überhaupt aufgegriffen, nur kurz und sporadisch behandelt. Somit nennt Camen seine Arbeit zu Recht ein »Projekt der Grundlagenforschung« (Camen, S. 11).

In einem ersten Schritt trägt er zusammen, was Theoretiker und Praktiker des Journalismus zur Textgattung Glosse schon gesagt und geschrieben haben. Aus den widersprüchlichen Ansichten – Einigkeit besteht nur darüber, daß die Glosse kurz ist – entwickelt er einen Katalog von Fragen, die er durch eine empirische Erhebung klären will. Der zweite Schritt besteht in der anschließenden Fragebogenaktion bei 121 bundesrepublikanischen Tageszeitungen mit Vollredaktionen, sogenannten publizistischen Einheiten; sie soll klären, wie in den Redaktionen die Glosse eingesetzt und was unter dem Begriff verstanden wird. Im dritten Schritt analysiert er 54 ausgewählte Tageszeitungen während der ersten Monate des Jahres 1983. Anhand der stilistischen Merkmale der dort gefundenen Glossen arbeitet er eine Typologie der Glosse heraus.

Die Erhebung ergab: Mit großer Mehrheit (76% der Antworten) wird in den befragten Redaktionen die Glosse definiert als »sarkastischer, satirischer Kurzkommentar, als spöttisch-polemische Randbemerkung in feuilletonistischer Form« (Camen, S. 115). Nur eine Minderheit (24%) entscheidet sich für die Alternative und versteht die Glosse als einen ernsten Kurzkommentar ohne satirische, sarkastische, polemische Komponente. Eine ebenfalls große Mehrheit der Redakteure (69% der Antworten) ist der Meinung, daß die Glosse »humoristisch-unterhaltsam-herzerquickend« (Camen, S. 117) sei. Eine Minderheit (31%) wählt die Alternative und setzt ihren aggressiven, kämpferischen, verletzenden Charakter an die erste Stelle.

Die Blattanalyse ergab: Um Glossen zu typologisieren, lassen sie sich einmal nach verfolgten Zielen und Motiven, einmal nach angewandten Mitteln und

Methoden unterscheiden. Sortiert man sie nach Zielen und Motiven, finden
sich Glossen, die
* Meinung oder Kritik äußern,
* Meinungsänderungen bewirken,
* angreifen, verspotten, lächerlich machen, Schadenfreude äußern,
* zum Nachdenken anregen,
* erfreuen oder belustigen.
Ordnet man sie nach Mitteln und Methoden, so ergeben sich
* die karikierende Glosse,
* die ironische, zynische oder sarkastische Glosse,
* die Vexierglosse,
* die Zitatglosse,
* die Sprachglosse,
* die groteske Glosse,
* die literarisch-fiktiv-satirische Glosse (vgl. Camen, S. 187).

Mit diesen Ergebnissen läßt sich nun leicht eine Grundlage für den Begriff
der Glosse legen: Unter Glosse versteht man einen Kurzkommentar spöt-
tisch-ironischen, satirischen, sarkastisch-bitteren, grotesken Inhalts. Die
Glosse ist also eine Spezialform des Kommentars, eben ein Kommentar, der
sich der Mittel des Spotts, der Ironie, der Satire, des Sarkasmus, der Groteske bedient. Im Konzert des journalistischen Räsonnements spielt sie die Rolle des Spaßmachers und Hofnarren, des schillernden Luftikus`, des wider-
borstigen Querulanten und schwarz-bösen Kritikasters, alles in allem die
Rolle der »unseriösen« Schwester Leichtfuß; der Kommentar dagegen hat
den »seriösen« Gegenpart inne, der auf Argumentation, rationale Kriterien,
auf Einsicht und Vernunft setzt.

Kommentar und Glosse gehören beide zur Sorte der meinungsorientierten
(Gegensatz: faktenorientierten) Texte; beide nehmen Stellung, urteilen, werten – einmal ernst, einmal lachend. Aber: Der Kommentar umfaßt die Glosse, die Glosse jedoch nicht den Kommentar. Die Glosse verhält sich zum
Kommentar wie der Igel zum Tier, wie das Element zur Klasse. Mit den Worten eines Praktikers: »Grundregel, ganz elementar: Jede Glosse ist ein Kommentar, aber nicht jeder Kommentar ist eine Glosse. Kommentar ist der
Oberbegriff« (W. E. Süskind, S. 127).

Dies ist inzwischen weitgehend Konsens, doch wie steht es mit dem weiteren Befund Camens, wonach die Glosse humoristisch-unterhaltsam-herzer-

quickend und gerade nicht aggressiv und polemisch sei? Wie paßt das zusammen: satirische, zynisch-sarkastische, makabre Bemerkungen machen, dies aber in humoriger, herzerquickender und gerade nicht auf Verspottung, Angriff oder Verletzung zielende Absicht? Natürlich gar nicht, der Widerspruch klärt sich aber als Folge einer Fragestellung, die Humor und Polemik als einander ausschließende Gegensätze behandelt. Nichts spricht dagegen, beide Einstellungen als Endpunkte eines gleitenden Kontinuums anzusehen und so in den Begriff der Glosse aufzunehmen.

Demnach hat die Glosse – auch Camens Typologie legt einen solchermaßen erweiterten Begriff nahe – als weiteres Merkmal die Absicht, zum Nachdenken anzuregen, zu unterhalten oder zu erfreuen, zu verspotten, lächerlich zu machen, anzugreifen oder zu verletzen. Wie ihre Mittel von Spott und Ironie bis zum Sarkasmus reichen, so erstreckt sich ihre Intention von herzerfrischender Unterhaltung über intellektuelle Anregung zu blankem Hohn und aggressiver Polemik.

Camens Typologie ist ansonsten fragwürdig wie alle Typologien: Warum greift er sich als Unterscheidungskriterien gerade Ziele und Motive sowie Mittel und Methoden des Glossenautors heraus? Warum klassifiziert er nicht nach dem Glossengegenstand, zum Beispiel wie die klassische Satire nach Berufen und Ständen, und unterschiede so unter anderem Theologen-, Mediziner-, Pädagogen- und Juristenglossen. Oder nach dramaturgischen Merkmalen und unterschiede dann beispielsweise Glossen, die gleich zu Beginn mit einem Knalleffekt auftrumpfen, von solchen, die die Pointe als Endpunkt einer Steigerung einsetzen? In der journalistischen Praxis jedenfalls sind Typologisierungen sekundär gegenüber dem Verständnis- und Kompetenzgewinn. Hier geht es um besseres Schreiben, und kein Autor schreibt dadurch besser, daß er ein Klassifikationsschema kennt, sprich: das Kästchen benennen kann, in das sein Text hineinpaßt.

Mit der Verwandtschaft von Glosse und Kommentar hängen zwei weitere Charakteristika der Glosse zusammen:

1. Auch wenn die Glosse die leichtlebige Schwester und somit die Spezialform des Kommentars ist, so ergibt sich daraus nicht, daß der Glosse weniger Themen, etwa nur die amüsanten oder komischen, offen stünden als dem Kommentar. Glosse wie Kommentar handeln von Gott und der Welt; grundsätzlich kann jedes Thema sowohl als Glosse wie auch als Kommentar,

sprich: spöttisch-ironisch oder seriös, behandelt werden. Manche Themen neigen aber zur einen oder anderen Seite: So schreien bestimmte Gegenstände geradezu nach einer glossierenden Bearbeitung; sie lassen sich gar nicht ernsthaft behandeln, ohne daß sich der Autor lächerlich macht.

Läßt sich zum Beispiel ernsthaft kommentieren, daß ein katholischer Bischof sich ernsthaft Gedanken darüber macht, ob die Beichte im Internet zulässig ist oder nicht? Kann man das Wort »Lebensabschnittspartner« ohne Lachreiz überhaupt hinschreiben? Und ist jemand imstande, mit kühlem Kopf und nüchterner Argumentation zu einer Anzeige wie dieser (Rubrik »Männer«) Stellung zu nehmen: »Wir sind auf der Suche nach dem wilden Mann in uns! Wer hat ernsthaft Interesse, an der Gründung einer Männergruppe mit spirituellen Inhalten mitzuwirken. Wir möchten alte keltische u. indianische Rituale erleben und so zu unseren Wurzeln finden.«

Selbstverständlich ist es falsch, von der Methode auf die Qualität zu schließen. Seriös oder spöttisch einen Gegenstand behandeln, sagt nichts aus über die Substanz und Wirkung des Textes. Genausowenig wie der dargestellte Gegenstand den Wert eines Kunstwerks bestimmt und die Honigpumpe von Beuys automatisch unter einer Madonna von Piero della Francesca rangiert. Ganz im Gegenteil: Jeder erfahrene Redaktionschef weiß, daß eine Glosse, wenn sie gelungen ist, treffender, durchschlagender und somit gefährlicher ist (manchmal auch für ihn) als jeder langatmig argumentierende, seriöse Kommentar.

2. Als meinungsorientierte Texte setzen Glosse und Kommentar ein Ereignis voraus, zu dem sie Stellung nehmen. Sie bestehen beide aus einem nachrichtlichen Kern und dem eigentlichen Text, der Glossierung bzw. Kommentierung. Die Zweiteilung ist strukturell, weil in der Natur räsonierender Texte begründet. Andere Aufbauschemata, Drei- oder Mehrfachgliederung, sind willkürlich und überflüssig. Ist denn irgendetwas gewonnen, wenn der Textaufbau, wie ein Fachautor tatsächlich fordert, dem Schema Einleitung, Hauptteil und Schluß folgt?

Die Glosse bezieht sich also auf eine Nachricht, die ihr das Material liefert und üblicherweise in derselben Ausgabe des Blatts steht. Um dem Leser zu helfen, den Zusammenhang herzustellen, sollte der Sachverhalt – natürlich nur der Aspekt, den der Glossenautor herausgreifen will – im Text der Glosse unbedingt wiederaufgenommen werden. Das gilt selbst für den unwahrscheinlichen Fall, daß das Layout die Nachricht direkt neben die (oft an einen bestimmten Platz gebundene) Glosse stellt.

Die Wiedergabe des Sachverhalts sollte möglichst knapp ausfallen, fast immer reichen ein bis zwei Sätze. Und sie sollte möglichst früh, also im ersten Absatz der Glosse erfolgen. Wir sind schon in den ersten Sätzen dem Leser Aufklärung schuldig, zu welchem Thema da spöttisch Stellung genommen wird. Schließlich will er sich möglichst früh entscheiden können, ob er gerade zu diesem Sachverhalt ironisch bis sarkastische Anmerkungen lesen will oder nicht.

Die Ausnahme, oft im »Streiflicht« der Süddeutschen Zeitung verwendet, ist der sogenannte verrätselnde Einstieg, der den nachrichtlichen Sachverhalt erst spät zur Sprache bringt. Den Leser derart im Dunkeln tappen zu lassen, muß sich aber zwingend aus der Logik des Textes ergeben. Das ist zum Beispiel der Fall, wenn Spannung gerade darauf beruht, daß der Sachverhalt verborgen bleibt, und genau in dem Moment kulminiert, wo dieser aufgedeckt wird. Es sind dann die sprachlichen und konstruktiven Mittel, die den Leser fesseln, nicht das Interesse am behandelten Gegenstand.

Die Glosse ist eine Spezialform des Kommentars, ein Kurzkommentar spöttischen, ironischen, grotesk-makabren, sarkastischen Inhalts. Sie nimmt sich eine Person oder einen Gegenstand vor, ironisiert, macht sich lustig, verspottet, greift an in distanzierender, verletzender, zerstörender Absicht.

Grundsätzlich kann jeder Gegenstand als Kommentar oder als Glosse behandelt werden. Jede Glosse ist strukturell geteilt in einen nachrichtlichen Kern und die eigentliche Glossierung; die Wiedergabe der Nachricht ist unverzichtbar und sollte in der Regel im ersten Absatz erfolgen.

1.2. Was die Glosse darf

Die Glosse macht sich lustig, klagt an, mokiert sich oder attackiert, hieß es. Doch wen oder was nimmt sie ins Visier, auf wen oder was zeigt sie nachsichtig oder maliziös, anklagend, höhnisch, erbarmungslos, und auf welche Seite stellt sie sich damit, offen ausgesprochen oder implizit? Und wie, mit welchen Mitteln und in welchem Modus treibt sie ihr spielerisch-böses Geschäft? Gibt es also Grenzen, die sie zu beachten hat, Einschränkungen hinsichtlich des Personenkreises, den sie ins Auge faßt, der Mittel, deren sie sich bedient, oder der Radikalität, mit der sie vorgeht?

Das ist die klassische Frage: Was darf die Satire? Auf die, inzwischen wie ein Reflex, die klassische Antwort folgt: Alles! Wie immer Tucholsky sein Wort von 1919 verstanden wissen wollte, als Parodie auf die vergangenen wilhelminischen Zeiten, als schrägen Scherz, um sich in unübersichtlicher Lage den Mut der Verzweiflung zu machen, als tollkühnen Wunsch, an dessen Verwirklichung er vielleicht einen Augenblick glaubte – es ist zu schön. Zu schön, um nicht tausendfach nachgesprochen zu werden, selbst von allerhöchsten deutschen Justizorganen, und zu schön, um nicht wiederum Satiriker auf den Plan zu rufen.

So nennt Eckhard Henscheid die einprägsame Formel einen Schnellschuß, der »schon unglaubliches Unheil« (Henscheid 1996/97, S. 18) angerichtet habe. Und Robert Gernhardt, der ihr selbst das unfreundliche Etikett Holzschnitt versagen und lieber von Holzhammer sprechen will, grollt: »Landauf, landab ist mittlerweile keine Diskussion über einen satirischen Text oder die Satire als solche mehr denkbar, ohne daß sie mit ›Was darf die Satire? Alles‹ eingeläutet, unterbrochen oder ausgeleitet wird. Nicht nur in der Öffentlichkeit! Hinter irgendeiner Schulmauer, einer Universitätswand, einer Funkfassade oder einem Gerichtsportal in diesem unserem Lande wird Tucholsky wohl tagtäglich zitiert, und bisher ist kein Fall bekannt geworden, daß ein Lehrer, ein Professor, ein Intendant oder ein Richter aufgestanden wäre und ›Gar nichts darf sie, die Satire!‹ gerufen hätte oder doch wenigstens ›Wissen Sie, was die Satire mich kann? Alles!‹« (Gernhardt 1996, S. 380)

Was die Satiriker so in Rage bringt, ist natürlich nicht das Wort Tucholskys als solches, sondern sein Verhältnis zur heutigen Realität. Nur bei oberflächlicher Betrachtung, meinen sie, darf bei uns die Satire alles. Schaut man genau hin, zeige sich, daß sie nur dort alles darf, wo es nicht darauf ankommt, wo es aber darauf ankommt, nur sehr wenig darf. Haben die Satiriker – trotz ihrer berufsbedingten Überempfindlichkeit – Recht? Gibt es für die Satire Grenzen, eventuell sogar sehr enge, und wo liegen sie? Und gibt es ernstzunehmende Gründe dafür, solche Grenzen zu ziehen? Also noch einmal, und diesmal ohne daß Satiriker sofort dazwischenreden, die Frage: Was darf die Satire/Glosse?

Die juristische Seite

Wenn in satirischen Texten Personen angegriffen werden, könnte damit ihre Ehre verletzt sein (vgl. zum Folgenden Branahl, insb. Kapitel 3). Dem Schutz der persönlichen Ehre dienen vor allem die Vorschriften der Paragraphen 185 bis 187 des Strafgesetzbuchs, die Beleidigung, üble Nachrede und Verleumdung unter Strafe stellen. Diese Bestimmungen beschränken die in Artikel 5 des Grundgesetzes statuierte Freiheit der Kunst und der Meinungsäußerung.

Wie die heutige Rechtsprechung eine mögliche Ehrverletzung durch die Satire behandelt, geht auf eine grundsätzliche Klärung durch das Reichsgericht zurück. Das oberste Gericht der Weimarer Republik hat sich in einem Urteil vom 5. Juni 1928 mit der Satire befaßt und definiert: »Es ist der Satire wesenseigen, daß sie, mehr oder weniger stark, übertreibt, d. h. dem Gedanken, den sie ausdrücken will, einen scheinbaren Inhalt gibt, der über den wirklich gemeinten hinausgeht, jedoch in einer Weise, daß der des Wesens der Satire kundige Leser oder Beschauer den geäußerten Inhalt auf den ihm entweder bekannten oder erkennbaren tatsächlich gemeinten Gehalt zurückzuführen vermag, also erkennt, daß tatsächlich nicht mehr als dieser geringere Inhalt gemeint ist. Die Satire und die Karikatur ziehen oft, wenn sie Mißstände rügen oder geißeln wollen, in jener übertreibenden, verzerrenden Weise die letzten Folgerungen aus dem Bestehen des Mißstandes, um diesen, mag er selbst auch keineswegs in einer so starken Form aufgetreten sein, recht handgreiflich und darum eindrucksvoll als solchen zu kennzeichnen. Daraus folgt, daß eine satirische Darstellung nicht nach ihrem Wortsinn genommen werden, sondern erst des in Wort und Bild gewählten satirischen Gewandes entkleidet werden muß, bevor beurteilt werden kann, ob das, was in dieser Form ausgesprochen und dargestellt ist, den Tatbestand einer strafbaren Handlung, im besonderen einer Beleidigung enthält.« (RGSt 62,183)

Demnach muß unterschieden werden zwischen der satirischen »Einkleidung« und dem versteckten »Aussagekern«, zwischen der künstlerischen
Form und dem prosaischen Inhalt oder Sinn. Die Einkleidung unterliegt als
der Kunst zugehörig grundsätzlich keinerlei Beschränkung, der Aussagekern
dagegen muß sich eine Überprüfung auf ehrenrührige Werturteile oder Tatsachenbehauptungen gefallen lassen. In dieser Unterscheidung mit ihren
unterschiedlichen Rechtsfolgen steckt das Problem; denn je nachdem, wo die
feine Grenze zwischen Einkleidung und Aussagekern gezogen wird, kann
dem Autor einer satirischen Darstellung eine Strafe drohen oder nicht.

Ein Beispiel: Im Bundestagswahlkampf 1980 wurde ein Plakat verbreitet,
das aus einer zweizeiligen Überschrift und einem Januskopf bestand. Die
Überschrift lautet »Krieg dem Kriege« und »Stoppt Strauß«. Der eine Teil
des Doppelkopfes zeigt das freundlich-staatsmännische Gesichtsprofil des
Kanzlerkandidaten Franz-Josef Strauß, der andere das Profil eines Skelettkopfes, aus dessen geöffneter Schädeldecke dicht gedrängt Panzer, Kampf-
flugzeuge und anderes Kriegsgerät herausragen.

Was ist der Aussagekern dieser Karikatur, was ihre satirische Einkleidung?
Den Aussagekern sah das Oberlandesgericht Köln (Urteil vom 8. 6. 1982) in
der politischen Behauptung, bei der Nichtwahl von Strauß werde die Gefahr
eines Krieges vermindert. Er enthalte keineswegs die Aussage, Strauß habe
nur Krieg und Tod im Kopf. Das wäre nur dann der Fall, wenn der Kopf von
Strauß selbst als Totenkopf dargestellt wäre. In der Form des Januskopfes sei
das Profil von Strauß mit dem Profil eines waffenstarrenden Skelettkopfes
lediglich verbunden, der Kanzlerkandidat mit einem Symbol des Todes
lediglich in Zusammenhang gebracht worden. In dieser Beweisführung
besteht der Aussagekern in der Behauptung, zwischen Strauß und dem Symbol des Todes bestehe keine Identität, die Identität der beiden Figuren sei
lediglich eine der Darstellung, der künstlerischen Form des Januskopfes.

Diese Bestimmung des Aussagekerns der Strauß-Karikatur ist auf scharfe
Kritik gestoßen. Das uralte Symbol des Januskopfes bedeute nämlich, so die
gedankliche Linie, daß die dargestellte Person zwar zwei Gesichter habe,
aber ein identisches Wesen sei, was durch die Verbindung der linken und der
rechten Profilhälfte klar zum Ausdruck gebracht werde. Damit laute die Aussage der Karikatur, der Kanzlerkandidat Strauß zeige zwar ein freundlich-
ernstes Gesicht, in seinem Kopf habe jedoch nur Kriegs- und Vernichtungs-
gerät Platz. Darin liege eine Verunglimpfung des Politikers als Kriegstreibers

und Kriegshetzers. In dieser Logik ist die Identität von Strauß und Todes-
symbol aus der künstlerischen Form in den Aussagekern gezogen worden.

Während also die Kritiker des Urteils den Tatbestand der Beleidigung als
erfüllt ansahen, hat das Oberlandesgericht Köln die Grenze so gezogen, daß
die Strauß-Karikatur straffrei ist. Sowohl für die eine wie für die andere
Sichtweise gibt es Gründe. Welches Argument den Ausschlag gibt, den Aussagekern so oder so zu bestimmen, die Grenze zwischen freier satirischer
Form und strafrechtlich relevantem Aussagekern da oder dort zu ziehen,
beruht auf einer subjektiven Entscheidung, man kann auch sagen: hängt von
der politischen Einstellung der urteilenden Richter ab.

Von dem, was nach einer derartigen Grenzziehung übrigbleibt, scheidet die
satirische Einkleidung von vornherein aus der weiteren Betrachtung aus, sie
fällt unter die Freiheit der Kunst nach Art. 5 Absatz 3 Satz 1 des Grundgesetzes und hat somit grundsätzlich keinerlei Strafandrohungen zu befürchten.
Der übrigbleibende Aussagekern dagegen ist daraufhin zu überprüfen, ob er
eine Ehrverletzung darstellt. Wie im angeführten Fall besteht er in der Regel
in einer Meinungäußerung, einem Werturteil. Und er bezieht sich normalerweise auf eine Angelegenheit von öffentlichem Interesse, weil sich satirische
Texte in den Medien normalerweise mit Personen oder Ereignissen des Zeitgeschehens befassen.

Meinungsäußerungen oder Werturteile in Angelegenheiten von allgemeinem
Interesse sind durch Art. 5 Absatz 1 Satz 1 des Grundgesetzes mit einem starken Schutz ausgestattet. Wer zu öffentlichen Fragen seine Meinung äußert,
braucht weder nachprüfbare Gründe für sein Urteil anzugeben noch die Tatsachen mitzuteilen, auf denen seine Wertung beruht. Es kommt auch nicht
darauf an, ob die Meinungsäußerung wertvoll oder wertlos, richtig oder
falsch, emotional oder rational begründet ist. Für die kritische Äußerung
müssen einzig und allein ausreichend sachliche Bezugspunkte vorliegen, so
daß nur völlig aus der Luft gegriffene Urteile unerlaubt sind.

Diesen hohe Rang der Meinungsäußerung in der gesellschaftlichen Auseinandersetzung hat das Bundesverfassungsgericht stichhaltig begründet. Die
freie Rede sei »Voraussetzung der Kraft und der Vielfalt der öffentlichen Diskussion, die ihrerseits Grundbedingung eines freiheitlichen Gemeinwesens
ist« (BVerfGE 54, 129 (139)). Deshalb müßten auch Schärfen und Überstei-

gerungen im öffentlichen Meinungskampf, insbesondere auch scharfe, übersteigerte Kritik an Personen, in Kauf genommen werden.

Die Grenze der Meinungsäußerungsfreiheit ist jedoch überschritten, wenn das kritische Urteil erkennbar nicht mehr auf die Sache, sondern auf eine vorsätzliche Kränkung des Gegners zielt. Es handelt sich dann um sogenannte Schmähkritik, wodurch die Ehre des Angegriffenen verletzt und der Tatbestand der Beleidigung erfüllt werden. Als derartige Schmähkritik ist beispielsweise die Bezeichnung einer Fernsehansagerin als »ausgemolkene Ziege«, bei deren Anblick den Zuschauern »die Milch sauer« werde, zu werten. Ebenso fällt darunter der Vergleich des Soldaten mit einem Folterknecht, KZ-Aufseher oder Henker.

An diesen Beispielen ist gut zu erkennen, daß die Differenzierung zwischen einem Angriff auf die Sache und einer kränkenden Attacke auf die Person ähnlich heikel ist und letztlich ebenso von subjektiven Einschätzungen abhängt wie die Unterscheidung zwischen satirischer Einkleidung und Aussagekern. Zwar ist die Beschimpfung einer Fernsehmoderatorin als ausgemolkene Ziege zweifellos ein Angriff auf die Person. Ist aber die Bezeichnung des Soldatenberufs als Henkershandwerk nicht in der Sache begründet?

Es gibt schließlich noch eine dritte Operation, die den Ausgang eines Satireverfahrens schwer kalkulierbar macht, es ist die Entscheidung, ob ein Text überhaupt eine Satire ist oder nicht. Sie wurde relevant, ja prozeßentscheidend in der Auseinandersetzung Böll/Henscheid. Anläßlich einer Neuausgabe von Werken Heinrich Bölls hatte Eckhard Henscheid 1991 eine polemische Kurzkritik zu Bölls Roman »Und sagte kein einziges Wort« im Literaturmagazin »Der Rabe« geschrieben. René Böll, ein Sohn des Schriftstellers, hatte daraufhin den Satiriker auf Unterlassung besonders pointierter Äußerungen verklagt. Der inkriminierte Text (Henscheid 1991, S. 220):

> Es ist schon schlechterhin phantastisch, was für ein steindummer, kenntnisloser und talentfreier Autor schon der junge Böll war, vom alten fast zu schweigen – und mehr noch: Er war, gegen`s allzeit und bis heute kurrente Klischee und mit Sicherheit gegen seine eigene Selbsteinschätzung, auch einer der verlogensten, ja korruptesten. Daß ein derartiger z. T. pathologischer, z. T. ganz harmloser Knallkopf den Nobelpreis erringen durfte; daß Hunderttausende lebenslang katholisch belämmerte und verheuchelte Idioten jahrzehntelang den

häufig widerwärtigen Dreck weglasen; daß heute noch die Grünen auf
eben ihm Stiftungshäuser erbauen – ist das nicht alles wunderbar?

Nachdem die Vorinstanz der Klage stattgegeben hatte, wurde das Bundesverfassungsgericht mit dem Fall befaßt. Es stellte sich hinter das Urteil mit
folgender Begründung (BVerfG, NJW 1993, 1462): Kunstkritik sei
grundsätzlich nicht selber Kunst. Für eine Ausnahme von dieser Regel spreche im vorliegenden Fall nichts; denn eine Einordnung des Textes als Satire
setze eine satirischen Einkleidung des Aussagekerns voraus. Daran fehle es
hier aber, es handle sich vielmehr um Klartext. Da somit der Schutz der
Kunstgarantie nach Art. 5 Absatz 3 des Grundgesetzes entfalle, unterliege der
Text den Schranken der Meinungsfreiheit. Die aber mißachte er, weil die her-
absetzenden Äußerungen nicht im Rahmen einer inhaltlichen oder ästhetischen Auseinandersetzung mit dem Werk Bölls getan seien, sondern die Person des Autors treffen sollten. Folglich handle es sich um Schmähkritik.

Gegen diese Sicht sprechen gute Gründe. Henscheids Stück läßt sich zwang-
los einordnen in die Tradition polemischer Kurzkritiken, denen es nicht um
Argumentation, sondern um den Akt der Provokation geht. Mit dem Stilmittel grotesker Überzeichnung will Henscheid eine Debatte anstoßen; Angriffsziel ist der Mythos Heinrich Böll, der nach der Methode funktioniert: Weil
Böll eine Figur großer persönlicher Integrität und politischer Bedeutung war,
war er auch ein bedeutender Schriftsteller. Wenn man somit Henscheids
Polemik als Satire versteht, dann gehören die grotesken Überdrehungen der
Kritik zweifellos auf die Seite der künstlerischen Form, der satirischen Einkleidung. Und übrig bleibt als Aussagekern lediglich der Satz: Böll war ein
erbärmlich schlechter Schriftsteller. Das aber ist, da unbestreitbar vom Art. 5
des Grundgesetzes gedeckt, eine legitime Meinungsäußerung.

Bei der juristischen Beurteilung einer Glosse ist zwischen der satirischen Einkleidung und dem Aussagekern zu unterscheiden. Die satirische Einkleidung unterliegt, da von der Freiheit der Kunst (Art. 5
Absatz 3 Satz 1 GG) gedeckt, grundsätzlich keiner Beschränkung.
Der Aussagekern, in der Regel eine Meinungsäußerung in Angelegenheiten von allgemeinem Interesse, ist durch die Freiheit der Meinungsäußerung (Art. 5 Absatz 1 Satz 1 GG) nur dann nicht geschützt,
wenn er als Schmähkritik gilt. Schmähkritik ist Kritik, die nicht die
Sache, sondern die Person treffen will.

In einem Verfahren vor Gericht können drei Operationen vorkommen, die dem Richter Spielraum für subjektive Wertungen lassen und daher den Ausgang unsicher machen. Erstens die Abgrenzung: Was fällt unter die satirische Einkleidung, was unter den Aussagekern? Zweitens die Frage: Zielt die Kritik auf die Person oder auf die Sache? Und drittens die Entscheidung: Handelt es sich bei diesem Text überhaupt um eine Satire/Glosse oder nicht?

Die moralische Seite

Wer die juristischen Grenzen der Satire/Glosse verletzt, dem droht der kräftige Arm der Staatsgewalt, wer dagegen die moralischen Grenzen überschreitet, den trifft nur die Mißbilligung der Leserschaft und der journalistischen Zunft. Das Recht der Glosse ist kodifiziert und durch Rechtsprechung gefestigt, die Moral der Glosse dagegen hat keine klaren Konturen und steht auf ziemlich schwankendem Fundament. Doch es gibt sie, und zwar mit einer Gewißheit, wie auf den ersten Blick nicht zu vermuten ist. Aus einer Glosse der SS-Wochenzeitung »Das Schwarze Korps« (24. 3. 1938):

Wir sind begeistert

In der amerikanischen Zeitschrift »The Reader`s Digest« bemüht sich ein ungenannter Mann von Geist, den Wert der emigrierten Juden auszurechnen, die seit der nationalsozialistischen Machtergreifung das amerikanische Kulturleben »bereichert« haben. »Thank you, Hitler!« ruft er enthusiastisch aus, und das ganze deutsche Volk neigt im Namen des Führers die Köpfe: Bitte sehr, gern auch ein anderes Mal! Im einzelnen dankt der »Amerikaner«, der vermutlich aber selbst dem auserwählten Volk angehört, Hitler für Einstein, Thomas Mann, Ernst Toller, George Grosz, Vicki Baum, Elisabeth Bergner, Otto Klemperer und noch eine weitere Anzahl weniger oder nur in den Augen der Juden berühmter Größen. Und dann gelangt er zur folgenden, auch uns überraschenden Wendung, die uns unsere Judenfrage recht hoffnungsfroh betrachten läßt:
»Ich habe auf meinem Tisch die Namen von über 50 anderen bekannten deutschen Gelehrten, die jetzt in Amerika leben. Der Wert ihres Beitrages zur Kultur ist natürlich weit größer, als man in Dollars oder Cents angeben kann, doch wenn man die Tatsache nur als zu Geld gemachten Machtgewinn betrachtet, so ist der Wert, den sie darstel-

len, doch als Teil einer Bezahlung der verfallenen deutschen Nach-
kriegsschulden zu betrachten.« [...]
Wir wollen diese Gelegenheit nicht ungenutzt lassen und den Ameri-
kanern unsere weitergehende Bereitschaft zu ähnlichen Geschäften
auf gleicher Basis versichern. Wir offerieren hiermit franko Hamburg
Freihafen noch ein wohlassortiertes Lager jüdischer Rechts- und
Patentanwälte, guterhaltener und ausgeruhter Frauenärzte (speziell
Abtreiber) und Fachärzte für Haut- und Geschlechtskrankheiten, ferner kaltgestellte jüdische Wirtschaftsköpfe, Rohstoffgroßhändler, Kon-
tingentierungsspezialisten und jüdische Vertreter, die letzteren Posten
mit erheblichem Mengenrabatt. [...]
In bezug auf den Umrechnungsschlüssel sind wir zu jedem Entgegenkommen bereit und wären geneigt, trotz ihres weit größeren Wer-
tes uns auf Dollars, nötigenfalls und um der schönen Augen des
Abnehmers willen sogar auf Cents zu einigen nach der Devise: eine
schlechte Devise ist immer noch besser als der schönste Jud`.

Hier haben wir, in beispielhafter Klarheit, die Elemente vor uns, die den
Staatsterrorismus auszeichnen: auf Seiten der Herrschenden die Dreieinig-
keit von Macht, Inhumanität und Dummheit, auf Seiten ihres Propagandisten
die alle Volksgenossen vereinnahmende Identifikation damit. Indem der
Glossist den ironischen Dank des amerikanischen Schreibers entgegennimmt
(»Bitte sehr«) und das ironische Verrechnungsangebot akzeptiert, ja sogar
mit einer umfassenden Gegenofferte beantwortet, signalisiert er der Welt:
Eure Ironie kann mich nicht treffen, sie prallt an mir ab, ich kann es mir leisten, euer Spiel sogar zu überbieten; denn – und hier kommt der harte Kern
zum Vorschein – wir haben die Macht.

Macht zu genießen, ist die größte Lust des Spießers, der zur Macht gekommen ist. Alle erlittenen Demütigungen vergehen ihm in der Wonne, das
Instrument in Händen zu haben, mit dessen bloßer Existenz sich der Wider-
part, der Geist, einfach wegwischen läßt. In dessen Besitz er die Ohnmacht
des Denkens auskosten kann, des Denkens, das ihm immer verdächtig war,
weil er nie Zugang dazu hatte. Diese Spießerlust, deren Ort der Stammtisch
und deren Medium das gesunde Volksempfinden ist, darf der Glossenautor
nie bedienen. Sein Platz ist auf der anderen Seite, der Seite des Denkens, der
genauen Unterscheidung, der klaren Begriffe und des geschärften
Geschmacks.

Von hier aus kämpft er mit den Waffen des Geistes gegen die Macht und den machtgeschützten Status quo: Er ergreift die Partei der Differenzierung gegen die Sehnsucht nach Identität und Harmonie, der rationalen Distanzierung gegen die Tyrannei der Intimität. Steht auf der Seite der analytischen Klarheit gegen sentimentale Dumpfheit, des spielerischen Experiments gegen die Stabilität des Bestehenden. Spielt das Selbstdenken aus gegen die Phrase, den intellektuellen Mut gegen Tradition und Konvention, das Mißtrauen gegenüber Macht und Ideologie gegen den wohligen Einklang mit ihnen.

Hier stellt sich auch jemand unverhohlen auf die Seite einer verbrecherischen Staatsgewalt, die Unschuldige jagt, auf die Seite eines Apparats von Folterern und Mördern gegen die mit Folter und Mord Bedrohten, auf die Seite von Tätern gegen die Opfer. Damit zeigt sich eine weitere Seite der Spießerseele, die Lust, nach oben zu buckeln und nach unten zu treten, vorzugsweise auf Wehrlose; ihr darf der Glossenschreiber keinen Fußbreit entgegenkommen. Wie er nie die Partei der Macht gegen den Geist, so ergreift der Glossist nie die Partei der Macht gegen die Ohnmacht.

Sein Platz ist auf der Seite der Schwachen, der Unterdrückten, der Unterprivilegierten, der Unrecht Erleidenden. Derjenigen, die, aus welchen Gründen auch immer, den Boden der Gesellschaft bilden, die bei der Verteilung des Reichtums benachteiligt worden sind und immer wieder benachteiligt werden. Derjenigen, die sich nicht artikulieren können, weil sie unorganisiert sind oder bleiben wollen. Derjenigen, die ihre Ellenbogen nicht einsetzen können, weil ihre Interessen sich nicht in das gesellschaftliche Getriebe einbauen oder vor den Karren politischer Karrieren spannen lassen. Aller derjenigen also, die durch Geschichte, Politik oder Schicksal diskriminiert oder an den Rand der Gesellschaft gedrängt worden sind: Farbige, Frauen, alte Menschen, Ausländer, Juden, Homosexuelle, Behinderte.

Einspruch, meldet sich hier der Satiriker zu Wort: »Sicher: Die da unten, die Opfer, werden nie ein Ziel abgeben können für denkfördernde Satire und guten Witz. Aber sollen beide ausschließlich Be- und Unterdrückern vorbehalten bleiben? Sollen sie die da in der Mitte und die da am Rande völlig auslassen, da solche Satiren und solche Witze möglicherweise zu Mißverständnissen führen könnten?« Die Folgen, meint er, wären übel: »Der Satiriker, der derart gebannt auf die Mächtigen starrt, begibt sich in doppelte Abhängigkeit. Einmal braucht er die da oben als ständigen, weil einzigen Anlaß für das, was er schreibt oder zeichnet, zum anderen läßt er sich ungewollt von ihnen diktieren, was er nicht zu Papier bringt. Er wird also nicht nur nichts gegen wie immer linke Schriftsteller sagen, sondern auch nichts zu komischen oder bedenklichen Worten oder Taten von Ökofreaks, Päderasten, Avangardekünstlern, Instandbesetzern, Punkern, Lebensreformern und anderen – und das wiederum bewirkt, daß all diese Randgruppen, Szenen, Bewegungen und Subkulturen zur irrigen Meinung gelangen, sie hätten ein verbrieftes Recht auf Witzverschonung und Satirefreiheit.« (Gernhardt 1988, S. 106f)

In der Tat, das ist genau der Punkt: Haben Minderheiten und Randgruppen, nur weil sie Minderheiten und Randgruppen sind, ein Abonnement auf Witzverschonung und Satirefreiheit? Sehen wir uns dazu Glossen an, in denen das Problem auftaucht. Zunächst ein Text aus der Stadtillustrierten »Kölner« (Februar 1989):

Drei Nachrufe

Gleich drei Haudegen der Fernseh- und sonstigen Unterhaltung sollte es im Januar 89 wegraffen. Und zwar sehr zum Bedauern auch der Nazi- und Kriegsschuldgeneration. Zwei der drei Verstorbenen schließlich halfen unerbittlich einem ganzen Volk, sich zügig aus der Verantwortung zu schunkeln. Nach der Sowjetunion erklärte man ab 45 dem guten Geschmack den Krieg; unerbittlich nahmen die Stimmungskanonen unter Feuer, was dem Frohsinn der Aufbau- und Verdrängungsjahre hätte abträglich sein können. Einer dieser Wonneproppen war ausgerechnet Neger, **Ernst Neger**. In Mainz, wo viel Unglück seinen Anfang nimmt, schmetterte er bevorzugt im Karneval seine Gassenhauer. Und dies sinnreiche Liedgut (»Humbahumbatätärä«, »Rucki Zucki« etc.) charakterisiert auch heute noch wie kaum anderes (Lübke und Kohl mal ausgenommen), was man von diesem Volk zu halten hat; eher wenig (um es bescheiden auszudrücken).
Für die mehr rühr- und weinselige Fröhlichkeit zeichnete der Kölner **Willy Schneider** verantwortlich; wann immer es den Barden in eine der großen Fernsehshows verschlug, mischte er mit seinem Gewimmer eine ganze Generation von Alkoholikern auf. Schneider, »ein Sarastro für die rheinische Hausbar« (Spiegel), eine Schluckimpfung gegen die Moderne, veranstaltete zwar nicht so ein Gekasper wie das Negerl aus Mainz, aber diese Trink- und Trauerarbeit kam den zahlreichen Volksmelancholikern gerade recht; schließlich hatte man den Krieg verloren, Grund genug, hie und da dem in der Regel ausgelassenen Treiben eine melancholische Note beizugeben.

Volkstrauerstimmung am Tag, als **Robert Lembke** starb: ohne
Schweinderl und Konsorten will es dem Deutschen nun ganz fad werden am Dienstagabend. »Was bin ich?«, das lästige Beruferaten, war
der letzte institutionalisierte Anachronismus des öffentlich-rechtlichen
Fernsehens: ein zum Ritual erstarrtes Konzept, das Studio mit dem
Charme des Leipziger Paßamtes, das ewig gemütliche Schlitzohr
Lembke – alles eben wie gehabt und ohne das mittlerweile sehr übli-
che Laser- und andere Gedöns. Nur in Sachen Frauenemanzipation
hat es Lembke zuletzt doch noch erwischt. Nachdem sich Quotenre-
gelungen in Ämtern und Parteien durchzusetzen schienen, wollte
auch Lembke nicht ganz überkommen ausschaun und etablierte als
erster die Quotenregelung für Sparschweine. Frage an seine Kandi-
datinnen seither: »Welches Säuerl hätten`s denn gern?«

Hier haben wir es tatsächlich mit einer Randgruppe zu tun, die sich nicht
wehren kann und die der Journalist daher mit äußerster Vorsicht behandelt,
die der Toten, besser: der gerade Gestorbenen. »De mortuis nil nisi bene«
(Über die Toten nur Gutes) heißt das Tabu, und dagegen wird in dieser Polemik eklatant verstoßen, ja es ist gerade der demonstrative Tabubruch, von
dem der Text seine Wirkung bezieht. Doch sind die drei Stimmungskanonen
wirklich die Objekte, die die Glosse aufs Korn nimmt? Nein, Ziel der Glosse ist eindeutig der schlechte Geschmack, der diesen drei Prominenten zur
Popularität verholfen hat, und das, was seine Besitzer mit ihm veranstalten:
Vergangenheitsverdrängung. Damit ist dieser Text auch nur scheinbar ein
Beispiel für eine Glosse, die sich mit einer wehrlosen Randgruppe befaßt. In
Wirklichkeit greift er ein zu Recht kritisierbares Massenphänomen und seine
gesellschaftliche Funktion an und ist so ohne Zweifel legitim. Untersuchen
wir ein weiteres Beispiel (Gernhardt 1996, S. 112ff):

Henry, der Krüppel

Den an den Rollstuhl gefesselten Henry, einen seit seiner Geburt
gelähmten, noch recht jungen Mann, kennen wir, Ingrid und ich, nun
bereits seit zwei Wochen, und wir beide, ich und Ingrid, stimmen darin überein, daß diese Bekanntschaft für uns, Ingrid und mich, eine
sehr wichtige Erfahrung gewesen ist, die viel mit uns beiden, mir und
Ingrid, gemacht hat.
Wir lernten Hernry bei den Bartels kennen, im Rahmen eines dieser
sonntäglichen Sektfrühstücke, die seit geraumer Zeit den bisher in
unseren Kreisen gewohnten abendlichen Weißwein-Feten Konkurrenz
machen, da sie die gesellschaftlich akzeptierte und gruppendyna-
misch honorierte Gelegenheit bieten, sich bereits um die Mittagszeit

vollaufen zu lassen; und schon bei diesem ersten Kontakt legte
Henry jene bewunderswerte Intensität an den Tag, mit der gerade der
behinderte Mensch uns, den – in Anführungszeichen – Normalen,
beweist, daß es der Geist ist, der sich den Körper baut, und nicht etwa
umgekehrt.
Wir waren gerade erst bei den Bartels eingelaufen und hatten uns
kaum einen Überblick über das Frühstücksbuffet-Angebot verschafft,
als Ingrid, das Lachsbrötchen fallen lassend, aufschrie.
»Ist was?« fragte ich aufmerksam.
»Irgendein Debiler hat mich in den Arsch gekniffen«, sagte sie und
blickte sich entgeistert um. »In den Po«, ergänzte sie, eine Spur ver-
söhnlicher, um sodann »In den verlängerten Rücken« und »Hallo!« zu
sagen. Das Hallo aber galt dem jungen Mann im Rollstuhl, der gerade
unwillig davon Abstand nahm, sie ein zweites Mal in den Arsch zu
kneifen.
»Entschuldige dich gefälligst!« zischte ich meiner Frau zu.
»Bei wem denn?«
»Na, bei wem wohl?!« So verstohlen es irgend ging, deutete ich auf
den Behinderten, dessen Aufmerksamkeit glücklicherweise gerade
durch den Versuch in Anspruch genommen wurde, eine Demi-Flasche
Blanc des Blancs auf ex zu leeren.
»Wieso ich?« zischte meine Frau zurück. »Soll der sich doch entschuldigen!«
»Der?« fragte ich entgeistert. »Dieser ... dieser ...«, doch weiter kam
ich nicht, da der Gemeinte nach offensichtlich geglücktem Versuch die
Flasche absetzte und mißtrauisch an uns hochblickte.
»Wer?« fragte er mit jener tiefen Stimme, die uns noch so viel zu denken geben sollte. »Wer soll sich hier bei wem entschuldigen? Ich bin
übrigens Henry, der Krüppel.«

[Henry bietet jetzt dem Erzähler einen Schluck aus der angebroche-
nen Flasche an; der aber lehnt ab.]

»Ach ja?« Henry rollte etwas näher und schaute forschend an mir
empor. »Und wieso hast du dann ein leeres Sektglas in der Hand?«
[...] »Gib`s doch zu! Du willst nicht aus der Flasche eines besoffenen
Krüppels trinken, der gerade so ungezogen gewesen ist, deine Frau in
den Arsch zu kneifen. Tut mir übrigens leid.«
Da, jedenfalls in unseren Kreisen, kaum ein Vorwurf so schwer wiegt
wie der, Vorurteile gegenüber Minderheiten zu haben, war ich für
einen Moment versucht, Henry eine runterzuhauen, wurde aber glücklicherweise von Ingrid unterbrochen, die, mir in den Arm fallend, »Ist

gut, Henry« und »Vergiß es« sagte. Sofort war mir wieder bewußt, auf
wessen Seite ich gehörte.
»Henry«, ich legte meine Hand betont vorurteilsfrei auf seinen Arm,
»du bist verletzt und traurig, doch ich möchte, daß du weißt, daß hier
zumindest einer ist, der deine Provokationen als das begreift, als was
sie gemeint sind: als Notschrei dessen, der gesellschaftliche Vorurteile dermaßen internalisiert hat, daß er nicht anders kann, als sich so
darzustellen, wie die Umgebung ihn, den – in Anführungszeichen –
Behinderten, sieht: als haltlosen, normverletzenden Krüppel, der,
gerade weil ihm jegliche Würde abgesprochen wird, sein Menschsein
nur noch dadurch beweisen kann, daß er sich – «
»Vollaufen läßt, Prost auch!« rief Henry und ließ den Blanc-de-Blancs-
Korken haarscharf an meinem linken Ohr vorbeipfeifen. Da dämmerte
mir, daß auf mich im Zusammenhang mit Henry noch viel Erfahrungs-,
Mitleids- und Kennenlernarbeit zukommen würde. Und ich sollte recht
behalten.

Auch bei dieser wunderbaren Satire aus dem Betroffenheits-Milieu ist das
Angriffsobjekt schnell zu erkennen: Es ist nicht der Rollstuhlfahrer Henry,
der als Ekel, wenn auch als ein menschliches, gezeichnet wird. Es ist der Ich-
Erzähler (und seine Freunde) mit dem Sozialarbeiter-Jargon und der kli-
scheehaften Behinderten-Freundlichkeit, das Juste Milieu der politisch Korrekten, das in seiner Blindheit und Selbstgerechtigkeit nach Satire schreit.
Ein weiteres Beispiel (Droste, S. 32ff), das jetzt wirklich einen Angriff auf
eine Randgruppe enthält:

Der Schokoladenonkel bei der Arbeit

[Der Erzähler hat zunächst vergeblich versucht, in Berlin-Kreuzberg
Greyerzer-Käse einzukaufen.]

So schlüre ich also, zwar ohne Käse, aber ansonsten bepackt wie ein
Vertriebener, durch den Görlitzer Park, als mich plötzlich ein kleines
Mädchen von vielleicht vier Jahren fragt: »Gibst du mir eine Mark für
Eis?« – »Nein«, sage ich, denn man soll bettelnden Kindern niemals
Geld geben. »Aber vielleicht eine Mark für Schokolade?« hakt die
Kleine nach und setzt ein schwer kokettes Lächeln auf. »Wie früh die
das lernen«, denke ich und antworte: »Nein. Aber ein Stück Schoko-
lade kannst du haben«, bleibe stehen und wühle in meinem mit
Frosch, Schildkröte, Regenbogen und Herzchen bunt bedruckten
Schützt unsere Umwelt-Leinenbeutel – was erwachsene Menschen

alles mit sich machen lassen! – nach der eben gekauften Schokolade, *Zabaione-Knusper-Käfer aus weißer Chocolade,* die ich Gisela Güzel mitbringen will aus Gründen der Verehrung. (Wer Blumen- oder Pralinengeschenke für einfallslos, spießig oder *bourgois* hält, weiß nichts, aber auch gar nichts von Frauen, jedenfalls nichts von aufregenden.) Endlich finde ich die Schokolade, reiße die Cellophanpackung auf und biete dem kleinen Mädchen einen der weißen Käfer an – »Kann ich alle?« – »Nein, nur einen.« –, da blitzt es mir siedend durchs Hirn: »Ach du Scheiße! Jetzt bist du dran. Jetzt haben sie dich. Das gefundene Fressen für die – schreckliches Wort – Kiez-Camarilla, die durch die Gegend streift, aufgepeitscht und gierig, auf der Suche nach *Tätern,* gerne auch *Väter als Täter,* oha, jetzt bist du reif, sie liegen im Gebüsch, die ganze Gegend rund um den Görlitzer Park ist vermint mit einschlägigen Plakaten und Graffiti, die Situation ist absolut eindeutig, ich bin der Mann (!), der einem kleinen (!!) Mädchen (!!!) im Park (!!!!) Schokolade (!!!!!) gibt, einen Schokoladenkäfer (!!!!!!) sogar, oh Gott, Dürrenmatt, »Das Versprechen« und »Es geschah am hellichten Tag«, das Grittli, die Igel, Heinz Rühmann, Gert Fröbe, und jetzt ich, ich weiß schon, was sie schreiben werden in der Schweinepresse von *Bild* bis *Emma:* ›Der Michael Jackson vom Görlitzer Park‹.
Apropos *Emma:* Ob deren Redakteurin Cornelia Filter das ganze eingefädelt hat, ex-Bielefelderin wie ich, Spitzname *Körnchen,* zuzutrauen ist es ihr, alternativer Investigativjournalismus, vielleicht noch die eigene Tochter als Lockvogel in den Park schicken, vorher drei Tage lang den Betteltext auswendig lernen lassen, und wenn sie nicht will, gibt`s Liebesentzug und keinen Nachtisch. Paranoia, was heißt hier Paranoia, jedenfalls noch lange nicht, daß sie *nicht* hinter einem her wären, und dann, endlich, pflückt das Mädchen den Schokokäfer, und ich stürze davon auf meinen schnellen Schuhen, Eis im Genick.
Knapp bin ich entkommen, der Park war leer, die Mädels anderweitig unterwegs, Andrew Vachss lesen, Kindern im Vorschulalter beibiegen, wie man richtig mit *anatomischen Puppen* spielt, was *sexualisiertes Verhalten* ist, oder wie man sonst sein Langeweilerleben als Erzieherin aufpeppt.
»Junge, du hast doch nicht etwa Angst vor Frauen?« spricht eine vertraute Stimme, kein Wunder, es ist ja meine eigene, »Ach, I wo«, gebe ich zurück, »bloß die Schabracken, die im Leben immer nur eins sein wollen, nämlich *Opfer,* und das natürlich im warmen Mief der Gruppe, und die diese superkonservative Attitüde als schwer fortschrittlich juchheißen und jedem, der, wie z.B. Katharina Rutschky, die Benutzung des menschlichen Kopfes in die Debatte zurücktragen möchte, mit Angebervokabular wie *Backlash* das Leben sauer machen, ja, die-

se Geschosse des Grauens, die sind allerdings zum Fürchten, die stinken und die sollen alle nach Hause gehen.« An dieser Stelle endete meine innere Halluzination und Suada, denn ich mußte mein Mikrophonköfferchen in die Rechte nehmen und zur Probe gehen. Meine Band heißt *The Schänders*, und unser Lieblingsstück ist *The Kids are allright.*

Angriffsziel dieses dichten, sorgfältig konstruierten Textes mit seinem Stichwort-Staccato sind tatsächlich potentielle Opfer von Gewalt: die Selbsthilfegruppen, in denen sich vorwiegend Frauen zum Schutz ihrer Kinder vor sexuellem Mißbrauch organisiert haben. Das Engagement verkehrt sich aber ins Gegenteil und fordert die Satire heraus, wenn sich die Schützerinnen der Kinder in der Opferrolle gefallen. Wenn sie einerseits die Hysterie erzeugen, die dem Verbrechen förderlich ist, andererseits dieses wiederum für ihre Zwecke instrumentalisieren (»Mißbrauch mit dem Mißbrauch«). Ein letztes Beispiel, eine Glosse aus der »Westfalenpost« (11. 3. 91):

Singles

Am Dienstagabend geschah Ungewöhnliches. Im Ratskeller hatte der »Single-Club« Premiere. Weit über hundert alleinstehende Mädels der Altersklasse Oberliga waren dem Ruf der Verzweiflung gefolgt und bereit, der schlimmen Einsamkeit zu entsagen. Eine leicht angereifte vorsitzende Frau Brigitte knipste ihr schönstes Lächeln an und freute sich offenbar unbändig, daß nicht nur sie ganz alleine dasteht.
Im weiten Rund sah Civis (Pseudonym des Glossisten – E. S.) an die tausend Jahre Frust und sechs Fässer längst geweinte Tränen. Aber schön waren die Mädels anzusehen. Flott geföhnt und wie zum Kaffeeklatsch bei Tante Lisbeth bunt gemustert. Und wie das bei Frauen so ist: Man sprach nicht übereinander, sondern durcheinander. Und noch eins fiel auf: Niemand kann einen anderen mit so aufmerksamer Achtlosigkeit betrachten wie Frauen einander ansehen.
Civis suchte im Kreis der einsamen Edlen nach einigen kampferprobten Junggesellen, die nach dem Motto leben: Lieber zwei Ringe unter den Augen als einen an der Hand. Fehlanzeige. Eine Handvoll grauer Buben saß verschüchtert herum und suchte nicht mal mit dem Auge, geschweige denn mit dem Knie Kontakt. Auch die Abfangjäger, die draußen vor dem Single-Saal an der Theke hockten, kamen nicht auf ihre Kosten. Die Damen rückten in soliden Trüppchen ab, und keine ließ sich aus dem Rudel sprengen. Die Singles wollen sich künftig jeden Dienstag treffen. Der Ratskeller dankt, denn ansonsten ist hier tote Hose.

Peinlich, diese Offizierskasino-Schwadronage: Da ist kein Klischee ausge-
lassen, keine Anspielung zu abgegriffen, kein Witzchen zu fade. Was den
Text aber so unappetitlich macht, ist: Hier mokiert sich der Glossist über
alleinstehende Frauen lediglich deshalb, weil sie Frauen sind und allein stehen. Sie suchen Halt in einer Gruppe, verhalten sich also kein bißchen anders
als Männer in gleicher Lage. Trotzdem werden sie verspottet, wie Kinder
einen Klassenkameraden auf dem Schulhof hänseln, weil er anders angezo-
gen ist als sie.

Der Grundsatz müßte also lauten: Wer der Starke und wer der Schwache, wer
der Unterdrücker und wer das Opfer ist, ist nur im konkreten Fall zu erkennen. Jedenfalls stehen die Fronten nicht von vornherein und ein für allemal
fest, etwa so, daß die klassischen Lieblingsfeinde der Satire – Staat, Kirche,
Militär, Bürokratie – automatisch die Starken und die klassischen Schützlinge – Frauen, Behinderte, Juden, Homosexuelle – automatisch die Schwachen
sind. Beispielsweise zappelt der Staat, bislang Schreckensinstanz Nummer
eins für das Individuum, inzwischen im Würgegriff der internationalen Kon-
zerne und mafioser Großorganisationen. Auf der anderen Seite haben sich
die Randgruppen organisiert und übernehmen, geschickt balancierend zwischen Integration und Abgrenzung, durchaus die Techniken der Mächtigen.

Randgruppen und Minderheiten verlieren ihr Recht auf Spottverschonung
insbesondere dann, wenn sie ihren Status für Zwecke einsetzen, die nichts
mit ihrer Lage zu tun haben. So kann ein behinderter Politiker, der den Mit-
leidseffekt seines Rollstuhls zum Stimmenfang einsetzt, durchaus Gegenstand der Satire/Glosse sein. Das gleiche gilt, wenn sie Verhaltensweisen zeigen, die auch bei anderen zu kritisieren wären. Daher kann auch die Power-
Frau mit dem stahlharten Lächeln ebenso Zielscheibe der Satire/Glosse sein
wie ihr männlicher Kollege mit den scharfen Karriere-Ellenbogen.

Soweit, im Grundriß, die Moral der Glosse, die in ihrem Kern Abscheu vor
Macht und Konformität und Zuneigung zum reflektierenden Denken und
zum hoffnungslos unterlegenen Individuum ist. Läßt sich diese Parteilichkeit
der Glosse, durch die die Welt säuberlich in Freund und Feind aufgeteilt
wird, begründen und wie?

Journalistisches Räsonnement ist entstanden im Zuge der europäischen Aufklärung (siehe Einleitung). Aus der Substanz dieser geschichtlichen Bewegung bezieht die Glosse ihre Moral, sprich ihre eindeutige Freund-Feind-

Optik. Wer sich als Glossenschreiber, bewußt oder unbewußt, von ihr leiten läßt, stellt sich in diese gute aufklärerische Tradition.

Aufklärung ist nach Kants trocken-klarer Definition der Ausgang des Menschen aus seiner selbstverschuldeten Unmündigkeit; ein Ziel, das einerseits Emanzipation von Glauben, Autorität und sozialer Ungerechtigkeit, andererseits Selbstbestimmung im Zeichen von Gerechtigkeit, Vernunft und Humanität umfaßt. Geschichtlich war dies der Kampf des aufstrebenden Bürgertums und fortschrittlicher Geister aller Klassen gegen die ständestaatliche Gesellschaft, die Herrschaft von König, Adel und Kirche.

Kampf gegen diese alten Mächte war Kampf für diejenigen, denen die göttlich legitimierte gesellschaftliche Ordnung die untersten Ränge angewiesen hatte und die dort unten, unwissend und in der Furcht des Herrn gehalten, mühsam ihr Dasein fristeten. Ihnen zur Sprache zu verhelfen, damit sie sich befreien konnten, zunächst von Gottes- und Herrenfurcht und dann von Gottes- und Herrenherrschaft, war das Ziel der Aufklärer und ihrer frühen journalistischer Helfer.

Könige, Adel und Kirche (mit ihrem totalitären Anspruch) sind inzwischen verschwunden, Freiheit und Gleichheit der Form nach realisiert, die Arbeit der historischen Aufklärung ist also getan. Jetzt zeigt sich aber, daß der Geist der Aufklärung einen weiteren Schritt fordert, nämlich den, die Aufklärung über sich selbst aufzuklären. Haben sich doch die Kampfparolen von Freiheit und Gleichheit, die Leitideen der bürgerlichen Revolutionen, auf eine Weise verkehrt, wie es den Aufklärern nicht in den Sinn gekommen war. Umfassende Selbstbestimmung aller Individuen war das Ziel, das Ergebnis jedoch jenes »stahlharte Gehäuse der Hörigkeit«, von dem Max Weber spricht.

Mit seinem prophetischen Wort, das die heutige Wirklichkeit exakt beschreibt, meint Weber die Endstation eines langen geschichtlichen Entzauberungsprozesses. An dessen Anfang sieht er die ursprüngliche »warme« Gesellschaft, die zwar einer übermächtigen Natur ausgeliefert war, für die einzelnen aber eine magisch und rituell belebte, konkrete Lebenswelt bildete. An seinem Ende die moderne »kalte« Gesellschaft, die sich vom Naturzwang emanzipiert, dafür aber einem unpersönlichen, zweckrationalen System von Geld und Macht unterworfen hat. Wie Marionetten läßt dieses System die Individuen zappeln, indem es als ihre Interessen ausgibt, was doch nur seiner Selbsterhaltung dient. Die unsichtbaren Drähte sind die ökonomischen Sachzwänge, die von den Menschen willig exekutiert werden, weil sie scheinbar auf eigene Entscheidungen zurückgehen.

Diese steckengebliebene Aufklärung erzeugt ein Knäuel von Widersprüchen: Dieselben Bürger, die als freie und gleiche Bürger ihre politischen Repräsentanten wählen, unterwerfen sich der Diktatur der Rentabilität, des Wachstums, der schrankenlosen Produktion. Sie schieben lässig Staat, Kirche und Konvention beiseite und lassen sich zugleich von der Konsum- und Medienmaschine terrorisieren. Sie kennen für sich keine Tabus mehr und spielen sich doch als moralische Instanzen für andere auf. Und sie belächeln die rational durchgebildeten Lehren der abendländischen Religionen, gehen aber, in bewundernswerter Ahnungslosigkeit, fernöstlichen Heilslehren und privaten Mythologien auf den Leim.

Das Ganze ein Gebirge von Absurditäten, schreienden Ungerechtigkeiten, menschlichen Katastrophen – Material über Material für den Satiriker/Glossisten, seinen Blick zu schärfen und sein Messer zu wetzen. Gibt es zwar keine Herren und Knechte mehr, keine Höflinge und Pfaffen, keine Junker und preußischen Militärs, so gibt es heute die fröhlichen Aktivisten, die das Systems in Gang halten und davon profitieren, und die Mitläufer, über die es hinwegwalzt.

Ihre moralische Einstellung bezieht die Glosse aus der aufklärerischen Tradition des Journalismus: Sie ergreift nie die Partei der Macht, sondern immer die ihrer Widersacher, des Geistes und der Ohnmacht. Damit hat sie klassische Gegner: die Unterdrücker, die Täter, die Starken, die Privilegierten, und sie hat klassische Schützlinge: die Unterdrückten, die Schwachen, die Unrecht Leidenden, die Benachteiligten.

Wer im konkreten Fall als der Starke und wer als der Schwache anzusehen ist, steht nicht von vornherein fest: Randgruppen und Minderheiten sind in der Regel die Schwachen. Sie sind es nicht, wenn sie ihren Status für Zwecke instrumentalisieren, die nicht der Verbesserung ihrer Lage dienen. Sie sind es auch dann nicht, wenn sie Verhaltensweisen zeigen, die auch bei anderen zu kritisieren sind.

UNSENSIBLER TYP LEBENSVERNEINENDER,
SCHLANKER NICHTRAUCHER SUCHT LEUTE ZUM
BUMMELN UND KLÖNEN, EVTL. MEHR ...

2. Methode

2.1. Wie die Glosse vorgeht

Was in einem ersten Zugriff unter Glosse zu verstehen ist, ist also geklärt; ebenso, wie die juristischen und moralischen Grenzen zu ziehen sind. Bleibt die Frage nach ihrem charakteristischen Verfahren und ihren Zielen.

Argumentieren oder zeigen

In methodischer Hinsicht unterscheidet sich die Glosse gründlich vom Kommentar, wie der folgende Vergleich zwischen zwei Texten deutlich macht. Beide, Kommentar wie Glosse, behandeln dasselbe Thema, die deutsche Chinapolitik als Eiertanz zwischen Menschenrechten und Wirtschaftsinteressen, von Bundesaußenminister Klaus Kinkel in die göttliche Formel vom »nichtkonfrontativen Dialog« gefaßt. Zunächst der Kommentar (Süddeutsche Zeitung, 24. 10. 1996):

Ein Dialog, der keiner sein sollte

»Nach dem Regen ist der Himmel schnell wieder klar geworden« – Chinas Präsident Jiang Zemin hat allen Grund, sich zu freuen. Kinkels Besuch in Peking konnte deswegen von beiden Seiten als voller Erfolg verbucht werden, weil Bonn die Aufgabe übernommen hat, alle Wolken wegzupusten, weil Bonn Peking besänftigt, weil Bonn sogar den chinesischen Neusprech übernommen hat. Hat Kinkel über die Menschenrechte geredet? Natürlich: »Im Geiste gegenseitiger Achtung« habe er einen »nichtkonfrontativen Dialog« geführt. Da lächeln chinesische Staatsführer.

Dialog bedeutet gemeinhin Ausstausch. Kinkel und seine Gastgeber verstanden sich deswegen so gut, weil der Dialog keiner war. Ja, teilte Kinkel mit, er habe nach den beiden politischen Gefangenen Wang Dan und Wei Jingsheng gefragt. Die Antwort der Chinesen scheint er überhört zu haben: Die Demokraten Wang und Wei seien keine Menschenrechtsfälle, sondern schlicht »Kriminelle«. Im übrigen bedankten sich die erfreuten Chinesen, daß der Gast versprochen habe, sich nicht »in innere Angelegenheiten« ihres Landes einzumischen.

Was war da los? Waren die Gesprächspartner auf verschiedenen Veranstaltungen? Die Erklärung ist einfach: Beide Seiten haben sich darauf verständigt, in Sachen Menschenrechte aneinander vorbeizureden. Der Mensch Kinkel durfte ein paar klare Worte loswerden, weil die Botschaft seines Besuches noch klarer war: Dem Politiker Kinkel ist die Antwort der Chinesen auf seine Intervention letztlich egal. Kinkel und Jiang feiern den heiteren Himmel über sich just in einem Moment, wo die Regierung in Peking die Schrauben anzieht wie schon lange nicht mehr.

Die Glosse zum selben Thema zwei Tage später im »Streiflicht« (Süddeutsche Zeitung, 26./27. 10. 1996):

[...] Klaus Kinkel hat jetzt im mongolischen Groß-Hural die »historischen Leistungen« des Dschingis Khan gewürdigt. Der Mongolenführer habe mit seinem Weltreich »Frieden gestiftet«. Stimmt. Vorher hat er allerdings Nordchinas Bauern erschlagen, Samarkand in Schutt und Asche gelegt und sich dann seinen Weg über den Kaukasus in Richtung Europa gemetzelt. [...] Kinkels Würdigung nehmen wir zum Anlaß, Auszüge eines kürzlich wiederentdeckten Schauspiels zu drucken, abgefaßt in der mittelalterlichen Versform »Nichtkonfrontativer Dialog«. Ort: eine Jurte irgendwo zwischen Ural und Wüste Gobi. Zeit: frühes 13. Jahrhundert. Die handelnden Schwaben: ein Kinkel, ihn begleitende Ulmer Bierbrauer und Augsburger Ledergerber. Auftritt Kinkel. Stolpert in die Jurte. »Salem Alaikum, Herr Khan.« »Hä?« Dschingis Khan steigt von einer gefesselten Kirgisin. »Ich komme aus dem fernen Schwaben und erbiete mich, unsere Beziehungen zu reparieren.« Der Khan grunzt. »Im übrigen ... Ulmer Bier ... feinstes Leder ... nicht ganz billig, aber beschte Wertarbeit.« Der Khan rülpst und fegt den Musterkatalog in die Ecke. »Ach ja,« Kinkel haschpelt, »und hier hätt` ich noch eine Lischte politischer Gefangener ... wenn Sie vielleicht ...« Schweigen, dann eine Donnerstimme: »Wir machen keine Gefangenen.« Kinkel verblüfft: »Awa ... im Ernscht?« Seine Miene heitert sich auf. »Ja wenn des so ischt, ... dann wollet Sie vielleicht hier unten rechts unterschreiben?« Der Gesandte reicht dem Khan flink die Kaufverträge über mehrere Schock feinster Ledersättel sowie eine nigelnagelneue U-Bahn unter dem Altai-Gebirge. Beim anschließenden Gelage fließen Ströme von Stutenmilch, Bier und Kirgisenblut. Abgang Kinkel. Stolpert aus der Jurte vor die versammelte Schar der Klosterschreiber von Sankt Gallen. »Ich freue mich, Ihnen mitteilen zu können, daß wir uns gegenseitig geachtet und nicht im geringsten ineinander eingemischt haben, und im übrigen scheint die Sonne und die Milch schmeckt gar nicht so schlecht.« Applaus Ledergerber und Bierbrauer. Die Gesandtschaft zieht fröhlich gen Ulm und Augsburg.

Im Sonnernuntergang stehen pittoresk rauchende Trümmer eines slawischen Dorfes.

Analysieren wir den Kommentar: Das einleitende Zitat mit seinem Regen-Sonne-Bild spielt auf die blumige Sprache der chinesischen Diplomatie an und führt zugleich ins Thema ein, Entspannung im deutsch-chinesischen Verhältnis. Gleich danach folgt die These, die die kritische Stellungnahme enthält: Diese Entspannung beruhe darauf, daß die deutsche Seite sich den chinesischen Forderungen unterworfen habe. Kinkels Formel des »nichtkonfrontativen Dialogs« dient als Beleg dafür.

Wie diese Kapitulation seiner Ansicht nach vonstatten ging, beschreibt der Kommentator im zweiten Absatz. Indem die beiden Gesprächsparteien einen Dialog führten, der keiner war. Zwar hat Bundesaußenminister Kinkel sich nach den politischen Gefangenen erkundigt, auf die unverschämte Antwort der Chinesen hat er nicht nur nicht reagiert, sondern darüber hinaus versprochen, sich nicht in die inneren Angelegenheiten ihres Landes einzumischen.

Der dritte Absatz gibt eine Erklärung, wie es Kinkel gelungen ist, diesen Dialog, der keiner war, zu führen. Indem er sich aufspaltete in den Menschen Kinkel und den Politiker Kinkel. Der Mensch Kinkel sagt, was er unter dem Druck der deutschen Öffentlichkeit zu sagen hat und was die chinesische Führung nicht gern hört. Der Politiker Kinkel signalisiert den Politikern in Peking, daß sie die Worte des Menschen Kinkel nicht ernst zu nehmen brauchen, wie er umgekehrt ihre Reaktionen darauf nicht ernst nimmt. Statt sie zu warnen, ermuntert er mit diesem augenzwinkernden Doppelspiel noch die chinesische Regierung, ihre Menschenrechtspolitik zu verschärfen.

Nehmen wir uns jetzt die Glosse vor: Sie greift die Äußerung von Bundesaußenminister Kinkel auf, der Mongolenführer Dschingis Khan habe seinerzeit mit seinem Weltreich Frieden gestiftet. Sie kontert trocken mit beiläufigem und daher um so wirksamerem Sarkasmus (»Stimmt. Vorher hat er allerdings Nordchinas Bauern erschlagen.«) und erfindet dann eine Theaterszene, in der Kinkel und Dschingis Khan über Geschäfte und Menschenrechte verhandeln. Während der Kommentar also seine Kritik in einer These äußert, verpackt die Glosse ihre kritische Stellungnahme in ein Bild. Und während der Kommentar diese These begründet, spezifiziert und detailliert, malt die Glosse ihr Bild mit seinen handelnden Personen vor einem räumlichen wie zeitlichen Hintergrund plastisch aus.

Das Verhältnis der beiden Kritiktypen tritt noch klarer zutage, wenn man die Stellungnahme, der die Glosse in einem Bild Gestalt gibt, in Begriffe faßt. Wenn man also das, was implizit ausgedrückt wird, explizit macht, etwa so: Bundesaußenminister Kinkel sitzt mit dem Mongolenführer Dschingis Khan in dessen Wohnzelt zusammen und verhandelt über den Ausbau der beiderseitigen wirtschaftlichen Beziehungen. Dabei legt Kinkel eine Liste mit politischen Gefangenen vor und bringt das deutsche Interesse an einer menschenwürdigen Behandlung der Gefangenen zum Ausdruck. Dschingis Khan reagiert cholerisch: Er herrscht seinen Gesprächspartner an, die Mongolen machten keine Gefangenen. Womit er unmißverständlich klarstellt, daß er sich weit schlimmerer Verbrechen schuldig macht, als lediglich seine Gefangenen schlecht zu behandeln; er läßt sie nämlich kurzerhand umbringen.

Kinkel stutzt, erkennt dann die Chance, von seiner Position abrücken zu können, ohne sein Gesicht zu verlieren. Er läßt seine Forderung fallen, dem Buchstaben nach sogar noch im Recht; denn die mogolische Seite kann sie ja gar nicht erfüllen. (Loriot läßt grüßen: »Nehmen Sie Ihre Äußerung eventuell auch zurück?« - »Nein!« - »Dann ist die Angelegenheit für mich erledigt.«) Logischerweise endet die Verhandlung mit einem vollen Erfolg; der Dialog war ja gar keiner, weil er im vollständigen Rückzug der deutschen Seite bestand. Statt die mongolische Seite mit einer klaren Position zu konfrontieren, ermuntert die deutsche Delegation sie noch in ihrer unmenschlichen Politik: Sie läßt sich mit einem makabren Gelage bewirten und zieht fröhlich, die Augen vor den mongolischen Greueltaten fest verschlossen, zurück in die Heimat.

Diese in die Begriffsform übersetzte Glosse hat, setzt man nur Chinesen statt Mongolen, große Ähnlichkeit mit dem Beispiels-Kommentar, ja sie ist vom Typ her mit ihm identisch. Hier wie dort dreht sich die Argumentation um die gleichen Wertungen, es fallen teilweise sogar die gleichen Vokabeln: So ist die Rede von Unterwerfung der deutschen Seite unter die chinesischen Forderungen, von einem Dialog, der aufgrund taktischer Überlegungen eigentlich ein Nicht-Dialog ist, von Ermunterung einer nicht akzeptablen Politik durch augenzwinkernden Hintergrundkonsens. Daraus folgt, pointiert gesagt: Wenn die in der Glosse bildhaft verpackte Stellungnahme begrifflich gefaßt wird, wird sie zum Kommentar. Und umgekehrt: Wenn die im Kommentar in Begriffen ausgesprochene Stellungnahme in ein Bild umgesetzt wird, wird er zur Glosse.

Der Kommentar operiert also im Medium der Begriffe; sein Organ ist das rationale, von Verstand und Vernunft geleitete Denken; seine Grundlage sind die Gesetze der Logik, der Wissenschaften und der Erfahrung. In dieser Welt der Begriffe wird begründet, analysiert und interpretiert. Hier werden Argumente angeführt, geprüft und gewichtet. Hier werden Zusammenhänge hergestellt, Sachverhalte von verschiedenen Seiten beleuchtet, Folgen extrapoliert, Perspektiven erprobt, Wahrscheinlichkeiten abgewogen.

Die Glosse tummelt sich dagegen im Medium der Bilder; ihr Organ ist die spielerische Assoziation, die Phantasie. In dieser Welt der Bilder wird konstruiert und montiert. Hier werden Szenen erfunden, Situationen fingiert, Zitate kombiniert. Hier werden Personen, Zeiten, Orte durcheinander gewürfelt, die Grenzen von Zeit und Raum übersprungen, die Gesetze von Logik, Kausalität und Alltagserfahrung mißachtet.

Zu einer These zugespitzt, läßt sich der Unterschied (und damit auch der Zusammenhang) der beiden Kritiktypen so formulieren: Der Kommentar argumentiert, die Glosse zeigt. Der Kommentar spricht aus, was die Glosse in einem Bild sichtbar macht. Der Kommentar ist die explizite, die Glosse die implizite Stellungnahme.

Dieses Schema, wonach der Kommentar argumentiert, die Glosse dagegen sich nicht auf Argumentation einläßt und stattdessen zeigt, also: eine Gegenwirklichkeit konstruiert, ist wichtig: Es ist letztlich das Kriterium zur Unterscheidung der beiden Textsorten, ja, manchmal das einzige Mittel zu ihrer Abgrenzung, wie die folgende Übungsglosse eines Volontärs zeigt. Der zugrundeliegende Sachverhalt ist die Verabschiedung eines neuen Tierschutzgesetzes durch das Bundeskabinett. Das Gesetz sieht vor, Tierversuche zur Entwicklung von Kosmetika zu verbieten, das Mindestalter für Käufer von Wirbeltieren zu erhöhen und für Tierhalter, Betreuer und Züchter den Nachweis von Sachkunde verbindlich zu machen:

Friede im Aquarium

Endlich ist es geschafft: Frösche und Zierfische sind vor sadistischen 14- bis 16jährigen Tierkäufern geschützt. Da existieren riesige Legebatterien, Pelztierfarmen und Schweineställe mit wirklich unwürdigen Zuständen für Millionen von Tieren, und die Bundesregierung rettet derweil erstmal die Zierfische. Man muß ja Prioritäten setzen.

Das neue Tierschutzgesetz ist ein Machwerk, das auch dem letzten Lobbyisten noch in den Kram paßt. Kein Wort über Massentierhaltung wie die Einpferchung von Legehennen auf der Fläche eines DIN-A4-Blattes. Selbtverständlich, so ist vom zuständigen Ministerium zu hören, werde man sich in Brüssel weiterhin »nachhaltig« für eine Weiterentwicklung der »Mindestanforderungen für das Halten von Legehennen« einsetzen. Stellt sich nur die Frage: Warum, wenn das Problem doch erkannt ist, steht eine entsprechende Regelung nicht schon in diesem Gesetz?

Verbot der Tierversuche? Ja, gibts auch. Aber nur »in EG-konformer Weise«, sprich: am Sankt-Nimmerleins-Tag. Derselbe Minister ist sich im nächsten Atemzug aber nicht zu schade, Erleichterungen für Forscher im Umgang mit Versuchstieren zu verkünden. Natürlich bleibt »das hohe Tierschutzniveau« erhalten. Frohes Schaffen kann man da nur wünschen.

Immerhin: Züchter und Ausbilder von Tieren müssen nach dem neuen Gesetz ihre Sachkunde nachweisen. Hoffentlich steht in der Durchführungsrichtlinie auch, daß die Qualifikation vor dem ersten »Zwischenfall« erbracht werden muß. Tierschutzgesetz ist für dieses Papier nur der halbe Name: Es fehlt noch das vorgestellte Wort »Placebo«, dann sind auch die Inhaltsstoffe korrekt deklariert.

Glosse oder Kommentar? Keine Frage, hier wird mit ironischen, sarkastischen Mitteln gearbeitet, demnach wäre es eine Glosse. Falsch, das ist eindeutig ein Kommentar; denn hier wird argumentiert und nicht konstruiert. Dicht unter der sarkastischen Oberfläche ist klar ein seriöser Argumentations-Faden zu erkennen. Die dramaturgische Weiche dafür wird mit dem ersten Satz des zweiten Absatzes gestellt: »Das neue Tierschutzgesetz ist ein Machwerk...« Dies ist ein summarisches kritisches Urteil, für das anschließend Schritt für Schritt Gründe ins Feld geführt werden: Das neue Gesetz regle die entscheidenden Probleme nicht. Es vertage mit Leerformeln ihre Inangriffnahme und eröffne sogar neue Mißbrauchsmöglichkeiten.

Wie würde aus diesem Kommentar eine Glosse? Der schöne, sarkastische erste Absatz könnte ohne irgendeine Änderung als Einstieg stehen bleiben. Exakt mit dem Übergang in den zweiten Absatz müßte aber die entscheidende Richtungsänderung erfolgen. Etwa indem die Aussage des ersten Absatzes, das neue Tierschutzgesetz packe nur Nebensächlichkeiten an und ignoriere die wirklichen Probleme, mit einem absurden Vorschlag konkretisiert wird: Die Bundesregierung habe den Schutz der Zierfische dankenswerter Weise erheblich verbessert, ein Folgeproblem dabei aber nicht bedacht. Die

Zierfische führten von nun an zwar ein sicheres, eben darum aber auch langweiliges Leben. Ein weiteres Gesetz müsse also her, das ihnen die Buntheit ihres bisherigen Daseins zurückgebe, ohne sie allerdings wiederum auf Leben und Tod zu gefährden. Zum Beispiel durch ein Zierfisch-Unterhaltungsprogramm, zu dem jeder Zierfisch-Halter verpflichtet werden müsse.

Fazit: Zur Unterscheidung von Glosse und Kommentar reicht in den meisten Fällen das schon angeführte Kriterium aus: Nimmt der Autor auf seriöse, ernsthafte Weise zu einer Frage Stellung, liegt eine Kommentar vor; arbeitet der Autor mit witzigen, ironischen, sarkastischen Mitteln, hat man es mit einer Glosse zu tun. In manchen Fällen ist zusätzlich das Kriterium Argumentation oder Konstruktion heranzuziehen. Dann zeigt sich, daß es durchaus Texte gibt, die auf den ersten Blick wie Glossen aussehen, bei genauem Hinsehen aber doch (ironisch-sarkastische) Kommentare sind.

Der Kommentar bewegt sich im Medium der Begriffe und argumentiert, die Glosse bewegt sich im Medium der Bilder und konstruiert. Der Kommentar spricht begrifflich aus, was die Glosse bildlich darstellt. Er ist also die explizite, sie die implizite kritische Stellungnahme.

Dieses Kriterium läßt genauer zwischen Kommentar und Glosse unterscheiden: Wertende Texte sind nicht automatisch Glossen, wenn sie mit den Mitteln des Spotts, der Ironie, des Sarkasmus arbeiten. Sie sind spöttische, ironische, sarkastische Kommentare, wenn sie argumentieren, und Glossen, wenn sie nicht argumentieren, sondern zeigen oder konstruieren.

Ordnung oder Chaos

Glosse und Kommentar verwenden zwar unterschiedliche Methoden, verfolgen aber das gleiche Ziel, ein wertendes Schlaglicht auf die Wirklichkeit zu werfen. Fragt sich dann nur, welche der beiden Methoden zu diesem Zweck geeigneter ist. Hat die Glosse mit ihrer spezifischen Methode dem Kommentar etwas voraus? Kann sie eine Leistung erbringen, die der Kommentar nicht oder nur selten zustande bringt?

Natürlich, beide Textsorten haben ihre Stärken und Schwächen: Begriffe sind scharf und schneidend, aber zugleich auch abstrakt und trocken. Bilder dagegen sind schillernd und vieldeutig, dafür aber bunt und anregend. Gute Kommentare sortieren, ordnen, orientieren, auf seriöse und damit auch herzlich langweilige Weise. Gute Glossen jedoch verwirren, bringen durcheinander, unterminieren, in leichtsinniger, amüsanter Manier. In Ordnung, könnte man sagen, alles zu seiner Zeit und an seinem Platz. Aber einen gravierenden Vorteil der Glosse gegenüber dem Kommentar gibt es doch. Die Glosse kann mit ihrer besonderen Methode eine Grenze überspringen, an die der Kommentar gar nicht oder nur mühsam herankommt. Was für eine Grenze?

Wer rational argumentiert, sprich: auf die Kraft vernünftiger Argumente setzt, macht damit Voraussetzungen. Er mag sich dieser Tatsache bewußt sein oder nicht, sie ist unabhängig davon einfach durch den Akt der Argumentation gegeben. Erstens: Wer spricht oder schreibt, geht ein Verhältnis zu einem Hörer oder Leser ein; er will, daß seine Botschaft beim Hörer oder Leser ankommt. Wer argumentiert, seiner Botschaft also eine rationale, vernünftige Form gibt, vertraut darauf, daß diese Form die Brücke zwischen ihm und seinem Rezipienten schlägt. Weil, so unterstellt er, seine Botschaft rational formuliert ist, ist sie auch von seinem Gegenüber rational zu entziffern. Das Instrument, das die Botschaft formatiert, garantiert auch, daß sie in die Erfahrungswelt des Rezipienten zurückübersetzt werden kann.

Zweitens: Wer spricht oder schreibt, nimmt auch ein bestimmtes Verhältnis zur Welt ein; er will, daß ganz bestimmte inhaltliche Aussagen bei seinem Hörer oder Leser ankommen. Aussagen aber sind Sätze über Sachverhalte in der Welt. Wer also rational argumentiert, ist sich sicher, daß er mit seinen rationalen Sätzen die Sachverhalte trifft, daß sich also in seinen vernünftigen Sätzen eine grundsätzlich vernünftige Welt widerspiegelt. Wie Rationalität die Brücke zwischen ihm und seinem Rezipienten schlägt, so bildet sie auch die Brücke zwischen ihm und der Welt. Es hat Sinn, vernünftig zu argumentieren, weil auch die Welt sich rational erkennen läßt, sprich: ihre Sachverhalte sich in rationalen Begriffen fassen lassen.

Wer argumentiert, so könnte man auch sagen, sieht die Welt als ein großes, chaotisches Durcheinander: Hier gibt es (im Feld der Erfahrung) Wahrheit und Lüge, Ideologie und Wissenschaft, Wissen und Nicht-Wissen, Reflexion und Naivität; es gibt (im Feld der Ethik) Recht und Egoismus, Moral und Privatinteressen, Freiheit und Gesetz; und es gibt (im Feld der Ästhetik) Schönheit und Häßlichkeit, Kunst und Kitsch, Original und Kopie. Dieses Chaos läßt sich mit den menschlichen Erkenntnisinstrumenten und ihren Kategorien wahr-falsch, gut-böse, schön-häßlich sortieren, ordnen, stückweise zurechtlegen. Wie es nämlich grundsätzlich den Erkenntnisinstrumenten zugängig ist, so sind umgekehrt diese geeignet, das Chaos zu durchdringen. Es macht also Sinn zu argumentieren, weil auf diese Weise gehaltvolle, die Sachverhalte treffende und entschlüsselnde Aussagen zu gewinnen sind.

Diese optimistische Sicht teilt die Glosse ganz und gar nicht. Sie weiß: Wer argumentiert und mit der Brille der Rationalität auf die Welt und seine Mitmenschen sieht, dem kommt nur Rationales in den Blick. Nicht-Rationales, Irrationales, Verrücktes bleibt draußen, es kann gerade noch als solches bezeichnet, aber nicht wirklich zum Gegenstand der Betrachtung werden. Die Glosse dagegen kann Irrationales thematisieren, sie kann mit der ihr eigenen konstruktiven Methode Irrationales, Verrücktes als solches kenntlich machen. Ein Beispiel (DIE ZEIT, 20. 9. 1996):

Außer Betrieb

Immer wenn es gilt, die wirtschaftlichen Schwierigkeiten Deutschlands, wenn schon nicht zu lösen, dann doch wenigstens verständlich darzustellen, ist die Europäische Management- und Marketing-Gesellschaft (EMMA) voll bei der Sache.
»Wenn wir die Probleme nicht auf den Punkt bringen«, sagt Direktionsassistent Dr. Günther P., »weiß niemand, wo es langgehen soll. Wir brauchen ein Bild, eine einleuchtende Metapher...« »Wie damals Professor Erhard mit der dicken Zigarre«, sagt Kollege M., der Senior der kreativen EMMA-Runde. »Da wußte jeder: Der Schornstein raucht wieder! Wir sind wieder wer! Volldampf voraus!« »Und er strahlte Ruhe aus«, sagt Kollege G. »Wie Kohl, wenn er im Wolfgangsee paddelt«, sagt Kollege L., bei dem man nie weiß, was er ernst meint und was nicht. [...]
»Neulich«, sagt Kollegin S., »wollte ich in Hamburg vom Dammtor zum Hauptbahnhof fahren. Mit der S-Bahn. Es war unmöglich.« Die Runde überlegt verblüfft, was das mit der deutschen Wirtschaftslage zu tun haben könnte.
»Die Fahrkartenautomaten waren entweder außer Betrieb oder nahmen nur genau passendes Geld an«, sagt S. »An dem großen Fahrkartenschalter gegenüber stand ›Information‹ und ›Verkauf‹ und ›Geschlossen‹.« Die Kollegen überlegen, warum S. diesen Normalzustand so ausführlich schildert.

»Sonst sind da oft Bettler«, sagt S., »und fragen: Haste mal `ne Mark?
Diesmal haben mich zwei feinbetuchte Herren angesprochen: Hätten
Sie vielleicht mal neunzig Pfennige?« Normaler Kleingeldmangel,
denken die Kollegen.
»Und an der anderen Ecke saß ein junger Mann auf dem Boden,
arbeitslos, eine Mütze vor sich und bettelte. Da dachte ich mir: Wenn
man ihm ein Schild umhängen würde ›Außer Betrieb‹, die Automaten
›Außer Betrieb‹ und die Schalter ›Geschlossen‹, dann hätten wir auf
kleinstem Raum ein treffendes Bild unserer Wirtschaft.« Die Kollegen
finden, daß S. wahrscheinlich irgendwie recht hat.
»Und in dem Dreieck zwischen Maschinen außer Betrieb, Menschen
außer Betrieb und geschlossenen Schaltern müßte die Lösung liegen«, sagt Dr. P. »Man müßte den Mann mit der Mütze hinter den
Schalter setzen«, sagt G. »Oder anlernen, die Maschinen zu reparieren«, sagt M. »Das würde Lohn kosten«, sagt L. »Das Geld käme
spielend wieder herein, wenn alle, die jetzt schwarzfahren, weil sie keine Fahrscheine lösen können, ihre Fahrten bezahlten«, sagt S. »Aber
dann«, sagt L., »könnte der Verkehrsverbund bei Schwarzfahrern keine Strafgebühren mehr kassieren.«
Die kreative Runde hat das deutliche Gefühl, daß sie die Grundpro-
bleme der deutschen Wirtschaftsmisere jetzt erfaßt hat und dicht vor
einer Lösung steht. Aber irgend etwas fehlt doch noch, um alles wieder aufs richtige Gleis zu bringen.

Die Glosse entwirft ein vereinfachendes Modell der deutschen Wirtschaft,
bestehend aus den Krisensymptomen: hohe Arbeitslosenzahlen, unausgela-
stete Maschinen, mangelhafte Dienstleistungen. Als Lösung der Krise zieht
sie wie ein Zauberer eine märchenhaft-verblüffende Idee aus dem Hut: Wenn
die Arbeitslosen an die Maschinen und in die Schalter gehen, ist die Arbeitslosigkeit verschwunden, die Maschinen laufen und die Dienstleistungen
funktionieren. Amüsant, sagt sich der Leser, aber im nächsten Augenblick
zappelt er schon am Haken. Als ob es ihm wie Schuppen von den Augen
gefallen wäre, sieht er die Wirtschaft, die hier einen riesiger Mangel, da einen
gigantischen Überschuß an Arbeitskräften produziert, wie er sie wahrscheinlich noch nie gesehen hat - als einen ausgemachten Widersinn.

Der Kommentar, der den gleichen Befund zu bearbeiten hätte, würde volks-
wirtschaftlichen Sachverstand bemühen und argumentieren, etwa so: Wenn
eine große Zahl von Arbeitswilligen nicht beschäftigt wird, Kapazitäten nicht
ausgelastet sind und Dienstleistungen nicht erbracht werden, dann hat das
einen rationalen Grund: Lohn- und Lohnnebenkosten sind zu hoch. Also sind

Produktion und Dienstleistungen nicht mehr profitabel, was einerseits zu stillstehenden Maschinen und unbesetzten Schaltern, andererseits zu Entlassungen führt.

Verantwortlich für das zu hohe Lohnkostenniveau, so ginge die Argumentation wohl weiter, sind die Tarifparteien und der Staat. Die Gewerkschaften haben zu hohe Löhne gefordert, die Arbeitgeber nicht genügend Widerstand geleistet. Der Staat schließlich hat sein Scherflein beigetragen, indem er die Unternehmen mit zu hohen Steuern belegt hat. Solchermaßen belehrt, »versteht« der Leser des Kommentars, was dem Leser der Glosse als unverstehbar-irrational erscheint. Hohe Arbeitslosigkeit bei gleichzeitigem großen Bedarf an Arbeitskräften, sagt er sich, ist zwar schlimm, aber schlüssig erklärbar; sind doch sowohl die Ursachen wie die Verantwortlichen zu benennen.

Die Glosse dagegen weiß und zeigt, daß diese Logik nur innerhalb des Systems rational, von außen gesehen aber völlig irrational ist. Sie hält unbeirrbar daran fest: Was ein Wahnsinn ist, bleibt ein Wahnsinn, auch wenn es durch sachkundige Erklärungen scheinbar rationalisiert wird. Sieht sie also den Kommentar in der rationalen Binnenlogik der Marktwirtschaft gefangen, so überspringt sie die Grenze, indem sie sich nicht auf diese Binnensicht einläßt. Sie blickt gleichsam von außen auf die Dinge, mit dem naivem Blick des Nicht-Ökonomen, dem Common Sense des Bürgers, der zwei und zwei zusammenzählen kann. Und kann auf diese Weise wahrnehmen, was dem Fachmann aufgrund seiner professionellen Blindheit verborgen bleibt.

Wie das Beispiel schon anklingen läßt, geht das Mißtrauen der Glosse gegenüber der rationalen Argumentation also noch einen Schritt weiter: Die Glosse ist nicht nur der Meinung, daß Rationalität wie ein Filter nur Rationales durchläßt und Irrationales ausblendet. Das hätte ja keine schlimmen Folgen, wenn es in der Wirklichkeit nur wenig Irrationales gäbe. Sie ist auch überzeugt, daß die Wirklichkeit tatsächlich durch und durch irrational ist. Sie sieht die moderne Welt zu einem System der Verblendung zusammengezogen, in dem Unterdrückung und Verdummung nahtlos ineinandergreifen. So läuft jeder Widerstand notwendig ins Leere, weil schon seine Vorbedingung, Aufklärung der Menschen über ihre Lage, verhindert wird. Es ist ein totales System, in dem jedes Element – Wirtschaft, Politik, Medien, Wissenschaft, Bildung – seine Funktion hat und das daher in sich rational, als Ganzes aber völlig irrational erscheint.

Auf diesen Zustand der Welt antwortet die Glosse mit Konstruktion. Wenn das Irrenhaus nicht mehr mit der Kraft von Vernunft und Argumentation durchbrochen werden kann, dann bleibt nur der Versuch, es mit Mitteln schockhafter Inszenierung blitzartig zu beleuchten. Damit will sie, so die Hoffnung der Verzweiflung, die Wirklichkeit, die sich der denkenden Erfassung entzieht, künstlich zur Kenntlichkeit entstellen. Den normalen, alltäglichen und daher unerkennbaren Wahnsinn eine Drehung weitertreiben, bis er sich als solcher zu erkennen gibt.

Diese Methode ist also gewaltsam, künstlich und höchst subjektiv: Gewaltsam, denn die Wahrheit muß der Wirklichkeit abgezwungen werden; gibt sich doch diese nicht mehr freiwillig zu erkennen, sondern lügt mit rationalen Mitteln, der Ideologie und dem Jargon, zum Beispiel dem Jargon der Marktwirtschaft oder der demokratischen Ideologie von Freiheit und Gleichheit. Künstlich, denn Abpressung der Wahrheit heißt Einsatz künstlicher Mittel, Mittel der Inszenierung, der Montage, des Schocks. So setzt die Glosse statt auf die Rationalität von Begriffen auf die Suggestivität von Bildern, statt auf die Anstrengung des Denkens auf die Kraft des schockartigen Durchbrechens der Denkschablonen, statt auf die schrittweise Rekonstruktion von Sachverhalten durch Vernunft auf Evidenz, sprich unmittelbare, den Leser anspringende Plausibilität. Und höchst subjektiv, denn auch wenn sie auf Wirklichkeit zielt, ist die Methode der Inszenierung, der Montage, der Konstruktion in höchstem Grade von der Person des Autors und seiner Sicht abhängig.

Ein Beispiel, das den alltäglichen Wahnsinn politischer Diskussionen an einem konkreten Fall aufzeigt (DIE ZEIT, 3. 11. 1995):

Andererseits

Nur mal was am Rande: die Graffiti überall. Schön ist das nicht. Keine scharfen Sprüche, keine schrillen Bilder mehr, nur dumpfe Schmiererei, soweit die Sprüher-Arme reichen. Nichts als Hundehaufen das Ganze, rein *künstlerisch* betrachtet (legen die Graffiti-Leute ja immer großen Wert drauf), Taubenkacke, so aufregend wie Plakate mit Autowerbung. Das meiste ist ohnehin bloßer Vandalismus, wie herausgerissene Telephonhörer oder zerschnittene U-Bahn-Sitze.

Andererseits...

Oder nehmen wir mal was richtig Großes, Wichtiges, uns alle zutiefst Bedrückendes: die *wachsende Kriminalität*. Mord und Totschlag an

praktisch jeder Ecke, Vergewaltigung, frei umherlaufende Sexualmörder, russische Mafiosi, fragt man nach dem Weg, schon kriegt man was über die Rübe – nein, schön ist das alles nicht mehr.
Andererseits...
Auch weltweit: Kriege ohne Ende. Aufrüstung rund um den Globus. Grausige neue Totmachinstrumente, Laserwaffen zum Augenausbrennen, Gen-Tech-Bomben, ach, was weiß man schon, was da in den unterirdischen Labors so alles vor sich geht, um die Vergiftung und Zerfetzung der Menschenkinder zu perfektionieren.
Andererseits...
Andererseits? Allerdings! denn wir wollen ehrlich bleiben: Sosehr wir uns alle beziehungsweise *wir alle* uns ein besseres und sanfteres Hier und Jetzt wünschen, so einfach machbar ist das nicht. Wie leicht umfangen uns Visionen einer schönen Welt, ohne Gewalt, ohne Waffen, ohne Umweltkatastrophen auch, ohne all die häßlichen Dinge, die uns das Leben schwermachen! Illusionen – gefährliche Illusionen. Denn das alles, und das darf nicht länger verschwiegen sein, da muß Klartext geredet werden, da beißt keine Maus einen Faden ab: Das alles *schafft Arbeitsplätze*. Das alles sichert die Zukunftsfähigkeit unserer Gesellschaft.
Jeder verdreckte U-Bahn-Wagen und jede zertrümmerte Parkbank, die mühsam repariert werden muß, setzt Menschen in Lohn und Brot. Jede Mordtat und jedes noch so unfaßbare Verbrechen garantiert Polizisten und Juristen und Therapeuten ihre Stellen. Jede Chemiekatastrophe entlastet den Arbeitsmarkt. Leben heißt Sterben, und Sterben heißt Leben.
Nehmen wir nur China: Folterkeller und Arbeitslager, Spitzel und Terror, ökologische Wahnsinnstaten, wohin man blickt – aber was für eine Konjunktur! Was für ein Wirtschaftsfaktor! Was für eine Vollbeschäftigung! Nicht zuletzt auch dank einer immer hungrigen Armee...wie man ja überhaupt das so oft gescholtene Militär in diesem Zusammenhang nicht unterschätzen darf.
Auch hierzulande. Sicher, 48 419 600 000 Deutsche Mark für das Ressort Verteidigung im Haushalt 96 mögen einen auf den ersten Blick vielleicht nicht ganz gering dünken, indes: Wie viele Arbeitsplätze hängen daran? Wie viele Familien, Frauen und Kinder? Gegen den Jäger 90 zu sein, gegen jede Waffenproduktion – nichts einfacher als das! Aber wer stopft die hungrigen Mäuler? Giftgasfabriken für den Iran – nicht schön! Aber wer sichert den Wirtschaftsstandort Deutschland? Auch Minen für Afrika, natürlich nur zu friedlichen Zwecken, sind da schwer verzichtbar.
Und selbst wenn wir mal das Undenkbare denken oder dächten ... keine Tabus! ... So ein Krieg, natürlich nur ein kleiner, strikt begrenzter,

mit Zweidrittelmehrheit im Bundestag beschlossener ... Niemand will
ihn, sicher ... Aber hinterher: wie viele Arbeitsplätze! Welche Chancen
allein für die Bauindustrie, Motor der Konjunktur!
Ja, das muß endlich einmal alles auf den Tisch. Keine Bergpredigten
mehr. Der Wind weht rauher. Der Asiate kennt kein Mitleid, der Südamerikaner greift auch schon um sich. Pazifisten schaffen keine Jobs.
Im übrigen: Das Paradies auf Erden wird`s ohnehin nie geben. Was
sollten wir auch da? Ist schließlich kein Wirtschaftsstandort.

Da steht er vor uns, der Politiker in seiner ganzen Schönheit, der Macher in
seinem Element, dem Ortsverein, dem Parlamentsausschuß oder an der Spitze eines Ministeriums. Wie er das leergedroschene Polit-Stroh noch einmal
drischt: Klartext spricht, die Maus keinen Faden abbeißen läßt, die Zukunftsfähigkeit der Gesellschaft beschwört. Wie er den Nationalismus kitzelt: den
mitleidlosen Asiaten, den expansionslüsternen Südamerikaner an die Wand
malt. Und wie er mit krachender Sprache den Realpolitiker mimt, der unerschrocken ein heißes Eisen anfaßt und mit starker Hand den gordischen Kno-
ten von Moral und Arbeitsplätzen durchhaut.

Doch wie schmierig die Glosse diese Figur mit ihren Platitüden und ihrem
hohlen Tabubrecher-Pathos auch zeichnet, hinter ihr zeigt sie auf eine Denk-
weise, einen geistigen Habitus, dessen Absurdität kaum noch wahrgenommen wird. Es ist ein Denken, das moralische und ökonomische Fragen, die
nichts und abernichts miteinander zu schaffen haben, gnadenlos auf eine Stufe stellt und miteinander verquickt. Doch dieser Wahn in den Köpfen, so
macht es die Glosse sichtbar, ist noch nicht die letzte Instanz. Hinter ihm
steht ein objektiver Wahn, der die Verwirrung der Köpfe fundiert. Es ist die
objektive Tatsache, daß in der modernen Gesellschaft die ökonomischen Fragen allen anderen Fragen nicht nur gleichrangig geworden sind, sondern sie,
weil zum Dreh- und Angelpunkt des gesellschaftlichen Lebens avanciert,
letztendlich vorentscheiden.

Diesen katastrophalen Zustand spricht die Glosse nicht aus; dazu brauchte es
mehr Platz als eine knappe Spalte in der Zeitung. Sie zeigt ihn in der Figur
des Politikers, der nichts als sein bewußtloses Sprachrohr ist. Sie zeigt damit
aber auch indirekt eine Alternative: eine Gesellschaft, in der Moral wieder
Moral und Wirtschaft wieder Wirtschaft wäre und Unvergleichbares nicht
verglichen würde. Wo die Wirtschaft also wieder dienende Funktion hätte
und wo die politisch-moralischen, ästhetischen und wissenschaftlichen

Potenzen der Menschen, aus ihrer sklavischen Abhängigkeit von der Wirtschaft befreit, sich nach ihren eigenen Idealen entwickeln könnten.

Die Glosse argumentiert nicht, sie zeigt, hieß es anfangs. Sie bricht aus dem Käfig der Rationalität aus und sieht mit blankgeputzten Augen von außen auf die Dinge, wodurch diese sich ganz anders darstellen, als durch die Brille des Fachwissens und der Alltagsroutine gesehen. Was in dieser Sicht erscheint, ist eine Gegenwirklichkeit, die zwar in einem utopischen Nirgendwo angesiedelt ist, aber gerade deshalb dem tatsächlichen Leben den Spiegel vorhalten kann.

Zum Schluß ein kurzer Blick auf die Konsequenzen: Die Glosse handelt sich nämlich genau durch die konstruktive Methode, die sie dem Kommentar voraus hat, ein Problem ein. Autor und Leser eines Kommentars verbindet das Medium der Argumentation. Als Teilnehmer eines rationalen Diskurses haben sie eine gemeinsame Überzeugung; sie lassen nur das gelten, was ihnen argumentativ plausibel scheint. Der Autor vermeidet also nach besten Kräften, was seinen Kommentar im Kern träfe: logische Schnitzer, Beweisführungen, die nicht tragen, Schlüsse, die aus ihren Prämissen nicht zwingend folgen, nicht kenntlich gemachte Voraussetzungen, Suggestionen. Und wenn ihm das ganz oder teilweise mißlingt, korrigiert ihn, im Idealfall natürlich, der Leser und wirft die Zeitung weg oder schreibt einen bösen Leserbrief. In diesem Sinne kontrolliert sich der rationale Diskurs selbst.

Wer aber kontrolliert den Glossisten? Er stellt sich bewußt außerhalb des rationalen Diskurses und präsentiert seine alogische, höchst subjektive Sicht der Dinge, ja behauptet noch ihre höhere Wahrheit. Und er setzt Mittel ein, gegen die der Leser sich nicht so wehren kann wie gegen Argumentationsfehler: suggestive Bilder, eine raffinierte Sprache, Schockeffekte, die alle ruhige Abwägung vom Tisch fegende Wirkung des Witzes, der Ironie, des Sarkasmus. Wer also zieht den Glossisten zur Rechenschaft, wenn seine schwarze, die Wirklichkeit absichtlich entstellende Sicht der Glosse nicht richtig ist?

Die Wahrheit ihrer Konstruktionen sei evident, behauptet die Glosse in einem ersten Anlauf. Aber ist nicht dem Augenschein extrem zu mißtrauen? Lehrt nicht die Erfahrung, daß alles, was wie mit einem Donnerschlag einleuchtet, meistens nur die Oberfläche der Dinge berührt, unter der es dann ganz anders aussieht? Nun gut, gibt die Glosse zu und holt als stärkeres Argument ihr

Engagement für eine bessere Welt aus der Reserve. Aber wo war je Engagement Beweis oder auch nur Indiz für die Richtigkeit der Idee? Selbst die Wahrhaftigkeit des Engagements, die Tatsache, daß es den Engagierten Ernst ist mit ihren Zielen, läßt sich oft mit Fug und Recht bezweifeln. Bleibt nur noch eine Instanz, die die Wahrheit der Glosse verbürgen könnte, und es ist auch die stärkste: Wo Geist und Witz ihr Spiel treiben, da finden sich zwar nicht immer Wahrheit, wohl aber höchst selten politische Dumpfheit, von eigennützigen Interessen diktierte Taktik, abgrundtiefer Irrtum.

Daher eine Warnung an die Glossenleser: Amüsiert euch, lacht aus Leibeskräften, aber seid in höchstem Grade auf der Hut! Der denkende Mensch, und der Glossist ist so einer, ist immer in Versuchung, für eine Pointe fünfe gerade sein zu lassen. Und eine Mahnung an die Glossenschreiber: Ein (argumentierender) Kommentator darf irren; die Vernunft, sprich: seine Kollegen und seine Leser werden ihn schon korrigieren; sie warten ja geradezu darauf. Den (überredenden, überwältigenden) Glossisten, dessen Sicht falsch oder gefährlich ist, zieht niemand zur Rechenschaft.

Der Kommentar macht eine fundamentale Voraussetzung: Er glaubt, daß die Welt im Kern vernünftig ist und daß sie, spricht man vernünftig über sie, ihre Wahrheit preisgibt. Die Glosse sieht die Welt radikal anders, als ein Tollhaus, das als solches nicht mehr beschrieben, sondern nur blitzartig beleuchtet werden kann. Mit den gewaltsamen, künstlichen und höchst subjektiven Mitteln der Montage und der Inszenierung soll sie zur Kenntlichkeit entstellt werden.

Autor und Leser des Kommentars stehen auf dem gemeinsamen Fundament der vernünftigen Argumentation. Verläßt der Autor durch Argumentationsfehler diese Basis, korrigieren ihn Leser und Kollegen. Gegen eine falsche Sicht des Glossisten, der sich ja außerhalb des rationalen Diskurses stellt und sich ganz auf seine Subjektivität verläßt, gibt es kein Korrektiv.

2.2. Was die Glosse will

Kommentar und Glosse blicken also unterschiedlich auf die Welt, der eine eher vernünftig, die andere eher schräg. Entsprechend unterschiedlich blickt die Welt zurück, das eine Mal als ein geordnetes, durchweg vernünftiges Gebilde, mit dem sich eine rationale Auseinandersetzung lohnt, das andere Mal als ein Theaterstück voll Chaos und Irrwitz, das nur noch mit Hohn zu überschütten ist. Beider Texte Blick ist damit kritisch, wertend.

Die wertende Stellungnahme des Kommentars unterscheidet sich je nach dem Gegenstand der Bewertung: Bewertet werden können zum einen Aussagen, zum anderen Fakten oder Sachverhalte.

Nehmen wir zunächst eine Aussage, zum Beispiel den Satz, den jede Opposition regelmäßig der Regierung vorhält, sie habe in dieser oder jener Frage den Wähler betrogen. Zu diesem Satz Stellung nehmen heißt, ihn auf seinen Wahrheitsgehalt überprüfen. Dazu ist eine gründliche Recherche notwendig, ob es wahr oder falsch ist, daß die Regierung nach der Wahl anders gehandelt, als sie vor der Wahl angekündigt hat.

Betrachten wir sodann ein Faktum oder einen Sachverhalt, zum Beispiel eine Initiative der Bundesregierung in Fragen des Ausländerwahlrechts. Diese Initiative könnte kommentiert werden, indem man sie auf ihre Effizienz hinsichtlich ihres Ziels untersucht. Das hieße ebenfalls, mithilfe von Recherche und Sachwissen prüfen, ob die Aktion der Regierung geeignet oder nicht geeignet ist, beispielsweise ein demokratisches Zusammenlebens zwischen Aus- und Inländern zu fördern.

Die Initiative der Regierung ließe sich aber noch auf eine andere Weise kommentieren. Indem sie nämlich nicht auf ihre Zweckmäßigkeit, sondern auf ihre allgemeine Rechtlichkeit untersucht wird. Die Frage ist dann, ob die Aktion unabhängig von jedem Ziel generell gut oder schlecht ist. Das aber bedeutet, daß sie mit allgemein gültigen Normen oder Werten konfrontiert wird. Solche allgemein verbindlichen Normen oder Werte sind unterschiedlichen Quellen zu entnehmen: dem gesetzten Recht, dem Grundgesetz mit seinen Grundrechten und dem Prinzip einer rechtsstaatlichen und sozialen Demokratie und schließlich universellen Idealen wie zum Beispiel dem einer friedlichen, solidarischen, den Ausgleich untereinander und mit der Natur suchenden Menschheit.

All dies macht die Glosse, mit den ihr eigenen spöttischen, höhnischen, sarkastischen Mitteln, genauso: Sie stellt einer Aussage die Wahrheit entgegen, konfrontiert Fakten und Sachverhalte mit den geltenden Normen. So kritisieren sowohl der Beispiels-Kommentar wie die Beispiels-Glosse auf den Seiten 207ff die deutsche China-Politik als heuchlerisch, weil sie die chinesischen Verhandlungspartner in der Praxis anders behandelt als sie gegenüber der deutschen Öffentlichkeit behauptet. Beide Texte konfrontieren also eine bestimmte Politik mit dem demokratischen Anspruch, daß das politische Programm einer Regierung und seine Ausführung grundsätzlich übereinstimmen sollten. Dieser Anspruch gründet in der Verfassung, die die Regierung als das ausführende Organ des politischen Souveräns bestimmt.

Der Glosse aber genügt diese rationale, aus der geltenden Normativität bestehende Wertbasis nicht, sie greift ohne viel Bedenken zu Instrumenten, mit denen sich der Kommentar nur schwer oder gar nicht anfreunden kann. So schreckt sie nicht davor zurück, die Wirklichkeit an Tugenden zu messen, die in einem zeitlosen und allgemeinen Idealbild des guten Lebens wurzeln und damit liebenswert altbacken wirken. Klage über den Verfall der alten Sitten ist ja die Hauptmelodie der klassischen Satire.

Unendlich ist demnach auch der Fundus ihrer Möglichkeiten: So nimmt sie sich zum Beispiel den alten preußischen Grundsatz: »Mehr sein als scheinen« vor und macht ihn zum Kriterium, vor dem sich Eitelkeit, Aufgeblasenheit und Großmäuligkeit als solche erweisen. Sie richtet ein Ideal persönlicher Wahrhaftigkeit auf, das Unaufrichtigkeit und Opportunismus entlarvt, zeichnet ein Bild aufrechter Gradlinigkeit, das die Verführbarkeit des Menschen, seine Anfälligkeit für Macht und Ruhm konterkariert. Sie malt ein kleines Glück, das den Griff nach dem großen unterläuft, lobt Maß und Beschränkung, die Maßlosigkeit verurteilen. Sie beschwört das Echte, das die Hohlheit von Konvention und Symbolik sichtbar macht, preist Muße und Stille, um das universale Geschwätz zu kennzeichnen, läßt Lebensklugheit über intellektuellen Dünkel triumphieren.

Nicht zu vergessen die Torheit der Mode, ein geradezu typischer Gegenstand, Anstoß zu nehmen. Dazu ein graziös zwischen Theologie und Ökonomie schwebendes »Streiflicht« (Süddeutsche Zeitung, 9. 12. 1992):

> Lexika können so was von beleidigend sein! Als wir uns gestern entschlossen, an dieser Stelle den weiblichen Körper in seiner Interde-

pendenz zu den Konfektionsgrößen zu betrachten, schlugen wir, um gewisse definitorische Unsicherheiten zu beheben, unter Körper nach und fanden »das räumlich Ausgedehnte u. Gestaltete, das sinnlich wahrnehmbar ist und im Gegensatz zum Geist steht«. Das schien uns, mit Verlaub, eine sehr physikalische Sicht des Phänomens zu sein, ein trocken stereometrischer Ansatz, Grundfläche mal Höhe oder so, wobei mit derartigen Formeln gerade dem weiblichen Körper – räumlich gestaltet, wie er sich uns darstellt – am wenigsten beizukommen ist. Trost auch diesmal wieder bei der Theologie, die in puncto Leib lehrt, daß er Ausdruck der Seele sei und daß deren Selbstvollzug »im Maß des Mitseins des Menschen mit leibhaftigen Menschen in leibhaftiger Welt wächst«.

Daß beim Mitsein des Menschen mit leibhaftigen Menschen in leibhaftiger Welt die Kleidung keine geringe Rolle spielt, versteht sich. [...] Nun hört man, daß sich die Damenoberbekleidungsindustrie gezwungen sieht, die Frauen neu zu vermessen; diese seien, heißt es »tendenziell« größer, schmalhüftiger und kleinbusiger geworden. Tendenziell kann in dem Zusammenhang aber nur heißen, daß da irgendwann ganz kurze Beine, starke Hüften und schwere Busen waren und daß das Ende der Fahnenstange, um es in einem kühnen Bild zu sagen, noch lange nicht erreicht ist. Die Frau sieht in der Venus von Willendorf nicht ihren Idealtyp, sondern strebt deutlich davon weg. Indessen, warum strebt sie weg? Unsere erste Reaktion, als wir von der Neuvermessung vernahmen, war die: »Bravo, Damenoberbekleidungsindustrie, daß du so sensibel auf die Veränderung der Frau eingehst!« Nach einiger Überlegung nahmen wir uns und unser Lob fürs erste zurück, da sich die Frage vordrängte, ob da nicht vielleicht doch so etwas wie ein genetischer Gehorsam walte, der es uns Menschen auferlegt, den Entwürfen der Couturiers peu à peu, ohne daß wir`s merken, ähnlich zu werden. Bei den Männern zum Beispiel hatte man den Eindruck, als ob sie ihre Gesichter relativ zügig den Vierkant-Vorbildern auf den Plakatwänden anglichen: Selten so viele Schwarzeneggers gesehen wie in den letzten Jahren. Wenn dem so wäre, hätte die zweite Hälfte des Wortes Modeschöpfer mehr Wahrheit für sich, als man bisher zugestehen mochte. Ob freilich die ihnen ausgelieferten Körper dann mehr sind als lediglich das räumlich Ausgedehnte u. Gestaltete, daran dürfen wir jetzt gar nicht mehr denken.

Die Welt ist aus den Fugen, ist also die – ursprünglich konservative – Grundstimmung der Glosse, ihr Lebenselement die Widersprüchlichkeit und Zerrissenheit des modernen Lebens, die Abgründe zwischen Sein und Schein, Anspruch und Wirklichkeit, Maske und wahrem Gesicht. Und so wurde der

Satiriker auch immer gesehen – als jemand, der die schlechte Wirklichkeit mit dem Ideal konfrontiert.

»In der Satire«, sagt Schiller, für den die satirische neben der elegischen die moderne Dichtung ausmacht, »wird die Wirklichkeit als Mangel, dem Ideal als der höchsten Realität gegenübergestellt.« Satirisch sei demnach ein Autor, »wenn er die Entfernung von der Natur und den Widerspruch der Wirklichkeit mit dem Ideale ... zu seinem Gegenstande macht« (Schiller, S. 460).

Und Hegel sieht die Satire als Kunstform, die kraft ihrer hochgesteigerten Subjektivität »uns die verderbte Gestalt der Wirklichkeit so vor Augen bringt, daß dieses Verderben durch seine eigene Torheit in sich zusammenfällt« (Hegel, S. 124). Eine Sicht, die noch Tucholsky in »Was darf die Satire?« gerne teilte: »Der Satiriker«, sagt er, »ist ein gekränkter Idealist: er will die Welt gut haben, sie ist schlecht, und nun rennt er gegen das Schlechte an« (Tucholsky I, S. 363).

Doch ist mit diesem Begriff des Ideals vielleicht noch mehr gemeint? Können Glosse und Satire noch andere Kriterien an die Wirklichkeit legen als die geltenden bürgerlichen Normen und die rührenden Tugenden alter Zeiten? Ja, in ihren großen Momenten können sie etwas aufblitzen lassen, was man vielleicht zukünftige Normativität nennen könnte. Durch die Ritzen der vernagelten Welt können sie die Utopie aufscheinen lassen.

Aber wie das? Um der Welt von außen den Spiegel des utopischen Ideals vorhalten zu können, müßte der Glossist und Satiriker selber im Besitz dieses Ideals sein. Das jedoch haben sie genauso wenig wie alle anderen. Ihr Strohhalm in dieser Not ist die Überzeugung, daß die Welt, wenn sie gezwungen wird, ihr wahres Gesicht zu zeigen, auch ihr mögliches Gesicht zeigt. Tucholsky nennt das, die Wirklichkeit »peitschen«, um ihre Möglichkeiten ans Licht zu bringen: »Wenn ich die Folgen der Trunksucht aufzeigen will, also dieses Laster bekämpfe, so kann ich das nicht mit frommen Bibelsprüchen, sondern ich werde es am wirksamsten durch die packende Darstellung eines Mannes tun, der hoffnungslos betrunken ist. Ich hebe den Vorhang auf, der schonend über die Fäulnis gebreitet war, und sage: ›Seht!‹« (ebd.)

Mit den Worten der Literaturwissenschaft: Der Satiriker »*hat* nicht die Wahrheit«, läßt sie folglich »nicht mehr in die Darstellung als Überlegenheit, als Vogelschauperspektive eingehen, sondern er konstituiert erst durch Darstellung die Gegenüberstellung... Weil Satire erkennbar macht, daß das noch nichts ist, was bloß ist, macht sie erahnbar, was sein könnte und damit erst wahre Wirklichkeit wäre...« (Arntzen 1971, S. 153f). Aus der schonungslosen Konstruktion der schlechten Wirklichkeit soll, so hofft der Satiriker, ihre Negation hervorgehen. Je unbarmherziger die Glosse auf die Welt blickt und je krasser ihr Bild ausfällt, desto deutlicher lockt sie die Alternative hervor, die radikale Verneinung des Status quo, die Utopie. Ein Beispiel (Tucholsky II, S. 241f):

Auf dem Grasplatz

Die Umgebung von Paris ist viel schöner als der Midi, in den die Maler jetzt alle reisen, damit sie unter ihre Bilder setzen können: › *Wäldchen bei Bandol (Mittelmeer)*‹ – als ob die Erwerbung einer Fahrkarte das Talent steigerte. Aber der Betrachter hat Respekt – denn was kann schon an einem dran sein, der in der Lüneburger Heide malt...! Also gut: Paris.

Da steht an einem kleinen See ein Restaurantchen, und noch eins – in der ›boîte chic‹ sind kleine Tische mit Lämpchen und Sonnenschirmchen aufgebaut, eine kleine Terrasse und ein Orchester, das geigt vor sich hin. Aber niemand trägt ein Monokel, und niemand sitzt da, als habe er soeben den ganzen Platz mit eigner Hand genommen und vom Feinde gesäubert. Vor diesem Restaurant stehen auf einem großen Grasplatz lange Holzbänke, darauf trinkt ein Verein mit Damen seinen Kaffee. Eine englische Parklandschaft umschließt das, die Bäume spiegeln sich im Wasser, ein feiner, grauer Nebel liegt über den Grasflächen, es ist sieben Uhr abends.

Was mag das für ein Verein sein –?

Ein Mann hat eine schwarze Brille auf, noch einer, noch einer... Der steht auf und faßt seine Frau unter, er geht so seltsam willenlos, wie wenn die Kleider allein spazierten... Die Brillenmänner sitzen da und hören zu, was die Kleine auf dem Holzpodium ihnen vorsingt, sie macht Gesten, wiegt ein Coupletkindlein, sie hören zu, mit eingesunkenem Hals, heben den Kopf nicht... Es sind Blinde, Kriegsblinde. Ein ganzer Verein. Welcher Gruppe mögen sie angehören? Es gibt in Frankreich zwei Organisationen von Kriegsverletzten: eine neutrale und eine kommunistische. Sie tragen keine Abzeichen.

Sie haben einmal unvorsichtig über den Grabenrand gesehen, da kam es geflogen. Sie sind in der Marschkolonne mitgestolpert, da kam es geflogen. Sie haben, leicht verwundet, im Wäldchen gelegen und waren froh, so davongekommen zu sein – da kam es geflogen. Blut, schwarz war der Himmel, Schreie... Dann das Lazarett, der dicke Verband, die Binde über den Augen, wochenlang... »Es wird schon werden, Geduld, es wird schon werden...« Dann die schonende, vorbereitende Stimme des Arztes, des Priesters, einer alten Schwester... Und das erste ›Wiedersehen‹ mit denen zu Hause.

Das ist lange her. Man hat sich eingewöhnt, die Frauen scherzen und lachen, die Blinden lachen und sprechen, man stützt sie beim Aufstehen, aber das ist mehr eine gesellschaftliche Formalität, die allen ganz natürlich vorkommt. Da geht einer vorsichtig eine Treppe herunter, der Stock tastet vor, einer tanzt, zwei gehen langsam über den Rasen, unmerklich bewegt sich die Frau, die treue Wächterin, hinter ihnen...

Du hast ihnen das Augenlicht genommen, Herr. Sie waren sehend und sind blind in die Schlächterei gezogen; du hast sie blind gemacht, und wer weiß, ob sie sehend geworden sind. Sie bekommen eine staatliche Unterstützung, sie haben eine Gedenkmünze zu Hause, damit sie ja nicht in die Versuchung kommen, den Krieg zu vergessen, ein Endchen buntes Band und ein paar Quadratzentimeter Blech, Eisen oder Emaille – der Staat gedenkt der Seinen. Drum herum sitzen die andern.

Auch denen hast du das Augenlicht genommen, Herr. Sehenden Auges haben sie sich wie die Verrückten auf Spione, Landesverräter, den Feind gestürzt – sie konnten Fahnenfarben unterscheiden und Abzeichen, aber nicht, was Zivilmord war und Militärmord. Sie werden es morgen noch einmal tun, Herr. Lasset uns beten.

Gib uns einen fröhlichen Krieg, mit Hunger, Läusen und Typhus, mit Brandgranaten und Handgranaten und mit Gas, das die Augen deiner Kinder auf Lebenszeit verschließt. Vielleicht, wenn du ihnen die Augennerven nimmst, Herr du unser Gott, daß sie dann nichts mehr ablenkt, und daß sie in schwarzer Nacht, die sie umgibt, sehend werden und ihnen das Licht scheine in der Finsternis. Denn siehe, sie sind heute blind, alle miteinander. Mach sie völlig blind, Herr, auf daß sie sehend werden. Denn es steht geschrieben: Sie sehen nicht, sie hören nicht, und der irdische Staat mordet sie doch. Geheiligt werde sein Name. Amen.

Ein starker, böser Text, der den Leser in rasanter Steigerung von der Idylle zum paradoxen, lästerlichen Gebet führt: Gott, mach die Menschen blind, damit sie sehen lernen; schicke Ihnen einen fröhlichen Krieg, damit sie endlich den Krieg hassen lernen. Ein Text, der gegen die Blindheit und Kriegsgeilheit der Menschen kein anderes Mittel mehr weiß als den Aufschrei zu

Gott, sie mit Blindheit und Krieg zu schlagen. Und der, wie schwarz er den Abgrund der Verzweiflung malt, so hell das Traumbild einer befriedeten Menschheit aufleuchten läßt.

Was auf diese Weise als Utopie aus der Wirklichkeit herausgepreßt wird, ist natürlich vom subjektiven Blick des Glossisten bestimmt, genauso wie schon die Konstruktion der Wirklichkeit in hohem Grad seinem subjektiven Zugriff unterliegt. Der Glossenschreiber ist sich jedoch dieser Subjektivität bewußt, ja, nimmt sich mit völliger Klarheit dieses Recht zum »umwertenden Widerspruch« (Otto Stoessl, zit. bei Kraus 1956, S. 418) heraus. Es ist das Recht, seine persönlichen Hoffnungen und Sehnsüchte als Utopie schlechthin auszugeben. Im besten Fall gelingt es dann, daß äußerste Subjektivität und Objektivität sich treffen und daß der Traum des Glossisten den in den Dingen wohnenden Traum zur Gestalt verhilft. Ein Beispiel (Kraus 1956, S. 35):

Du mußt es dreimal sagen

(Dreimaliges Blühen eines Apfelbaumes.) In dem großen Garten des »Hotel Marienhof« in Pfaffstätten an der Südbahn befindet sich ein Apfelbaum, welcher heuer schon das drittemal in Blüte steht. Von der ersten Blüte sind jetzt noch reife Äpfel zu sehen; von der zweiten sehr reichen Blüte viele kleine Äpfel und jetzt blüht der Baum zum drittenmal.
Und es nützt ihm nichts und es nützt ihm nichts. Ringsherum finden ganz andere Ereignisse Beachtung. Solche Apfelbäume sollten lieber totgeschwiegen werden. Ich wünsche so etwas in der Neuen Freien Presse nicht mehr zu lesen: auch wenn sie nur die Wunder eines Hoteliers preisen wollte und nicht Gottes Komfort. Aber sie tue es nicht. Nichts von Blüte in solchem Mund! Nichts von Blüte, wo nur Blätter sind! Dem Baum nützt es nicht, und wenn er viermal sagte, was man nicht hören will, und ihr glaubt man`s nicht. Es ist, als ob ein Menschenfresser Tränen hätte, weil eine Schiffbrüchige in gesegneten Umständen ans Land kommt. Nein, toller: es ist, als ob die Neue Freie Presse gerührt wäre, weil ein Apfelbaum blüht.

Ein irritierender Text, sein Schlüssel liegt im Satz: »Nichts von Blüte in solchem Mund!« Er zeigt, wem der grenzenlose Haß des Autors gilt, der Wiener Zeitung Neue Freie Presse und mit ihr dem gesamten Journalismus. Im extrem subjektiven Blick von Kraus ist selbst das einfache Blühen eines Baumes dadurch besudelt, daß es von einer Zeitung gemeldet wird. Nichts, so seine schwarze Sicht, ist mehr vom Zugriff der journalistischen Meute und der Gier der Welt verschont, nichts mehr heilig. Erst dieser hochgradig geschärfte Blick erfaßt die schlechte Wirklichkeit, wie sie wirklich ist, und setzt die Utopie frei. Das wäre ein Zustand, in dem es etwas gäbe, das der universalen Herrschaft der Verwertung nicht mehr unterläge. Ein Zustand, in dem der ökonomische Mechanismus von Profit und Konkurrenz, der Menschen und Sachen auf ihre Funktionalität reduziert und damit entwertet, außer Kraft gesetzt wäre.

Der Kommentar bewertet Aussagen mit dem Maßstab der Wahrheit, Fakten und Sachverhalte mit dem Maßstab der gesellschaftlich gültigen Normativität, d.h. des Rechts, des Grundgesetzes, universeller Ideale. Die Glosse erweitert dieses Instrumentarium, das der schlechten Wirklichkeit den Spiegel vorhält, um allgemein-menschliche, oft liebenswert antiquiert wirkende Tugenden und um deren in die Zukunft weisendes Gegenstück, die Utopie.

Die alten Tugenden existieren im kollektiven Gedächtnis, doch woher das utopische Ideal nehmen? Die Glosse glaubt, es aus der Wirklichkeit selbst herauspressen zu können: Je unbarmherziger die Wirklichkeit durch Konstruktion zur Kenntlichkeit gezwungen wird, desto konkreter zeigt sie, gleichsam im Schattenriß, ihre utopischen Möglichkeiten.

3. Idee

3.1 Der böse Blick

Es war schon die Rede von dem schrägen, bösen Blick, mit dem der Glossenschreiber auf die Dinge schaut und unter dem diese böse zurückschauen. Was charakterisiert einen solchen Blick, oder, andersherum gesehen: Was müßte einem solchen Blick auffallen, daß man ihn mit Recht böse nennen kann? Folgende Sachverhalte zum Beispiel dürften einem scharfen Auge nicht entgehen:

1. Meldung des Evangelischen Pressedienstes (epd):

Unternehmen Kirche

Zu »totalem Kundenkontakt« hat der Marburger Sozialethiker Wolfgang Nethöfel die evangelische Kirche aufgefordert. Die Kirche müsse ihre Unternehmensziele klarer bestimmen, forderte Nethöfel auf dem Kongreß »Unternehmen Kirche« in Hamburg. Die Kirche müsse sich entscheiden, ob sie »Marktführer« bleiben oder als Nischenanbieter Profil gewinnen wolle, so der Theologe vor 400 Vertretern aus Kirche und kirchennahen Organisationen. Derzeit sei die kirchliche Verwaltung geprägt von einer »Theologie der Beharrung«.

Was ist hier komisch? Ist es die aggressive Marketing-Sprache mit ihren Begriffen »totaler Kundenkontakt«, »Marktführer« und »Nischenanbieter«, die der in die Rolle eines Unternehmensberaters geschlüpfte Ethikprofessor verwendet? Nein, eine Fachsprache, sei sie auch noch so ausgefallen, allein ist nicht lächerlich. Lächerlich ist die Anwendung dieser Fachsprache auf einen nicht dazu passenden Gegenstand. Einer altehrwürdigen Institution, die sich um das Heil der Seele sorgt, wird empfohlen, sich wie ein modernes Unternehmen zu verhalten, dem es um nichts als den Profit geht.

Damit entsteht ein greller Widerspruch zwischen zwei Bildern: Mit dem Wort Kirche assoziiert der Leser ein Bild betender Gläubiger im Halbdunkel eines Gotteshauses, ein Bild von Sammlung und Spiritualität, von Mystik, Leidenschaft und Fanatismus. Mit dem Wort Unternehmen dagegen ein Bild von kühl rechnenden Machern hinter Schreibtischen, von Strategie und Rationalität, von leidenschaftsloser Konkurrenz hinter lächelnder Fassade.

Dieser Widerspruch von Bildern, diese Reibung von Assoziationen im Appell des fortschrittlichen Ethikers trifft den Leser überraschend, verschlägt ihm die Sprache, läßt ihn den Kopf schütteln und löst sich schließlich in Lachen auf, mit einem Wort: ist komisch.

2. Meldung der Deutschen Presseagentur (dpa):

Überlebenstechnik in der Großstadt als Studienfach

Die erste »Universität« für Stadtstreicher ist jetzt in Rom gegründet worden. An der Hochschule »La Strada« (Die Straße) sollen nach Zeitungsberichten vom Donnerstag Obdachlose und Bettler für eine Studiengebühr von 30 000 Lire (28 Mark) in großstädtische Überlebenstechniken eingeführt werden. Wie baut man sich ein Bett aus Pappkartons? Wo schläft man am besten? Wo wäscht man sich, und wo ißt man? Die »Studenten« sollen auch in »Die hohe Kunst des Bettelns« eingewiesen werden, sagte der selbsternannte »Uni«-Direktor Evio Botta. Der Ex-Koch, Clochard und selbstbewußte Experte für Stadtstreicherei hat bereits Stundenplan und Lehrkörper, fünf befreundete Obdachlose, seines Instituts komplett. Unterrichtet wird unter freiem Himmel im römischen Stadtteil Trastevere.

Was reibt sich hier so, daß ein Lachreiz entsteht? Auch hier sind es zwei Vorstellungen, die einander scharf kontrastieren: Auf der einen Seite die romantische Vorstellung vom Clochard als einem der letzten Rebellen der Großstadt, der, verdreckt und arm, aber frei und selbstbestimmt, auf die bürgerlichen Konventionen pfeift. Auf der anderen Seite die Universität als Inbegriff der Zivilisation, wo die Jugend Genauigkeit des Denkens und akademische Disziplin lernt, wo sie Zugang zu Wissen und Bildung findet und zugleich ihre bürgerliche Karriere startet.

3. Aus Nachrufen in Zeitungen:

Geschäftsfreunde ehren den verstorbenen Kollegen mit den Worten: »Ein Leben im Dienst der Feinblechindustrie«.
Ein Unternehmen rühmt eine verstorbene hochrangige Mitarbeiterin: »Sie hat die Entwicklung des Wach- und Sicherheitsgewerbes und des Geld- und Werttransportes zu modernen Sicherheitsdienstleistern aktiv mitgestaltet.«

Auch hier prallen Gegensätze aufeinander, der tiefe Widerspruch zwischen dem Leben (mitsamt dem Tod als seinem furchtbar-erhabenen Ende) und dem banalen Inhalt, mit dem es gefüllt wird. Das höchste der Güter, einst Gott, dem Vaterland, der Kunst oder Wissenschaft, der Liebe oder der Menschheit gewidmet, wird in den Dienst der Feinblechindustrie oder des Wach- und Sicherheitsgewerbes gestellt – salbungsvolle Floskel im Mund von Hinterbliebenen und tragikomisches Phänomen der modernen Gesellschaft zugleich.

4. Kants Definition der Liebe aus der »Metaphysik der Sitten«:

> Geschlechtsgemeinschaft (commercium sexuale) ist der wechselseitige Gebrauch, den ein Mensch von eines anderen Geschlechtsorganen und Vermögen macht (usus membrorum et facultatum sexualium alterius), und entweder ein natürlicher (wodurch seines Gleichen erzeugt werden kann) oder unnatürlicher Gebrauch, und dieser entweder an einer Person ebendesselben Geschlechts, oder einem Tiere von einer anderen als der Menschen-Gattung.

Ein Widerspruch auch hier, der zum Lachen reizt: Es ist die Reibung zwischen einem (sachlichen) Inhalt und einer (begrifflichen) Form, zwischen der Liebe und ihrer nüchtern-wissenschaftlichen Definition. Was das moderne Bewußtsein nur in romantischer Idealisierung, als Verschmelzung von Körper und Seelen denken kann, stößt hart mit der Fassung zusammen, unter der es im desillusionierenden Blick des Wissenschaftlers erscheint: als Gebrauch von Geschlechtsorganen durch Menschen oder Tiere.

Die Komik, die aus diesen Texten spricht, muß der böse Blick des Glossisten wahrnehmen. Er muß also die Reibungen, aus denen Komik entsteht, nicht unbedingt per Analyse ermitteln und begrifflich fixieren wie oben gezeigt. Aber er muß sie fühlen, ahnen, mit irgendwelchen Sensorien aufnehmen, ich nenne es einfach: sehen. Der böse Blick des Glossisten ist also nichts anderes als hochgradige Sensibilität für die Widersprüche des modernen Lebens, Sensibilität, die imstande ist, den Alltag des modernen Menschen als ein zutiefst widersprüchliches, tragikomisches Spiel zu erkennen.

Komik setzt also voraus, daß eine Form nicht zu ihrem Inhalt, ein Anspruch nicht zur Wirklichkeit, ein Phänomen nicht zu seinem Wesen, eine Wirkung nicht zu ihrer Ursache passen. Sie verlangt, daß Bilder, Formen, Stile mit-

einander in Kontrast geraten, daß Vorstellungen, Assoziationen, Ideen auf-
einanderprallen. Derlei Widersprüche sind demnach notwendige, möglicherweise aber nicht hinreichende Bedingungen für die Entstehung von Komik.
So nennen auch die Autoren, die die lange Geschichte der Komiktheorien
geschrieben haben, weitere Ingredienzien, wie ein kurzer Blick zeigen soll.

Beginnen wir mit dem Philosophen Arthur Schopenhauer, dem selbst ein
schönes Beispiel von Komik unterläuft, gleich nachdem er das Thema in
Angriff genommen hat. Behauptet er doch, daß in seinem Buch »nach so vielen fruchtlosen, früheren Versuchen, die wahre Theorie des Lächerlichen
gegeben und das schon von Cicero aufgestellte, aber auch aufgegebene Problem definitiv gelöst sei« (Schopenhauer, S. 110). Und bietet so das amüsante Bild eines Denkers, der die Weisheit nicht sucht, sondern gefunden hat.

Schopenhauer zufolge ist Ursprung der Komik »die paradoxe und daher
unerwartete Subsumtion eines Gegenstandes unter einen ihm übrigens hete-
rogenen Begriff, ... die plötzliche Wahrnehmung einer Inkongruenz zwischen
einem solchen Begriff und dem durch denselben gedachten realen Gegenstand, also zwischen dem Abstrakten und dem Anschaulichen« (Schopenhauer, S. 109). So sei es witzig, wenn jemand an ein frisch getrautes Paar,
dessen weiblicher Teil ihm gefalle, die Worte aus Schillers »Bürgschaft«
richte: »Ich sei, erlaubt mir die Bitte, / In eurem Bunde der Dritte.«

Hier werde nämlich unter dem Begriff »Bund«, unter dem Schiller ein moralisch edles Verhältnis fasse, ein verbotenes und unsittliches subsumiert. Und
dieser Zusammenprall disharmonischer Vorstellungen in einem Begriff löse
sich in Lachen auf. Nicht Reibung schlechthin, sondern Reibung zwischen
Begriff und Sache ist nach Ansicht Schopenhauers also der Ursprung des
Komischen.

Warum aber freut sich der Mensch über diese besondere Reibung? Hier hat
Schopenhauer eine einleuchtende Erklärung parat und greift damit der
Freudschen Theorie vor, wonach Lachen ein lustvoller Rückfall in den Kind-
heitszustand ist: »Bei jenem plötzlich hervortretenden Widerstreit zwischen
dem Angeschauten und dem Gedachten behält das Angeschaute allemal
unzweifelhaftes Recht: denn es ist gar nicht dem Irrthum unterworfen, bedarf
keiner Beglaubigung von außerhalb, sondern vertritt sich selbst ... Dieser
Sieg der anschauenden Erkenntniß über das Denken erfreut uns. Denn das
Anschauen ist die ursprüngliche, von der thierischen Natur unzertrennliche

Erkenntnisweise ... : es ist das Medium der Gegenwart, des Genusses und der Fröhlichkeit: auch ist dasselbe mit keiner Anstrengung verknüpft. Vom Denken gilt das Gegenteil: es ist die zweite Potenz des Erkennens, deren Ausübung stets einige, oft bedeutende Anstrengung erfordert, und deren Begriffe es sind, welche sich so oft der Befriedigung unserer unmittelbaren Wünsche entgegenstellen ... Diese strenge, unermüdliche, überlästige Hofmeisterin Vernunft jetzt ein Mal der Unzulänglichkeit überführt zu sehn, muß uns daher ergötzlich seyn« (Schopenhauer, S. 117f).

Auch für den französischen Philosophen Henri Bergson ist nicht Reibung überhaupt, sondern eine bestimmte Reibung ursächlich für die Entstehung von Komik: Es muß etwas Lebendiges und etwas Mechanisches in einer Form, einer Handlung, einer Situation oder einem Charakter aufeinanderstoßen. Er veranschaulicht diese Formel am Beispiel einer Zeichnung, in der ein Mensch als Hampelmann dargestellt wird. »Die Suggestion muß deutlich sein; wir müssen im Innern dieses Menschen so klar wie durch Glas einen zerlegbaren Mechanismus erkennen. Die Suggestion muß aber auch diskret sein, und die Person, deren Glieder zu ebenso vielen mechanischen Bestandteilen versteift wurden, muß uns als Ganzes weiterhin den Eindruck eines lebenden Wesens vermitteln. Je exakter beide Vorstellungen – Mensch und Mechanismus – ineinander greifen, umso erschütternder ist die komische Wirkung« (Bergson, S. 28).

Bei Verhaltensweisen entdeckt Bergson diese Grundfigur des Komischen im Zeremoniell und im Reglement. »Vom Augenblick an, da wir den ernsten Sinn einer Feierlichkeit oder Zeremonie vergessen, haben wir den Eindruck, die Teilnehmer bewegen sich wie Marionetten. Ihre Beweglichkeit ist auf die Unbeweglichkeit einer Formel abgestimmt. Es ist Automatismus. Vollkommen aber ist der Automatismus eines Beamten, der wie eine Maschine funktioniert, oder die Seelenlosigkeit eines Verwaltungsreglements, das mit unerbittlichem Zwang angewendet wird und das sich für ein Naturgesetz hält. Vor einigen Jahren ging ein großer Postdampfer bei Dieppe unter. Einige Passagiere retteten sich mit letzter Not in ein Boot. Die Zollbeamten, die ihnen mutig zu Hilfe geeilt waren, fragten sie als erstes, ob sie nichts zu verzollen hätten ...« (Bergson, S. 37).

Für Situationskomik führt Bergson den beliebten Mechanismus des Schneeballs an: »Da stürzt zum Beispiel ein Gast in einen Salon; er stößt mit einer Dame zusammen, deren Teetasse sich über einen alten Herrn ergießt, der

gegen eine Fensterscheibe prallt, deren Scherben dem Schutzmann vor dem
Haus auf den Kopf fallen, worauf dieser die ganze Polizei alarmiert usw.«
(Bergson, S. 59). Eine Szene greift in die andere, die Situation wird Schritt
für Schritt bedrohlicher, und immer deutlicher wird das Prinzip eines rollen-
den Schneeballs, der zur gefährlichen Lawine wird.

Noch stärker ist die komische Wirkung, wenn sich der Automatismus zu
einem Kreis schließt: In einer Komödie »sehen wir einen betagten Junggesellen und eine alte Jungfer bei ihrer täglichen Kartenpartie. Sie sind gute
alte Bekannte. Beide haben sich unabhängig voneinander an das gleiche Ehe-
vermittlungsbüro gewendet. In der Folge durchlaufen sie Seite an Seite tausend Schwierigkeiten und Mißgeschicke, bis sich am Schluß des Stücks jeder
zum vereinbarten Stelldichein einfindet, nur um festzustellen, daß er dem
anderen wieder gegenübersitzt« (Bergson, S. 61). Ein mechanischer Kreis-
lauf, tragikomisch, weil mit großer Anstrengung nichts erreicht wird.

Den Prototyp des komischen Charakters schließlich sieht Bergson in der
Figur des Don Quijote: »Don Quijote zieht in den Krieg. In seinen Romanen
hat er gelesen, daß der Ritter unterwegs feindlichen Riesen begegnet. Also
braucht er einen Riesen. Die Vorstellung von einem Riesen hat sich als deutliche Erinnerung in seinem Gehirn eingenistet. Dort liegt sie auf der Lauer,
sie wartet reglos auf die Gelegenheit hinauszustürzen und sich in einem
Gegenstand zu verkörpern. Sie will sich materialisieren, und deshalb verleiht
sie dem ersten besten Gegenstand – erinnere er auch nur entfernt an einen
Riesen – die Gestalt eines Riesen. Don Quijote sieht also Riesen dort, wo wir
Windmühlen sehen« (Bergson, S. 123). Aufgrund einer starren, schemati-
sierten Optik, lautet damit die unübertreffbare Formel für Absurdität und
Wahn, paßt man »die Dinge einer schon vorhandenen Vorstellung an statt
umgekehrt; man sieht das vor sich, woran man denkt, anstatt an das zu denken, was man sieht« (ebd.).

Für den Psychoanalytiker Sigmund Freud schließlich ist die beherrschende
Figur im weiten Feld des Lachens der Witz; Komik und Humor entwickelt er
in Analogie dazu. Der Witz bewirkt Freud zufolge Lust durch seine Rolle
innerhalb der psychischen Ökonomie. Wie, so seine Leitfrage, funktioniert
»der Mechanismus dieser Lustwirkung« (Freud, S. 111)?

Der Prozeß der Zivilisation baut äußeren Zwang zu psychischen Hemmungen um; der Einzelne verbietet sich immer rigider, über das zu lachen, worü-

ber er als Kind noch gelacht hat: über körperliche Gebrechen anderer, über Obszönitäten, über Autoritäten und Verbote, über Un- und Widersinn, über alles vom »Denk- und Realitätszwang« (Freud, S. 119) nicht Erfaßte. Um diese Hemmung aufrechtzuerhalten, bedarf es eines beständigen psychischen Aufwands. Der Witz erlaubt nun, für einen Augenblick die Hemmung fallenzulassen und sich wieder wie ein Kind zu freuen. Mit den Worten Freuds: »Diese Hemmungsbereitschaft, die ich als einen wirklichen Aufwand analog einer Mobilmachung im Armeewesen fassen muß, wird gleichzeitig als überflüssig oder als verspätet erkannt und somit *in statu nascendi* durch Lachen abgeführt« (Freud, S. 142).

Das Komische sieht Freud ebenfalls als eine spezielle Reibung, und zwar als Mißverhältnis zwischen Aufwand und Wirkung. Den Clown auf der Bühne beschreibt er als Musterfall künstlich produzierter Komik: »Die Antwort, warum wir über die Bewegungen des Clowns lachen, würde lauten, weil sie uns übermäßig und unzweckmäßig erscheinen. Wir lachen über einen allzu großen Aufwand.« Ein Beispiel unabsichtlicher Komik sieht er in »Bewegungen, die der Kegelschieber ausführt, nachdem er die Kugel entlassen hat, solange er ihren Lauf verfolgt, als könnte er diesen noch nachträglich regulieren« (Freud, S. 177).

Wie, so fragt er weiter, »gelangen wir aber zum Lachen, wenn wir die Bewegungen eines anderen als übermäßig und unzweckmäßig erkannt haben?« Seine Antwort: »Auf dem Wege der Vergleichung, meine ich, zwischen der am anderen beobachteten Bewegung und jener, die ich selbst an ihrer Statt ausgeführt hätte« (Freud, S. 178). Was wiederum die Frage auslöst, wodurch dieser Vergleich denn das Lachen freisetzt?

Um vergleichen zu können, muß ich mich in die Situation des anderen versetzen, seine Bewegung verstehen wollen. Diese Einfühlung verlangt einen gewissen seelischen Aufwand, der der Bewegung proportional ist, die ich verstehen will. Die Bewegung des anderen schießt nun über das Ziel hinaus, für die Einfühlung in sie würde ich also einen höheren seelischen Aufwand benötigen als für die – die Mittel richtig wählende – Bewegung, die ich selber ausführen würde. Der Vergleich zwischen der übermäßigen Bewegung des anderen und meiner wohlkalkulierten erspart auf diese Weise Vorstellungsaufwand und erzeugt damit die komische Lust. Mit den Worten Freuds: »Bei einer übermäßigen und unzweckmäßigen Bewegung des anderen wird mein Mehraufwand fürs Verständnis *in statu nascendi*, gleichsam in der

Mobilmachung gehemmt, als überflüssig erklärt und ist für weitere Verwendung, eventuell für die Abfuhr durch Lachen frei« (Freud, S. 181).

Die Lust des Humors endlich läßt Freud daraus resultieren, daß für kurze Zeit der Zwang, sich rühren zu lassen, aufgehoben ist, daß also Gefühlsenergie erspart wird. Damit liegt die großartige Freudsche Theorie des Witzes, der Komik und des Humors vor uns: »Die Lust des Witzes schien uns aus *erspartem Hemmungsaufwand* hervorzugehen, die der Komik aus *erspartem Vorstellungs*(Besetzungs)*aufwand* und die des Humors aus *erspartem Gefühlsaufwand.* In allen drei Arbeitsweisen unseres seelischen Apparats stammt die Lust von einer Ersparung; alle drei kommen darin überein, daß sie Methoden darstellen, um aus der seelischen Tätigkeit eine Lust wiederzugewinnen, welche eigentlich erst durch die Entwicklung dieser Tätigkeit verlorengegangen ist« und weisen zurück auf »die Stimmung unserer Kindheit, in der wir das Komische nicht kannten, des Witzes nicht fähig waren und den Humor nicht brauchten, um uns im Leben glücklich zu fühlen« (Freud, S. 219).

Soweit Schopenhauer, Bergson und Freud, deren Überlegungen die Definition von Komik als Aufeinanderprall widersprüchlicher Elemente ergänzen und präzisieren. Was aber objektiv als Komisches vorliegt, muß auch subjektiv so wahrgenommen werden. Damit noch einmal zurück zu dem Instrument, das den Glossenschreiber auszeichnet, zurück also zur Ausgangsfrage, was denn den bösen Blick des Glossenschreibers ausmacht.

1. Der böse Blick ist der kalte, distanzierte Blick.

Der böse Blick legt Distanz zwischen sich und den beobachteten Gegenstand, er ist der kalte Blick des Insektenforschers, der kalte Blick des Ethnologen, der einen bislang unbekannten Volksstamm beobachtet. Erst wenn genügend Distanz da ist, werden Dinge komisch: Für uns ist es komisch, wenn die Eskimos zur Begrüßung ihre Nasenspitzen aneinanderreiben, für die Eskimos, wenn wir uns die Hände schütteln.

Wie sagt Bergson: »Stellen Sie sich nun abseits, betrachten Sie das Leben als unbeteiligter Zuschauer – und manches Drama verwandelt sich in eine Komödie.« Und fährt mit der schönen Wendung fort: »Die Komik bedarf also einer vorübergehenden Anästhesie des Herzens, um sich voll entfalten zu können. Sie wendet sich an den reinen Intellekt« (Bergson, S. 13).

2. Der böse Blick ist der genaue und lange Blick.

Erst wer lange und genau hinschaut, sieht andere Dinge, als alle sehen, und die Dinge anders, als alle sie sehen. Er sieht nicht so wie diejenigen, die nur das aufnehmen, was sie schon wissen, sondern blickt auf die Welt mit kindlichen, von Lebensdummheit und Alltagsroutine unverstellten Augen. Ihn interessieren weniger die großen Themen, die bedeutsamen Staatsakte und die intellektuellen Höhenflüge, sondern das einzelne, das kaum Wahrnehmbare, das Unwichtige und Unscheinbare, das Gewöhnliche.

Wer mit diesem Blick schaut, dem wird die vertraute Welt, in der sich die meisten Menschen mit traumwandlerischer Sicherheit bewegen, fremd. Die Ordnung und Rationalität des Alltag entpuppt sich als Schein, und dahinter taucht eine Welt voll von Komik, Wahn und Absurdität auf.

3. Der böse Blick ist der respektlose Blick.

Hegel spricht in seiner »Enzyklopädie der philosophischen Wissenschaften« (§ 48) von der übergroßen »Zärtlichkeit für die weltlichen Dinge«, der sich diejenigen schuldig machen, die die Widersprüche in der Wirklichkeit als Fehler ihres erkennenden Zugriffs interpretieren. Die also vor lauter Respekt vor der bloßen Faktizität der Dinge nicht ihre Möglichkeiten sehen. Erst wer sieht, daß alles, was ist, auch gänzlich anders sein könnte, sieht auch die Komik, die in allem steckt.

> Komik ist Reibung, Zusammenprall widersprüchlicher Elemente, genauer: Widerspruch zwischen Begriff und Sache (Schopenhauer), Ineinandergreifen von Lebendigem und Mechanischem (Bergson), Spannung zwischen psychischem Aufwand und Entladung (Freud).
>
> Der böse Blick ist der kalte, distanzierte Blick: Er läßt sich vom angeschauten Gegenstand nicht anrühren. Der böse Blick ist der lange und genaue Blick: Er sieht, frisch und von Lebensdummheit unverstellt, das einzelne, das Unscheinbare, das Abseitige. Der böse Blick ist der respektlose Blick: Er sieht in allen Dingen nicht, was sie sind, sondern, was sie sein könnten.

3.2. Die Wirklichkeit zur Kenntlichkeit entstellen

So schaut für den Glossisten die Welt, weil böse angeschaut, böse zurück. Sie soll jedoch – so denkt der Glossist, sonst wär er keiner – auch den Leser böse anblicken. Diesen Blick kann er ihm nicht implantieren. Aber er kann ihm die Augen öffnen, sprich: ihm sichtbar machen, was er selbst als komisch erkannt hat. Dazu muß er die Komik des Sachverhalts konzentrieren, zuspitzen, verschärfen. Was heißt das?

Grundlage der komischen Wirkung sind, so hatten wir festgestellt, starke Widersprüche, extreme Reibungen. Komik zuspitzen heißt also, den Leser mit der Nase darauf stoßen, daß sich da etwas extrem reibt und warum es sich reibt. Zuspitzen heißt also, die Widersprüche bis zu dem Punkt treiben, an dem sie umkippen und damit erkennbar werden.

Nehmen wir das Beispiel von Seite 232, den Satz aus einem Nachruf: »Ein Leben im Dienst der Feinblechindustrie«. Um dessen Komik so zu verschärfen, daß sie offenkundig wird, ließe sich die Idee entwickeln, eine klassische Textvorlage zu manipulieren, etwa folgendermaßen:

Es läßt sich nicht leugnen, daß auch die Deutschen die *Feinblechindustrie* lieben. Aber anders wie andere Völker. Der Engländer liebt die *Feinblechindustrie* wie sein rechtmäßiges Weib, er besitzt sie, und wenn er sie auch nicht mit absonderlicher Zärtlichkeit behandelt, so weiß er sie doch im Notfall wie ein Mann zu verteidigen, und wehe dem rotgeröckten Burschen, der sich in ihr heiliges Schlafgemach drängt – sei es als Galant oder als Scherge. Der Franzose liebt die *Feinblechindustrie* wie seine erwählte Braut. Er glüht für sie, er flammt, er wirft sich zu ihren Füßen mit den überspanntesten Beteuerungen, er schlägt sich für sie auf Tod und Leben, er begeht für sie tausenderlei Torheiten. Der Deutsche liebt die *Feinblechindustrie* wie seine alte Großmutter.

(Die Redaktion bittet um Verständnis für die Fehler in der oben zitierten Passage aus den »Englischen Fragmenten« von Heinrich Heine. Der Satzcomputer ersetzte das Wort »Freiheit« immer wieder durch »Feinblechindustrie«. Unmittelbar vorher war ein Nachruf eingegeben worden, in dem der Verstorbene mit den Worten geehrt wurde, er habe sein Leben »im Dienst der Feinblechindustrie« gelebt.)

Was passiert hier? Der Text ersetzt das Wort Freiheit in der Heine-Passage durch das Wort Feinblechindustrie und rückt so die Arbeit in der Feinblechindustrie in einen völlig anderen Kontext. Aus einer belanglosen Funktion wird durch Zuspitzung ein kaum noch zu steigerndes Ideal: Für die Feinblechindustrie hat jetzt nicht nur der verstorbene Manager gelebt; der Engländer, der Franzose, der Deutsche: schlicht jedermann liebt sie wie seine rechtmäßige Frau, er verteidigt sie mit der Waffe in der Hand, glüht für sie, schlägt sich für sie auf Leben und Tod, vergöttert sie wie seine alte Großmutter.

Im selben Moment kippt aber die Konstruktion um und macht die Komik sichtbar: Wie kann man die Feinblechindustrie lieben, mit der Waffe in der Hand verteidigen, sich für sie auf Leben und Tod schlagen? Lieben, verteidigen, vergöttern kann man doch nur wirkliche Ideale: die Freiheit, das Leben, die Kunst, die Liebe, die Wissenschaft.

Der Text treibt also die verdrehte Wirklichkeit, in der der Mensch im Dienst von Wirtschaftssubjekten steht, auf die Spitze, wo sie umkippt und als verkehrte erkennbar wird. Wirklichkeit wird auf diese Weise noch einen Schritt weiter entstellt und eben damit wieder unentstellt sichtbar, paradox gesagt: zur Kenntlichkeit entstellt. Es wird erkennbar, aus welcher Höhe der Mensch herabgestürzt ist, der einst im Dienst Gottes, des Vaterlandes, der Freiheit, der Wissenschaft, der Kunst, der Liebe gelebt hat und heute die Feinblechindustrie seinen Dienstherrn nennt.

Ein weiteres Beispiel: Um die Komik der Stadtstreicher-Universität in Rom (S. 232 oben) sichtbar zu machen, bietet sich die Idee an, aus dem Vorlesungsverzeichnis einer solchen Universität zu zitieren, etwa so:

Quo vadis, universitas?

In Deutschland wird Klage geführt, daß die Universitäten an Niveau verloren haben. Daß es auch anders geht, macht uns ausgerechnet Italien vor. In Rom wurde jetzt eine Universität für Stadtstreicher gegründet, die der jahrhundertalten akademischen Tradition des Landes alle Ehre macht. Ein Auszug aus dem Lehrplan:

[...]

Dienstag

09.00-12.00 Vorlesung: Theorie des Bettelns
(Prof. Dr. Hubertus Moll SJ)
- Das Betteln als solches

- Das Betteln bei den Alten (Platon und Aristoteles)
- Das Betteln bei den Hunden
- Das Betteln in systemtheoretischer Sicht
- Das Betteln in Abgrenzung vom Schnorren

13.00-16.00 Praktische Übung: Betteln in der Fußgängerzone
(Prof. em. Dr. h. c. Holde-Regula Melcher-Sulzer)
- Grundsätze des Effektivbettelns
- Elendsblick und Wundenvortäuschung
- Holzbeinsimulation
- Einsatz von Kleinkindern

17.00-19.00 Doktorandenkolloquium: Neuere Forschungsansätze
zum Thema Verhalten bei Polizeikontrollen unter besonderer Berücksichtigung der Verhältnisse in sanierten und
reaktivierten Altstädten
(Prof. Dr. Lech Pospichil, Leiter des Warschauer For-
schungsinstituts »Clochinski«)

parallel   Interdisziplinäres Kolloquium: Probleme grenzüber-
schreitenden Bettelns und Schnorrens
(veranstaltet in Zusammenarbeit mit den EU-Hochschul-
experten der »ASI« – Allround and Special Information
for Outlaws)

[...]

Was ist hier passiert? Dieser Text faßt die banalen Tätigkeiten der Obdach-
losen, das Betteln und Schnorren, in die imposante Sprache, mit der Professoren ihre Lehrveranstaltungen ankündigen. Banale Inhalte werden so mit
der Gloriole der Wissenschaftlichkeit und akademischer Reputation umge-
ben; die Formeln akademischer Rhetorik werden mit völlig unpassenden
Inhalten gefüllt.

Und genau hier kippt die Konstruktion wieder um. Wenn Betteln und Schnorren behandelt werden, als ginge es um Gott, Freiheit und Unsterblichkeit,
dann wird durch Zuspitzung eine bislang unauffällige Praxis erkennbar.
Wichtigtuerei wird als solche sichtbar, wenn banale Inhalte wichtigtuerisch
behandelt werden.

Dieser Text nimmt also nicht die Teilnehmer der Obdachlosen-Universität
aufs Korn, sondern die akademische Aufgeblasenheit. Er verzerrt die Praxis
der Universitäten noch um einen Schritt, so daß deren eigene Verzerrtheit
zum Vorschein kommt. Er verzeichnet die Wirklichkeit, um die verzeichnete
Wirklichkeit zurechtzurücken.

Die Glosse verdreht die Wirklichkeit, die ihrerseits schon verdreht ist. Von der zweiten Verkehrung erhofft sie sich, daß eine ursprüngliche, unentstellte Realität wieder zum Vorschein kommt. Sie konfrontiert mit diesem Gegenbild die aktuelle Wirklichkeit und macht sie so als falsche sichtbar. In eine Formel verkürzt: Die Glosse entstellt Wirklichkeit zur Kenntlichkeit.

3.3. Der Kunstgriff der Zuspitzung: die Glossenidee

Widersprüche und Reibungen so zu verschärfen, daß sie auch dem ungeübten Leser ins Auge fallen, mit anderen Worten: die von ihm wahrgenommene Komik so zuzuspitzen, daß auch Leser mit weniger scharfem Blick lachen können – das ist es, worum es dem Glossenschreiber geht. Was er bewirken will, Komik per Zuspitzung, ist also klar, das Verfahren der Zuspitzung selbst ist dagegen noch genauer zu betrachten. Dieser Kunstgriff, die Glossenidee also, ist das Geheimnis des Handwerks, gute Glossen zu schreiben.

Sehen wir uns dazu das erste Beispiel des vorigen Unterkapitels an: Die Aufgabe war, die schaurige Komik des Nachruf-Satzes »Ein Leben im Dienst der Feinblechindustrie« sichtbar zu machen. Es ging also darum, die Diskrepanz darzustellen zwischen einem Leben im Dienst der Feinblechindustrie und einem Leben, das beispielsweise im Zeichen großer Ideale wie Freiheit, Gott, Vaterland oder Liebe stand oder stehen könnte. Und diese Diskrepanz war nicht auszusprechen, sondern darzustellen, das heißt: mit Hilfe eines Kunstgriffs anschaulich zu machen.

Der Kunstgriff, die Glossenidee eben, besteht nur darin, in einem Text, der die Freiheit verherrlicht, das Wort Freiheit gegen das Wort Feinblechindustrie auszutauschen. Der so entstehende Text leistet dann zweierlei: Er zeigt gleichzeitig beide Bilder, ein Leben im Zeichen der Freiheit und ein Leben im Dienst der Feinblechindustrie und spiegelt sie ineinander. Damit führt er anschaulich den Sturz vor, den das Leben gemacht hat, seitdem es sich von seinen idealen Zielen emanzipiert und sich dem individuellen Glück, sprich: den ökonomischen Zwängen, verschrieben hat.

Im zweiten Beispiel des vorigen Unterkapitels, der neugegründeten Stadtstreicher-Universität in Rom nimmt sich der Glossist das akademische Impo-
nier-Gehabe vor. Um dessen Lächerlichkeit darzustellen, muß er die univer-
sitäre Welt der Gebildeten und Wohlsituierten mit der proletarischen Welt der
Deklassierten zusammenprallen lassen und diesen Widerspruch auskonstru-
ieren, was wiederum heißt: mittels eines Kunstgriffs plastisch wahrnehmbar
machen.

Die Glossenidee besteht also darin, auszugsweise das Vorlesungsverzeichnis
einer solchen Stadtstreicher-Universität zu entwickeln. Dieser Text faßt die
geächteten Tätigkeiten der Stadtstreicher in die elaborierte Sprache der Wissenschaft und schafft so einen scharfen Widerspruch zwischen akademischer
Form und proletarischem Inhalt. Was wiederum die Selbstgefälligkeit der
Wissenschaftssprache augenfällig macht wie auch ein Schlaglicht wirft auf
die tragikomische Sehnsucht Obdachloser nach akademischen Weihen.

Solche Glossenideen, also Kunstgriffe zur Konstruktion von Komik, gibt es
in unendlicher Zahl, wie es unendlich viele Bildideen, Klangideen, Ideen
künstlerischer Gestaltung gibt. Hier einige Beispiele, weitgehend zufällig
aus der Fülle der Möglichkeiten herausgegriffen:

Beispiel 1: Dem Glossisten der FAZ fällt die Unsitte insbesondere des Bou-
levard-Journalismus auf, zu banalen Fragen des Zeitgeschehens einen Psy-
chologen als Fachmann heranzuziehen. Als die Bildzeitung die naiv-dreisten
Erklärungen einer Psychologin zu Boris Beckers neuem Bart druckt, fragt er
sich, wie er derartigen mit wissenschaftlicher Autorität verbreiteten Unsinn
als solchen kenntlich machen kann. Seine Glossenidee ist, den psychologi-
schen Nonsense mit noch größerem philosophischem Nonsense zu übertrumpfen: Die unfreiwillige Komik des großen Philosophen Schopenhauer
entlarvt die ebenso unfreiwillige, aber nicht ganz so auffällige Komik der
Bildzeitungs-Psychologin (FAZ, 5. 9. 1991):

Barbarossa

Was ist bloß mit Boris los? Eines sieht jeder: Boris hat jetzt Haare im
Gesicht. Aus dem strahlenden Siegfried wurde ein verbissener Barba-
rossa, der eine Niederlage nach der anderen erleidet. Die Fachpresse
wähnt Boris am Abgrund und bemüht psychologisches Expertenwissen. Schon 1987 signalisierten Cowboy-Hut und freches Grinsen
»Weltoffenheit und Neugierde« (Bild). Jetzt weiß die Psychologin:

»Sein Bart dokumentiert Neugierde auf ein neues Leben.« Dies ist
eine falsche Antwort auf eine berechtigte Frage, und die verkehrte Antwort führt zu einer verkehrten Frage: »Neugierde auf ein Leben ohne
Tennis?« In Wahrheit dürfte es sich ganz anders verhalten. Schon
Schopenhauer fragte nach der wirkenden Ursache vom Barte der
Männer; als Endursache desselben vermutete er, »daß das Patho-
gnomische, also die jede innere Bewegung des Gemüts verratende
schnelle Änderung der Gesichtszüge hauptsächlich am Munde und
dessen Umgebung, sichtbar wird: um daher diese als eine bei Unter-
handlungen oder bei plötzlichen Vorfällen oft gefährliche dem Späher-
blicke des Gegenparts zu entziehn, gab die Natur (welche weiß, daß
homo homini lupus) dem Manne den Bart«. Zuletzt hatte der offen-
herzige Boris zuviel von seinem inneren Zustand verraten, und das
hat ihn um manchen schönen Sieg gebracht. Die Behaarung im
Gesicht beweist jetzt, daß Boris nicht aufgibt, sondern den Kampf mit
einem zusätzlichen Mittel verschärft; es wird seine tarnende – und
erschreckende – Wirkung gewiß nicht verfehlen. Steffi Graf, käme sie
in ähnliche Bedrängnis, könnte freilich auf dieses letzte Mittel nicht
zurückgreifen, und dies in einem von Tag zu Tag härteren Kampf um
die Behauptung des Spitzenplatzes, bei dem *mulier mulieri lupa* ist wie
nur je bei Männern. Was Boris durch den Bart bewirkt, muß Steffi
durch eiserne Haltung ersetzen: »Hingegen konnte desselben das
Weib entraten; da ihr die Verstellung und Selbstbemeisterung (conte-
nance) angeboren ist« (Schopenhauer). Das deutsche Tenniswunder
kann weitergehen.

Beispiel 2: Der Redakteur einer Studentenzeitschrift ärgert sich über die Aussage eines Politikers, die Diskussion über eine Reform der deutschen Universitäten sei überflüssig. Schließlich erfüllten die Hochschulen ihre Aufgabe, die Studenten schnell und konsequent zum Abschluß zu führen, durchweg ordentlich. Seine Glossenidee besteht nun darin, die Sicht des Politikers
zu konterkarieren, indem er das Studentenleben als einen Prozeß der Ernüch-
terung zeigt. Dazu stellt er in zwei Momentaufnahmen den Tagesablauf eines
Studenten dar; sie zeigen ihn einmal als einen übereifrigen, sich selbst über-
schätzenden Studienanfänger, das anderemal als eine abgebrühte, zynische,
gescheiterte Existenz im zehnten Semester (Unicum, Heft 2, 3. 4. 1988):

Ein ganz gewöhnlicher Studientag

1. Semester

6.30 h Wecker rappelt. Sofort aus dem Bett gehüpft. 15 Min. Hegel
interpretiert, dann Gymnastik und mich gewaschen.

7.00 h Beim Frühstück am Referat über Hegel gearbeitet.

7.30 h Zur Uni gerannt. Hörsaal erreicht. Pech gehabt: die erste Reihe war schon besetzt. Niederschmetternd!! Beschlossen, ab morgen schon um 6 h aufzustehen.

8.15 h Vorlesung. keine Disziplin! Einige Studenten lesen Zeitung. Alles mitgeschrieben. Füller leer. Werde mir Zweitfüller anschaffen!

10.15 h Seminar. Ältere Semester haben überhaupt keine Ahnung.

12.30 h Mittagessen. Nur unter größten Schwierigkeiten am Referat (Hegel) weitergearbeitet, da in der Mensa zu laut.

13.45 h Vorlesung. Nicht mehr hingekommen, da mit anderen Fakultäten über Sinn und Unsinn meines Studiums gestritten.

15.45 h Proseminar. Hinterher den Professor über seine Irrtümer aufgeklärt.

17.00 h In Bibliothek gewesen. Ärger gehabt. Durfte statt der dringend benötigten 14 Bücher nur vier mitnehmen.

18.30 h Anhand einschlägiger Quellen Promotionsbedingungen eingesehen.

19.45 h Abendessen. Einladung zur Fete abgelehnt. Dafür Vorlesungen der letzten zwei Tage nachgearbeitet.

23.45 h Arbeit beendet. Festgestellt: 24-Stunden-Tag zu kurz. Werde demnächst die Nacht dazunehmen!

10. Semester

10.30 h Aufgewacht: Kopfschmerzen.

10.45 h Linker großer Zeh prüft Zimmertemperatur.

11.00 h Kampf mit dem inneren Schweinehund: aufstehen oder nicht?

11.30 h Schweinehund schwer angeschlagen.

12.00 h Schweinehund besiegt. Aufgestanden.

13.00 h Skat gespielt. 5 DM verloren.

15.30 h Mittagessen.

16.30 h 10 Minuten in der Bibliothek gewesen. Nichts los!

17.00 h Kino. Mäßiger Streifen. Kneipen noch nicht geöffnet.

20.00 h Verabredung mit Marion.

1.20 h Bude wieder erreicht. Insgesamt 23,50 DM ausgegeben. Mehr hatte die Kleine nicht dabei.

Beispiel 3: Ein Spiegel-Redakteur stößt auf die Geschichte des Kriegsdienstverweigerers Norbert Clawiter aus Oppenheim. Clawiter hat seinen Prozeß in der ersten Instanz verloren und ist mit dem Argument, der beisitzende Richter habe während der Verhandlung geschlafen, in die Revision gegangen; doch auch die Revisionsinstanz, das Bundesverwaltungsgericht in Berlin, hat seine Klage abgewiesen. Die Argumentation des letztinstanzlichen Urteils ist so komisch, daß sich der Redakteur darauf beschränken kann, sie lediglich in komprimierter Form wiederzugeben. Die Glossenidee besteht also darin, mit wörtlichen Zitaten den roten Faden der richterlichen Argumentation herauszuarbeiten.

Auf diese Weise kommt eine wunderliche juristischen Logik zum Vorschein: Wie es für den Juristen von allen Dingen zwei Seiten gibt, eine dem Normalmenschen und seinem Alltagsverstand zugängliche und eine spezifisch juristische, so gibt es für ihn auch den Schlaf, den jedermann schläft, den »Feld-Wald-und-Wiesen-Schlaf« also, und den Schlaf »im Sinne der Rechtsprechung«. Im ersten Sinne hat der Richter natürlich geschlafen; das hindert seine Kollegen von der höheren Instanz aber keineswegs daran, ihn »im Rechtssinne« für wach zu erklären (Der Spiegel, Nr. 11/1986):

Gelegentliches Absacken

[...]
Ein Richter, der schläft, so argumentierte Clawiter-Anwalt Ulrich Acker, ist nicht da. Und wenn ein Richter nicht da ist, ist das Gericht nicht ordnungsgemäß besetzt. Ein Gericht, das nicht ordnungsgemäß besetzt ist, verstößt gegen die Verfassung.
Die Berliner obersten Verwaltungsrichter sahen das im Prinzip nicht anders: »Tiefer Schlaf«, so folgerte messerscharf der 6. Senat in seinem Urteil von Ende Januar, führe dazu, »daß der betroffene Richter der Verhandlung nicht mehr folgen kann«.
Was den Schlaf der Gerechten betrifft, kann sich die Berliner Revisionsinstanz sogar auf eine, wie Juristen sagen, »gefestigte Rechtsprechung« berufen. Mit Richtern, die typischerweise immer wieder in Verfahren von Kriegsdienstverweigerern schlummern, hatte das hohe Gericht in den letzten Jahren wohl ein dutzendmal zu tun.
Doch dabei gingen die Richter immer barmherzig mit den müden Amtsbrüdern um. Ein Beisitzer, der nur kurz einnickt, so das Bundesverwaltungsgericht, ist »im Sinne der Rechtsprechung« noch keineswegs abwesend. Nicht umsonst werden die in der Verhandlung unterbeschäftigten Beisitzer kollegial mitleidig auch »Beischläfer« genannt.
Daß Clawiters Richter im Rechtssinne geschlafen hat, mochten die Berliner Verwaltungsjuristen denn auch nicht glauben. Schließlich verfügen sie über Erfahrungen, woran schlafende Kollegen im Gerichtssaal zu erkennen sind: »Sichere Anzeichen« seien »tiefes, hörbares und gleichmäßiges Atmen oder gar Schnarchen, ruckartiges Aufrichten mit Anzeichen von fehlender Orientierung u. ä.«.
Geschnarcht hat der Richter in Mainz nicht, also wies das oberste Gericht Clawiters Revision ab. Die Richter waren ja selber mal an der

untersten Instanz: »Geschlossene Augen in Verbindung mit gelegentlichem Absacken des Kopfes oder auch gelegentlichem Auf-
schrecken«, so wissen sie, können auch »auf besonders konzentrier-
tes Zuhören und Mitdenken schließen lassen«.

Beispiel 4: Ein Journalist wundert sich darüber, daß die gesamte deutsche
Presse stillhält, wenn Bundeskanzler Helmut Kohl immer wieder öffentlich
seine Absicht bekundet, er wolle bis zum Jahr 2000 die Zahl der Arbeitlosen
halbieren; erhebt er doch damit den Anspruch, er könne dieses Versprechen
auch einhalten, obwohl alle ökonomischen Zahlen dagegen sprechen. Er will
nun zeigen, daß Kohls Worte wegen ihrer offenkundigen Unerfüllbarkeit gar
nicht ernst zu nehmen sind.

Seine Glossenidee besteht folgerichtig darin, die Aussage des Bundeskanz-
lers nicht zum Nennwert zu nehmen, sondern ihr einen anderen, von Kohl
nicht beabsichtigten Sinn zu unterstellen. Motto: Zu Kohls Gunsten verstehe
ich, wider besseres Wissen, seine Worte in diesem anderen Sinne und drücke
damit aus: Nicht einmal der ökonomische Laienspieler Kohl kann wirklich
meinen, was er sagt; die größte Ehre, die man seinen Worten antun kann, ist
sie falsch zu verstehen (FAZ, 8. 2. 1997):

Die Botschaft

Bis zum Jahr 2000 soll die Zahl der Arbeitslosen halbiert werden. Für
dieses edle Ziel arbeitet der Kanzler jetzt schon seit über einem Jahr.
Ob er angesichts der Zahlen das Ziel bald aufgeben wird? Es sieht
nicht danach aus. Der Abbau von ein paar Überstunden wird freilich
nicht ausreichen, und das Jahr 2000 rückt immer näher. Aber nein,
wider alle Empirie vernehmen wir nachrichtenstündlich: Bis zum Jahr
2000 soll die Zahl der Arbeitslosen halbiert werden. Einmal, vor ein
paar Wochen, hat ihm der Wirtschaftsminister einen kleinen Interpre-
tationsversuch gemacht und gesagt, es sei schon schön genug, ein
großes Ziel zu haben, man müsse es ja nicht unbedingt auch umsetzen. Aber dafür hat der Kanzler seinen Wirtschaftsminister arg
gescholten. Und dann hat er, Mal ums Mal, sein kraftvolles Bekenntnis wiederholt. Doch halt. Womöglich haben wir gar nicht gut genug
zugehört? »Der Kanzler halte am Ziel einer Halbierung der Arbeitslosen bis zum Jahr 2000 fest«, sagte die Fernsehsprecherin jetzt wieder. Und weil sie die Betonung auf 2000 legt, dämmert plötzlich die
wahre Bedeutung: Bis zum Jahr 2000 will der Kanzler an diesem Ziel
festhalten, danach will er aufhören. Jetzt wissen wir endlich, was er

uns sagen will: Kein arbeitsmarktpolitisches Kolleg, sondern die versteckte, aber von allen erwartete Botschaft an seinen Nachfolger über
den Zeitpunkt seiner Demission hat er gegeben. Alle Fünferbanden
sollten herhören.

Beispiel 5: Ein Glossenschreiber beobachtet die Grundsteinlegung für den
Neubau des Kanzleramts in Berlin. Ihm fällt auf, daß derlei politische Rituale schon seit Jahrhunderten immer gleich verlaufen, als ob sie unabänderli-
chen Gesetzen gehorchten. Diesen Eindruck des Immergleichen will er vermitteln und entwickelt dazu die Glossenidee, die aktuelle Feier in einem älteren Ereignis ähnlichen Charakters zu spiegeln.

Dazu läßt er die beiden Ereignisse, die Grundsteinlegung des neuen Kanzleramts und die Grundsteinlegung des Deutschen Reichstags 1884, ineinander verschwimmen: Er beschreibt die erste Feier und läßt die Parallelen zur
aktuellen durchschimmern, oder, anders ausgedrückt, er beschreibt die aktuelle Zeremonie in historischer Verkleidung. Vor den Augen der Leser entstehen damit die Bilder beider Ereignisse, kippen aber ständig ineinander um.
Die Folge ist der flirrende Eindruck des Immergleichen oder der schemati-
schen Wiederkehr (FAZ, 5. 2. 1997):

Im Spreebogen

Je näher der große Tag rückte, um so mehr steigerte sich die freudige
Erwartung. Die Zeitungen brachten groß aufgemachte Meldungen
über die Vorbereitungen, lobten den Zaun, der die Baustelle umgab,
als künstlerisches Werk ersten Ranges. Ganz Berlin vibrierte vor
Spannung, an den Fahnenstöcken flatterten die bunten Tücher. Journalisten und Redenschreiber ersannen patriotische Prosa, priesen
den »Schlußstein der Einheit«, des »Grundbaus Quaderstein«. Die
geladenen Gäste legten Festtagskleidung an und strömten auf die
Baustelle im Spreebogen. Allein, es war kein Kaiserwetter, naßkalt,
grau und regnerisch zeigte sich die Hauptstadt den versammelten
Herrschaften, die unter Schirmen Schutz suchten. Der Architekt, der
jahrelang um diesen Auftrag gekämpft hatte und seinen Entwurf mehrfach überarbeiten mußte, trug eine weiße Maurerschürze und fand die
Feier »entschieden großartig«. Der Kanzler der Einheit erschien in
weißer Kürassieruniform, deren Lederhosen die Neugier eines russi-
schen Generals erregten: »Trägt man solche Hosen auch im Kriege?«
erkundigte sich der Gast, worauf der saturierte Regierungschef feinfühlig antwortete: »Ich weiß es nicht, wir führen keine Kriege mehr«.

Sodann hielt das Staatsoberhaupt, müde nach langen Jahren im Amte, eine kurze Rede, die kaum zu verstehen war, weil er so leise sprach. Sein mutmaßlicher Nachfolger hingegen, ein körperliches Gebrechen durch energisches Auftreten kompensierend, fand den stürmischen Beifall der Versammlung. Der Domchor sang, der Domprediger predigte. Nach dem Gebet griff der hohe Herr zum Werkzeug, das ihm jedoch aus der Hand glitt, »ob, weil der Übergeber nervös oder der Empfänger etwas ungelenk, ist schwer zu sagen«, notierte die Londoner »Times«: »Peinlichkeit und Geflüster! Was bedeutet das für die Zukunft?« Umgehend erflehte ein Dichter den Beistand des wolkenverhangenen Himmels: »Sei, Gott, Du mit dem Throne / Und auch mit diesem Haus«. Und prompt verlief die Feier zur Grundsteinlegung des Deutschen Reichstags am 9. Juni 1884 ohne weitere Pannen.

Beispiel 6: Ein Glossenautor will seinem Ärger über die peinliche Kleidung von Touristen Luft machen. Inbesondere eine inzwischen aus der Mode gekommene Sitte empfindet er als einen terroristischen Angriff auf den Geschmack. Den Terror, der von »Überfallhemden« ausgeht, macht er kenntlich, indem er ihre Träger als Kriminelle darstellt, die einen »Überfall« planen – eine Sprachglosse pur (Kritik aus dem Glashaus, S. 108f):

Aus der Modewelt

Die einheimischen Bewohner eines spanischen Badeortes sehen es nicht gerne, daß die ausländischen Besucher in der Öffentlichkeit Überfallhemden tragen. Man scheint sogar ein amtliches Verbot dieses Kleidungsstückes erwirken zu wollen. Potztausend, das kann auf den ersten Blick niemanden wundernehmen, vorausgesetzt, daß ein solches Hemd nur zu Überfällen getragen wird und somit die Berufsbekleidung von Gewaltmenschen darstellt. Wo ein Mann im Überfallhemd auftaucht, da ist der Überfall nicht weit, und das Überfallkommando weiß, was die Glocke geschlagen hat. Die Spanier sollten diese Tracht also eher als eine Wohltat empfinden. Ist es nicht der Gipfel der Rücksichtnahme, daß Personen, die einen Überfall planen oder auch nur zu einem solchen fähig sind, sich vorher kenntlich machen und dadurch rechtzeitige Gegenmaßnahmen ermöglichen? Unser Rat an die Spanier geht dahin, nichts gegen das Überfallhemd zu unternehmen und sein Erscheinen in Badeorten stillschweigend willkommen zu heißen. Es könnte nämlich sonst geschehen, daß die Banditen, die nicht immer klug, aber bei der Vorbereitung ihrer Übeltaten meistens vorsichtig sind, auf ihre Arbeitstracht verzichten und im weißen Polohemd oder gar im Nerzjäckchen auftreten, um die braven Leute in Sicherheit zu wiegen. Leider wird nirgendwo gesagt, wie so ein Überfallhemd aussieht. Nun, die Spanier, die es nicht gern sehen, werden es wissen. Aber auch wir können es uns, wenn uns unser zeitgeschichtliches Gedächtnis nicht im Stich läßt, gut vorstellen: Das Hemd ist braun, in leichteren Fällen mag es auch schwarz sein. Wenn es mit Blumen und Hawaimädchen gemustert ist und über die Hose fällt, anstatt in diese hineingestopft zu sein, erleichtert es die Identifizierung der an dem Überfall beteiligten Individuen. Zu Überfällen auf ganze Bevölkerungsteile, Rassen und Nationen ist das braune Hemd am besten geeignet. Allerdings hat es seine frühere Beliebtheit fast vollständig eingebüßt, so daß wir annehmen, es handele sich in dem spanischen Badeorte um die bunte Sorte, die nach Ansicht dieses sittenstrengen Volkes in die Hose gehört.

Soweit die Reihe der Beispiele für sehr unterschiedliche, aber kraftvolle und die gesamte Konstruktion tragende Glossenideen. Wie nun gute Glossen von einer guten Glossenidee leben, so kranken schlechte Glossen an fehlenden oder schwachen Glossenideen. Analysieren wir einen Text, der explizit als Glosse gekennzeichnet war (taz, 29. 10. 1996):

Roß und Reiter

Legehennen, Juden, Palästinenser, Robbenbabys, Rhesusaffen, Israelis, Kurden, Armenier und viele andere stehen in einem harten Wettbewerb. Wem ist der grausamste Holocaust widerfahren?
Die Schoah war einmalig, deklarieren die Juden und Philosemiten unisono. Mag sein. Doch der quantitative Erfolg der »Bewältigung der Vergangenheit«, die umgekehrt proportional, mit zunehmender zeitlicher Entfernung von der Schoah an Intensität gewinnt, ruft »verständliche« Eifersüchteleien hervor.
Fristen Hennen in ihren Batterien nicht ein zumindest ebenso grausames Schicksal wie die Juden einst im Konzentrationslager, wird uns nahegelegt. Versuchstiere werden ohne Not gemartert. Der Massenmord an »unschuldigen Robbenbabys« wird im Fernsehen in exhibitionistischer Grausamkeit ausgebreitet und fix mit dem Wort Schoah belegt. Andere erregen sich über »barbarische Viehtransporte« und »inhumane Fangmethoden« und bezeichnen dies als Holocaust, ehe sie sich über einen zarten Rinderbraten oder eine leckere Forelle Müllerin hermachen.
Die Empörung macht nicht bei den Viechern halt. Armenier klagen, daß der Mord der Türken an ihrem Volk, ihr Holocaust, ungesühnt bleibt und in Vergessenheit gerät. Die Türken wiederum empören sich

über ihre Diskriminierung in Deutschland und nennen sich die »neuen Juden«. [...]

Die Ergriffenheit über das eigene Schicksal oder der nicht nur kulinarisch geliebten Tiere und der publizistische Rummel über die Schoah, der allerdings Lehren für die Gegenwart ignoriert, läßt allzu viele neidvoll auf die Juden blicken. Sie wünschen sich nur einen Bruchteil von der Aufmerksamkeit, die den Juden zuteil wird.

Die Holocaust-Inflation ist grenzen-, geschmack- und kopflos obendrein. Denn sie erfüllt ihren Zweck zu schockieren keineswegs. Im Gegenteil! Indem Ernstes und Pittoreskes mit dem Holocaust gleichgesetzt wird, gerät dieser zur Floskel. Statt damit Aufmerksamkeit zu erregen, verliert man sie.

Warum nennt man die Scheußlichkeiten nicht bei ihrem eigenen Namen? Weshalb protestiert man nicht gegen Tierquälerei, Krieg, Diskriminierung und Völkermord? Statt Roß und Reiter zu nennen, will man immer neue Holocaust-Emotionen produzieren.

Der Text fängt stark an: Die Reihe »Legehennen, Juden, Palästinenser, Robbenbabys...« macht sprachlich gleich, was unter keinen Umständen gleich gemacht werden darf, aber faktisch gleich gemacht wird. Sie enthält damit der Kern einer schönen, bösen Glossenidee: der Idee, Hennen, Juden, Palästinenser, Robben in einen Wettbewerb treten zu lassen zur Klärung der Frage: Wem ist der grausamste Holocaust widerfahren. Doch schon im zweiten Absatz verschwimmt die Linie. Auf eine Glosse deuten nur noch die süffisante Formulierung, die Bewältigung der Vergangenheit gewinne »umgekehrt proportional, mit zunehmender zeitlicher Entfernung von der Schoah an Intensität«, und die böse-verharmlosende Bezeichnung des Holocaust-Wettbewerbs als Eifersüchtelei.

Der dritte und vierte Absatz bestehen aus einer viel zu langen, ziemlich biederen Aufzählung der Wettbewerber und ihrer Aktivitäten. Und spätestens im fünften Teil ist der Autor im Fahrwasser soliden Argumentierens und damit im Kommentar gelandet. Was enttäuschend ist, weil der Leser ganz woanders angekommen ist, als er erwartet hat; mehr noch aber, weil die Aussage des Schreibers viel durchschlagender zum Ausdruck gekommen wäre, wenn er die ansatzweise vorhandene Glossenidee entwickelt hätte.

Dazu hätte der Autor die Idee des absurden Wettrennens von Legehennen, Juden, Palästinensern, Robbenbabys usw. um den schönsten Holocaust zur tragenden Konstruktionsidee, in die alle Einzelheiten integriert sind, ausbauen müssen. Die Glosse hätte dann in einem Wettkampfszenario mit Startaufstellung, dramatischem Rennverlauf und Preisvergabe durch einen Politiker bestehen können. Vielleicht noch mit der Schlußpointe, daß die Juden, denen einzig das Wort Holocaust zusteht, als letzte angekommen wären. Ein weiteres Beispiel (Frankfurter Rundschau, 3. 6. 1997):

Dt. (Ausl.)

Jetzt kann man schon nicht mehr im Ausland sich einen hinter die Binde kippen, ohne anschließend in aller Medienöffentlichkeit stranguliert zu werden. Künftig wird Mann nur noch saufen, den Mund halten und erst recht nichts Schriftliches von sich geben, es sei denn auf Mallorca oder in anderen temporär exterritorialen Gebieten. Überhaupt wird der Auftritt des Deutschen außerhalb des Geltungsbereichs von Grund & Gesetz vielerorts immer noch mit scheelen Augen verfolgt. Weshalb wir dem niederländischen Außenministerium gegenüber zu dankbarer Genugtuung verpflichtet sind (und vielleicht noch mal die Tabuisierung holländischer Tomaten überdenken), weil es die einheimische Popgruppe *Bertus Staigerpaip* unerschrocken in ihre Schranken wies. Die hat eine deutsche Familie hämisch besungen, bloß weil sie dick ist, im dito Mercedes nach Holland in die Ferien fährt (hat`s weiter weg nicht gereicht? – dann war`s höchstens ein gebrauchter Diesel), am Strand Bratwürste verschlingt und die einheimischen Badegäste herumkommandiert. Was heißt herumkommandiert? Die sind höchstens, schließlich bringt man harte Devisen ins Land, aufgefordert worden, die Quallen wegzufischen, das Badetuch beiseite zu räumen und rechtzeitig und ohne nochmalige Aufforderung für Bratwurstnachschub zu sorgen. Alles Dinge, die selbstverständlich sein sollten. [...] Einer anderen Wahrheitskategorie gehört an, daß gegen Harald Juhnke von der Berliner Staatsanwaltschaft ein Ermittlungsverfahren wegen Beleidigung oder Volksverhetzung eingestellt wurde. Der Werbemann von Müller-Milch soll, es stand nicht nur in *Bild*, im Zustand der Volltrunkenheit einen schwarzen Wachmann in Los Angeles nicht mal als Neger, sondern gleich als »Nigger« bezeichnet und hinzugefügt haben, selbige seien im Dritten Reich vergast worden. Einerseits sei Juhnke promillehalber schuldunfähig gewesen, andererseits habe der Betroffene keinen Strafantrag gestellt, weder in den USA noch in der BRD. Wo kein Kläger, da kein Richter. Wo Suff, da keine Sühne. Was einem Berliner Kontrabassisten nichts hilft. Er wird von der örtlichen Staatsanwaltschaft wohl noch was zu hören kriegen wegen einer gefälschten Unterschrift, mit der er, ohne Kujausche Hinterabsicht oder Kalligraphiekunst, in Tel Aviv benebelt eine Getränkerechnung mit »Adolf Hitler« quittierte. Mit nichts und nirgends hätte er sich selbst

schneller fristlos entlassen können. Hätte er z. B. mit »Theo Waigel«
gezeichnet, hätte alles nur müde geschmunzelt.
Nein, so geht das nicht weiter mit deutschen Kulturträgern und -brin-
gern im Ausland. Wer dort mehr trinkt, als ihm und dem Ansehen des
Vaterlands gut tut, hat den Mund zu halten und die Schreibhand in der
Hosentasche. Oder gleich die Hand vor den Mund. Am besten aber, er
bleibt zu Hause, wo so was unter sich zuprostenden Deutschen nicht
weiter auffällt. Höchstens Ausländern.

Dieser Text entwickelt eine Glossenidee und hält sie auch in den ersten beiden Absätzen durch: Der Glossist schlüpft in die Rolle eines Beobachters,
der die Welt durch die Brille seiner Herkunft, seines Berufs, seiner Interessen, seines Bildungshorizonts sieht. Hier ist es die Rolle des räsonierenden
Spießbürgers, der über die Unverschämtheit der Niederländer klagt, sich
nicht mehr widerstandslos von Deutschen herumkommandieren zu lassen.

Im dritten und vierten Absatz fällt der Autor aus dieser Perspektive heraus.
Er referiert, im sachlichen Nachrichtenstil, die Entgleisung Juhnkes, im
betrunkenen Zustand einen schwarzen Wachmann Nigger zu nennen, und die
gefährliche Dummheit des ebenfalls angeheiterten Berliner Musikers, eine
Getränkerechnung mit »Adolf Hitler« zu unterzeichnen. Glossierend sind
nur die prägnante Formulierung »Wo kein Kläger, da kein Richter. Wo Suff,
da keine Sühne« und das Spiel mit den Unterschriften »Adolf Hitler« –
»Theo Waigel«. Beides sind aber Einfälle, die nicht in die Glossenidee integriert sind.

Der fünfte und letzte Absatz ändert noch einmal die Perspektive. Erkennbar
daran, daß der Leser sich fragt: Wer spricht eigentlich, wenn es heißt: »Nein,
so geht das nicht weiter mit deutschen Kulturträgern und -bringern im Ausland. Wer dort mehr trinkt ... hat den Mund zu halten«? Ist das noch der sachliche Berichterstatter aus dem dritten und vierten Absatz? Nein, der würde
nicht derart drängen, appellieren, befehlen. Ist das wieder der Spießbürger
aus den ersten beiden Absätzen? Nein, der würde ganz anders sprechen, kla-
gend nämlich, etwa so: »So weit ist es also mit den deutschen Kulturträgern
im Ausland gekommen. Wer dort mehr trinkt ... hat den Mund zu halten«.

Hier spricht also eine dritte Person mit dem ernsthaften Appell an die Deutschen, doch bitte zu Hause zu bleiben, wenn sie sich betrinken wollen; denn
im Ausland werden sie unberechenbar. Und mit der schönen sarkastischen

Wendung, daß dann, wenn sie zu Hause bleiben, ihre rassistische Arroganz wenigstens nur den in Deutschland lebenden Ausländern auffällt.

Innerhalb eines Textes finden wir also drei sprechende Personen mit drei Perspektiven; aus der ursprüngliche Glosse ist zunächst ein Bericht und aus dem ein Kommentar geworden: Die Nahtstellen zwischen den Teilen empfindet der Leser als unmotivierte und daher irritierende Brüche. Es fehlt die einheitliche, tragende Glossenidee, von der aus alle Einzelheiten ihre Funktion erhalten. Ein weiteres Beispiel (FAZ, 1. 2. 1997):

Die Berufung der Tennis-Gattin

Vor dem Tennis-Grand-Slam-Turnier in Melbourne hat eine (offiziell nicht bestätigte) Nachricht die Sportszene erschüttert. Der Weltranglistenerste Pete Sampras und seine langjährige Lebensgefährtin haben sich demnach getrennt. Den Tenniszuschauer nimmt solch eine Meldung besonders mit. Da die Damen ausnahmslos ihre Männer bei der Arbeit beobachten, sind sie zusammen mit der Werbung nicht nur attraktive Pausenfüller, sondern eben auch enge Vertraute in den Wohnzimmern der Fernsehfans geworden. [...]
Gerade weil die Tennis-Partnerinnen eine so extrovertierte Rolle im Sport spielen, haben sie eine exklusive Betrachtung verdient. Ihre öffentliche Aufgabe ist mit der von Präsidenten- und Kanzler-Gattinnen zu vergleichen. Sie repräsentieren an der Seite ihres prominenten Mannes ihren prominenten Mann, tun Gutes (wie Jessica Stich mit der Stiftung für Aidskranke Kinder), sagen Kluges (wie Barbara Becker über das Nomadenleben mit Kind) und spielen alles mit. Je nach Spielstand und Form ihres Partners müssen sie die entsprechende Mimik und Gestik drauf haben. Denn man stelle sich vor, wie der Haussegen in München später schief hinge, wenn Barbara vor dem Matchball gegen Boris kichernd oder gelangweilt auf der Tribüne entdeckt worden wäre.
Entsetzen, Traurigkeit, Anspannung, Leiden, Freude, Konzentration, strahlendes Lachen und unbändig leidenschaftlicher Jubel gehören zum unverzichtbaren Basisrepertoire der Tribünen-Schauspielerinnen. Schon ein Anflug von Enttäuschung aber ist nicht ratsam. Daraus könnte man eine Krise ableiten nach dem Motto: Verlierer wird auch noch im Stich gelassen. Apropos Stich: Die Vermutung, Michael Stich habe aus rein beruflichen Gründen eine Schauspielerin geehelicht, ist eine dreiste und infame Unterstellung. Dabei fällt einem ein, daß André Agassi nicht nur der bessere Tennisspieler ist, er hat mit Brooke Shields auch die bessere Schauspielerin als Partnerin [...]

Womit wir nun bei der höheren Schule der Charakterdarstellung angelangt wären. Barbara Becker, die über die Geburt ihres Sohnes endlich den öffentlichen Kosenamen Babs losgeworden ist, hat beispielsweise absolut glaubwürdig den Übergang von Schatz Babs auf die
Doppelrolle der eleganten Lady mit hingebungsvoller Mutterliebe
geschafft. Das ist manch ernsthafter Bühnen-Mimin nicht gelungen.
Streng genommen ist also Tennis-Frau ein Beruf. Oder treffender: eine
Berufung. Ihre Bedeutung für den Werdegang des jeweiligen Gatten
darf weit höher angesiedelt werden als in anderen Berufsgruppen.
Das kann man daran erkennen, daß zwar der Tennisspieler nach
einem erfolgreichen Abschluß seines Arbeitstages über Mikrofon seiner Liebsten dankt und Küßchen schickt – der Bäcker oder Bankkaufmann aber niemals auf die Idee käme, täglich öffentlich einen direkten
Zusammenhang zwischen dem Zustand seiner Ehe und nicht verbrannten Brezeln oder einer lukrativen Kreditvergabe herzustellen.
Irritierend ist zwar die Tatsache, daß Pete Sampras neulich trotz
angeblicher Trennung das Turnier in Australien gewonnen hat. Über
diese sehr private Angelegenheit hinaus aber stellt sich in Zeiten
hoher Arbeitslosenzahlen die öffentlich relevante Frage nach den Ein-
gangsvoraussetzungen. Nach allem, was man weiß, gehören dazu: so
wenig wie möglich eigene Interessen, jede Menge Zeit und die totale
Hingabe an den Mann. Wie schade für uns viele Frauen, daß es so
wenige Tennisprofis gibt.

Ein Text mit genauen und witzigen Formulierungen, zum Beispiel »Sie
repräsentieren an der Seite ihres prominenten Mannes ihren prominenten
Mann, tun Gutes..., sagen Kluges... und spielen alles mit.« Oder: »Das kann
man daran erkennen, daß zwar der Tennisspieler nach einem erfolgreichen
Abschluß seines Arbeitstages ... seiner Liebsten ... Küßchen schickt – der
Bäcker oder Bankkaufmann aber niemals auf die Idee käme, ... öffentlich
einen direkten Zusammenhang zwischen dem Zustand seiner Ehe und nicht
verbrannten Brezeln oder einer lukrativen Kreditvergabe herzustellen.«

Trotzdem: Was für eine Glosse wäre entstanden, wenn die Autorin eine alle
Details integrierende Glossenidee zugrundegelegt hätte! Einen Ansatzpunkt
dafür gibt es, die im letzten Absatz gestellte Frage nach den Eingangsvor-
aussetzungen, die Tennis-Frauen erfüllen müssen: »so wenig wie möglich
eigene Interessen, jede Menge Zeit und die totale Hingabe an den Mann«.

Daraus wäre folgende Glossenidee zu entwickeln, die die Karikatur des
Frauenbilds, das die Spieler-Frauen auf dem Platz abgeben, viel stärker zum

Ausdruck gebracht hätte: Man behauptet, die Tennisspieler-Frauen seien gar nicht die wirklichen Frauen der Spieler, sondern Schauspielerinnen (siehe Michael Stich und André Agassi, die sich sogar mit diesen Schauspielerinnen verheiratet bzw. befreundet hätten.). Der Beweis könnte so aussehen:

1. Keine Frau hängt so an ihrem Mann, daß sie das stundenlange, stumpfsinnigen Hin- und Herdreschen der Bälle ohne körperliche und seelische Schäden durchstehen kann. Nur bezahlte Schauspielerinnen sind imstande, das erforderliche Maß an Hingerissenheit aufzubringen.
2. Keine Frau hat so viel Zeit, daß sie in regelmäßigen Abständen geschlagene vier bis fünf Stunden auf dem Tennisplatz verbringen kann: Wann soll sie begriffsstutzige Chefs zur Räson bringen, die Tochter zum Ballett fahren und die Bierkästen für das Grillfest am Wochenende heranschleppen?
3. Keine Frau will oder kann derart gut schauspielern. Man beobachte, wie die Schauspielerin, die Barbara Becker spielt, ihre Rolle angeht: lässig-souveräne Siegeszuversicht beim Einschlagen der Spieler, bei Spielbeginn dann in perfekter Steigerung von äußerster Anspannung bis zu hellem Entsetzen oder unbändigem Jubelschrei, nach Spielende schließlich ernstes Mitgefühl oder strahlendes Frauenglück über so viel männlichen Siegeswillen.

> Die Glossenidee ist der Kunstgriff, die vom Autor wahrgenommene Komik eines Sachverhalts so zu verschärfen, daß sie auch seinem Leser ins Auge fällt; sie ist das Geheimnis des Handwerks, gute Glossen zu schreiben: Gute Glossen leben von einer guten, schlechte kranken an einer schwachen oder fehlenden Glossenidee.

3.4. Die Glossenidee finden

Eine Idee erarbeitet man sich nicht – angestrengt, konzentriert, bohrend, sozusagen im Schweiße seines Angesichts. Eine Idee findet man, sie steht mit einem Schlag vor einem, fährt wie der Blitz aus heiterem Himmel auf einen nieder. Keith Richards von den »Rolling Stones« hat das schön ausgedrückt, als er gefragt wurde, wie er nach 35jähriger Musikerkarriere noch immer neue Ideen fände: »Die kommen einfach«, sagte er. »Ich setze mich mit meiner Gitarre hin, stelle meine Antenne auf und fange an, etwas zu spie-

len. Ich warte ein bißchen, und dann kommt plötzlich eine Idee. Die emp-
fange ich und sende sie weiter.«

Dieser göttliche Funke Kreativität, der in jedem Menschen mehr oder weni-
ger steckt, gehört auch zum Handwerk des Glossenschreibens. Doch wie die
Inspiration auf sein Haupt niederfahren lassen genau dann, wenn man sie
braucht? Läßt sie sich, auch wenn sie dem systematischen, methodischen
Zugriff widersteht, vielleicht doch günstig stimmen? Jeder erfahrene Glossenautor glaubt das und hat dazu seine eigene Methode. Der eine trinkt ein
Glas Rotwein und spaziert dann im nahen Park umher, der andere geht ins
Café und liest ein paar Seiten Proust, der dritte spielt mit einem Kollegen aus
dem Sportressort eine Runde Tischfußball.

Alle aber unterbrechen sie, um sich zu einer Glossenidee zu inspirieren, die
alltägliche Routine. Sie versuchen, aus den Bahnen des rational-begriffli-
chen, argumentierenden Denkens auszusteigen, sich den Zwängen der Logik,
der Plausibilität, der Wahrscheinlichkeit zu entziehen und der Zensur der
Systematik, der Nachvollziehbarkeit, der Ordnung zu entkommen. Eines
Denkens, das mit Freuds Worten unter dem Diktat des Realitätsprinzips steht
und das die Kreativitätstheoretiker als »konvergent« (streng auf einen Punkt
zulaufend) bezeichnen (vgl. Linneweh, S. 17).

An dessen Stelle versuchen sie, in eine Welt einzutauchen, in der die Phantasie regiert, in der frei assoziiert und nach Herzenslust experimentiert und
spintisiert wird. Eine Welt, in der die anarchische Logik des Traums, des
Zufalls, der Gesetzlosigkeit herrscht, eine dionysische Welt der Bilder, Klän-
ge, Düfte und damit eine Welt des Denkens, das Freud vom Lustprinzip
gesteuert sah und das die Kreativitätstheoretiker »divergent« (wild auseinan-
derlaufend) nennen (vgl. a.a.O.).

Die wichtigste Technik, die einen solchen Sog ins divergente Denken erzeugen kann, ist das vom Werbemanager Alex Osborn entwickelte Brainstorming. Die optimale Konstellation sieht eine kleine Gruppe von 5 bis 7 Personen vor, die über einen Zeitraum von 15 bis 20 Minuten zu einem vorge-
gebenen Thema frei assoziieren. Erfahrungsgemäß entwickelt sich innerhalb
kurzer Zeit eine kreative Dynamik, in der sich die Einfälle aneinander ent-
zünden, sich quantitativ und qualitativ immer mehr steigern und dann in ein
Ideengewitter münden.

Das Brainstorming funktioniert nach vier einfachen Regeln, die zugleich Aufschluß geben über die Zielsetzung des Verfahrens:

1. Kritik ist strengstens untersagt.

Alle Beteiligten sollen frei und unbeeinflußt ihre Einfälle einbringen können. Negative Wertungen könnten Hemmungen auslösen, Bestärkungen die Kreativität kanalisieren. Die kritische Sichtung der Ideen wird bewußt auf später verschoben.

2. Alle, auch die verrücktesten Ideen sind willkommen.

Wie die Zensur von außen, so soll auch die Selbstzensur ausgeschaltet werden. Damit soll eine Dynamik der Inspiration entstehen, in der sich die Teilnehmer gegenseitig zu immer wilderen Assoziationen, zu immer phantastischeren Einfällen anstacheln.

3. Quantität, nicht Qualität ist gefordert.

Die Unterdrückung der Selbstzensur soll auch den freien Fluß der Ideen in Gang setzen und intensivieren. Wer seine Einfälle gleich bei der Entstehung in wertvolle und wertlose einteilt, hemmt die Dynamik der Inspiration.

4. Anknüpfung an die Ideen der anderen ist das Ideal.

Die gruppendynamische Kreativität kommt erst richtig in Fahrt, wenn sich die Einfälle aufeinander beziehen und sich so in Sprüngen verbessern. Atemberaubende Qualitätssteigerungen in kurzer Zeit sind oft das Ergebnis.

Brainstorming ist ein Gruppenverfahren. Kein Redakteur aber kann, bevor er sich daran macht, die fällige Glosse zu schreiben, seine verdutzten Kollegen auffordern, sich ideenproduzierend seinen Kopf zu zerbrechen. Die Regel vier, wonach sich die Ideen gegenseitig stimulieren sollten, gibt jedoch einen Hinweis darauf, wie man sich auch als einzelner in einen inspirativen Rausch versetzen kann.

Wer einmal den Prozeß der Erfindung von Neuem erlebt hat, wird bestätigen: Ideen haben die Kraft, sich geradezu eigendynamisch zu entwickeln, sprich: sich anzuziehen und abzustoßen, sich zu teilen und aufzublähen, ihr Gegenteil aus dem Nichts zu erzeugen, unterschiedlichste Verwandschaften zu produzieren, in die schillernsten und undurchsichtigsten Beziehungen zueinander zu treten. Vorausgesetzt ist nur ein anfänglicher Einfall, er mag so klein und schwach sein, wie er will.

Dem Glossenautor rate ich also zu folgendem Vorgehen: Der erste Schritt sollte sein, sich gründlich in den Sachverhalt zu versenken, der zweite, diesen Sachverhalt mit Bildern, Szenen, Figuren auszumalen. Nach kurzer Zeit blitzt in der Regel eine erste, meistens noch ziemlich unscheinbare Idee auf. Diese Idee, auf den Sachverhalt angewendet, sollte man einmal durchspielen und feststellen, ob sie funktioniert.

Normalerweise ist ziemlich schnell klar, daß diese erste Idee noch nicht tragfähig genug ist, daß sie die Komik gar nicht pointiert zum Ausdruck bringt oder daß sie auf andere Weise nicht funktioniert. An den Stellen aber, wo die Unstimmigkeit sitzt, blitzen neue Ideen auf, ähnliche, aber tragfähigere, die die Anfangsidee integrieren, oder völlig entgegengesetzte, die sie auf den Kopf stellen. Und nach und nach kommt das Triebwerk der Inspiration in Gang: Die Ideenblitze zucken hin und her, und dann ist sie plötzlich da, die starke, zwingende Idee, nach der man gesucht hat.

In Form des Brainstorming haben Volontäre ein solches Feuerwerk der Ideen einmal durchgespielt. Die Vorlage für die praktische Übung war folgende Meldung (FAZ, 23. 1. 1996):

»Instant«-Abendmahl im Hygienepack

Mit einem portionsweise verpackten »Instant«-Abendmahl will eine amerikanische Firma den deutschen Kirchenmarkt erobern. Ähnlich wie bei Kaffeesahne-Döschen befindet sich der Wein in einem kleinen Plastikbecher, die Oblate ist auf dem Aluminium-Deckel keimfrei eingeschweißt. Nach Angaben des deutschen Lizenznehmers »Church Data Service« in München werden in den Vereinigten Staaten jedes Jahr schon 40 Millionen Portionen auf diese Weise verkauft. Hauptgrund sei die zunehmende Angst der Menschen vor einer Ansteckung, hieß es.

In ganz Europa soll das »Instant«-Abendmahl zum Stückpreis von zwölf Pfennig in Portionen zu 200 oder 500 vertrieben werden. In der nordelbischen evangelischen Kirche hatte die Idee jedoch ein unterschiedliches Echo. »Prüfet alles und behaltet das Gute«, befand Hamburgs Bischöfin Maria Jepsen. Vor allem auf dem Höhepunkt der Grippewelle Anfang des Jahres habe sie beim Austeilen des Abendmahles »schon Bauchschmerzen« gehabt, sagte sie. Andererseits könne sie sich kaum damit anfreunden, wenn vor dem Altar mit Alu-Deckeln, Plastikfolien und eingeschweißten Oblaten hantiert werde. Als »furchtbar und unnötig« bezeichnete der Hamburger Aids-Pastor Nils Christiansen das Plastik-Gedeck. Der Gemeinschaftsaspekt beim Abendmahl sei ein höherer Wert als die Hygiene, sagte er. Außerdem sei es unmöglich, sich beim Abendmahl mit dem HIV-Virus zu infizieren.

Über derartige Ängste müsse geredet werden. Aber »individualisierte Plastik-Töpfe« seien »gewiß keine Lösung«, abgesehen von dem Müllproblem, so Christiansen. Strikt gegen den Import ist auch der Hamburger Pastor Ulrich Rüß, Vorsitzender der kirchenkonservativen »Sammlung um Bibel und Bekenntnis«. Bei sorgfältiger Handhabung der traditionellen Abendmahlsgeräte und gewissenhafter Reinigung der Kelche mit siebzigprozentigem geruchs- und geschmacklosem Alkohol sei »jede Ansteckungsgefahr ausgeschlossen«, sagte er. Alles andere sei »Hygiene-Hysterie«.

Nach einer kurzen Phase der Versenkung in den Sachverhalt und der spielerischen Assoziation mit Bildern, Szenen und Figuren lief die Ideenproduktion, erst langsam, dann mit steigender Tourenzahl, an. Die Einfälle:

1. Das Produkt Instant-Abendmahl als raffinierte Aktion des Grünen Punkts hinstellen mit dem Zweck, daß wieder mehr Abfall und also entsprechender Beseitigungsbedarf entsteht
2. Zwei alte Damen über die hygienischen Vorteile diskutieren lassen
3. Szene beschreiben, in der drei Eimer zum Trennen des Verpackungsmaterials feierlich auf den Altar gestellt werden
4. Die Kirche als ein Mc Donalds Drive-in darstellen
5. Einen alten Mann bitter über den schwachen Glauben der heutigen Menschen klagen lassen: Wie wenig Vertrauen in die göttliche Kraft, wo so viel ängstliche Vorsicht!
6. Hygiene- und Serviceaspekt ad absurdum treiben: Pfarrer mit Mundschutz, Oblaten mit Erdbeer-, Himbeer- und Kirschgeschmack, Wein süß oder trocken
7. Kommerzaspekt überdrehen: Oblaten als Reklameträger verwenden, Pfarrer mit Ferrari-Käppi und Sponsoren-Aufdruck auf Meßgewand
8. Leonardos »Abendmahl« parodieren: Jünger schnoddrig reden lassen, zum Beispiel: »Hey Judas, laß mal `ne Oblate rüberwachsen!«
9. Einen Hypochonder sprechen lassen, der sich Oblate und Weinbecher zuschicken lassen will, um endlich vor jedem Kontakt mit seinen Mitmenschen sicher zu sein.
10. Instant-Abendmahl beseitigt das Sicherheitsrisiko Pfarrer nicht. Lösung wäre ein Paffenautomat, der das keimfreie Abendmahl ausgibt.

Sobald genügend solcher Einfälle da sind, die eine starke Glossenidee abzugeben versprechen, sollte man die Phase der Ideenproduktion bewußt abbrechen. Denn für die kritische Sichtung und Entwicklung der Einfälle braucht es nicht mehr den Rausch der Imagination, sondern den kühlen Blick, der ihre Stärken und Schwächen abschätzt. Eine gute Glossenidee sollte folgende Kriterien erfüllen:

• Sie muß die Komik der Vorlage prägnant zum Ausdruck bringen.

• Sie muß einfach und durchschlagend sein.

• Sie muß tragfähig sein, das heißt: eine stimmige, die nötigen Details integrierende Komposition abgeben.

Beurteilt man nach diesen Kriterien die oben gesammelten Brainstorming-Einfälle, dann wird schnell sichtbar:

zu 1. Das »Instant«-Abendmahl als Marketing-Knüller des Grünen Punkts hinzustellen, ist ein schöner komischer Einfall. Daraus ließe sich etwa die Szene entwickeln, wie zwei clevere Manager in diabolischer Freude, Geistlichkeit und Gläubige für ihre Zwecke einzuspannen, das Projekt aus der Taufe heben.

Fraglich ist allerdings, ob diese Idee auch wirklich den Sachverhalt im Kern trifft. Ich meine nein, denn die Komik des Sachverhalts liegt in der Reibung zwischen dem alten, schönen Bild gemeinsamen Brotbrechens und Essens und seiner klinisch sauberen, maschinell produzierten Verkümmerungsform.

zu 2. Auch der Einfall, zwei alte Damen über die hygienischen Vorteile der Neuerung schwatzen zu lassen, ergibt eine starke Glossenidee. Wichtig wäre, im Dialog der Frauen genau den Ton von ängstlicher Besorgtheit und Gehässigkeit zu treffen, etwa wenn man sich vor der Nachbarin ekelt, die oft Herpesbläschen hat und, wie`s der Teufel will, immer unmittelbar vorher aus dem Kelch trinkt. Allerdings ist es auch hier nicht einfach, den eigentlichen Kern der Komik zum Ausdruck zu bringen.

zu 3. Eine Szene zu schildern, in der verschiedene Eimer zur Trennung der Verpackungsmaterialien zum Altar getragen werden, ist zweifellos ein Einfall, der für eine Glossenidee nicht tragfähig genug ist. Er könnte aber ein Teilstück in einer größeren Szene sein, die den klinisch-aseptischen Aspekt des »Instant«-Abendmahls ausmalt.

zu 4. Die Verknüpfung von »Instant«-Abendmahl und McDonald´s-Fast Food führt auf eine grandiose Glossenidee: die Kirche als eine große Erleb-

nis-Organisation, wo der moderne Bürger, konsum- und servicefixiert, See-
lenheil kauft. In diese Idee ließen sich die Einfälle 6 (Hygiene- und Serviceaspekt ad absurdum treiben) und 7 (Kommerzaspekt überdrehen) perfekt
einbauen.

Im Detail könnte die Glossenidee so entwickelt werden: Man fingiert ein
Diskussionspapier, das unter protestantischen Bischöfen zirkuliert und das
einer Zeitungsredaktion zugespielt worden ist, die es hiermit veröffentlicht.
In diesem Papier entwickelt ein fortschrittlicher Kirchenplaner, ausgehend
von der Neuerung »Instant«-Abendmahl, sein Modell für die Kirche der
Zukunft.

Danach werden die Kirchen umgebaut zu großen Hallen, in die der Gläubige wie in ein Drive-in-Kino mit seinem Auto hineinfährt. Durch den Raum
bellt choralunterlegter Hiphop, auf einer riesigen Leinwand spielen Episoden
aus der Bibel, neuinszeniert von Steven Spielberg als Action-, Horror- und
Liebesdramen. Appetitliche Mädchen mit sponsorbedruckten Kappen bringen das Abendmahl. Man wählt den Geschmack der Oblate und den Charakter des Weines im Plastikbecher und genießt in der wohligen Geborgenheit
seines Autos den Leib des Herrn. Als Showmaster fungiert der Pfarrer an seinem Mischpult auf der Kanzel; zum furiosen Finale fährt er unter Lichtor-
gelblitzen und Klangwolken an einem Kran in die Höhe und segnet die
Gemeinde.

zu 5. Auch die Klage des alten Mannes über den mangelhaften Glauben der
Menschen liefert eine brauchbare Glossenidee. Ihre Ausführung bestünde
etwa in einem Monolog des Alten, in dem er einen Bogen schlägt vom kraftvollen Urchristentum bis zum problematischen Glauben des modernen Menschen: Habe Petrus auf Jesu Geheiß furchtlos das Boot verlassen und sei über
das Wasser seinem Herrn entgegengegangen, so fürchte der heutige Gläubige sogar die minimale Gefahr der Ansteckung beim Abendmahl. Wie könne
der Mensch, das wäre dann die Pointe, seinem Gott so nahe sein und zugleich
so mißtrauisch gegenüber seiner Macht (und so fern seinem Nachbarn)!

zu 8. Der Einfall, das »Instant«-Abendmahl mit Leonardo da Vincis »Abendmahl« in Beziehung zu setzen, läßt sich ebenfalls zu einer schönen Glossenidee entwickeln. Etwa indem man eine Nachricht über einen Dankgottes-
dienst in einer Kirchengemeinde erfindet: Während der Feier enthüllt der

Pfarrer ein neu geschaffenes Bild, das sich auf das Werk von Leonardo bezieht, und hält anschließend eine Ansprache.

So wie heutzutage, so läßt man den Pfarrer süßlich schwadronieren, die Worte des Herrn in die moderne Zeit übersetzt werden müßten, so müßten auch die großen Bilder, in denen Werk und Leben Christi Gestalt angenommen habe, mit neuen Inhalten gefüllt werden. Deshalb habe man dem bekannten Maler den Auftrag gegeben, das »Abendmahl« von Leonardo da Vinci neu zu gestalten. Sein Wandgemälde »Abendmahl cool« behalte die streng-symmetrische Komposition des Renaissance-Künstlers bei, verändere aber die Aussage radikal. Aus dem strengen Fresko habe er ein buntes Popart-Bild gemacht. Und die Jünger seien keine altmodisch gekleideten, ehrfürchtigen Gefährten mehr, sondern selbstbewußte junge Männer, alle in Jeans und Lederjacken, mit den Beinen auf dem Tisch.

Und wie kraftvoll, so könnte man den Pastor weiter schwärmen lassen, Jesus Christus gestaltet sei. Kein introvertierter Jüngling mehr, der mit Brot und Wein hantiere. Nein, ein vor Selbstbewußtsein strotzender Rocker, der einen Berg eingeschweißter Oblaten und Plastikbecher mit Wein vor sich habe und sie mit strahlendem Lachen seinen Jungs zuwerfe. Diese neue Form des Abendmahls, seit einiger Zeit aus hygienischen und praktischen Gründen eingeführt, habe der Künstler feinfühlig aufgenommen und damit eine lebendige Brücke geschlagen zwischen seinem Werk und der alltäglichen Praxis in der Gemeinde. Und so wünsche er, ließe man sarkastisch den Pfarrer schließen, daß die Gemeinde dieses neue Bild annehme als ein Symbol für ihre starke, lebendige Abendmahls-Gemeinschaft.

Allerdings: In dieser Glossenidee spiegeln sich zwar, in wörtlichem Sinne, die beiden aufeinanderprallenden und Komik erzeugenden Bilder: das alte eindringlich-einfache von Leonardo und das moderne, frech-egozentrische. Trotzdem ist die Idee nicht gerade einfach; denn sie hat ein doppeltes Angriffsziel: zunächst natürlich die absurde Neuerung »Instant«-Abendmahl, eigentlich aber den sich anbiedernden Pfarrer, der diese Neuerung bejubelt und sich als ach so modernen Menschen feiert. Und damit als Karikatur des »fortschrittlichen« Kirchenmannes zu erkennen ist, der glaubt, um jeden Preis mit der Zeit gehen zu müssen.

zu 9. Sehr schön auch die Idee, einen Hypochonder seine Freude artikulieren zu lassen, daß er dank eingeschweißter Oblate und plastikverschlossenem

Wein wieder am Abendmahl teilnehmen kann. Hier läßt sich elegant der Widerspruch herausarbeiten, daß der Hypochonder einerseits an einem Gemeinschaftsritual beteiligt sein möchte, andererseits aber infolge seiner Phobie dieses Ritual nur in äußerster Isolierung miterleben kann.

Diese Glossenidee ist somit ideal geeignet, die Komik der Vorlage auf den Punkt zu bringen, sprich: den Zusammenprall zu konstruieren zwischen dem, was das Abendmahl einmal war und was es jetzt ist. Einst gemeinschaftsstiftendes, wirkliches Essen und Trinken, ist es jetzt, weil zunehmend technisiert und hygienisiert, ein die Menschen mehr und mehr isolierendes Ritual.

zu 10. Der Einfall, eine Szene mit einem Pfaffenautomaten zu erfinden, ist das Gegenstück zur McDonald´s-Idee. Während dort der Service- und Kommerzaspekt ad absurdum getrieben wurde, wird hier der technisch-künstliche, aseptische, klinische Aspekt überdreht. Eine Entwicklung könnte beispielsweise in der Ausmalung einer Horrorvision bestehen.

Dazu fingiert man den schrecklichen Traum eines Kirchgängers: Er sieht sich in einer halbdunklen, kalten Halle mit nur ein paar vereinzelten Gestalten. Überall mattschimmernde Technik, bläulich leuchtende Monitore; vorne ein riesiger Automat in liturgischen Gewändern. Unter sirrenden, kreisenden Klängen bewegt sich der Automat auf die Gläubigen zu und teilt mit seinen künstlichen Armen Brot und Wein in Plastikverpackung aus. Zum Schluß fährt eine Hand in die Höhe und segnet mit eckigen, gruselig langsamen Bewegungen die Gestalten im Raum. Dann wacht der Kirchgänger auf. Er nimmt an einem Gottesdienst teil und hört seinen Pfarrer von den praktischen und hygienischen Vorteilen des »Instant«-Abendmahls schwärmen.

Soweit die kritische Beurteilung der Brainstorming-Einfälle und ihre Entwicklung zu fertigen Glossenideen. Eine dieser Glossenideen, den Hypochonder-Monolog, hat eine Volontärin bei einer praktischen Übung zu einer schönen Glosse ausgearbeitet:

Mit meinem Herrn allein

Wissen Sie, wie viele Gläubige tagtäglich den Kölner Dom besichtigen? Nein? Ich auch nicht. Aber es müssen tausende sein. Tausende von Individuen aus aller Herren Länder, die ihre zahlreichen, äußerst angriffslustigen Viren und Bakterien, deren Namen ich nicht kenne, im Weihwasserbecken hinterlassen. Die völlig gewissenlos in den Informationsbroschüren blättern und sie wieder zurückstellen, damit ich ahnungsloser Mitteleuropäer, der sich bilden möchte, irgendwann von einer heimtückischen Krankheit dahingerafft werde. Man weiß ja, daß die meisten dieser Ausländer viel zäher sind als unsereiner. Die sind den Schmutz gewohnt. Ich hingegen erhalte mir meine Gesundheit nur durch strengste Vorsichtsmaßnahmen.

Da ist zum Beispiel die Sache mit dem Gottesdienst. Da gehe ich schon lange nicht mehr hin. Ich mag mich nicht auf Bänke setzen, auf denen schon Menschen Platz genommen haben, die sich womöglich nicht täglich duschen. Oder das Abendmahl. Hat der Pfarrer sich auch vorher ordentlich die Hände gewaschen? Oder hat gar irgendein Rotzlöffel von Meßdiener zuvor auf die Oblaten geniest? Ganz zu schweigen vom Weinkelch. Die drahtigen Barthaare, die obenauf schwimmen, kann ich ja unter Umständen noch sehen und rausfischen – bei den vielen kleinen Speicheltröpfchen geht das nicht mehr. Nein, da mache ich nicht mit.

Doch jetzt gibt es wieder Hoffnung: ein portionsweise verpacktes Instant-Abendmahl. Das ist was für mich. Nicht, daß ich dafür meine vier Wände verlassen würde. Aber man könnte mir die Töpfchen aus Plastik ja auch zuschicken. Und die passende Predigt gibt`s via Internet. Das wäre eine saubere Lösung. Als gläubiger Christ brauche ich all diesen fremden Leuten ja nicht unbedingt gegenüberzustehen. Der liebe Gott findet mich schließlich auch in meinem Wohnzimmer. Und er wird zufrieden sein mit mir. Denn da ich niemandem begegne, kann ich auch nichts Unrechtes tun. Also – gleich morgen werde ich mal anrufen und nachfragen, wo es das eingeschweißte Abendmahl gibt. Jetzt muß ich aber zurück in mein keimfreies Sauerstoffzelt. Nur dort bin ich wirklich sicher.

Eine Idee erarbeitet man sich nicht, sie fährt wie der Blitz aus heiterem Himmel hernieder – ein göttlicher Funke Inspiration, der für eine gute Glosse unverzichtbar ist. Was aber dem systematischen, methodischen Zugriff widersteht, läßt sich gewissermaßen anlocken. Dazu bedarf es eines Sprungs aus der Welt der Logik und Begriffe in die der Bilder, aus der Langeweile des konvergenten ins Abenteuer des divergenten Denkens.

Nach dem Vorbild des Brainstorming, das in einer Gruppe eine kreative Dynamik erzeugt, ist folgendes Verfahren ratsam: Der Glossenschreiber sollte die Eigendynamik der Ideen nutzen, also den erstbesten Einfall ergreifen und ihn durchspielen. An den Stellen, wo dieser nicht funktioniert, entspringen neue, stärkere Ideen, die wiederum auszuprobieren sind. So entsteht Schritt für Schritt die zwingende Glossenidee vor seinem geistigen Auge.

Wenn eine Reihe von Ideen vorliegen, ist die Rückkehr zu konvergentem Denken notwendig, um die Ideen kritisch zu sichten und zu entwickeln. Die Kriterien dafür sind: Die Glossenidee sollte die Komik der Vorlage prägnant zum Ausdruck bringen. Sie sollte einfach und durchschlagend sein. Sie sollte tragfähig sein, das heißt, eine stimmige, alle nötigen Details integrierende Komposition abgeben.

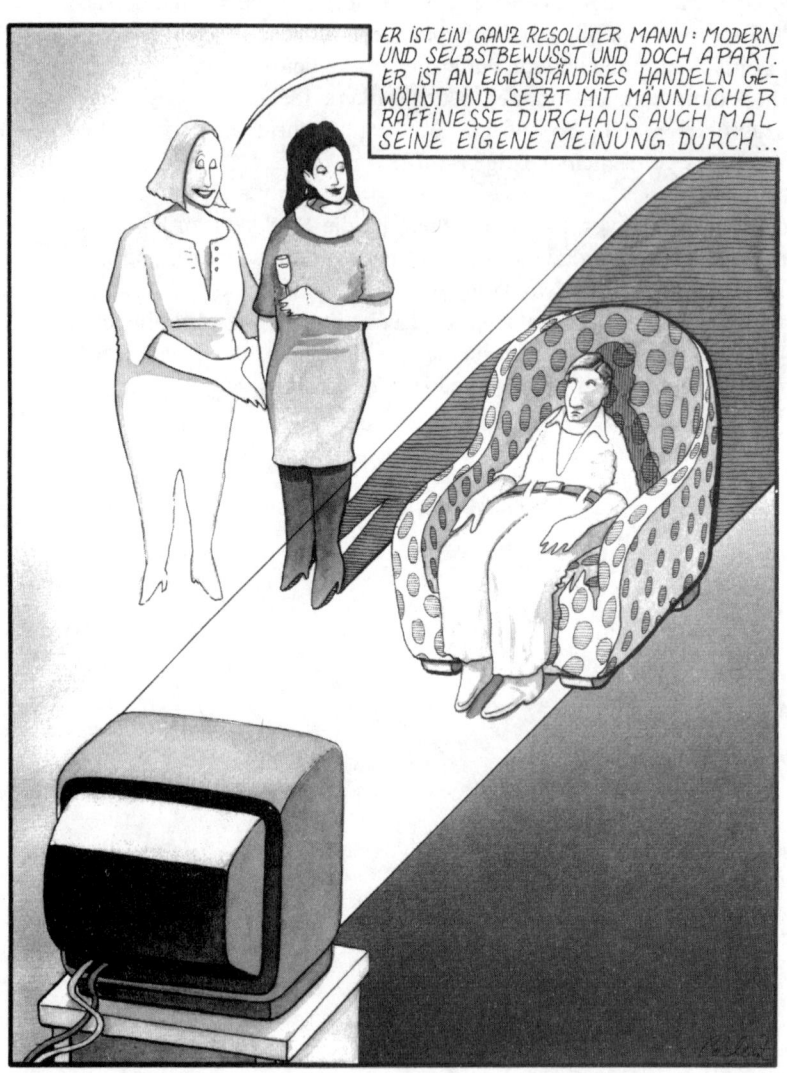

Exkurs: Satirische Meisterstücke

Ob sie sich des Brainstorming bedient haben oder nicht, die Dichter der klassischen Literatur waren mit dem Göttlichen namens Inspiration im Bunde. Allerdings hat es dabei auch an Transpiration nicht gefehlt, wie die Selbstzeugnisse belegen. Hier – zur Erholung und Anregung – ein paar satirische Kabinettstückchen aus rund zwei Jahrhunderten:

Voltaire
aus: Candide oder der Optimismus (1759)

1. Kapitel: Wie Candide in einem wunderschönen Schloß erzogen und dann von dort verjagt wurde

In Westfalen lebte auf dem Schloß des Freiherrn Thunder ten Tronck ein Jüngling, dem die Natur den sanftmütigsten Charakter mit auf die Welt gegeben hatte. Jede Regung seiner Seele spiegelte sich auf seinem Antlitz wider. Er war arglosen Gemütes und hatte gesunden Menschenverstand, und aus diesem Grunde wurde er wohl auch *Candide* genannt. Die langjährigen Diener des Hauses vermuteten, er wäre der Sohn einer Schwester des Herrn Baron und eines biederen, gutmütigen Landjunkers aus der Nachbarschaft. Das Fräulein hatte jedoch diesen Junker um keinen Preis heiraten wollen, weil er nicht mehr als einundsiebzig Ahnen nachzuweisen vermochte, während der Rest seines Stammbaums durch die Unbilden der Zeit verlorengegangen war.

Der Herr Baron war einer der einflußreichsten Edelleute Westfalens, denn sein Schloß hatte eine Tür und Fenster, und der große Saal war sogar mit Wandteppichen geschmückt. Aus seinen Hunden konnte man im Notfalle eine Meute zusammenstellen; seine Stallknechte waren zugleich seine Jäger, und der Dorfpfarrer war gleichzeitig Schloßkaplan. Sie redeten ihn alle mit »Euer Gnaden« an und lachten pflichtschuldigst, wenn er Witze machte.

Die Frau Baronin wog an die dreihundertfünfzig Pfund und erfreute sich infolgedessen eines beträchtlichen Ansehens, das sie durch die Würde, mit der sie das Haus repräsentierte, noch zu steigern wußte. Ihre Tochter Kunigunde war siebzehn Jahre alt, rotwangig, frisch, mollig und appetitlich. Der junge Baron war offenbar in allem der echte Sohn seines Vaters. Der Hauslehrer Pangloß war das Orakel des Hauses, und der junge Candide nahm seine Lehren mit der ganzen Vertrauensseligkeit seines jugendlichen Alters und seines Charakters auf.

Pangloß lehrte die Metaphysico-theologico-cosmologie. Er wies in vortrefflicher Weise nach, daß es keine Wirkung ohne Ursache gäbe, daß in dieser besten aller Welten das Schloß des Herrn Baron das schönste aller Schlösser und die Frau Baronin die beste aller Baroninnen sei.

»Es ist erwiesen«, so dozierte er, »daß die Dinge nicht anders sein können, als sie sind, denn da alles zu einem bestimmten Zweck erschaffen worden ist, muß es notwendigerweise zum Besten dienen. Bekanntlich sind die Nasen zum Brillentragen da – folglich haben wir auch Brillen; die Füße sind offensichtlich zum Tragen von Schuhen eingerichtet – also haben wir Schuhwerk; die Steine sind dazu da, um behauen und zum Bau von Schlössern verwendet zu werden, und infolgedessen hat unser gnädiger Herr ein wunderschönes Schloß. Der vornehmste Baron der ganzen Provinz muß eben auch das schönste Schloß haben. Und da die Schweine dazu da sind, gegessen zu werden, so essen wir das ganze Jahr hindurch Schweinefleisch. Also ist es eine Dummheit, zu behaupten, alles auf dieser Welt sei gut eingerichtet; man muß vielmehr sagen: alles ist aufs beste bestellt.«

Candide hörte aufmerksam zu und glaubte in seiner Unschuld alles. Er fand Fräulein Kunigunde wunderschön, wenn er sich auch nie erdreistete, es ihr zu sagen, und er war überzeugt, daß nach dem Glück, als Baron von Thunder ten Tronck geboren zu sein, der zweite Grad der Glückseligkeit wäre: Fräulein Kunigunde zu sein, der dritte: sie jeden Tag zu sehen, und der vierte: Meister Pangloß zu lauschen, der der größte Philosoph der Provinz und somit auch der ganzen Welt war.

Als Kunigunde eines Tages in der Nähe des Schlosses im dem kleinen Wäldchen, das man Park benannte, spazierenging, sah sie, wie der Doktor Pangloß im Gebüsch gerade der Kammerzofe ihrer Mutter, einer hübschen, kleinen, sehr gelehrigen Brünetten, Unterricht in der Experimentalphysik erteilte. Fräulein Kunigunde hatte eine große Vorliebe für die Wissenschaften, und so beobachtete sie mit atemloser Spannung die wiederholten Versuche, die sich vor ihren Augen abspielten; deutlich sah sie des Doktors zureichenden Grund, erkannte die Ursachen und ihre Wirkungen und kehrte ziemlich erregt und nachdenklich heim, ganz erfüllt von dem Wunsche, ebenfalls gelehrt zu sein. Sie meinte, sie könne sehr wohl für den jungen Candide und dieser wiederum für sie der zureichende Grund werden. Als sie auf dem Rückweg zum Schloß Candide begegnete, errötete sie; Candide stieg ebenfalls das Blut in die Wangen. Mit versagender Stimme begrüßte sie ihn, und Candide sprach mit ihr, ohne sich bewußt zu werden, was er sagte. Am nächsten Tage trafen sie sich, nachdem die Mittagstafel aufgehoben war, zufällig hinter einem Wandschirm. Kunigunde ließ ihr Taschentuch fallen, und Candide hob es auf. In aller Unschuld reichte sie ihm ihre Hand, die der Jüngling, ebenfalls voller Unschuld, doch lebhaft, gefühlvoll und mit ganz besonderer Anmut küßte. Ihre Lippen fanden sich, ihre Blicke flammten auf, ihre Knie bebten, ihre Hände verirrten sich. In diesem Augenblick kam der Baron von

Thunder ten Tronck an dem Wandschirm vorbei, und als er die Ursache und ihre Wirkung gewahrte, jagte er Candide mit wuchtigen Tritten in den Hintern aus dem Schloß. Kunigunde fiel in Ohnmacht. Als sie wieder zu sich kam, wurde sie von der Frau Baronin geohrfeigt, und alle waren bestürzt in dem schönsten und angenehmsten aller Schlösser.

Christoph Martin Wieland
aus: Die Abenteuer des Don Sylvio von Rosalva (1764)
Sechstes Buch: Geschichte des Prinzen Biribinker

[Prinz Biribinker wächst in einer Märchenwelt von Feen und Zauberern auf. Von einer Biene erzogen, spuckt er Rosensyrup und pinkelt Pomeranzenblütenwasser. Auf der Suche nach einem Milchmädchen, in das er sich verliebt hat, kommt er an ein altes, verfallenes Schloß. Es ist menschenleer, aber prächtig ausgestattet, von lieblichen Gerüchen und schmelzenden Harmonien erfüllt.]

Ein weiches Ruhebett, von welchem ein marmorner Liebesgott, der zu atmen schien, den wallenden Vorhang halb hinwegzog, war das einzige Gerät an diesem anmutsvollen Ort und erweckte in dem Herzen unseres Prinzen ein geheimes Verlangen nach etwas, wovon er nur dunkle Begriffe hatte, ob ihm gleich die Tapeten, die er sehr aufmerksam und nicht ohne eine süße Unruhe betrachtete, einiges Licht zu geben anfingen. In diesen Augenblicken stellte sich ihm das Bild des schönen Milchmädchens mit einer neuen Lebhaftigkeit dar, und nachdem er eine Menge vergeblicher Klagen über ihren Verlust angestimmt hatte, fing er von neuem an zu suchen, bis er müde wurde. Weil er nun diesmal nicht glücklicher war als vorher, so begab er sich wieder in das Kabinett mit dem Ruhebett, zog seine Kleider aus und war im Begriff, sich niederzulegen, als eines der unvermeidlichen Bedürfnisse der menschlichen Natur ihn nötigte, sich unter dem Bett umzusehen. Er fand wirklich ein zierliches Gefäß von Kristall, an welchem noch Merkmale zu sehen waren, daß es vor Zeiten zu einem solchen Gebrauch gedient hatte. Der Prinz fing an, es mit Pomeranzenblütenwasser zu begießen, als er – o Wunder! – das kristallene Gefäß verschwinden und an dessen Statt – eine junge Nymphe vor sich stehen sah, die so schön war, daß er in einem wundervollen Gemisch von Schrecken und Freude auf etliche Augenblicke das Bewußtsein seiner selbst verlor. Die Nymphe lachte ihn freundlich an, und ehe er sich noch aus seiner Bestürzung erholen konnte, sagte sie zu ihm: »Willkommen, Prinz Biribinker! – Lassen Sie sich`s nicht verdrießen, einer jungen Fee einen Dienst getan zu haben, die ein barbarischer Eifersüchtiger über zwei Jahrhunderte lang zu einem Werkzeug der niedrigsten Bedürfnisse mißbraucht hat. Reden Sie aufrichtig, Prinz! Finden Sie nicht, daß mich die Natur zu einem edleren Gebrauch bestimmt hat?«

Diese unerwartete Frage brachte den sittsamen Biribinker ein wenig aus der Fassung. Es fehlte ihm, wie wir wissen, nicht an Witz, er hatte dessen vielmehr unendlich viel. Aber weil er zum wenigsten ebensoviel Unbesonnenheit hatte, so begegnete es ihm nicht selten, daß er gerade in dem Augenblick, wo eine witzige Antwort das einzige Mittel, sich zu helfen, gewesen wäre, etwas höchst Albernes sagte. So ging es ihm diesmal, da er sich in dem Fall sah, der Fee auf eine Frage, die ihm in ihrer beider Lage gar zu naiv vorkam, auf der Stelle etwas Verbindliches zu antworten. »Es ist ein Glück für Sie, schönste Nymphe«, antwortete er ihr, »daß ich die Absicht nicht haben konnte, Ihnen den seltsamen Dienst zu leisten, den ich Ihnen unwissender Weise geleistet habe; denn ich versichere Sie, daß ich sonst allzuwohl gewußt hätte, was der Anstand...«

»O, machen Sie nicht soviele Komplimente«, erwiderte die Fee. »Bei den Umständen, unter denen unsere Bekanntschaft anfängt, sind sie sehr überflüssig. Ich habe Ihnen nichts Geringeres als mich selbst zu danken; und da wir nicht länger als diese Nacht beisammen bleiben werden, so müßte ich mir Vorwürfe machen, wenn ich Ihnen Anlaß gäbe, die Zeit mit Komplimenten zu verderben. Ich weiß, daß Sie der Ruhe bedürftig sind; Sie sind schon ausgekleidet, legen Sie sich immer zu Bett. Es ist zwar das einzige, das in diesen Gemächern ist, aber es steht ein Kanapee im großen Saal, auf dem ich die Nacht ganz bequem werde zubringen können.«

»Madame«, versetzte der Prinz, ohne daß er selbst recht wußte, was er sagte, »ich würde in diesem Augenblick – der Glücklichste unter allen Sterblichen sein – wenn ich nicht – der Unglücklichste wäre. Ich muß Ihnen gestehen, ich finde – was ich nicht gesucht habe – indem ich suchte, was ich verloren hatte; und wenn nicht der Schmerz – Sie gefunden zu haben, die Freude meines Verlusts... Nein, die Freude, wollt` ich sagen, Sie gefunden zu haben...«

»Je nun, wahrhaftig«, fiel ihm die Fee ins Wort, »ich glaube, Sie reden im Fieber? Was wollen Sie mit all dem Galimathias sagen? Kommen Sie, Prinz Biribinker, gestehen Sie mir in guter Prosa, daß Sie in ein Milchmädchen verliebt sind!«

»Sie raten so glücklich«, sagte der Prinz, »daß ich Ihnen gestehen muß...«

»O, daraus haben Sie sich gar kein Bedenken zu machen«, fuhr die Fee fort. »Und in ein Milchmädchen, das Sie diesen Morgen in einer schlechten Hütte angetroffen haben, in einem Stalle, wie man sagen möchte?«

»Aber, ich bitte Sie, woher...«

»Und die auf einer Streu von Pomeranzenblüten im Begriff war, eine himmelblaue Ziege in einen Kübel von Rubin zu melken, nicht wahr?«

»Wahrhaftig!« rief der Prinz. »Für eine Person, die vor einer Viertelstunde (nehmen Sie mir`s nicht ungnädig) noch – ich will nicht sagen, was war, wissen Sie erstaunlich viel...«

»Und das Mädchen lief davon, sobald sie den Namen Biribinker hörte?«

»Aber ich bitte Sie, Madame, woher können Sie das alles wissen, da Sie doch, wie Sie sagen, schon zweihundert Jahre in dem sonderbaren Stand gewesen sind, worin ich die Ehre gehabt habe, Sie so unverhofft kennenzulernen?«

»Nicht so unverhofft auf meiner Seite wie Sie sich einbilden«, antwortete die Fee. »Aber heißen Sie Ihre Neugierde noch einen Augenblick ruhen! Sie sind abgemattet und haben den ganzen Tag nichts gegessen; kommen Sie mit mir in den Saal, es ist schon für uns beide gedeckt. Ich hoffe, Ihre Treue gegen Ihr schönes Milchmädchen wird Ihnen doch erlauben, mir wenigstens bei Tisch Gesellschaft zu leisten.« Biribinker merkte den geheimen Verweis sehr wohl, der in diesen Worten lag; er tat aber nicht so und begnügte sich, ihr mit einer tiefen Verbeugung in den Speisesaal zu folgen.

Heinrich Heine
aus: Die Harzreise (1824)

Die Stadt Göttingen, berühmt durch ihre Würste und Universität, gehört dem Könige von Hannover, und enthält 999 Feuerstellen, diverse Kirchen, eine Entbindungsanstalt, eine Sternwarte, einen Karzer, eine Bibliothek und einen Ratskeller, wo das Bier sehr gut ist. Der vorbeifließende Fluß heißt »die Leine«, und dient des Sommers zum Baden; das Wasser ist sehr kalt und an einigen Orten so breit, daß Lüder wirklich einen großen Anlauf nehmen mußte, als er hinübersprang. Die Stadt selbst ist schön, und gefällt einem am besten, wenn man sie mit dem Rücken ansieht. Sie muß schon sehr lange stehen; denn ich erinnere mich, als ich vor fünf Jahren dort immatrikuliert und bald darauf konsiliiert wurde, hatte sie schon dasselbe graue, altkluge Ansehen, und war schon vollständig eingerichtet mit Schnurren, Pudeln, Dissertationen, Teedansants, Wäscherinnen, Kompendien, Taubenbraten, Guelfenorden, Promotionskutschen, Pfeifenköpfen, Hofräten, Justizräten, Relegationsräten, Profaxen und anderen Faxen. Einige behaupten sogar, die Stadt sei zur Zeit der Völkerwanderung erbaut worden, jeder deutsche Stamm habe damals ein ungebundenes Exemplar seiner Mitglieder darin zurückgelassen, und davon stammten all die Vandalen, Friesen, Schwaben, Teutonen, Sachsen, Thüringer usw., die noch heutzutage in Göttingen, hordenweis, und geschieden durch Farben der Mützen und der Pfeifenquäste, über die Weenderstraße einherziehen, auf den blutigen Walstätten der Rasenmühle, des Ritschenkrugs und Bovdens sich ewig untereinander herumschlagen, in Sitten und Gebräuchen noch immer wie zur Zeit der Völkerwanderung dahinleben, und teils durch ihre Duces, welche Haupthähne heißen, teils durch ihr uraltes Gesetzbuch, welches Comment heißt und in den legibus barbarorum eine Stelle verdient, regiert werden.

Im allgemeinen werden die Bewohner Göttingens eingeteilt in Studenten, Professoren, Philister und Vieh; welche vier Stände doch nichts weniger als streng geschieden sind. Der Viehstand ist der bedeutendste. Die Namen aller Studenten und aller ordentlichen und unordentlichen Professoren hier herzuzählen, wäre zu weitläufig; auch sind mir in diesem Augenblick nicht alle Studentennamen im Gedächtnisse, und unter den Professoren sind manche, die noch gar keinen Namen haben. Die Zahl der Göttinger Philister muß sehr groß sein, wie Sand, oder besser gesagt, wie Kot am Meer; wahrlich, wenn ich sie des Morgens, mit ihren schmutzigen Gesichtern und weißen Rechnungen, vor den Pforten des akademischen Gerichtes aufgepflanzt sah, so mochte ich kaum begreifen, wie Gott nur so viel Lumpenpack erschaffen konnte.

Ausführlicheres über die Stadt Göttingen läßt sich sehr bequem nachlesen in der Topographie derselben von K. F. H. Marx. Obzwar ich gegen den Verfasser, der mein Arzt war und mir viel Liebes erzeigte, die heiligsten Verpflichtungen hege, so kann ich doch sein Werk nicht unbedingt empfehlen, und ich muß tadeln, daß er jener falschen Meinung, als hätten die Göttingerinnen allzu große Füße, nicht streng genug widerspricht. Ja, ich habe mich sogar seit Jahr und Tag mit einer ernsten Widerlegung dieser Meinung beschäftigt, ich habe deshalb vergleichende Anatomie gehört, die seltensten Werke auf der Bibliothek exzerpiert, auf der Weenderstraße stundenlang die Füße der vorübergehenden Damen studiert, und in der grundgelehrten Abhandlung, so die Resultate dieser Studien enthalten wird, spreche ich 1. von den Füßen überhaupt, 2. von den Füßen bei den Alten, 3. von den Füßen der Elefanten, 4. von den Füßen der Göttingerinnen, 5. stelle ich alles zusammen, was über diese Füße auf Ullrichs Garten schon gesagt worden, 6. betrachte ich diese Füße in ihrem Zusammenhang, und verbreite mich bei dieser Gelegenheit auch über Waden, Knie usw., und endlich 7., wenn ich nur so großes Papier auftreiben kann, füge ich noch hinzu einige Kupfertafeln mit dem Faksimile göttingischer Damenfüße.

Marcel Proust
aus: Auf der Suche nach der verlorenen Zeit
Band 1: In Swanns Welt (1913)

[Legrandin, ein Snob aus Combray, schwärmt von der normannischen Hafenstadt Balbec. In der Nähe des Orts wohnt auch seine Schwester. Der

Vater des Erzählers plant für seine Familie einen Urlaub am Meer und versucht, Legrandin zu einem Empfehlungsschreiben an seine Schwester zu bewegen.]

– In diesen Wolkenbildungen hier gibt es wundervolle violette und blaue Töne, nicht wahr, mein lieber Freund, sagte er zu meinem Vater, ein Blau zumal, das eher blütenhaft als luftgeboren wirkt, ein Zinerarienblau, das in unseren Himmelsstrichen überrascht. Auch die kleine rosa Wolke da hat doch einen Ton von Nelken oder Hortensien. Sonst habe ich eigentlich nur an der Kanalküste, zwischen Normandie und Bretagne, solche ergiebigen Beobachtungen über diese Art von Pflanzenreich innerhalb der Atmosphäre machen können. In der Nähe von Balbec, in jenen wilden Gegenden, liegt eine kleine Bucht von einer bezaubernden Weichheit der Stimmung, in der der Sonnenuntergang des Vallée d`Auge, jener rot und goldene Sonnenuntergang, den ich sonst sehr zu schätzen weiß, charakterlos und unbedeutend wird; aber in dieser feuchtwarmen Atmosphäre entfalten sich des Abends für Augenblicke himmlische Blumengebinde in Rosa und in Blau, die ganz unvergleichlich sind und oft Stunden brauchen, um endlich zu verwelken. Andere entblättern sich auf der Stelle, und es ist dann fast noch schöner anzusehen, wenn der ganze Himmel weithin von schwefel- und rosenfarbenen Blüten überstreut ist. In jener sogenannten Opalbucht ist der goldene Sandstrand um so lieblicher, als er wieder und wieder einer blonden Andromeda gleicht, die an die starrenden Felsen der Nachbarküsten gefesselt scheint, an jenes düstere Gestade, das von so vielen Schiffbrüchen Kunde gibt, wo jeden Winter zahllose Barken in Seenot untergehen. Balbec! das älteste geologische Knochengerüst unseres Bodens, das wahre Ar-mor, das Meer, das Ende der Erde, jene unheildräuende Region, die Anatole France – ein Magier, den unser junger Freund hier lesen sollte – so trefflich beschrieben hat mit ihren ewigen Nebeln, das wahre Land der Kimmerier in der »Odyssee«. Wie wundervoll ist es, gerade von Balbec aus, wo jetzt schon ganze Hotelkolonien entstehen und einen antiken, zaubergetränkten Boden überdecken, dem sie seinen Charakter dennoch nicht nehmen können, unmittelbar in jene so nahen, urtümlich schönen Regionen vorzustoßen.

– Ach, sagen Sie, kennen Sie jemand in Balbec? fragte mein Vater. Der junge Mann hier soll nämlich gerade mit seiner Großmutter für zwei Monate hingehen, vielleicht auch meine Frau.

Legrandin, der mit dieser Frage in einem Augenblick überrumpelt wurde, als er meinen Vater gerade fest anschaute, hatte so schnell nicht wegsehen können; statt dessen nun ließ er seine Augen – von Sekunde zu Sekunde intensiver und wehmütig lächelnd dabei – mit einer Miene der Freundschaft und des Freimuts und so, als fürchte er nicht, seinem Blick zu begegnen, auf meinem Vater ruhen, bis er schließlich, als könne er durch ihn hindurchsehen, hinter ihm eine lebhaft gefärbte Wolke zu entdecken schien, die ihm die Möglichkeit bot, so zu tun, als habe er in jenem Augenblick an etwas anderes gedacht und die Frage, ob er jemand in Balbec kenne, überhaupt nicht gehört. Gewöhnlich erreicht man mit solchem Blick, daß der andere fragt: »Woran denken Sie denn?« Aber neugierig, ärgerlich und zur Grausamkeit geneigt ließ mein Vater nicht locker.

– Haben Sie Freunde dort in der Gegend, da Sie doch Balbec so gut kennen?

In einer letzten verzweifelten Bemühung erlangte Legrandins Blick sein Maximum an Zärtlichkeit, Traumverlorenheit, Aufrichtigkeit und Zerstreutheit, aber offenbar sah er ein, daß er der Antwort nicht ausweichen könne, und so sagte er denn:

– Ich habe Freunde überall, wo es wehrhafte Gruppen von Bäumen gibt, die verstümmelt sind, doch nicht den Kampf aufgeben, und die sich zusammenscharen, um in rührendem Eigensinn einen unguten Himmel anzuflehen, der kein Erbarmen mit ihnen kennt.

– Das meinte ich eigentlich nicht, unterbrach ihn mein Vater, eigensinnig wie die Bäume und wie der Himmel erbarmungslos. Ich fragte für den Fall, daß meiner Schwiegermutter irgend etwas zustieße und sie sich sonst ganz verraten und verkauft fühlte, ob Sie dort Leute kennen?

– Dort wie überall kenne ich alle und niemand, antwortete Legrandin, der nicht so rasch die Waffen streckte; die Dinge kenne ich gut, aber die Menschen nur wenig. Doch scheinen die Dinge dort viel eher Personen zu sein, und zwar erlesene Personen von überaus zarter Wesenssubstanz und gleichsam vom Leben enttäuscht. Manchmal ist es ein Schloß auf einsamer Klippe, am Rande eines Weges, an dem es stehengeblieben ist, um seinen Schmerz vor dem noch rosig durchhauchten Abend auszubreiten, in dem schon der goldene Mond aufzieht, dessen flammende Farben die Fischerbarken, die ihre Bahnen durch das schillernde Wasser ziehen, an ihren Masten hissen; manchmal ist es ein schlichtes einsames Haus, das, beinahe häßlich, etwas Scheues und Romantisches hat und irgendein unvergängliches Geheimnis von Glück oder von Entsagung den Blicken der Menschen verbirgt. Dies Land ohne Wahrheit, fügte er mit der subtilen Erfindungsgabe eines Machiavelli hinzu, dies Land der reinen Illusion ist eine schlechte Lektüre für ein Kind, und ganz gewiß würde ich es nicht für unseren jungen Freund hier auswählen oder empfehlen, der schon an sich mit seinem vorbelasteten Herzen zur Trauer zu neigen scheint. Die Atmosphäre von Liebesgeständnis und vergeblicher Klage dort mag für einen resignierten alten Mann passen, wie ich einer bin, doch ist sie ganz unzuträglich für eine noch nicht gefestigte Natur. Glauben Sie mir, beschwor er meinen Vater, die Wasser jener schon halb bretonischen Bucht können, wenn auch nicht mit voller Sicherheit, beruhigende Wirkung auf ein nicht mehr intaktes Herz wie das meine ausüben, auf ein Herz, dessen Schädigung durch nichts mehr auszugleichen ist. Aber sie sind völlig unangezeigt für dein Alter, mein Kind. – »Guten Abend, verehrter Nachbar«, setzte er noch hinzu und verließ uns wie ein Arzt, der das Ergebnis der Konsultation abschließend zusammenfaßt:»Kein Balbec, bevor man fünfzig ist, und selbst dann muß zuvor der Zustand des Herzens festgestellt werden!« rief er uns, schon im Entschwinden, zu.

Robert Musil
aus: Der Mann ohne Eigenschaften

Erstes Buch, Zweiter Teil, Kapitel 85: General Stumms Bemühung, Ordnung in den Zivilverstand zu bringen (1930)

[In Kakanien soll die 70jährige Regentschaft des Kaisers mit einem Jubeljahr gefeiert werden. Die Feier wird Parallelaktion genannt, da sie als Parallele zum 30jährigen Regierungsjubiläum in Deutschland vorgesehen ist. Ein Komitee, das im Haus der Kusine von Ulrich, der Hauptfigur des Romans, tagt, sucht für dieses Jubiläum eine tragende Idee und gerät dabei in einen Strudel der widerstreitendsten Vorschläge. General Stumm von Bordwehr, Bildungsreferent im kakanischen Kriegsministerium, beobachtet im Auftrag seines Ministers die Vorbereitungen. Er trägt Ulrich seinen speziellen Versuch vor, Ordnung in das Ideenchaos zu bringen.]

Ulrich bemerkte jetzt erst, daß Stumm von Bordwehr eine Dienstmappe mitgebracht hatte; sie lehnte zu Füßen des Schreibtisches und war eine jener großen, an einem starken Riemen um die Schultern zu tragenden Rindsledertaschen, die dem Verbringen von Akten in den weitläufigen Baulichkeiten der Ministerien und über die Straße von einer Dienststelle zur anderen dienen. Offenbar war der General mit einer Ordonnanz gekommen, die unten wartete, ohne daß Ulrich sie bemerkt hatte, denn Stumm zog nur mit Mühe die schwere Tasche an seine Knie und ließ das kleine Stahlschloß aufspringen, das ungeheuer kriegstechnisch aussah.»Ich bin nicht müßig gegangen, seit ich eurem Unternehmen beiwohne,« lächelte er, indes sich sein hellblauer Rock beim Bücken an den Goldknöpfen spannte »aber verstehst du, da gibt es Sachen, mit denen ich nicht ganz zurechtkomme.« Er fingerte aus der Mappe eine ganze Anzahl loser, mit sonderbaren Aufzeichnungen und Strichen bedeckter Blätter hervor.»Deine Kusine,« erläuterte er »ich habe mich einmal eingehend mit deiner Kusine darüber besprochen, sie möchte begreiflicherweise, daß aus ihren Bemühungen, unserem Allerhöchsten Herrn ein geistiges Denkmal zu setzen, eine Idee hervorgeht, die gleichsam die ranghöchste unter allen Ideen darstellt, die man heute hat; aber ich habe jetzt schon bemerkt, so sehr ich alle diese Leute bewundern muß, die sie dazu eingeladen hat, daß das verteufelte Schwierigkeiten bereitet. Sagt der eine das, so behauptet der andere das Gegenteil – ist dir das nicht auch schon

aufgefallen? – aber was mir wenigstens noch weit schlimmer vorkommt: der
Zivilgeist scheint das zu sein, was man bei einem Pferd einen schlechten
Fresser nennt. Du erinnerst dich doch noch? So einer Bestie kannst du die
doppelte Futterration geben, sie wird trotzdem nicht dicker! [...]
   Stumm reicht seinem ehemaligen Leutnant lächelnd das erste der Blätter
hin. »Man mag gegen uns sagen, was man will,« erläuterte er »aber auf Ordnung haben wir uns beim Militär immer verstanden. Hier das ist die Konsig-
nation der Hauptideen, die ich aus den Teilnehmern an den Versammlungen
bei deiner Kusine herausbekommen habe. Du siehst, wenn man ihn unter vier
Augen fragt, hält eigentlich jeder etwas anderes für das Wichtigste.« Ulrich
betrachtete das Blatt mit Staunen. Es war nach der Art eines Meldezettels
oder eben der militärischen Verzeichnisse durch Kreuz- und Querlinien in Fel-
der geteilt, deren Eintragungen aus Worten bestanden, die einer solchen
Anlage einigermaßen widerstrebten, denn er las in ärarischer Schönschrift
die Namen Jesus Christus; Buddha, Gautama auch Siddharta; Laotse;
Luther, Martin; Goethe, Wolfgang; Ganghofer, Ludwig; Chamberlain und viele weitere, die offenbar noch auf einem anderen Blatt ihre Fortsetzung fanden; sodann in einer zweiten Spalte die Worte Christentum, Imperialismus,
Jahrhundert des Verkehrs und so weiter, an die sich in anderen Spalten andere Wortsäulen schlossen.
   »Ich könnte es auch das Grundbuchsblatt der modernen Kultur nennen,«
erläuterte Stumm »denn wir haben das dann erweitert, und es enthält jetzt die
Namen der Ideen und ihrer Urheber, von denen wir in den letzten fünfund-
zwanzig Jahren bewegt worden sind. Ich habe keine Ahnung davon gehabt,
was das für eine Mühe macht!« [...]
   General Stumm legte das Blatt beiseite und nahm mit einer bedeutende
Enttäuschungen ankündigenden Miene ein anderes vor. Er hatte nach voll-
zogener Bestandsaufnahme des mitteleuropäischen Ideenvorrats nicht nur
zu seinem Bedauern festgestellt, daß er aus lauter Gegensätzen bestehe,
sondern auch zu seinem Erstaunen gefunden, daß diese Gegensätze bei
genauerer Beschäftigung mit ihnen ineinander überzugehen anfangen. »Daß
mir von den berühmten Leuten bei deiner Kusine jeder etwas anderes sagt,
wenn ich ihn um Belehrung bitte, daran habe ich mich schon gewöhnt« meinte er; »aber daß es mir, wenn ich längere Zeit mit ihnen gesprochen habe,
trotzdem vorkommt, als ob sie alle das gleiche sagen würden, das ist es, was
ich in keiner Weise kapieren kann, und vielleicht reicht mein Kommißverstand
einfach nicht dafür aus!« Wovon General Stumms Verstand in solcher Weise
geängstigt wurde, war keine Kleinigkeit und hätte eigentlich nicht nur dem
Kriegsministerium überlassen bleiben dürfen, obgleich sich zeigen ließe, daß
es zum Kriege allerhand beste Beziehungen unterhält. Dem gegenwärtigen
Zeitalter sind eine Anzahl großer Ideen geschenkt worden und zu jeder Idee
durch eine besondere Güte des Schicksals gleich auch ihre Gegenidee, so
daß Individualismus und Kollektivismus, Nationalismus und Internationalis-

mus, Sozialismus und Kapitalismus, Imperialismus und Pazifismus, Rationalismus und Aberglaube gleich gut darin zu Hause sind, wozu sich noch die
unverbrauchten Reste unzähliger anderer Gegensätze von gleichem oder
geringerem Gegenwartswert gesellen. Das scheint schon so natürlich zu
sein, wie daß es Tag und Nacht, heiß und kalt, Liebe und Haß und zu jedem
Beugemuskel im menschlichen Körper den widersprechend gesinnten
Streckmuskel gibt, und General Stumm wäre ebensowenig wie irgendwer auf
den Einfall gekommen, darin etwas Ungewöhnliches zu bemerken, wenn
nicht sein Ehrgeiz durch seine Liebe zu Diotima in dieses Abenteuer gestürzt
worden wäre. Denn die Liebe begnügt sich nicht damit, daß die Einheit der
Natur auf Gegensätzen ruht, sondern sie will in ihrem Verlangen nach zärtli-
cher Gesinnung eine Einheit ohne Widersprüche, und so hatte der General
auf alle mögliche Weise versucht, diese Einheit herzustellen.»Ich habe hier«
erzählte er Ulrich, indem er gleichzeitig die dazugehörenden Blätter vorwies
»ein Verzeichnis der Ideenbefehlshaber anlegen lassen, das heißt, es enthält
alle Namen, welche in letzter Zeit sozusagen größere Heereskörper von
Ideen zum Siege geführt haben; hier dieses andere ist eine Ordre de batail-
le; das da ein Aufmarschplan; dieses ein Versuch, die Depots oder Waffen-
plätze festzulegen, aus denen der Nachschub an Gedanken kommt. Aber du
bemerkst wohl – ich habe es in der Zeichnung auch deutlich hervorheben lassen –, wenn du eine der heute im Gefecht stehenden Gedankengruppen
betrachtest, daß sie ihren Nachschub an Kombattanten und Ideenmaterial
nicht nur aus ihrem eigenen Depot, sondern auch aus dem ihres Gegners
bezieht; du siehst, daß sie ihre Front fortwährend verändert und ganz unbe-
gründet plötzlich mit verkehrter Front, gegen ihre eigene Etappe kämpft; du
siehst andersherum, daß die Ideen ununterbrochen überlaufen, hin und
zurück, so daß du sie bald in der einen, bald in der anderen Schlachtlinie fin-
dest: Mit einem Wort, man kann weder einen ordentlichen Etappenplan, noch
eine Demarkationslinie, noch sonst etwas aufstellen, und das Ganze ist, mit
Respekt zu sagen – woran ich aber andererseits doch wieder nicht glauben
kann! – das, was bei uns jeder Vorgesetzte einen Sauhaufen nennen würde!«
Stumm ließ einige Dutzend Blätter auf einmal in Ulrichs Hand gleiten. Sie
waren bedeckt mit Aufmarschplänen, Bahnlinien, Straßennetzen, Portéeskiz-
zen, Truppenzeichen, Kommandostandorten, Kreisen, Rechtecken, schraf-
fierten Räumen; [...]»Ich habe« sagte der General, und in seinem lebenslu-
stigen Auge glomm etwas Gereiztes oder Gehetztes auf, »noch die verschie-
dendsten Versuche angestellt, das Ganze in eine Einheit zu bringen: aber
weißt du, wie es ist?! So wie wenn man in Galizien zweiter Klasse reist und
sich Filzläuse holt! Es ist das dreckigste Gefühl von Ohnmacht, das ich kenne. Wenn man sich lange zwischen Ideen aufgehalten hat, juckt es einen am
ganzen Körper, und man bekommt noch nicht Ruhe, wenn man sich bis aufs
Blut kratzt!«

4. Dramaturgie

Wenn eine Glossenidee gefunden und so weit entwickelt ist, daß sie dem Glossenschreiber fertig vor Augen steht, bleibt nur noch eins zu tun: sie konstruktiv und sprachlich umzusetzen, sprich: sie in einem durchkonstruierten und ausformulierten Text zu realisieren. Die sprachliche Realisierung der Glossenidee wird im nächsten Kapitel behandelt, hier geht es zunächst einmal um die konstruktive Realisierung – also um die Glossendramaturgie.

Je nach Art der Glossenidee stellen sich dabei andere Fragen. Verlangt die Idee zum Beispiel die Ausmalung einer Szene, so ist zu klären: Aus welcher Perspektive soll die Szene gesehen oder in welchen Kontext soll sie eingebettet werden? In welcher Reihenfolge und welchen Proportionen sollen die Details entwickelt werden? Soll mit Steigerung, Spannung, Dramatisierung gearbeitet werden?

Sieht die Idee dagegen einen Dialog zwischen zwei Personen vor, dann heißen die Fragen unter anderem: Soll der Dialog gradlinig auf ein Ziel, etwa eine Pointe, zusteuern oder eher kreisend viele kleine Spitzen aufblitzen lassen? Soll er gleichmäßig dahinfließen oder, etwa durch eingeschobene szenische Elemente, rhythmisiert und eventuell dramatisiert werden?

Besteht die Idee in der Umdeutung eines Worts, so sind die Probleme: Wie und wo soll die Umdeutung vorgenommen werden, etwa indem man die zweite Bedeutung mit einem scharfen Schnitt von der ersten trennt? Oder indem man die beiden Wortbedeutungen vermischt, den Leser also eine gewisse Zeit im Unklaren läßt und ihn dann erst von einem bestimmten Punkt an direkt zur Pointe führt?

Heißt das nun, daß jede Glossenidee einen eigenen, nur für sie passenden Aufbau verlangt, daß es also nichts gibt, woran sich der Autor bei der Komposition seiner Glosse orientieren kann? Ich meine nein. Es gibt ein Prinzip, das die Dramaturgie der Glosse im großen wie im kleinen beherrscht, und, darauf aufbauend, Dramaturgietypen, die der Glossenautor bei seiner Arbeit – mehr oder weniger bewußt und mit mehr oder weniger Variation – anwendet.

4.1. Das Prinzip Fallhöhe

Warum bringt ein guter Witz die Zuhörer zum Lachen? Weil sich eine Spannung in Luft auflöst, heißt es allgemein. Kant, nicht gerade als witzerzählen-
der Plauderer in die Geschichte eingegangen, formuliert genauer. »Das
Lachen«, sagt er, »ist ein Affect aus der plötzlichen Verwandlung einer
gespannten Erwartung in nichts.« (Kant, S. 332) Und er beschreibt anschaulich, daß diese plötzliche Auflösung der Erwartung unbedingt in nichts erfolgen muß und wie sie vor sich geht:

»Man muß wohl bemerken: daß sie (die Erwartung – E. S.) sich nicht in das
positive Gegentheil eines erwarteten Gegenstandes – denn das ist immer
Etwas und kann oft betrüben, – sondern in Nichts verwandeln müsse. Denn
wenn jemand uns mit der Erzählung einer Geschichte große Erwartung
erregt, und wir beim Schlusse die Unwahrheit derselben sofort einsehen, so
macht es uns Mißfallen; wie z. B. die von Leuten, welche vor großem Gram
in einer Nacht graue Haare bekommen haben sollen. Dagegen wenn auf eine
dergleichen Erzählung zur Erwiderung ein anderer Schalk sehr umständlich
den Gram eines Kaufmanns erzählt, der, aus Indien mit allem seinem Vermögen in Waaren nach Europa zurückkehrend, in einem schweren Sturm
alles über Bord zu werfen genöthigt wurde und sich dermaßen grämte, daß
ihm darüber in derselben Nacht die Perrüke grau ward: so lachen wir, und es
macht uns Vergnügen, weil wir unsern eignen Mißgriff nach einem für uns
übrigens gleichgültigen Gegenstande, oder vielmehr unsere verfolgte Idee
wie einen Ball noch eine Zeit lang hin- und herschlagen, indem wir bloß
gemeint sind ihn zu greifen und fest zu halten« (Kant, S. 333).

Was der Philosoph als Ping-Pong-Spiel zwischen Erwartung und Düpierung
faßt, ist der Mechanismus, nach dem die Pointe funktioniert. Außerhalb der
Betrachtung bleibt dabei die Vorgeschichte der Pointe, also das, was sie not-
wendig voraussetzt, damit sie funktioniert: Damit eine Erwartung mit lautem
Knall in der Pointe zerplatzen kann, muß sie zuvor geweckt worden sein.
Dabei gilt, wie jeder gute Witzerzähler weiß: Je höher die Erwartung der
Zuhörer gespannt wird, desto lauter und schöner ist der Donnerschlag, mit
dem sie in die Luft fliegt. Sehen wir uns ein Beispiel an, ein glänzendes
Aperçu von Karl Kraus (Kraus 1986, S. 24)

Es kommt gewiß nicht bloß auf das Äußere einer Frau an. Auch die Dessous sind wichtig.

Zwei relativ einfache Sätze, ein erster zögernder, fast sogar ein wenig umständlicher (»gewiß nicht bloß«), mit dem die Erwartung gespannt wird, und ein kurzer scharfer, mit dem sie explodiert. Aber was für eine Hochspannung der Erwartung im ersten Satz: Wie wird Kraus, so fragt sich der Leser, nach diesem Satz fortfahren, etwa mit der Behauptung, es zählten, da es nicht bloß auf das Äußere der Frau ankomme, vielmehr die inneren Werte? Wohl kaum, das wäre unerträglich bieder und übersieht das Wort »gewiß«, mit dem sich Kraus den Gemeinplatz, daß optische Erscheinung und Charakter gleichermaßen wichtig seien, zu eigen macht.

Wird er, nachdem er mit dem Wörtchen »gewiß« zugestimmt hat, daß auch die inneren Werte bei der Frau eine Rolle spielen, die Behauptung dagegensetzen, das Äußere sei aber das entscheidende, weil einzig existente Wesensmerkmal der Frauen? Auch das zu platt und des Autors unwürdig. Oder wird er endlich, was man hier höchstens ansatzweise ahnt, dem Nicht-nur-sondern-auch-Gemeinplatz, dem er sich spöttisch, höhnisch, verächtlich angeschlossen hat, den Todesstoß versetzen?

Und was für ein Schmetterschlag die Pointe, die die aufgebaute Erwartung in die Luft sprengt: Weder zu den sogenannten inneren Werten der Frauen noch ihrem sichtbaren Äußeren, aber genauso gut zum unsichtbaren Inneren wie zum äußersten Äußeren gehörend, eignet sich das Beispiel der Dessous für eine Klarstellung von extremer Schärfe: Ich bin nicht gewillt, sagt Kraus mit seinem Aphorismus, die sogenannten inneren Werte gegen das Äußere noch dieses gegen jene auszuspielen, sondern will dem elenden Gemeinplatz als solchen den Garaus machen.

Fazit: Eine Pointe ist immer nur so gut wie ihre Vorbereitung. Je höher die Spannung, desto strahlender der Lichtblitz, der beim Kurzschluß entsteht. Ein pointierter Text muß also beides enthalten: die Hochspannung der Erwartung und ihre plötzliche Auflösung ins Nichts, die Schritt für Schritt erarbeitete Höhe und den abrupten Absturz von der Spitze in die Tiefe.

Wie aber, fragt sich, funktioniert diese Technik, die Erwartung so hochzuspannen, daß sie anschließend lustvoll zusammenbrechen kann? Der Grundgedanke ist ganz einfach, er besteht in der Konstruktion unterschiedlicher

Niveaus: Damit etwas fallen kann, muß es vorher hochgehoben worden sein.
Damit etwas emporragt, muß vorher Tiefe hergestellt worden sein. Robert
Gernhardt nennt das die »Fallhöhe« (Gernhardt 1988, S. 390 - 404).

Der Begriff kommt aus der Dramentheorie und bezeichnet das Aufbauprin-
zip der klassischen Tragödie, die ja den Sturz einer großen Person darstellt:
Nur wenn jemand hoch steht – sei es, daß er von Geburt aus sich über die
anderen erhebt, sei es, daß er hoch gehoben worden ist –, kann er überhaupt
tief fallen. Wer nur auf der Teppichkante steht, kann überhaupt nicht stürzen.
Sehen wir zu, wie Heinrich Heine dieses Prinzip im übertragenen Sinn zur
Dramaturgie eines Textes einsetzt (Heine, Gedanken und Einfälle, S .425):

> Ich habe die friedlichste Gesinnung. Meine Wünsche sind: eine
> bescheidene Hütte, ein Strohdach, aber ein gutes Bett, gutes Essen,
> Milch und Butter, sehr frisch, vor dem Fenster Blumen, vor der Tür
> einige schöne Bäume, und wenn der liebe Gott mich ganz glücklich
> machen will, läßt er mich die Freude erleben, daß an diesen Bäumen
> etwa sechs bis sieben meiner Feinde aufgehängt werden. Mit gerühr-
> tem Herzen werde ich ihnen vor ihrem Tode alle Unbill verzeihen, die
> sie mir im Leben zugefügt – Ja, man muß seinen Feinden verzeihen,
> aber nicht früher, als bis sie gehenkt worden.

Eine starke Übertreibung am Anfang: »friedlichste Gesinnung«. Dann, in
geradezu unwirklichem Licht, ein Bild des Friedens: Hütte mit Stohdach,
Milch und Butter, Blumen und schöne Bäume. Und schließlich, als ob sich
die Idylle noch steigern ließe, ein weiterer Superlativ: »ganz glücklich«. Mit
diesem Tableau ist eine gigantische Fallhöhe zwischen Friedfertigkeit und
Grausamkeit aufgebaut, die dann krachend zusammenstürzt mit dem Bild der
baumelnden Feinde. Sie ist es, die die dramatische Wirkung hervorbringt.
Dabei wirkt die Rachsucht deshalb so plötzlich und umwerfend, weil die
friedfertige Idylle vorher so detailliert gezeichnet war. Erst die wohlkalku-
lierte Ausmalung von Friedlichkeit läßt die Rachsucht derart böse in Erscheinung treten.

Ein weiteres Beispiel von den Nachfolgern Heines beim »Streiflicht« (Süddeutsche Zeitung, 30. 10. 1996):

> Was ist die Farbe der Saison? »*Rote* Blätter fallen«, behauptet der
> Herbstbedichter Johann Gaudenz von Salis-Seewis, während Storm
> »die *gelben* Blätter fliegen« sieht. Mörike (»in warmem *Golde*«) und

Trakl (»das letzte *Gold*«) mögen es edler, und Hesse kann sich überhaupt nicht entscheiden: »O *taumelbunte* Welt.« Bleibt Goethe. Der
interessiert sich nur für den Wein, weswegen er die Sache mit der
Blätterfarbe höchst herbstuntypisch angeht: »Fetter *grüne*, du Laub,
am Rebengeländer!« Einigkeit herrscht immerhin in der Frage, was
uns all das Fallen, Fliegen, Taumeln etc. des Herbstlaubes sagen soll:
Schönheit ist vergänglich, und Vergänglichkeit ist schön. So befördern
sinkende wie gesunkene Blätter jene trostreiche Melancholie, die am
Ende auch wieder den Blick freimacht für das, was bleibt. »Beizeiten /
sorgt er für Ordnung«, dichtet Günter Bruno Fuchs daher über den
Herbst, »und träumende Straßenfeger / bekommen von ihm kostenlos
Antwort / auf viele Fragen.«
Nur auf die eine Frage nicht: Wer soll, verdammt noch mal, das ganze
blöde Laub fortschaffen, während die Straßenfeger träumen?

Ein hoher Ton von Anfang an: fallende, fliegende, taumelnde Blätter, bunte
Farben, poetische Herbst-Stimmung. Eine imposante Reihe von Dichtern,
von Salis-Seewis über Mörike, Trakl und Goethe zu Fuchs. Und dann die
melancholische Quintessenz all des Fallens, Fliegens und Taumelns, die den
hohen Ton auf allerhöchstem Niveau befestigt: »Schönheit ist vergänglich,
und Vergänglichkeit ist schön.« Damit ist die Fallhöhe markiert, die den
rasanten Absturz möglich macht und dann tatsächlich einleitet mit der Frage:
»Wer soll, verdammt noch mal, das ganze blöde Laub fortschaffen«? Auch
hier erzeugt die Fallhöhe zwischen Dichtung und Alltag den dramatischen
Effekt. Erst die poetische Ausmalung der Herbst-Szenerie schafft den nüch-
ternen Boden der Tatsachen, sprich: der Laubberge; erst die Herbst-Poesie
läßt die Laubbeseitigungs-Prosa plastisch hervortreten.

Fallhöhe schafft also Spannung und damit Dramatik, so wie in der Elektrizi-
tät die gegensätzliche Ladung zwischen zwei Polen den Strom fließen läßt:
Je größer das Gefälle zwischen ihnen, desto leuchtender der Lichtbogen; je
größer die Fallhöhe, desto größer die dramatische Wucht. Um ideale Fallhöhe herzustellen, müssen demnach zwei Ebenen festgelegt werden, die
möglichst große Distanz voneinander haben. Außerdem sollten noch zwei
weitere Merkmale hinzukommen:

1. Die beiden Niveaus müssen darüber hinaus durch ein gemeinsames Element verbunden werden, das sie aufeinander bezieht. Im Heine-Text sind das
die Bäume, die einerseits als Teil der idyllischen Szene, andererseits als
Instrument der Rachsucht fungieren. Im Streiflicht sind es die Blätter, die

einmal eine Rolle im poetischen Herbst-Szenario, das anderemal als lästigen
Unrat auf den Straßen spielen.

2. Die Konstruktion der Fallhöhe muß noch Elemente enthalten, die irritierende, den Absturz ankündigende Signale setzen. Wie in der Pointe ihre
bereits erfolgte Vorbereitung nachklingt, so muß in der Vorbereitung die spätere Pointe anklingen – Planting and Pay-off heißt das in der Filmdramatur-
gie. Im Heine-Text sind es die beiden Superlative, die stutzig machen. Der
Satz: »Ich habe die friedlichste Gesinnung« klingt so, als ob jemand sagte:
»Ich bin der friedfertigste Mensch der Welt, aber...« Und das Wort »ganz
glücklich« in Verbindung mit dem »lieben Gott« hat eine so höhnische Grun-
dierung, daß darauf nur ein mächtiger Gegenschlag folgen kann.

Im Streiflicht sind die irritierenden Signale zahlreicher; jedes den hohen Ton
befestigende Teilstück wird sofort ironisch gekontert. Ein paar Beispiele herausgegriffen: Der Dichter Johann Gaudenz von Salis-Seewis ist ein »Bedich-
ter«, und Mörike und Trakl werden des Drangs zum Edel-Geschmäckleri-
schen bezichtigt. Goethe wird respektlos eine übermäßige Vorliebe für den
Wein unterstellt, weshalb er es dann mit der richtigen Herbstfarbe nicht so
genau nehme. Und die »trostreiche Melancholie« fallender Blätter wird ironisch gepriesen als etwas, das »den Blick freimacht für das, was bleibt«, eine
Sprachfigur, die Abiturreden von Studiendirektoren schmückt.

Die konstruktive Umsetzung der Glossenidee heißt Glossendramaturgie. Ihr Prinzip ist das Prinzip der satirischen Konstruktion schlechthin: »Fallhöhe«. Fallhöhe besagt, daß nur dann etwas fallen kann,
wenn es vorher hochgehoben worden ist. Fallhöhe baut also erst die
Erwartung auf, die in der Pointe dann lustvoll zusammenbricht, so
wie sich im Lichtblitz die Spannung zwischen zwei elektrischen
Polen ausgleicht.

Fallhöhe herstellen heißt, zwei Niveaus festlegen, die möglichst große Distanz voneinander haben. Die beiden Niveaus müssen darüber
hinaus – sonst erkennt der Leser sie nicht als einander zugehörig –
durch ein gemeinsames Element verbunden sein. Beim Aufbau der
Fallhöhe sollten schließlich auch Signale gesetzt werden, die den in
Kürze erfolgenden Absturz ankündigen. Wie in der Pointe ihr Aufbau
nachklingt, so sollte in ihrem Aufbau die Pointe anklingen.

4.2. Dramaturgietypen

Dreh- und Angelpunkt bei der Realisierung der Glossenidee ist natürlich die Idee selbst. Oft ist sie so stark, daß es gar keiner dramaturgischen Überlegungen mehr bedarf. Das ist insbesondere der Fall, wenn die Glossenidee in nichts anderem besteht, als eine schöne Fallhöhe aufzubauen und diese dann effektvoll zusammenstürzen zu lassen. Beispiele dafür sind der Unicum-Text (S. 245), wo die Fallhöhe zwischen zwei Tagesabläufen hergestellt wird, und die Beispielsglossen S. 240 und S. 241f, wo sie zwischen Form und Inhalt des Textes besteht.

In vielen Fällen aber legt die Glossenidee die Dramaturgie noch nicht fest, läßt also mehr oder weniger großen Spielraum für die dramaturgische Arbeit. Diese hat die Realisierung der Glossenidee zum Inhalt und orientiert sich dabei wesentlich am Prinzip der Fallhöhe. Sehen wir uns an, welche typischen Möglichkeiten es dafür gibt.

Nehmen wir uns dazu die Beispielsglosse über die Tennisfrauen (S. 255f) vor. Die aus der Kritik daran entwickelte Glossenidee bestand in der Behauptung, die Tennisspieler-Frauen seien gar nicht die wirklichen Ehefrauen der Spieler, sondern Schauspielerinnen, weil keine Frau soviel Begeisterung und Zeit für ihren Ehemann und so wenig eigene Interessen hat. Hier drei sehr unterschiedliche Möglichkeiten der Realisierung:

Version I:

Wer regelmäßig Tennisspiele im Fernsehen anschaut, macht interessante Beobachtungen. Toll die Taktik von Boris Becker, trotz konditioneller Schwächen mit ausgekochten Tricks den Gegner aus dem Konzept zu bringen. Und tragisch die Nervenschwäche Michael Stichs, auch den neunten Matchball zu vergeben und dann das ganze Spiel zu verlieren. Doch viel interessanter ist das, was sich auf den Rängen abspielt: Da sitzt Frau Becker in der Spielerloge und fiebert derart packend mit ihrem Mann, daß dem Zuschauer die Hände feucht werden. Und Frau Stich an gleicher Stelle leidet so mitreißend, als ob sie den Jammer der Welt auf ihren Schultern trüge.
Irgendwie kommt mir das komisch vor. Wieso? Ja, kennen Sie Ehefrauen, die stundenlang ihren Männern bei der Arbeit zusehen? Die hingerissen die Bemühungen ihrer Männer verfolgen, die mal zum Ergebnis führen, mal im Fiasko enden. Die dann heroisch Mut spen-

den, ihren Liebsten herzen und wiederaufrichten, statt ihm mit maliziösem Lächeln noch einen Nackenschlag zu versetzen? Sehen Sie! Solche Frauen gibt es gar nicht! Sie haben weder Zeit noch Lust dazu. Sind im Tai-Chi-Kurs oder planen den Wahlkampf der Grünen, organisieren den Kuchenstand beim Schulfest oder erforschen in intensiver Gruppenarbeit ihre Mutter-Beziehung. Ja, aber da sitzen sie doch vor uns, Barbara Becker, die sich so wunderschön freut, wenn ihrem Mann ein trockener Passierschlag gelingt, und Jessica Stich, die so fotogen die Hände ringt, wenn ihr Liebster einen Return knapp ins Aus setzt. Was habe ich da gesagt: Wunderschön freuen, fotogen die Hände ringen? – Das ist es: Frau Becker ist gar nicht Frau Becker, und Frau Stich nicht Frau Stich! Das sind Schauspielerinnen, die Frau Becker und Frau Stich spielen, angeheuert von cleveren Vermittlungsagenten!

Gott sei Dank für diese Eingebung in letzter Sekunde: Fast hätte ich Becker, Stich und Co. um ihre Frauen beneidet.

Version II:

Alle mal herhören! Hier ein Geheimnis, bitte nicht weitersagen: Die Frauen der bekannten Tennisspieler sind nicht die wirklichen Ehefrauen, sie sind Schauspielerinnen, die die Ehefrauen nur mimen. Sie glauben mir nicht? Dann muß ich den Beweis antreten.

Wie Sie wissen, gilt in der Logik der Satz vom ausgeschlossenen Dritten: Von zwei kontradiktorischen Behauptungen kann nur eine wahr sein.

Behauptung I: Die Ehefrauen von heute sind selbstbewußt und stark, sie sind zumeist berufstätig und stellen die Entfaltung ihrer Persönlichkeit in den Mittelpunkt ihres Interesses.

Behauptung II: Die Ehefrauen der Tennisspieler verfolgen hingerissen die Arbeit ihres Mannes. Sie harren Stunde um Stunde auf dem Tennisplatz aus. Sie sind mit ihrem Mann glücklich, wenn er gewinnt, und leiden mit ihm, wenn er verliert.

zu I: Wollen Sie ernsthaft diese Behauptung in Frage stellen, eventuell die behauptete Tatsache kritisieren? Überlegen Sie sich das gut!

zu II: Wenn Sie, woran ich nicht den geringsten Zweifel hege, die erste Behauptung bejaht haben, ist die zweite falsch (siehe oben). Daraus folgt mit Notwendigkeit: Die „Ehefrauen" der Tennisspieler sind nicht die Ehefrauen, sie sind Schauspielerinnen, die angeheuert worden sind, um Ehefrauen zu spielen. Was zu beweisen war.

Version III:

Frauen heute sind selbstbewußt, stark, durchsetzungsfähig. Im Beruf und in der Familie stehen sie ihren Mann, sind also eigentlich Männer mit kleinen, zu vernächlässigenden anatomischen Unterschieden. Gibt es, fragt man sich in melancholischen Stunden, eigentlich noch die Frau von gestern: hingebungsvoll, dem Schutz des Mannes vertrauend und ihm untertan? Frauen, die unbegrenzt Zeit für ihren Mann haben, ihm bewundernd bei der Arbeit zuschauen, beim Erfolg jubeln und beim Mißerfolg leiden? Ja, es gibt sie noch: in den Träumen unverbesserlicher Männer, in den Romanen des Bastei Verlags und in Gestalt von Schauspielerinnen, die Ehefrauen mimen.
Womit wir jetzt nicht bei Isabelle Adjani, Michèle Pfeiffer und Emma Thompson angelangt sind, sondern bei Barbara Becker, Jessica Stich und Brooke Shields. Nein, Frau Becker und Frau Stich fungieren nicht als Romanfiguren, und Frau Shields kennt den Bastei Verlag gar nicht. Und alle drei kommen auch nur selten in den Träumen von Männern vor.
Beobachten Sie aber einmal, wie dramatisch Barbara Becker die Hände ringt, wenn ihr Mann, von Ecke zu Ecke gehetzt, den zur Befreiung angesetzten Crossball ins Netz setzt. Und wie fotogen Jessica Stich sich mit einem Luftsprung und unzähligen Kußhänden in Richtung Ehemann freut, sobald dieser seinen Gegner mit überlegener Technik absorviert hat. Schwant Ihnen etwas? Ja genau, perfekte Schauspielerinnen sind das, angeheuert von einer Schauspielerinnen-Verleih-Agentur! Keiner hat es bislang gemerkt, nicht einmal die sonst so witterungsstarken und spitzzüngigen Sportjournalisten, und dabei ist der Deal so offenkundig!
Damit sind wir allerdings, ob wir wollen oder nicht, wieder einmal bei Kanzler Kohl, Pfarrer Hintze und Guido Westerwelle, die ja des öfteren, in der Regel von machtscheuen Literaten und großmäuligen Journalisten, der Schauspielerei bezichtigt werden. Rollen sie doch so bedeutsam mit den Augen, blicken so kraftvoll-entschlossen drein, gestikulieren mit solch tapsiger Wucht. O nein, anders als die Tennisfrauen sind diese Staatsmänner echt; Schauspieler würden den Job viel besser machen.

Die erste Glosse fängt auf dem Tennisplatz an und kommt über die Spieler auf die Spielerfrauen zu sprechen. Sie schließt eine Reflexion über die modernen Frauen an und gewinnt dann aus dem Widerspruch von Reflexion und Beobachtung die plötzlich aufblitzende Erkenntnis, daß die »Tennisfrauen« Schauspielerinnen sind. Dieser Typ von Dramaturgie, bei der von

unten nach oben gradlinig und rasant auf die Pointe zugesteuert wird, ließe
sich als Pointen-Dramaturgie bezeichnen.

Bei der zweiten Glosse kommt die Pointe, die Frauen der Tennisspieler sei-
en Schauspielerinnen, gleich zu Anfang als »These« im mathematischen Sinne daher. Es folgt der »Beweis« nach dem Satz vom ausgeschlossenen Dritten, der selbstverständlich erfolgreich ist. Diesen Dramaturgietyp, der mit
der Pointe wie mit einem Paukenschlag startet und dann von oben nach unten
abfällt, könnte man Paukenschlag-Dramaturgie nennen.

Die dritte Glosse eröffnet mit einer Reflexion über die modernen Frauen. Sie
fragt dann nach dem Gegenteil, den Frauen von gestern, und findet sie unter
anderem in den Schauspielerinnen, die – zum Beispiel in romantischen Fil-
men – Ehefrauen spielen. Sie springt dann von bekannten Schauspielerinnen
auf Ehefrauen von bekannten Tennisspielern und bringt beide zusammen in
der Behauptung, die »Ehefrauen« der Tennisspieler seien Schauspielerinnen.
Von da macht sie noch einen Satz zu Politikern, denen sie gerade das
abspricht, was sie an den Tennisfrauen festgestellt hat, nämlich gute Schau-
spieler(innen) zu sein. Diese Art von Dramaturgie, bei der sich der rote Faden
dreht und windet, sich also sprunghaft und assoziativ der Pointe nähert, wäre
als Assoziations-Dramaturgie zu charakterisieren.

Pointendramaturgie

Worauf muß der Glossenautor achten, wenn er sich für dieses Dramaturgie-
muster entscheidet, wenn er also seinen Text schnörkellos und rasant die
Pointe ansteuern lassen will? Zunächst als Beispiel eine Finis-Glosse (DIE
ZEIT, 21. 2. 1997):

> Er muß noch einmal antreten! Sonst geht alles den Bach hinab. Bitte,
> liebe *ZEIT*-Leser, schreiben Sie uns, massenweise! Unterstützen Sie
> unseren Appell, denn es geht um eine gesamtdeutsche Schicksalsfra-
> ge. Er muß noch einmal antreten!
> Gewiß, er ist jetzt länger im Amt als jeder seiner Vorgänger. Und
> gewiß, es häuften sich in der letzten Zeit die Zeichen seiner Amtsmü-
> digkeit. Wer würde nicht verstehen, daß er, nach all den strapaziösen
> Jahren, manchmal von Tagen fernab der Macht träumt, von einem
> Leben der einfachen, sinnlichen Genüsse, für die er, das ewige Sonn-
> tagskind, geschaffen ist wie kein zweiter.

Aber die Sache (seine Sache! unsere Sache!) erlaubt es nicht. Wir müssen ihn also noch einmal in die Pflicht nehmen, er muß noch einmal antreten, ob er will oder nicht. Und am Ende (so gut kennen wir ihn mittlerweile) wird er wollen, ob er will oder nicht.
Denn auch, wenn manch einer manchmal über den Alten seufzt: Wer könnte denn mit seiner Erfahrung, seiner Professionalität, seinem gesunden Machtinstinkt, mit seinem schon sprichwörtlichen Steh- und Sitzvermögen konkurrieren? Wer mit seinem unerschütterlichen Selbstbewußtsein, das »Größenwahn« zu nennen heute nicht einmal mehr seine grimmigsten Feinde wagen?
Wie alle lachten und höhnten, als er sein Amt antrat! Der falsche Mann im falschen Job! Und wie sie sich alle in ihrer Arroganz bestätigt fühlten, als er gleich zu Beginn seiner Regierungszeit alle nur vorstellbaren Fehler, Ungeschicklichkeiten, Taktlosigkeiten beging! Ein böser Spuk, der bald vorbei sein wird, so dachten wir damals. Ein großer Mann, ein größerer wird nicht nachkommen, so glauben wir heute.
Seine historische Leistung: unvergleichlich. Das Häuflein seiner Nachfolger und Möchtegernnachfolger: kümmerlich. Deshalb muß er noch einmal antreten – sonst wird der Start ins nächste Jahrtausend ein Fehlstart werden!
Alles über seinen Instinkt und seine Fortune ist bereits gesagt worden, immer wieder, von Berufeneren, als wir es sind. Wir wollen an dieser Stelle deshalb nur die menschliche Dimension, das sog. Humanum ins Auge fassen.
Sein geschichtlicher Erfolg und der Zauber seiner Person nähren sich nämlich, so meinen wir, aus derselben Quelle: aus der Lebenslust, dem Optimismus, der Freundschaft zu den Menschen. Er ist ein Mächtiger, beinahe ein König! Aber er ist dabei doch immer ein großes, ein riesiges Kind geblieben – ein Weltkindkönig gewissermaßen. Nach dem Ende seiner Regentschaft (Gott behüte!) wird nicht die Republik der freien Geister anbrechen, sondern das Schattenreich der Biedermänner, Bürokraten, Karrieristen.
Also muß er noch einmal antreten, ruft das Volk, ruft die *ZEIT*. Er muß!
Claus Peymann muß Bundeskanzler, Helmut Kohl muß Burgtheaterdirektor bleiben!

Der Text beginnt mit einem beschwörenden Appell zu einer Wiederkandidatur, läßt aber offen, wer da eigentlich wieder antreten soll, und bricht die sich aufbauenden Erwartungen der Leser mit einer schönen Pointe am Ende, der überraschenden Auflösung des Rätsels. Den starken Sog in Richtung auf die Pointe bewirken der mehrmals wiederkehrende Appell und der Aufbau der ironischen Lob-Tirade. Diese setzt vorsichtig, mit einer Konzession gegenü-

ber möglichen Einwänden, an:»Gewiß, er ist jetzt länger im Amt...«. Sie
gewinnt nach einem erneuten Appell an Fahrt und strebt dann mit Tempo und
geradewegs auf die Pointe zu.

Wer nach diesem Schema seine Glosse von unten nach oben aufbauen, die
Fallhöhe also am Ende erreichen will, muß zunächst eine kraftvolle Pointe
haben; diese ergibt sich oft, wie auch hier, aus der Glossenidee. Er muß weiter die Hinführung auf die Pointe als einen geraden, direkten, sich steigern-
den Anlauf konstruieren, der in der Pointe seinen Höhepunkt erreicht. Er
muß schließlich die Hinführung im Verhältnis zur Pointe so niedrig ansetzen,
daß rasante Steigerungen möglich sind, sprich: in kurzer Zeit ein großer
Höhenunterschied durchlaufen werden kann; wer das Ausgangsniveau zu
hoch nimmt, dem geht unterwegs die Luft aus.

Paukenschlag-Dramaturgie

Was muß der Glossenschreiber beachten, wenn er seinen Text mit einem Paukenschlag eröffnet? Zunächst wiederum ein Beispiel, ein »Streiflicht« (Süddeutsche Zeitung, 8. 7. 1987):

> Gong – Fanfare – *Tagesschau*. Der Sprecher grüßt gehemmt,
> zögernd, gibt sich aber einen Ruck, reißt das Einstecktuch aus dem
> Blazer, wischt über die nach hinten rechts gewellten Haare. Er fegt
> alles Papier vom Tisch, kehrt den Blick nach innen, und während hin-
> ter ihm das Bild des Kanzlers erscheint, sagt der Sprecher: »Er sah
> die weißen, engen Jeans von den Gazellenbeinen unter seinen Hän-
> den abplatzen wie überhitzte Haut von Wurst ... ja, das war es, hier
> war es endlich ... die orgiastische perfekte Kür, Weltmeisterschaft des
> Geschlechts auf der Nahtstelle des menschlichen Seins.«
> Ob er das mal bringt? Ob Karl-Heinz Köpcke das endlich mal bringt?
> Zweieinhalb Monate hat er noch Zeit, dann wird er pensioniert. Wenn
> er doch bis dahin einmal vor uns allen er selbst wäre, einmal was
> Eigenes läse, dieses Stück zum Beispiel aus seinem 1974 publizier-
> ten Roman »Bei Einbruch der Dämmerung«. Nicht immer das aufge-
> schriebene Zeug von quatschigen Redakteuren, die am liebsten alles
> selbst vortragen würden, stotternd, Endsilben unterschlagend, der
> Sprechkultur hohnsprechend. Das Buch damals hat uns für einen
> Moment in das Seelenleben des Chefsprechers blicken lassen. Dann
> war wieder Schluß. Der »iranisch-irakische Konflikt« perlte von der
> stets etwas hängenden Unterlippe, als ob nichts gewesen wäre.
> Haben ihn die Kritiken verschreckt? Zugegeben: Sie waren hart, denn

nicht jeder Rezensent stellte in Rechnung, daß auch die Sprache des Begabtesten leidet, wenn er jahrzehntelang nach acht Uhr abends nichts anderes liest als Meldungen, Meldungen, Meldungen. Aber wichtig war es doch gewesen, wie jemand mit einem Buch in sein Inneres schauen ließ – ein Hinweis darauf, daß er wohl doch nicht, wie er beteuerte, den dritten Weltkrieg »ohne Panik zu zeigen« ansagen könnte.

Nun ißt er Lakritze, wenn er der *Hör zu* Interviews gibt und sagt: »Ich habe meine Pflicht getan, habe mein Bestes gegeben, jeden Tag, immer präzise und korrekt. Nie bin ich zu spät gekommen.« Oh Mann! Soll das alles gewesen sein? Kleinkrieg mit Stöck 1972, einmal einen Bart haben 1974, einmal aufrührerisch mit dem Papier rascheln 1978? Einmal »Aufpitschmuttel« sagen? Und kurz vor dem Ende einen schnoddrigen Nachruf im *Spiegel* (»Nun hat die liebe Kehle Ruh«)? Mensch, Karl-Heinz, lies einmal in diesem heißen Sommer, was Du willst, wovon Du meinst, daß wir es wissen sollten, das Du für wichtig hältst. Streif alles andere ab wie überhitzte Haut von der Wurst, leg abends um zwanzig Uhr die Gazellenbeine auf den Tisch oder unseretwegen auch auf die Nahtstelle des menschlichen Seins. Laß uns wissen, was Dich bewegt! Und, Bruder, wenn Du uns verstanden hast, so beschreibe am nächsten Montag während des ersten Satzes der dritten Meldung mit dem rechten Zeigefinger einen kleinen, ganz kleinen Kreis. Wir wissen dann: Du wirst es noch vor dem 29. September, dem letzten Arbeitstag, tun, weil Du weißt, daß Du ein Recht dazu hast nach all den Jahren.

Ein Einstieg von elementarer Wucht: Mit drei Worten steht die Situation vor Augen – Tagesschauzeit. Die Szene wird aber sofort spannungstreibend verrätselt, und dann fährt ein atemberaubender Donnerschlag nieder, die erotische Passage mit hinreißend mißglückten Bildern und bombastisch-schiefer Metaphysik. Im Mittelteil wird das Rätsel aufgelöst: Die Szene ist fiktiv, der Sprecher ist Karl-Heinz Köpcke, der bald in Pension geht, und der irre Textauszug ist tatsächlich von ihm geschrieben. Daran schließt sich ein lockerleichtes Spiel mit dem Gegensatz von Köpckes wildromantischem Seelenleben und seiner trockenen Sprecher-Existenz an. Den Schluß macht ein neuer Anlauf auf den zweiten Höhepunkt zu: zunächst ein weiteres Köpcke-Zitat als Inbegriff der Sprecher-Langeweile. Dann, eingeleitet mit »Mensch, Karl-Heinz«, die eindringliche Aufforderung an ihn, die Routine zu durchbrechen. Und schließlich, mit dem beschwörenden »Bruder« versehen, die absurde Bitte um ein Zeichen des Einverständnisses.

Der dramaturgische Ablauf zeigt also folgendes Bild: Die Spannungkurve erreicht mit einem Schlag die absolute Fallhöhe, stürzt dann steil ab, wird aufgefangen und erneut auf ein mittleres Niveau hochgeführt. Dieser Verlauf folgt einer inneren Logik: Hochspannung läßt sich nur kurze Zeit aufrechterhalten. Ein Abfall ist unbedingt notwendig, außerdem braucht der Leser nach dem Paukenschlag Zeit zum Durchatmen. Spannungslosigkeit ist aber ebenfalls nicht durchzuhalten. Von der Talsohle aus ist ein weiterer Höhepunkt anzusteuern.

Wer also die Paukenschlag-Dramaturgie anwenden will, sollte sich an diesem Spannungsverlauf orientieren. Dazu braucht er zunächst einen kraftvollen Einstieg, die sich aus der Glossenidee ergebende Pointe oder eine mit der Glossenidee in Verbindung stehende Szene. Danach sollte er seinen Leser Luft holen lassen, indem er eventuell die Verrätselung auflöst, Informationen nachliefert oder einen irgendwie gearteten Kontrapunkt anbringt. Schließlich sollte er das Tempo erneut anziehen und direkt auf einen weiteren Höhepunkt zuhalten, der in der Regel wiederum an dem starken Einstieg anknüpft.

Assoziations-Dramaturgie

Worauf kommt es schließlich an, wenn sich jemand beim Aufbau seiner Glosse in assoziativen Sprüngen oder mäandernden Schlangenbewegungen der Pointe nähern will? Noch einmal zunächst ein Beispiel (Westdeutsche Allgemeine, 3. 3. 1986):

Das Fischlein zappelt dran...

Der Fischer kommt in der Literatur nicht gut weg. Er macht das Wasser tückisch trübe. Im wohlbekannten Liede wird der Forellenfang als eine überaus hinterlistige Sache dargestellt. Der Täter: Der Fischer mit der Rute. Das Opfer: Das Fischlein, welches an der Rute zappelt, nachdem der Fischer alle Tücken angewandt hat, um dieses Ziel zu erreichen.

Der Hochseefischer ist ein Angler im Großformat. Zwar fällt mir dazu kein Gedicht ein, doch kann ich mir unschwer vorstellen, wie es dem Hering im Schleppnetz zumute ist: auch nicht viel angenehmer als der oben beschriebenen Forelle an der Angel.

Der geneigte Leser merkt schon, worauf ich hinaus will: auf die Schleppnetzfahndung. Mit diesem bildkräftigen Ausdruck beschreibt unsere gute Regierung, wie sie die Bösen künftig zu fangen gedenkt: sie wirft ein Schleppnetz aus, in dem wir uns alle verfangen. Anschließend werden wir dann sortiert: die Bösen kommen ins Kittchen, die Guten bleiben noch ein bißchen in der Datei, denn man kann ja nie wissen.

Ich will mich hier nicht verbürgen für die Richtigkeit meiner Darstellung, was das rein Polizeiliche angeht. Ich will nur sagen: Ich komme mit neuerdings wie ein Hering vor. Seit ich weiß, daß die Regierung nach mir das Schleppnetz auswirft, ist mein Vertrauen in die Staatsgewalt rapide gesunken. Wohlgemerkt: Es ist mehr eine Sache des Gefühls, keine des Verstandes, mehr das Wort als die Tat. Das hat mit seinem Schleppnetz der unbekannte Ministerialrat getan, der diesen Ausdruck erfunden hat.

Wahrscheinlich ist der Ministerialrat stolz darauf, daß ihm diese Beschreibung des Tatbestands eingefallen ist. Und das kann er ja auch: Man weiß gleich, was gemeint ist. Nur daß man sich dabei wohl befände, das kann man eigentlich nicht sagen. Sogar der FDP-Vorsitzende Bangemann hat das schon gemerkt. Er spricht neuerdings von der Reuse statt vom Schleppnetz.

Die Reuse ist das Schleppnetz im Kleinformat. Wie ich mir habe sagen lassen, fängt man mit der Reuse vorzugsweise Aale. Offengestanden: daß die Regierung mich für einen Aal hält, macht mir die Sache auch nicht angenehmer.

Der Autor springt vom Angler mit der Rute zu dessen großem Kollegen, dem Hochseefischer mit dem Schleppnetz, und hat dann sein Objekt im Blick, die Schleppnetzfahndung. Von da geht die Reise retour, vom Schleppnetz zurück zu dessen Kleinausgabe, der Reuse. Parallel dazu läuft eine Bewegung vom zappelnden Fischlein an der Angel zum Hering im Schleppnetz und dann von diesem zurück zum Aal in der Reuse. Dabei zeigt das Bild des zappelnden Fischleins, dem es weder an der Angel, noch im Schleppnetz oder der Reuse sonderlich wohl ist, plastisch die Beklemmung des Bürgers, nach dem das Netz der staatlichen Fahndung ausgeworfen wird.

Hier steuert die Glosse weder geradewegs auf einen Höhepunkt zu, noch erreicht sie mit einem Schlag die Fallhöhe, um dann Atem zu holen und wieder anzuziehen. Vielmehr mäandert sie in der Ebene, kommt nach überraschenden Wendungen wie absichtslos am Ziel an und führt dann wiederum in Schlingerbewegungen an ihm vorbei. Die zweifellos vorhandene Spannung resultiert also nicht aus der Fallhöhe der Gesamtkonstruktion, sondern aus der Fallhöhe zwischen den einzelnen Assoziationsschritten.

Als Beispiel der Übergang zwischen dem ersten und zweiten Absatz: Den Ausgangspunkt im ersten Absatz macht eine ironisch gebrochene Anknüpfung an das Schubert-Lied, das vom Angler und dem an der Rute zappelnden Fischlein handelt: Der Fischer »kommt in der Literatur nicht gut weg«, und der Forellenfang erscheint »als eine überaus hinterlistige Sache«. Komisch jetzt der Übergang zum zweiten Absatz, der Sprung vom Angler zum Hochseefischer als einem »Angler im Großformat«, weil ein bloß quantitativer Unterschied behauptet wird, wo natürlich ein qualitativer ist. Noch komischer aber der anschließende Gegensatz: »Zwar fällt mir dazu kein Gedicht ein, doch kann ich mir unschwer vorstellen, wie es dem Hering im Schleppnetz zumute ist«, als ob das Gedicht der Realität des Gefangenseins noch etwas hinzufügte, an das die Vorstellung nicht heranreicht.

Der Sprung zum dritten Absatz als weiteres Beispiel schließlich ist grandios witzig: Obwohl der polizei-technische vom fischerei-technischen Begriff abgeleitet ist, assoziiert niemand Schleppnetz mit Schleppnetzfahndung. Dafür ist die Entfernung und qualitative Differenz zwischen den beiden Begriffen zu groß. Genau das behauptet aber augenzwinkernd der Autor mit dem Satz: »Der geneigte Leser merkt schon, worauf ich hinaus will: auf die Schleppnetzfahndung.« und ruft damit Verblüffung, Belustigung und Neugierde auf den Fortgang der Glosse hervor.

Wer also seine Glosse mit Mitteln assoziativer Anknüpfungen aufbauen will, stößt auf das Problem, daß sein Gebilde zwei widersprüchliche Anforderungen erfüllen muß: Es muß den Eindruck erwecken, als ob es sich assoziativ-spontan entwickelt, und es muß gleichzeitig durchgeplant, sprich: auf ein Ziel ausgerichtet sein. Dem Glossenautor ist also zu raten, diese schwierige Konstruktion vor dem Schreiben mit einer Skizze festzulegen, die die Gelenkstellen zwischen den Absätzen markiert. So läßt sich kontrollieren, daß der rote Faden trotz aller Sprünge und Wendungen zum Ziel führt.

Da dieser Glossentyp nicht von äußerer Spannung zehren kann, liegt alles Gewicht auf der kunstvollen Ausarbeitung der Übergänge. Hier sollte der Autor seine Arbeit konzentrieren und sein witziges Arsenal zum Einsatz bringen: überraschende Wendungen, abrupte Sprünge, Enttäuschung der Lesererwartungen. Dabei gilt wiederum das Prinzip der Fallhöhe: möglichst großer Kontrast, aber immer ein gemeinsames Element, das die Verbindung zwischen den Polen herstellt, wie in Angler – Hochseefischer und Schleppnetz – Schleppnetzfahndung.

In manchen Fällen legt die Glossenidee die Dramaturgie eindeutig fest; in der Regel bleibt aber Spielraum für dramaturgische Variationen. Unter den unendlichen Möglichkeiten, eine Glosse aufzubauen, lassen sich drei reine Typen unterscheiden: Bei der Pointen-Dramaturgie verläuft die Spannungskurve von unten nach oben gradlinig auf die Pointe zu. Bei der Paukenschlag-Dramaturgie fällt umgekehrt die Spannung von einer kraftvollen Einstiegssequenz ab und steigt erneut an. Bei der Assoziations-Dramaturgie nähert sich der rote Faden in sanften Schlangenlinien oder überraschenden Sprüngen der Pointe oder dem Glossengegenstand; die Spannung resultiert hier aus der Fallhöhe zwischen den Assoziationsschritten.

Bei der Pointen-Dramaturgie sollte der Autor niedrig ansetzen und dann den Leser mit rasanter Steigerung zur Pointe führen. Bei der Paukenschlag-Dramaturgie kommt es darauf an, den Leser mit einem Schlag in seinen Bann zu ziehen, ihn dann Luft holen zu lassen und dann erneut in Spannung zu versetzen. Bei der Assoziations-Dramaturgie muß der Autor widersprüchliche Anforderungen, freie Assoziation und Ausrichtung auf ein Ziel, miteinander verbinden. Alle Spannung sollte er auf die einzelnen Assoziationsschritte konzentrieren, indem er hier seine witzigen Waffen einsetzt: überraschende Wendungen, abrupte Sprünge oder Erwartungsenttäuschungen.

5. Elemente

Nach der konstruktiven nun zur sprachlichen Umsetzung der Glossenidee. Sie ist die letzte Station des Produktionsvorgangs, ihr Ergebnis die fertig ausgearbeitete Glosse. Dazu ist ein Blick zu werfen auf die Gestaltungs-Elemente, die gemeint sind, wenn von satirischem Stil (vgl. Arntzen 1970 über Robert Musil) die Rede ist: vor allem Verfremdung, Parodie und Travestie, Wortspiel und Spiel mit Schlagworten, Paradoxie und Nonsens, satirische Reihung, Pointe und Ironie – alles dies konstruktive Elemente, die von der Glossenidee regiert werden und mit deren Hilfe die Glossenidee in sprachliche Form gebracht wird.

Als Teile der Glossenidee erhalten die Glossenelemente von der leitenden Idee her ihr Angriffsziel und ihren Kontext. Glossenidee und Glossenelemente müssen also zusammenspielen, um den komischen Effekt zu erreichen. Die pure Anwendung der Glossenmittel, allein oder in Kumulation, garantiert noch keine gelungene Glosse. Wie überhaupt gelungene Glossen nicht in erster Linie eine Sache der sprachlichen Form, sondern der schlagenden Idee sind. Glossen sind nicht Sprach-, sie sind Gedankenfeuerwerke.

5.1. Die Verfremdung

Komik ist Reibung, unter anderem Reibung von Form und Inhalt. Zwischen Form und Inhalt knistert es besonders dann, wenn ein Sachverhalt mit einer fremden Sprache beschrieben wird, einer Sprache, die nicht zum Sachverhalt paßt und daher üblicherweise auch nicht verwendet wird. Diese Technik ist für das Glossenschreiben grundlegend und wird als Verfremdung bezeichnet. Ein Beispiel aus »Zeitungsdeutsch und Briefstil«, der Liebesbrief eines Buchhalters (Tucholsky III, S. 275f):

> Geheim! Tagebuch-Nr. 69/218
>
> Hierorts, den heutigen
>
> 1. Meine Neigung zu Dir ist unverändert.
> 2. Du stehst heute abend, 7 1/2 Uhr, am zweiten Ausgang des Zoologischen Gartens, wie gehabt.
> 3. Anzug: Grünes Kleid, grüner Hut, braune Schuhe. Die Mitnahme eines Regenschirms empfiehlt sich.

4. Abendessen im Gambrinus, 8.10 Uhr.
5. Es wird nachher in meiner Wohnung voraussichtlich zu Zärtlichkei-
   ten kommen.

(gez.) Bosch, Oberbuchhalter

Wie die Liebe komisch wird, wenn ein Buchhalter sich ihrer bemächtigt, so
reizt es ganz allgemein zum Lachen, wenn Großes aus niedriger und Kleines
aus großer Augenhöhe beschrieben wird. Wenn zum Beispiel die Kunstwer-
ke der Dokumenta im Stammtischjargon und alttestamentarische Ereignisse
in der Sprache der Kids geschildert werden. Und wenn umgekehrt das Verhältnis eines Archivars zu seinen Akten leidenschaftlich wie eine Liebesaffä-
re und die 27. Novelle zur Verdingungsordnung in den Worten der Schöp-
fungsgeschichte beschrieben werden.

Für diese Technik der Verfremdung eignen sich alle speziellen Sprachen,
Sprachen also, die eine besondere Beziehung zu einem Fach, einem Milieu
oder einer Gruppe haben. Fachsprachen sind insbesondere die Sprache der
Bürokratie, des Rechts, der Politik, der Werbung, der Wissenschaften, die
Sprache von Bibel und Religion, von Technik und Militärs. Unter Milieu-
sprachen fallen unter anderem die Jargons des Stammtisches, der Jugendlichen, der Frauenbewegung, der Political Correctness, der Medien-Szene.
Gruppenspezifisch sind vor allem Dialekte, zum Beispiel »das Rheinische«,
»das Bayerische«, »das Sächsische«.

Das Angriffsziel der Verfremdung kann der Sprecher sein, wie der Buchhalter im Text von Tucholsky, der nicht imstande ist, seine Sprache dem Gegenstand anzupassen. Ins Visier geraten kann auch die Sprache selbst, beispielsweise als die sprichwörtliche »heiße Luft« der Werbung oder der Public
Relations. Schließlich kann der verfremdete Gegenstand Ziel der Attacke
sein, wie im folgenden Beispiel, wo der Machtkampf zwischen Parteifunk-
tionären als possierliches Psychodrama beschrieben wird und damit die
demonstrative Harmonie zwischen Parteigenossen in ihrer ganzen Unglaub-
würdigkeit erscheint (Süddeutsche Zeitung, 31. 8. 1995):

Koala-Syndrom in der SPD

Dem Zwist zwischen der bayerischen SPD-Landesvorsitzenden Renate Schmidt und ihrem Stellvertreter Albert Schmid liegen keineswegs
politische Differenzen, sondern psychologisch bedingte Blockaden
zugrunde. Das hat der vom bekannten Parlamentspsychiater Boris

Sadlodowitsch geleitete psychopolitische Dienst des bayerischen
Landtags in einem internen Gutachten festgestellt, das rechtzeitig vor
dem Sühnetermin der beiden zerstrittenen Politiker am 7. September
fertig wurde. Danach litt der nach außen hin äußerst selbstbewußt auf-
tretende, eigentlich aber schüchtern veranlagte und sehr züchtige
Schmid in den letzten Monaten zunehmend unter den ständig wiederkehrenden »Busserl-Anschlägen« seiner Parteivorsitzenden. Renate
Schmidt hatte im März auf dem SPD-Landesparteitag in Weiden regelmäßige öffentliche »Busserl-Stunden« mit Albert Schmid angekündigt,
mit denen die Harmonie an der SPD-Spitze nachgewiesen werden
sollte.

»Wie viele Männer leidet auch Dr. Schmid unter dieser als ›Koala-Syn-
drom‹ bekannten Verunsicherung«, sagte Professor Sadlodowitsch
am Mittwoch zur SZ. Wissenschaftler hatten in einer Feldstudie über
Koalas festgestellt, daß diese Tiere erheblichem Streß ausgesetzt
seien, wenn sie von Menschen ständig geherzt, geküßt und herumge-
reicht würden. In Australien wurde jetzt bekanntlich das Knuddeln von
Koalas durch Touristen verboten. Tiere, die dieser Belastung über längere Zeit ausgesetzt waren, neigten zu Aggressivität und Streitlust und
stießen knurrende Laute aus.

»Da Dr. Schmid ein an sich geselliger Typ ist, der gern Öffentlichkeit
auf sich zieht, hat er das unbewußte Unbehagen über die spontanen
Kuß-Attacken seiner Genossin lange Zeit verdrängt«, fuhr Professor
Sadlodowitsch im SZ-Gespräch fort. Zusätzlich habe den sensiblen
Politiker geängstigt, daß Renate Schmidt nach dem Motto »Zuckerbrot
und Peitsche« zusätzlich zu den »Busserl-Stunden« auch »Zause-
Stunden« angedroht und Journalisten von ihrer in Nürnberg befindli-
chen Peitschensammlung berichtet hatte.

Irgendwann im Frühsommer sei Schmid dann aber klargeworden, daß
er sich mit einem Befreiungsschlag aus der Umklammerung lösen und
sich zur Wahrung der eigenen Identität von Frau Schmidt etwas abset-
zen müsse. »Völlig konsequent verfiel er auf ein Verhalten gegenüber
seiner Partnerin, das ihm die Sicherheit verschaffte, von ihr vorläufig
nicht mehr abgebusselt zu werden«, betont der Parlamentspsychiater.
Dabei habe er aus Selbstschutz sogar die Zerrüttung der Beziehung
in Kauf genommen. [...]

Wer diese Technik der Verfremdung bei der einen oder anderen Glosse aus-
probieren will, sollte folgende Gesichtspunkte im Blick behalten:

1. Die Reibung zwischen Inhalt und Form, zwischen dem verfremdeten Gegenstand und der verfremdenden Sprache sollte möglichst groß sein. Je größer der Kontrast, desto kraftvoller die komische Wirkung.
2. Die verfremdende Sprache muß bis ins einzelne beherrscht sein. Der komischer Effekt hängt entscheidend von den genau wiedergegebenen Details ab. Wer zum Beispiel den Stammtisch sprechen lassen will, muß die Floskeln, das Tempo, die weitschweifige und sprunghafte Dramaturgie der Stammtischgespräche genau im Ohr haben.
3. Das Glossenmittel der Verfremdung muß mit der Glossenidee abgestimmt werden: Der Gegner, den die Verfremdungstechnik hervorbringt, muß auch der Gegner sein, den die Glossenidee ins Auge gefaßt hat. Eine Unklarheit in der Stoßrichtung verletzt den Grundsatz, daß die Glosse klar und eindeutig Stellung nimmt.

Die Mittel, mit denen die Glosse sprachlich umgesetzt wird, sind die Glossenelemente, vor allem: Verfremdung, Parodie und Travestie, Wortspiel und Spiel mit Schlagworten, Paradoxie und Nonsens, satirische Reihung, Pointe und Ironie. Sie sind sprachlich-konstruktive Elemente der Glossenidee und erhalten von ihr ihre Funktion.

Die Technik der Verfremdung besteht darin, einen Sachverhalt in einer Sprache auszudrücken, die nicht zu ihm paßt. Verspottet werden auf diese Weise der Sprecher, weil er sich nicht angemessen ausdrückt, die Sprache selbst, weil sie zum Beispiel nur noch aus »heißer Luft« besteht, oder der verfremdete Gegenstand, der zum Beispiel so sein wahres, häßliches Gesicht zeigt.

5.2. Parodie und Travestie

Parodie und Travestie sind mit der Verfremdung eng verwandt, sie sind Unterarten der Verfremdung. Während unter Verfremdung jede Technik fällt, irgendeinen Inhalt in eine kontrastierende sprachliche Form zu kleiden, beziehen sich Parodie und Travestie auf einen feststehenden, aus der Tradition stammenden, zumeist literarischen Gegenstand, zum Beispiel das klassische Drama, das Märchen, das Volkslied, die Sonntagsrede, den FAZ-Fragebogen, die Kriegs-Reportage. Dabei wird in der Parodie die Form beibehalten und mit einem neuen, verfremdenden Inhalt gefüllt, umgekehrt in der Travestie der Inhalt beibehalten und in eine neue, verfremdende Form gebracht. Als Beispiel für eine Parodie die Verfremdung eines Kirchenlieds aus Bert Brechts »Hitlerchorälen«.

Die Vorlage ist der alte Choral von Paul Gerhardt »Befiehl du deine Wege«. Sein Wortlaut:

> Befiehl du deine Wege
> Und was dein Herze kränkt
> der allertreusten Pflege
> des, der den Himmel lenkt.
> Der Wolken, Luft und Winden
> gibt Wege, Lauf und Bahn,
> der wird auch Wege finden,
> da dein Fuß gehen kann.

Die Parodie zur Verspottung des Untertanengeistes (Brecht, S. 446):

> Befiehl du deine Wege
> O Kalb, so oft verletzt
> Der allertreusten Pflege
> Des, der das Messer wetzt!
> Der denen, die sich schinden
> Ein neues Kreuz ersann
> Der wird auch Wege finden
> Wie er dich schlachten kann.

Nicht nur eine konkrete traditionelle Form, auch Stile, Schemata, Verfahrensweisen allgemein wie die juristische Argumentation oder das logische Schlußfolgern können parodiert werden. Ein Beispiel für eine Parodie auf den hohen Ton pathetischer Dichtung, die »Mündliche Führerscheinprüfung« (Gernhardt 1988, S. 396f):

> - Sie wollen Ihren Führerschein machen. Ich hätte da noch eine Frage an Sie.
> - O, eine Frage? Fragt nur zu.
> denn nur wer fragt, dem wird auf dieser Erden
> - Also, Sie kommen an eine Kreuzung zweier gleichberechtigter Straßen. Von rechts kommt ein Auto. Wer hat die Vorfahrt?

- Da kommt ein Auto, sagten Sie?
Eins jener Fortbewegungsmittel,
die, wie von Geisterhand beflügelt,
den Menschen hierhin bald, bald dorthin tragen?
- Wer hat die Vorfahrt?
- Wer Vorfahrt hat? Welch wunderliche Frage!
Weiß ich doch gar nicht, wer in jenem Auto sitzt.
Ist es ein Jüngling auf dem Weg zur Liebsten,
den Amors Flammenpfeil zur Eile trieb?
Dem ließe ich die Vorfahrt gern. Und auch dem Greise,
der einmal noch der Greisin weißes Haar –
denn weiß wird`s, unser Haar, das in der Jugend
in mannigfacher Farbgestalt sich zeigt,
in blond, in braun, ja selbst in schwarz...
- Herr Bock! Zwei Straßen treffen aufeinander...
- Zwei Straßen. Und sie treffen aufeinander.
O kniet mit mir, dies seltne Glück zu preisen!
Denn da, wo man sich trifft, ist auch Begegnung,
ist Leben, ist Musik, sind schöne Fraun...
- Herr Bock, es reicht!

Eine Parodie liegt also vor, wenn man zum Beispiel die Form der biblischen Rede beibehält, aber einen banalen Inhalt einfüllt. Mit einer Travestie hat man es dagegen zu tun, wenn man einen alttestamentarischen Stoff übernimmt, ihm aber eine prosaische Form gibt. Ein Beispiel, in dem die Geschichte vom Propheten Jonas im Bauch des Walfisches in ein Spottlied auf die Politiker umgeformt wird (Nestroy, S. 17f):

Wie der Jonas ins Meer ins Meer hinein`plumpst is, was geschieht?
Kommt ein Walfisch und schlickt ihn vor laut`r Appetit;
Doch er muß ihm nicht g`schmeckt hab`n, `s war ein heikliges Viech,
Nach drei Tag`n gibt er `n ganzen Propheten von sich.
        Das hab`n d` Leut` unerhört
        Für a Wunder erklärt.
Wir hab`n Politiker jetzt voll prophetische Gab`n,
Die bei all`n, was g`schieht, sag`n, daß sie `s voraus g`wußt hab`n;
Ohne daß sie wer schlickt, lieg`n s` allen Leuten im Magen,
Was kein Walfisch verdaut, müss`n oft Menschen vertrag`n.
        Und man nennt das kein Wunder jetzt mehr heutzutag`,
        Man find`t`s ganz natürlich, und kein Hahn kraht danach!

Parodie und Travestie eignen sich besonders, um einen Gegenstand von seiner geschichtlichen Seite zu glossieren: Die Parodie, die ja oft einem aktuellen Inhalt eine alte Form gibt, läßt gern eine Person oder einen Gegenstand »alt« aussehen. Als Beispiel wäre an die Vorstandssitzung einer Großbank zu denken. Wer sich hier anstehende Expansionspläne im Betroffenheitston der 70er Jahre kritisiert, zeigt nicht gerade, daß er auf dem Stand der Dinge ist.

Umgekehrt eignet sich die Travestie, die ja einen alten Inhalt in eine aktuelle Form bringt, gut dazu, ein altes Ideal wieder aufleuchten zu lassen. Ein Beispiel wäre eine Talkshowrunde im Fernsehen, die über die Rentenreform debattieren soll. Wenn die Teilnehmer, statt gereizt ihr Expertenwissen auszubreiten, plötzlich mit verteilten Rollen den Platonischen Dialog über die Gerechtigkeit »Politeia« sprechen, fällt damit ein Schlaglicht auf die Verkommenheit der öffentlichen Diskussion.

Bei der Verwendung von Parodie und Travestie als Glossenmittel ist zu beachten, daß die Vorlage, die verfremdet wird, unzweideutig zu erkennen ist. Ihre charakteristischen Eigenschaften müssen einerseits klar und deutlich gezeichnet werden, andererseits muß diese Vorlage, die ja in der Regel in der Vergangenheit entstanden ist, auch heutigen Lesern noch bekannt sein. Einen Platonischen Dialog parodistisch einzusetzen, dürfte wohl nur im Feuilleton einer großen Zeitung oder Zeitschrift möglich sein, wie beispielsweise auch die Vertrautheit mit Predigt, Kirchenlied oder Gebet nicht mehr selbstverständlich vorauszusetzen ist.

> Parodie und Travestie sind Unterarten der Verfremdung. In der Parodie wird eine Form, die sich in der kulturellen Tradition gebildet und verfestigt hat, mit einem fremden Inhalt gefüllt. In der Travestie wird umgekehrt ein in der Tradition entstandener und etablierter kultureller Inhalt in eine fremde Form gebracht.

5.3. Das Wortspiel

Unter Wortspiel versteht man das Spiel mit dem Klang oder mit der Bedeutung von Wörtern. Mit dem Klang spielt man, wenn man ein Wort abwandelt, um dadurch die Bedeutung zu verändern. Oder wenn man zwei teilweise gleiche Wörter zu einem neuen zusammensetzt. Das Ergebnis sind einmal zwei ähnliche oder verwandte Wörter und zwei sehr unterschiedliche Bedeutungen, das andere Mal ein zusammengesetztes Wort mit einer neuen Bedeutung. Mit der Bedeutung spielt man dagegen, wenn man unterschiedliche Bedeutungen ein- und desselben Worts sich überlagern läßt.

Komisch ist dabei der oft scharfe Kontrast zwischen den unterschiedlichen Bedeutungen, die sich überlagern und gleichzeitig präsent sind. Als komisch wird darüber hinaus der Widerspruch zwischen der Ebene des Zeichens und der der Bedeutung empfunden. Es reizt zum Lachen, daß eine nur minimale Veränderung auf der Zeichenebene, ja manchmal sogar die völlige Gleichheit, einhergeht mit unerwartet großen Bedeutungsunterschieden.

Beispiele für Klangwortspiele:

Durch Austausch von zwei Konsonanten bzw. einem Konsonanten und einer Präposition wird aus
> Volk der Dichter und Denker:
> Volk der Richter und Henker.

Und aus der Agentur-Floskel
> Aus gewöhnlich gut unterrichteten Kreisen:
> Von gewöhnlich gut unterrichteten Greisen.

Eine Verspottung älterer Menschen, die sich dem irrwitzigen Werbetrend »Schöner altern« unterwerfen:
> Graue Panther sind klasse. Geile Panther auf der Jagd nach Frischfleisch deklassieren sich.

Und eine Passage über Menschen, die sich den bürgerlichen Zwängen widersetzen (Musil, S. 50):
> (Sie) vernachlässigen die soziale Pflicht des Strebens, bei der man als ein Streber beginnen muß, damit man in den Jahren des Erfolgs eine Stütze und Strebe abgeben kann.

Klangwortspiele sind auch die Zusammensetzungen aus zwei Wörtern, die ein gleiches Element enthalten. So wird aus
> Nachtlokal und Lokaljournalist: Nachtlokaljournalist
> Scheinheilig und Heiligenschein: Scheinheiligenschein
> Unterschrift und Schriftsteller: Unterschriftsteller

Dabei ergibt die Überlagerung von zwei Bedeutungen einen neuen Sinn: Ein Unterschriftsteller ist ein Schriftsteller, der an Unterschriftaktionen teilnimmt und damit zur unteren Kategorie der Literaten zählt.

Zu den Klangwortspielen gehört ebenfalls die Verballhornung von Namen in kritischer Absicht. Ein Beispiel (Tomayer, S. 110):

> [...] Mit dem Paneuropa-Taler zeichnete die Redaktion der Zeitschrift »MUT« die Ostberliner Dichterin Freia Schmier aus. Sie hatte der Zeitschrift (bekannt geworden durch »Aktion Widerstand: Scheel und Brandt an die Wand!«) ein Interview gegeben.

Schließlich fällt auch der Kalauer unter die Kategorie Klangwortspiel. Ein Beispiel (Musil, S. 849), in dem es heißt:

> Dem Kaiser nun ist dieses ganze tschechisch-polnisch-deutsch-italienische Freiheitsgewurstel – ich weiß nicht, wie ich Ihnen das sagen soll, sagen wir halt: von tiefstem Herzen Wurst.

Auf der anderen Seite die Bedeutungswortspiele, die das Wort unverändert lassen und seine Doppeldeutigkeit nutzen, zum Beispiel:

> Den Brandenburger Tor (nannte man Axel Springer, weil er sich bis zur Torheit für die Wiedervereinigung Deutschlands engagierte)
> Mein Aufschlag kommt nicht (sagt der Tennisspieler und geht ihn suchen)
> Wir haben ihm einen Stern auf die Mütze gegeben (sagen die Testesser über den Chefkoch)
> Fräulein Adele Meyer sang die Santuzza; ich muß sie loben (schrieb der Musikkritiker des »Prager Tagblatts«, dem der Chefredakteur die allzu berechtigte Kritik untersagt hatte)
> Auch der Begriff der Abschreckung stammt aus dem Jargon der Eierkocher (warnt der Streiflichtautor vor der Gefährlichkeit des Ei`s)
> Dichter suchen das Weite (hieß das Thema einer Veranstaltung, an der nicht nur fliehende Dichter beteiligt waren)

Wie mit Wortspielen wirkungsvoll zu arbeiten ist, zeigen die folgenden Auszüge aus Glossen. Zunächst ein Text über das Liebesspiel von zwei Genen: »Laß dich gen!« (FAZ, 28. 11. 1996):

[...] Sie öffnete ihre TATA-Box, und ihr Lebensfaden lag nackt und ausgebreitet vor mir. Ich war mittlerweile ebenfalls bis auf die Tertiärstruk-
tur ausgezogen und bedeckte sie mit meinen heißen Isomerasen.
Ungestüm kamen wir zueinander. Sie hauchte noch, daß sie zu sich,
in den 37-Grad-Raum wollte, aber wir hatten uns bereits den
Molekülen der Gefühle ergeben: »Und doch, welch Glück, geliebt zu
werden, und lieben, Götter, welch ein Glück!« dachte ich noch, als sie
das Methylierungssignal gab und wir uns wieder anzogen. Bevor wir
uns trennten, flüsterte sie mir zu: »Du warst besser als jede Eigenmu-
tation. Und vergiß nicht, für die Zukunft, falls dir mal wieder danach ist:
Never clone alone!«

Ein Streiflicht, das in kürzester Zeit die atemberaubende Entfernung vom
Waschbär zum Millionär zurücklegt (Süddeutsche Zeitung, 3. 7. 1987):

Wie jüngst endlich auch im Streiflicht enthüllt wurde, neigt der Journalist zur Belehrung seiner Kunden. In diesem Sinne, alles mal herhören!
Wir nehmen heute den Waschbären durch. Der Waschbär gehört zu
den Kleinbären (Prokyoniden), ist grauhaarig und wird wegen seines
Pelzes geschätzt. Waschbären pflanzen sich ausschließlich mit
Angehörigen der eigenen Art fort, im täglichen Leben sind sie scheu
und deswegen selten zu sehen. Dies trifft fast alles auch für den Millionär zu, womit wir endlich beim eigentlichen Gegenstand dieser kleinen Betrachtung angekommen wären. [...]

Und schließlich ein Wort- und Gedankenspiel von Karl Kraus, des unum-
schränkten Herrschers dieses Genres (Kraus 1956, S. 24):

Stilblüten sammeln

sollte nur, wer ein Liebhaber ist. Sie auszujäten zeugt von einem
schlechten Geschmack, von einem, der da wünscht, daß in der Zeitung nur korrekte Phrasen wachsen. Stilblüten sind die glücklichen
Ausnahmen, denen wir in der Wüste der Erkenntnis begegnen. Und ist
es nicht von einer ergreifenden Symbolik, wenn einer Zeitung der Satz
gelingt:
»Sterbend wurde sie ins Spital gebracht, wo sie einem toten Kinde das Leben
gab.«
Geschieht das nicht unser aller gemeinsamen Liebsten, der Kultur?
Sterbend wurde sie in die Redaktion gebracht und gebar die Phrase.
Ach, wer doch dem toten Kind das Leben gäbe! Er würde die Mutter
retten.

Mit dem Wortspiel läßt sich besonders einfach ein Effekt erzielen, der für die
Glosse typisch ist: dem Leser blitzschlagartig ein Licht aufzustecken. Als
Technik, die mit kleinen Veränderungen auf der Zeichenebene große Bedeu-
tungsunterschiede auslöst oder – wie bei den bekannten Kippfiguren – kontrastierende Bedeutungen ineinander umschlagen läßt, kann das Wortspiel
Entwicklungen auf allerkürzeste Distanz bildhaft auf den Punkt bringen. Es
eignet sich daher besonders als Einstiegssentenz, die in eine Entwicklung
hineinspringt, oder als Schlußpointe, die eine Entwicklung auf knappstem
Raum zusammenfaßt.

Unter Wortspiel versteht man das Spiel mit dem Klang oder mit der
Bedeutung von Wörtern. Mit dem Klang spielt man, wenn man ein
Wort abwandelt, um die Bedeutung zu verändern, oder wenn man
zwei teilweise gleiche Wörter zu einem neuen zusammenfügt. Mit der
Bedeutung spielt man, wenn man unterschiedliche Bedeutungen ein-
und desselben Worts gleichzeitig aktualisiert, sie also ständig ineinander umschlagen läßt.

5.4. Spiel mit Schlagworten

Eine Erweiterung des Wortspiels ist das Spiel mit Schlagworten, Sprichwörtern, Metaphern, Sprachbildern. Die Palette dieser Technik reicht von der
wörtlichen Verwendung in verfremdetem Kontext und deren Variationen bis
hin zur kalkulierten Stilblüte. Ihr Prinzip ist die überraschende Umkehrung:
Der Gebrauch in fremder Umgebung oder die Umkehrung des Blicks erzeugt
einen neuen, komischen Sinn.

Wörtlich eingesetzt, kann eine stehende Wendung eine eindrucksvolle
Schlußpointe abgeben; so beispielsweise, wenn eine Wahlrede mit dem
trockenen Hinweis der Arzneimittelwerbung gekontert wird:
> Zu Risiken und Nebenwirkungen lesen Sie die Packungsbeilage und
> fragen Sie Ihren Arzt oder Apotheker.

Ebenso pointiert können politische Parolen verwendet werden, zum Beispiel
wenn der schräge Ton einer Vereinsrede schlagartig erhellt wird mit einer
DDR-Losung, wie sie am Konsum-Kaufhaus in Arnstadt angebracht war:

> Unsere Dahlienschau gibt uns neuen Auftrieb im Ringen um den Frie-
> den und die Wiedervereinigung unseres Vaterlandes.

Ein wirkungsvolles Spiel mit geflügelten Worten ist der Austausch einzelner
Wörter gegeneinander. So wird aus

> Zu schön, um wahr zu sein:
> Zu wahr, um schön zu sein.

Aus:

> Aus seinem Herzen eine Mördergrube machen:
> Aus seiner Mördergrube (k)ein Herz machen

Und aus:

> Noch ist nicht aller Tage Abend:
> Noch ist nicht aller Abende Tag (Ernst Bloch).

In diesem Zusammenhang gehört auch die Frage an den Antiquitätenhändler:

> Gibt`s was Altes?

Sponti-Sprüche von der Art:

> Es gibt viel zu tun; lassen wir es sein.
> Du hast keine Chance, aber nutze sie!

Und das schöne Spiel mit zwei Redewendungen (Musil, S. 883):

> (Sie wurde) geleitet von dem glücklichen Geheimnis der »Intuition«,
> daß man ins Schwarze trifft, wenn man ins Blaue redet.

Amüsant ist auch das Spiel mit Redewendungen und übertragenen Ausdrücken, die beim Wort genommen oder in die Wörtlichkeit zurückübersetzt
werden. Beispiele sind:

> Dem Müll eine Abfuhr erteilen
> Das Leben geht weiter – als man denkt.
> Sie sagte, sie lebe so dahin. Dahin möchte ich sie begleiten!
> (Kraus 1986, S. 320)

Ein schönes Beispiel, das die bombastische Metaphorik von Agentur-Mel-
dungen aufspießt (Süddeutsche Zeitung, 14. 1. 1997):

Schraubzwingen schauen dich an

Wer dem Prozeß um die Entführung Jan Philipp Reemtsmas nicht
leibhaftig beiwohnen konnte, war bei der Schilderung dessen, wie sich
die Konfrontation der Täter mit ihrem Opfer gestaltete, auf die
erzählende Presse angewiesen. Die SZ, mehr dem Psychogramm
zugetan, setzte auf den kühlen Charme der Distanz: »Nun blickte er

zwei Tätern ins Gesicht, die usw.« Die taz ließ es mit dem Blick nicht bewenden, sie verlieh ihm eine Wertung: »Reemtsma [...] schaut beide ruhig an.« Der Münchner Merkur brachte eine Reportage mit dem Titel »Reemtsmas Blick wie Schraubzwinge«. Sie war aus Features von dpa und AP zusammengeschnitten, so daß nicht mehr festzustellen ist, wem die Urheberschaft an folgendem dramatischen Aufriß gebührt: »Wie in einer Schraubzwinge hielt Reemtsma seinen Entführer mit dem Blick gefangen. Die Randfigur Richter würdigte er kaum eines Wimpernschlags.« Für die Randfigur mag das deprimierend gewesen sein. Andererseits muß sie sich glücklich schätzen, nicht gewürdigt worden zu sein, denn wo Blicke wie Schraubzwingen sind, ist auch mit den Wimpernschlägen nicht zu spaßen.

Ein entlarvendes Mittel – in der Regel für den, dem die Worte in den Mund gelegt werden – ist die falsche Verwendung von Bildern. So sagt im »Mann ohne Eigenschaften« eine Liebestheoretikerin bedauernd (Musil, S. 883):
»Das läßt sich eben nicht am grünen Tisch des Ehebetts entscheiden«.
In Form einer lokaljournalistischen Stilblüte:
Der Hundekot in den Grünanlagen war dem Stadtrat ein Dorn im Auge.
Und als Klamauk, beispielsweise in einer Variante, die einen gebildeten Schwätzer auf den Arm nimmt:
Das hieße, mit dem Ariadne-Faden statt mit dem Damokles-Schwert den Augias-Stall ausmisten.

Eng verwandt mit dem Wortspiel ist das Spiel mit Schlagworten, Sprichwörtern, Metaphern, Sprachbildern. Die Palette dieser Technik reicht von der wörtlichen Verwendung in fremdem Kontext über unterschiedlichste Variationen bis hin zur kalkulierten Stilblüte. Ihr Prinzip ist die überraschende Umkehrung des Blicks: Dabei entsteht ein neuer Sinn, während der alte im Hintergrund präsent bleibt.

5.5. Paradoxie und Nonsens

Das Stilmittel Paradoxie besteht darin, zwei einander ausschließende Behauptungen nebeneinanderzustellen und wider alle Logik ihre Verträglichkeit zu behaupten. Dicht daneben liegt die Absurdität oder der Nonsens, ein Verfahren, das logischen Zusammenhang behauptet, wo jede Logik fehlt. Paradoxie und Nonsens lassen sich auch umkehren, was dann die Technik ergibt, Selbstverständlichkeiten oder Platitüden mit großer Genauigkeit und Umständlichkeit auszubreiten. Prinzip dieser drei Techniken ist es, kunstvollen Unsinn zu konstruieren, um auf realen Unsinn hinzuweisen.

Komisch sind die Unsinns-Techniken, weil sie kaltlächelnd gegen grundlegende Gesetze verstoßen. Im Fall der Paradoxie gegen den Satz vom Widerspruch; beim Nonsens gegen die Alltagsregel, wonach unsere Äußerungen von einem Minimum an Logik getragen werden; und bei der gravitätischen Platitüde gegen die Konvention, daß man Einfaches schnell und kurz, Kompliziertes entsprechend ausführlich darstellt.

Beispiele für Paradoxien sind die Sprüche:
> Wir wollen den Anarchismus – aber mit einem starken Anarchen.
> Spontaneität ja – wenn sie gut organisiert ist.

Der schöne Aphorismus von Alfred Polgar:
> Im Kaffehaus sitzen Leute, die allein sein wollen, aber dazu Gesellschaft brauchen.

Und der Anfang einer ZEIT-Glosse:
> Etwa 50 000 Leser dieser Kolumne, so geht aus neuesten Schätzungen der Unesco hervor, können nicht lesen.

Unfreiwillig paradox auch der Satz, der einem Architekten entfuhr, der sich an der Diskussion um Aus- oder Neubau des Bundestags-Plenarsaals in Bonn beteiligte:
> Die Erhaltung des deutschen Bundeshauses bedingt seinen vollständigen Abriß.

Und wohlkalkuliert die paradoxe Argumentation, mit der im »Mann ohne Eigenschaften« ein General das Militär gegen den Vorwurf verteidigt, es sei gegen den Pazifismus (Musil, S. 981):
> »Aber im Gegenteil!« beteuerte von Stumm. »Wir sind nicht dagegen! Wir nehmen den Pazifismus sehr ernst! Nur möchten wir unsere Artillerievorlage durchbringen. Und wenn wir das sozusagen Hand in Hand mit dem Pazifismus tun könnten, so wären wir am besten vor allen imperialistischen Mißverständnissen geschützt, die gleich behaupten, daß man den Frieden stört!«

Musil führt hier eine rhetorische Figur vor, die insbesondere Politiker sich zunehmend erlauben, unter anderem, weil Journalisten sie ihnen zunehmend durchgehen lassen. Es ist das Verfahren, widersprüchliche Aussagen einfach nebeneinander zu stellen, als ob sie sich miteinander vertrügen und sich nicht aufheben würden. Als würde man in einem Atemzug jemanden beleidigen und hinzufügen, dies solle keine Beleidigung sein. Die Glossenmittel Paradoxie und Nonsens eignen sich ganz besonders dazu, diese Figur aufzuspießen und als solche kenntlich zu machen.

Ein Beispiel für die Verwendung von Nonsens. Der Text richtet sich gegen die Konfusion bei der Aufklärung des Polizei-Einsatzes gegen RAF-Terroristen in Bad Kleinen (Droste, S. 9):

Was in Bad Kleinen wirklich geschah

Am 27. Juni 1993 auf dem Bahnhof von Bad Kleinen, Mecklenburg, erschießt der GSG-9-Beamte Michael Newrzella zunächst sich selbst. Tödlich verletzt fällt er zu Boden, erinnert sich aber im letzten Moment seiner Dienstpflicht, schleppt sich zu dem RAF-Mann Wolfgang Grams, der ein Stück den Bahnsteig hoch auf dem Rücken liegt, kniet sich auf ihn, liquidiert ihn mit einem Schuß in die Schläfe, schleppt sich wieder den Bahnsteig zurück, wirft mit letzter Kraft das tödliche Projektil in die Blumenbeete, gibt aus seiner Dienstwaffe noch gut 50 ungezielte Schüsse wild in die Gegend ab und legt sich mit einem nicht unzufriedenen »Hahaha, bin gespannt, wie ihr aus der Nummer wieder rauskommt, hahaha!« zum Sterben.

Und schließlich als Beispiel für die Umkehrung von Paradoxie und Nonsens ein Text, in dem mit makabrer Detailfreude die Verträglichkeit von ausländischen und deutschen Organen bei Transplantationen bewiesen wird (Tomayer, S. 69):

Ein Gastbeitrag zur 1993er »Woche des ausländischen Mitbürgers«

Als in der Nebelsenke von Sankt Orkus an der A 599 zwischen Kilometer 122,2 und 124,0 niedergelassener Notarzt und Expreßtransplanteur habe ich es fast täglich mit schwerstverletzten Landsleuten zu tun, denen nur der unverzügliche Umtausch irreparabel zercrashter Organe helfen kann. Wie oft jedoch muß ich erleben, daß der Verunfallte, der mit eineinhalb Beinen in der Eternity steht, den vorletzten

Atemzug zusammenkratzt und mich vor dem Eingriff frägt: Herr Doktor, ist das Organ auch deutsch? Wissen Sie, ich habe nichts gegen Ausländer, ich bin lediglich allergisch gegens Fremde. Die Atempoantwort kann immer nur lauten: daß der deutsche Körper prinzipiell jedes ausländische Organ, soferns ein an sich transplantables ist, anzunehmen vermag. Ob ich, Hausnummer, einem hannöverschen Schützenvereinsmann die eingeeiste Milz eines verblichenen tamilischen Rosenverkäufers auftaue oder einem leptosomen Kölner, dem die Lenkradsäule zwischen Cardia und Pylorus gesaust ist, den von den Angehörigen eines athletischen Armeniers gestifteten Magen einbaue, im Regelfall wird die Translokation des Ausländerorgans in den hiesigen Body eine palettimäßige sein. Und was fürs Organ gilt, trifft auch zu aufs Blut. Stimmt die Gruppe, so kann ich jederzeit dem zur Hautgattung Bleiweiß zählenden Deutschen, der, ausgelaufen wie Lieses Eimer, unter einem Sattelschlepper liegt, mit drei, vier Litern Kameruner- oder Chinesenblut sofort ein bißerl Farbe ins Antlitz zaubern. Der Auslandsmensch kann von außen ausschaun, wie er will, auch sein Gebaren, das fängt bei seiner für den einfachen Deutschen zurecht unverständlichen Sprache an und hört bei Kaftan undsoweiter nicht auf, auch sein Gebaren mag ein zutiefst undeutsches sein, egal, von Grundriß und Innerei her sind Inlands- und Auslandsmensch eigleich: Viereinhalb Kilo Hirn, Sockengröße neuneinhalb bis zwölf, Hunger, Geilheit, Narreteien allerwege – alles ein und dieselbe Wixe. So daß ich einem breiteren autofahrenden einheimischen Publikum nur sagen kann: Keine Angst vorm ausländischen Organ, das tritt sich spitze fest. Ihr Ihnen jederzeit zu Diensten stehender in der Nebelsenke von Sankt Orkus an der A 599 zwischen Kilometer 122,2 und 124,0 niedergelassener Notarzt und Expreßtransplanteur.

Paradoxie ist das Stilmittel, ungerührt zwei einander ausschließende Behauptungen nebeneinanderzustellen, Absurdität oder Nonsens die Technik, offenkundigen Unsinn ernsthaft vorzutragen. Die Umkehrung ist das Verfahren, Selbstverständlichkeiten oder Platitüden umständlich und bis ins Detail darzustellen. Das Prinzip dieser Techniken besteht darin, kunstvollen Unsinn zu produzieren, um auf realen Unsinn hinzuweisen.

5.6. Die satirische Reihung

Eine Aneinanderreihung von Wörtern oder Satzteilen ist dann komisch, wenn sich die Form der Reihung und der Inhalt der gereihten Wörter oder Satzteile widersprechen. Wenn also die Glieder der Reihe, eben weil aneinandergereiht, auf gleicher Stufe stehen, gleichzeitig aber ihre Bedeutungen nicht oder nur mit äußerster Anstrengung auf einen Nenner zu bringen sind.

Beispiel (Musil, S. 510):
> (Dem Liebhaber Arnheim gebot eine Stimme Einhalt in dem Augenblick,) wo er sich ohne Rücksicht auf seine Beinkleider und Zukunft Diotima zu Füßen stürzen wollte.

Und (Claude Simon):
> Zwei Mittel helfen gegen die Einsamkeit: gemeinsames Gebet und Gleichschritt.

Zwei Fälle lassen sich dabei unterscheiden: Eine Reihung, bei der die Glieder der Reihe sich allesamt scharf voneinander abheben, und eine Reihung, bei der zunächst eine Linie markiert wird, auf der die Glieder liegen, die dann aber unerwartet durch ein unpassendes Element abgebrochen wird.

Beispiele für den ersten Fall, zunächst den Anfang eines »Streiflichts« (Süddeutsche Zeitung, 24. 7. 1997):
> Melde Dich, Du Mensch, der Du noch nie im Fernsehen über Dich gesprochen hast ... Kaum einer weiß, daß Du Intimschmuck trägst, die Partei der kosmischen Flieger wählst und zweilagiges Klopapier benützt.

Dann eine Passage, die ebenfalls aus einem »Streiflicht« stammt (Süddeutsche Zeitung, 10. 1. 1997):
> Der Sack des Lebens steckt voll solcher nachgeordneter Möglichkeiten: Die fast geschenkte Stereoanlage, die man ausschlägt, weil man vorher die Zeit abonnieren müßte; die einmalig günstigen Wollsocken, die man nie kauft, weil sie nur im Zehnerpack erhältlich sind; der Nobelpreis, auf den man verzichtet, weil man zu faul ist, die »Buddenbrooks« neu zu schreiben.

Schließlich auch der Anfang des satirischen Hilferufs »Rettet die ARD« (Tomayer, S. 53f):

Du, Domina, die du den Oberstaatsanwalt pamperst (oder striemst du
zur Stunde den sich im Schutz für das ungeborene Leben verzehren-
den MdB?), laß die Windel fallen
Und du, Frau an der Wursttheke des Supermarkts mit von tausenden
Stunden Stehn vom Stützstrumpf nur halbwegs gebändigtem Wasser
in den Beinen, lege den Ring Fleischwurst aus der Hand
Du, Miß Germany, unterbrich dein Lächeln
Du, IG Metaller, unterbrich deinen Streik
Du, Frau in der Bank, schließe den Schalter
Zeuge Jehovas, hörma kurz auf mit deim Scheiß
Und du, Kontrolleur der EG-Milchquote, dito
Unterbrich, Kuttenprunzer, die heilige Wandlung
Halt inne, Witwe, beim Betüteln der Immortellen auf dem Grab deines
Verblichnen
Und du, Braut, halt inne beim Auswurf des Ja-Worts

Beispiele für zweiten Fall:

Wenn abends in London, Paris, Rom und Aurich die Lichter angehen...

Und:

Auf alte Leute wartet viel Arbeit: Sie können einen Bestseller schreiben, eine Revolution inszenieren oder sich einen Hund kaufen.

Und eine Passage aus einem Streiflicht, das sich mit der Verschiebung des
Kaisersaals in Berlin befaßt (18. 3. 1996):

Ist es nicht ein wunderbares, fremdartiges, die Phantasie erhitzendes
Bild, eine Immobilie mobil werden zu sehen? Zuzuschauen, wie sie
sich verwandelt in etwas anderes, ihr scheinbar nicht Gegebenes?
Das ist, als erhöbe sich ein Hering in die Lüfte oder als tauchte ein
Tiger zum Meeresgrund oder als segelte der dicke, immer schwitzen-
de Müller-Ebersberg von der Buchhaltung zum Fenster hinaus, drehte eine Runde über den Hof und säße dann wieder mit fettem Steiß
auf seinem Büroschemel, als wäre nichts geschehen.

Bei der disparaten Reihe beruht die komische Wirkung auf den starken Kon-
trasten zwischen den möglichst konkreten Gliedern, bei der unterbrochenen
Reihe auf dem scharfen Kontrast an der Stelle der Unterbrechung. Wer also
die Technik der satirischen Reihung verwenden will, sollte bedenken:

1. Die Kontraste zwischen den Wörtern der Reihe bzw. zwischen der Reihe
und dem herausfallenden Element sollten möglichst groß sein. Je bizarrer die

Reihung, je weniger Gemeinsamkeit also zwischen den einzelnen Gliedern, desto schlagender die Komik.
2. Die Glieder der Reihe sollten möglichst prall und anschaulich sein: Im Kaisersaal-Streiflicht segelt nicht ein Buchhalter zum Fenster hinaus, es ist der Buchhalter Müller-Ebersberg, der außerdem dick ist und immer schwitzt.

> Satirische Reihung nennt man eine Aneinanderreihung von Wörtern oder Satzteilen, bei der sich die Form der Reihung und der Inhalt der gereihten Wörter oder Satzteile widersprechen. Sie kommt vor als Reihung, bei der die Glieder der Reihe sich allesamt scharf widersprechen, und als Reihung, bei der eine zunächst markierte Linie unerwartet durch ein störendes Element unterbrochen wird.

5.7. Die Pointe

Die Pointe, die Spitze oder der Knalleffekt, ist Höhepunkt und Abschluß eines Gedankens, oft verbunden mit einer abrupten Wendung der Blickrichtung. Vor allem diese ruckartige Wendung der Perspektive, nachdem die Erwartung des Lesers vorher in eine andere Richtung gelenkt worden ist, schockiert und belustigt. Die Pointe muß also, während ihre Vorbereitung einen schrittweisen Spannungsaufbau verlangt, selber wie ein Peitschenschlag wirken: kurz, trocken und ohne irgendeinen Nachhall.

Auch wenn jede Glosse pointiert geschrieben sein sollte, braucht nicht jede Glosse eine Pointe im Sinne eines Knalleffekts. Insbesondere Texte, die nach dem Muster der Pointen-Dramaturgie aufgebaut sind (S. 290ff), laufen notwendig auf eine Zuspitzung zu, wo die Spannung kulminiert und sich dann in Gelächter auflöst. Beispiele sind Glossen, die als Glossenidee die Verrätselung einsetzen und bei denen dann die Pointe in der Auflösung des Rätsels besteht. Die meisten Glossen aber – es sind in der Regel die leiseren, hintergründigeren – kommen auch ohne pointenhafte Zuspitzung am Ende aus.

Damit die Pointe wie ein Peitschenschlag wirkt, muß sie gedanklich und sprachlich besonders durchgearbeitet sein:

1. Sie sollte in der Regel aus einem kurzen, trockenen Hauptsatz bestehen, der einen einzigen Gedanken ausdrückt (Sentenz). Gedankliche Differenzierung und sprachliche Untergliederung vermindern das Tempo und verwischen den punktgenauen Einschlag.

2. Nach der Pointe ist jeder weitere Satz fehl am Platze. Gegen diese Regel, die ohne irgendeine Ausnahme gilt, wird von Glossenschreibern seltsam oft verstoßen. Als ob es ein Bedürfnis gibt, Schärfen abzurunden, den Schmetterschlag am Ende versöhnlerisch aufzufangen.

Als Beispiel für eine mißlungene Pointe die Schlußpassage eines »Streiflichts« (Süddeutsche Zeitung, 4. 2. 1997):

> [Der Autor »widerlegt« am Beispiel des Skandinaviers, der als Wikinger Röcke und Geldschränke gejagt habe, heute aber den Friedensnobelpreis vergebe, das beliebte Vorurteil, wonach bestimmten Völkern bestimmte Merkmale zukommen. Noch schwieriger aber sei die Einschätzung des Steinzeitmenschen, da man ihn lediglich in Heimatmuseen als »einen sehr gedrungenen, zotteligen, gebückt dahinschlurfenden Pithecanthropus antrifft, der eine Keule geschultert hat und unter dessen fliehender Stirn zwei weit zurückgesetzte Augen stechend hervorblicken« – eine Figur also, die man sich nicht unbedingt zum Schwiegersohn wünsche. Mit solchen Urteilen müsse man aber in Zukunft vorsichtiger sein; denn der Zeitschrift »Psychologie heute« zufolge sei dieser Steinzeitmensch imstande gewesen, »stabile und verläßliche Beziehungen einzugehen, Arbeitsteilung zu praktizieren, zu kooperieren, Konflikte beizulegen, Kompromisse auszuhandeln«.]

> Ein Unmensch, wer sich da nicht mit und für den Steinzeitmenschen freute! Andererseits ist gerade die Gegenwart wieder voll mit Bildern von Männern, die zwar oft eine ziemlich hohe Stirn haben, aber auch die Keule, sprich: den Baseballschläger, geschultert haben, nur daß sie nicht den Eindruck machen, als seien sie unterwegs, um irgendwo ein abwägendes, konfliktlösendes Gespräch zu führen. Zwischen ihnen und dem Pithecanthropus liegen wohl 500 000 oder mehr Jahre, Zeit genug für das Böse, in die Welt zu kommen und sich hier breitzumachen.

Der letzte Satz dieser Glosse fällt stark ab. Er wirkt kommentierend, zu ernsthaft und gewichtig gegenüber dem leichten Ton vorher. Offenbar soll er den starken vorletzten Satz, der eine Parallele zwischen den Steinzeitmenschen und den heutigen Rechtsradikalen zieht, noch übertrumpfen. Mit dem direkten und unvermittelt ausgesprochenen Urteil (»das Böse«) erreicht er aber das genaue Gegenteil.

Eine leichte Veränderung würde die Komposition sowie den Sinn des Textes belassen und nur die Perspektive umkehren. Wenn man statt direkt vom Bösen, das in die Welt gekommen ist, indirekt vom Guten spricht, das sich scheinbar ins Gegenteil verkehrt hat, behält man den leichten Ton bei und setzt eine Schlußpointe: Vordergründig wird eine Gleichsetzung von Neonazis und primitiven Urmenschen verneint, wodurch die Sicht von »Psychologie heute« recht behielte. Hintergründig aber – dieser Gegensinn fehlt der Originalfassung – bestärkt das »Scheinen« den Zweifel und bringt letztendlich doch die Neonazis mit dem menschlichen Urzustand in Verbindung. Die so veränderte Schlußpassage könnte lauten:

> Ein Unmensch, wer sich da nicht mit und für den Steinzeitmenschen freute! Andererseits ist gerade die Gegenwart wieder voll mit Bildern von Männern, die zwar oft eine ziemlich hohe Stirn haben, aber auch die Keule, sprich: den Baseballschläger, geschultert haben, nur daß sie nicht den Eindruck machen, als seien sie unterwegs, um irgendwo ein abwägendes, konfliktlösendes Gespräch zu führen. Zwischen ihnen und dem Pithecanthropus liegen wohl 500 000 oder mehr Jahre, irgendwo während dieser Zeit scheint das Gute ins Gegenteil umgeschlagen zu sein.

Kraftvoller noch ist die Alternative, den letzten Satz zu streichen und die darin angesprochene Zeitdifferenz nach vorne zu ziehen. Damit ergäbe sich ein klarer Gedankengang und eine stimmige Pointe: Zunächst werden, auch wenn sie eine langer Zeitraum trennt, Rechtsradikale und Steinzeitmenschen identifiziert; sie haben beide hohe Stirnen und Keulen/Baseballschläger. Dann aber werden die Tugenden, die »Psychologie heute« den Steinzeitmenschen zuschreibt, für das rechtsradikale Treiben in Frage gestellt. Was so nur als wunderbar leichte Distanzierung von der Sicht der Zeitschrift erscheint, ist in Wirklichkeit ein frontaler Angriff und meint: Den ursprünglichen Primitiven die Fähigkeit zu einem »abwägenden, konfliktlösenden Gespräch« zuzuschreiben, ist genauso lächerlich, wie den heutigen Primitiven ein Interesse daran zu unterstellen. Die ganze Passage lautete dann so:

> Ein Unmensch, wer sich da nicht mit und für den Steinzeitmenschen freute! Andererseits kommen uns doch leichte Bedenken. Ist doch, 500 000 Jahre nach dem Pithecanthropus, gerade die Gegenwart wie-

der voll mit Bildern von Männern, die zwar oft eine ziemlich hohe Stirn haben, aber auch die Keule, sprich: den Baseballschläger, geschultert haben. Nur daß sie nicht den Eindruck machen, als seien sie unterwegs, um irgendwo ein abwägendes, konfliktlösendes Gespräch zu führen.

Die Pointe, die Spitze oder der Knalleffekt, ist Höhepunkt und Abschluß eines Gedankens. Sie ist oft verbunden mit einer abrupten Wendung des Blicks, nachdem die Erwartung des Lesers vorher in eine andere Richtung gelenkt worden ist. Die Pointe sollte wie ein Peitschenschlag wirken: kurz, trocken und ohne irgendeinen Nachhall.

5.8. Ironie

Ironie, das Lebenselexier des Glossisten, ist ein gefährliches Ding. Sie ist die Sprechweise der Verstellung und bedeutet in ihrer einfachen Form, genau das Gegenteil von dem zu sagen, was gemeint ist, um damit die Meinungsäußerung zu verschärfen. Das scheint problemlos für den Sprecher oder Schreiber, weiß er doch genau, wann und warum er etwas ganz anders meint, als er sagt. Wie soll aber der Hörer oder Leser wissen, ob und wann er eine Aussage auf den Kopf stellen muß und ob er die Umkehr-Optik durchhalten oder in die normale Sprechweise zurückspringen muß?

Aufgabe des Schreibers ist es, hier den Leser nicht im dunkeln tappen zu lassen. Er muß klarstellen, daß bei einem bestimmten Text oder Textstück das Gegenteil von dem zu denken ist, was schwarz auf weiß auf dem Papier steht. Er muß den Zeitpunkt angeben, von dem an diese Umkehr-Operation vorzunehmen ist. Und er darf den Leser in der einmal eingenommenen Optik auf keinen Fall irritieren.

Nehmen wir uns zunächst den Übungstext eines Volontärs vor. Der Autor wollte, wie er sagte, das im Sachverhalt beschriebene Projekt »ironisieren«. Es handelt sich dabei um ein neugegründetes »Seniorenbüro Tat und Rat«, das ältere Menschen zu Aktivitäten anregen will, zu denen sie ohne Anleitung nur schwer Zugang finden. Unter anderem sollen die Senioren aktiver reisen und sich kulturell engagieren, Radiosendungen produzieren und Multimedia-Shows entwickeln.

Oma am Computer

Gott sei Dank! Nach jahrzehntelanger, harter Arbeit und Behauptungskampf ist er da – der langersehnte Altersruhestand. Angekommen an dem Bahnhof, den der Ruheständler die letzten Jahre seines Arbeitslebens angesteuert hat, kann er sich nun den angenehmen Seiten des Daseins zuwenden.

An warmen Frühlingstagen im Park spazieren zu gehen, auf der Bank sitzend in die Sonne zu blinzeln und vorübergehende Punker zu beschimpfen, darauf hat sich der Ruheständler lange gefreut. Nun kann er das tun, was ihm Spaß macht, die Zeit hat er dazu. Fünf Minuten vor Ladenschluß die Verkäuferinnen mit Sonderwünschen ärgern oder einfach nur der eigenen Frau den ganzen Tag auf die Finger schauen, das sind die erfrischenden Dinge des Lebens. [...]

Doch plötzlich gibt es da Menschen, die versuchen, dem rüstigen Manne die Zeit für gerade das zu nehmen, was ihm gefällt: Das »Seniorenbüro Rat und Tat« versucht Ruheständlern, seine Vorstellung von Freizeitbeschäftigung aufs Auge zu drücken. Das Projekt will doch tatsächlich Leute jenseits der besten Jahre noch an Computer und andere stressige Dinge wie Reisen oder Fortbildung gewöhnen. [...]

Unter »ironisieren« verstand der Volontär, das Projekt mit umgekehrtem Vorzeichen anzugreifen. Ein Angriff liegt hier tatsächlich vor. Der Autor entrüstet sich über die Idee des Seniorenbüros, und er stellt sich auf die Seite der Alten: »Doch plötzlich gibt es da Menschen...« Tut er dies aber mit umgekehrtem Vorzeichen? Ganz und gar nicht; denn dann hätte er ja sagen müssen: »Gott sei Dank gibt es jetzt Menschen...«

Auch wenn der Text locker geschrieben ist und amüsant die liebeswerten Bosheiten der Alten schildert – von Ironie also ist nichts zu sehen. Entrüstung ist gemeint, und sie ist auch als Entrüstung ausgedrückt. Die ironische Umkehrung hätte verlangt, Entrüstung als gespieltes Lob zu formulieren. Ein entsprechender Text könnte folgendermaßen aussehen:

Ja unsere Alten! Haben sich das Leben leicht gemacht. Ein bis zwei Weltkriege locker überstanden, in aller Ruhe die zerbomten Städte wiederaufgebaut, ohne viel Anstrengung eine passable Demokratie in Gang gebracht, mit Muße noch ein paar Kinderchen großgezogen.

> Gott sei Dank gibt es jetzt das »Seniorenbüro Tat und Rat« und bringt
> die verschnarchten Alterchen endlich in Fahrt. Endlich heißt es raus
> aus dem Fernsehsessel und rein ins Studio. [...]

Umgekehrt kann man, statt Entrüstung in Form gespielten Lobs auszudrücken, auch Entrüstung spielen. Dann aber wird aus gespielter Enrüstung
echtes Lob, und die Angriffrichtung kehrt sich um, das heißt: Es werden
nicht mehr die Initiatoren des Seniorenbüros, sondern die Alten angegriffen.
Der entsprechende Text lautete etwa so:

> Ja unsere Alten! Haben ein schweres Leben hinter sich. 40 Jahre lang
> auf ihren Bürostühlen gesessen, im Schweiße ihres Angesichts Akten
> durchblättert und schweratmend Formulare bearbeitet, Stunde für
> Stunde in langweiligen Konferenzen gegen den Schlaf gekämpft.
> Da kommt doch jetzt das »Seniorenbüro Tat und Rat« und will die
> abgekämpften Helden dazu bewegen, ein Computerprogramm zu ler-
> nen, in die weite Welt zu reisen, ja sogar sogar Radio- und Fernseh-
> sendungen zu produzieren. [...]

Bei beiden Versionen weiß der Leser sofort, daß er den jeweils zweiten
Absatz mit umgekehrten Vorzeichen verstehen muß, »Gott sei Dank« im
ersten Text also »Um Himmelswillen« meint und »Da kommt doch jetzt« im
zweiten Text mit »Endlich kommt jetzt« zu übersetzen ist.

Wieso ist das eigentlich so klar? Steht doch nirgends der Satz: »Folgenden
Absatz, lieber Leser, muß Du ironisch verstehen, also umkehren!« oder auch
nur: »Vorsicht Ironie!« Statt dieser plumpen Hinweise gibt es in beiden Texten aber ein Signal, das auf elegante Weise dieselbe Funktion erfüllt. Es ist
ein krasser Widerspruch, der den Leser stutzig macht und seine Aufmerksamkeit auf den Sprech-Modus richtet: Es kann nicht sein, wie in der ersten
Variante behauptet, daß jemand sich das Leben leicht gemacht hat, der sich
im zerstörten Deutschland ein achtbares politisches und privates Leben aufgebaut hat. Wie es auch umgekehrt, so die zweite Variante, unmöglich ist,
daß jemand ein schweres Leben hatte, der 40 Jahre lang in seinem Büro
Akten verwaltet hat.

Ein solches Signal an den Leser, das unzweideutig die ironische Umkehrung
ankündigt, ist unverzichtbar. Als Auslöser fungiert in den meisten Fällen ein
kräftiger Widerspruch, es kann aber auch ein anderes Mittel sein. Das folgende »Streiflicht« zum Beispiel benutzt die wunderbare Diskrepanz zwi-

schen dem in dreimaligem Anlauf verkündeten Selbstlob: »Wir müssen uns loben« und seinem banalen Grund: »Es gibt wirklich keine bessere Methode, Champagner kühl zu halten« (Süddeutsche Zeitung, 23. 9. 1996):

[Anläßlich der »Woche der Zeitung« verrät der Autor, daß zum Picknick mitgenommener Champagner kühl bleibt, wenn man ihn in eine feuchte Zeitung einwickelt, und folgert daraus mit koketter Verschämtheit: »Wir müssen uns loben«. Den lapidaren Satz »Ich muß sie loben«, so der Autor weiter, habe seinerzeit auch der Musikkritiker des »Prager Tagblatts« über eine Sängerin geschrieben, die zu kritisieren ihm der Chefredakteur untersagt hatte.]
Nicht daß jetzt irgendwer auf falsche Gedanken kommt! Auch wir müssen loben, aber wir tun es aus tiefer innerer Überzeugung: Es gibt wirklich kaum eine bessere Methode, Champagner kühl zu halten. Ansonsten, das möchten wir nicht verschweigen, hat so eine Tageszeitung auch Nachteile. Zum Beispiel den, daß sie von vorn bis hinten mit Informationen vollgestopft ist. Nur so zum Vergleich: Wenn man sämtliche im Verlauf eines Tages gesendeten Nachrichten von »Tagesschau« und »Heute« und »Tagesthemen« und »Heute-Journal« abdrucken wollte, bräuchte man dazu nicht einmal eine einzige Zeitungsseite. Das kommt daher, daß wir Zeitungsredakteure vom Leser barsch verlangen, er möge sich aus dem Nachrichtenmaterial, mit dem wir ihn tagtäglich überschütten, doch bitte selbst heraussuchen, was ihn interessiert, und sich möglichst auch noch sein eigenes Urteil bilden – statt beides, die Informationen und die Meinung darüber, so zierlich in Minuten- und Sekundenhäppchen zu zerlegen, wie es die netten Leute im Fernsehen tun. Ganz gemein verfahren Zeitungen auch mit der Reklame: Während man im Fernsehen, ohne dafür einen Finger krumm zu machen, immer wieder durch schöne Werbeblöcke vom lästigen Programm abgelenkt wird, muß man bei uns anstrengenderweise selbst entscheiden, ob man ein Inserat lesen will. So eine Zeitung ist, mit anderen Worten, von A bis Z eine einzige Zumutung. Und was das Schlimmste ist: Wenn es nach uns geht, soll sie das auch bleiben.

Wenn nun der Autor in diesem Sinne die Technik der Ironie handhabt, wenn er also die ironische Umkehrung erst ankündigt und dann auch konsequent realisiert – selbst dann können noch handwerkliche Fehler auftreten: Schiefgeht fast immer der Versuch, die Umkehr-Sicht rückgängig zu machen. In der Regel erreicht der Autor damit, daß der Leser sich überhaupt nicht mehr zurechtfindet und verwirrt aussteigt. Wie soll er denn verstehen, daß er seine Sicht ein weiteres Mal umkehren und wieder den direkten Blick auf die

Dinge einnehmen soll? Und wie soll das Signal aussehen, das ihm diese
Rückkehr nahelegt? Der dringende Rat lautet daher, die ironische Perspektive, einmal eingenommen, den folgenden Text über durchzuhalten, ohne auch
im mindesten zu schwanken.

Ein weiterer Fehler kommt auch in nichtironischen Glossen vor, unterläuft
Autoren aber besonders, wenn sie mit Ironie arbeiten: Sehen wir dazu eine
weiter ausgeführte Version des Beispiels von S.321f an:

> Ja unsere Alten! Haben sich das Leben leicht gemacht. Ein bis zwei
> Weltkriege locker überstanden, in aller Ruhe die zerbomten Städte
> wiederaufgebaut, ohne viel Anstrengung eine passable Demokratie in
> Gang gebracht, mit Muße noch ein paar Kinderchen großgezogen.
> Gott sei Dank gibt es jetzt das »Seniorenbüro Tat und Rat« und bringt
> die verschnarchten Alterchen endlich in Fahrt. Endlich heißt es raus
> aus dem Fernsehsessel und rein ins Studio. [...]
> Das wird Euch, Alterchen, mächtig Spaß machen! Schließlich braucht
> Ihr den quengelnden Enkeln keine langweiligen Märchen mehr zu
> erzählen. Müßt keine Zeit damit vertun, den Schwalben zuzuschauen
> und die ersten Krokusse des Jahres zu bestaunen. Seid endlich davon
> erlöst, dicke Bücher zu lesen und am ewig rauschenden Meer spazie-
> renzugehen. [...]
> Zum Schluß noch: Ihr wißt ja, wer aktiv ist, lebt länger. Und Ihr wollt
> doch sicher noch lange Zeit die Todesanzeigen Eurer lieben Bekann-
> ten in der Zeitung studieren.

Was hier passiert, ist eng verwandt mit dem Abbruch der Umkehr-Logik, es
ist der Wechsel der Angriffsrichtung: Mit seinem spöttischen Lob zu Beginn
des zweiten Absatzes hat der Autor Position gegen die Initiative und für die
Alten bezogen. Sein Widerwillen richtet sich dagegen, die alten Menschen
bruchlos in die Leistungs- und Konsumgesellschaft zu integrieren. Der dritte Absatz bestärkt die Stellungnahme noch, indem er sich für das Recht der
alten Menschen auf Muße und Schonung stark macht. Diese klare Frontstel-
lung kippt nun der letzte Absatz um; er greift plötzlich die Alten an und stellt
sich damit auf die Seite der Initiative.

Indem man auf diese Weise die Angriffsrichtung wechselt, zieht man dem
Leser den Boden unter den Füßen weg. Er verliert die Orientierung, wen er
als Angegriffenen und wen als Verteidigten anzusehen hat. Eine solche Des-
orientierung des Lesers muß auf jeden Fall vermieden werden; sie verstößt

gegen den Anspruch der Glosse, unzweideutig Freund und Feind zu identifi-zieren und in dieser Konfrontation Stellung zu beziehen.

Was bei Glossentexten als Fehler gilt, diesen Wechsel der Perspektive haben die Dichter der Romantik in ihren Werken perfektioniert. Sie nennen es romantische Ironie und bezeichnen damit den Kern ihrer Kunst, im Endli-chen das Unendliche und im Unendlichen das Endliche aufscheinen zu las-sen. Wenn ständig das Irdische überschritten und das Überirdische unterlau-fen werden, wenn jeder Eindruck, sobald er sich gebildet hat, wieder zer-fließt, erfaßt den Leser ein Schwindel. Ein Wirbel zieht ihn ins Reich der Phantasie, wo die Gegensätze ihre Konturen verlieren, Wirklichkeit und Fik-tion zusammenfallen.

Ein Beispiel, mehr Sprachmusik als Text, das den Gegenstand in der blauen Ferne zwischen Distanzierung und Zuneigung verschwimmen läßt – zur Bewunderung, nicht zur Nachahmung empfohlen (Heine, Bd. II, S. 364f):

[Die Deutschen, läßt Heine sein dichterisches Ich in einem Gespräch sagen, das es mit einem anderen Passagier auf der Überfahrt nach England führt, bedürfen weder der Freiheit noch der Gleichheit. Als »ein spekulatives Volk, Ideologen, Vor- und Nachdenker, Träumer« leben sie nur in der Vergangenheit und in der Zukunft und haben keine Gegenwart. Engländer und Franzosen dagegen haben eine Gegen-wart und mit jedem Tag »seinen Kampf und Gegenkampf und seine Geschichte«. Der Engländer liebt die Freiheit »wie sein rechtmäßiges Weib«, der Franzose »wie seine erwählte Braut«, der Deutsche aber »wie seine alte Großmutter«.]

Daher mochte wohl meine Stimme etwas weich klingen, als ich dem gelben Mann antwortete: »Lieber Herr, scheltet mir nicht die Deut-schen! Wenn sie auch Träumer sind, so haben doch manche unter ihnen so schöne Träume geträumt, daß ich sie kaum vertauschen möchte gegen die wachende Wirklichkeit unserer Nachbarn. Da wir alle schlafen und träumen, so können wir vielleicht die Freiheit ent-behren; denn unsere Tyrannen schlafen ebenfalls und träumen bloß ihre Tyrannei. Nur damals sind wir erwacht, als die katholischen Römer unsere Traumfreiheit geraubt hatten; da handelten wir und siegten und legten uns wieder hin und träumten. O Herr! spottet nicht unserer Träumer, dann und wann, wie Somnambüle sprechen sie Wunderbares im Schlafe, und ihr Wort wird Saat der Freiheit. Keiner kann absehen die Wendung der Dinge. Der spleenige Brite, seines

Weibes überdrüssig, legt ihr vielleicht einst einen Strick um den Hals, und bringt sie zum Verkauf nach Smithfield. Der flatterhafte Franzose wird seiner geliebten Braut vielleicht treulos und verläßt sie, und tänzelt singend nach den Hofdamen (courtisanes) seines königlichen Palastes (palais royal). Der Deutsche wird aber seine alte Großmutter nie ganz vor die Türe stoßen, er wird ihr immer ein Plätzchen am Herde gönnen, wo sie den horchenden Kindern ihre Märchen erzählen kann. – Wenn einst, was Gott verhüte, in der ganzen Welt die Freiheit verschwunden ist, so wird ein deutscher Träumer sie in seinen Träumen wiederentdecken.«

Wer mit dem sehr wirksamen, aber gefährlichen Stilmittel Ironie arbeiten will, sollte folgende Grundsätze im Auge behalten:

1. Ironie heißt, konsequent das Gegenteil von dem zu sagen, was man meint: Im Medium der Ironie muß loben, wer tadeln will, und muß tadeln, wer loben will.

2. Um den Sinn der ironisch verstellten Aussage zu verstehen, hat der Leser die ironische Verkehrung zu entschlüsseln. Er braucht dazu ein klares Signal, das ihm diese Verkehrung anzeigt und die Rückübersetzung anrät. Als Auslöser fungiert in den meisten Fällen ein kräftiger Widerspruch, über den der Leser stolpert und damit auf die besondere Sprechweise stößt.

3. Der Autor darf im Verlauf seines Textes weder die Umkehr-Logik rückgängig machen noch die Angriffsrichtung wechseln. Der Leser weiß sonst nicht mehr, was er wörtlich, was ironisch zu verstehen und wen er als Freund, wen als Feind anzusehen hat. Beides verstößt gegen den Anspruch der Glosse, unzweideutig Stellung zu beziehen.

Ironie ist die Sprechweise der Verstellung und bedeutet in ihrer einfachen Form, genau das Gegenteil von dem zu sagen, was gemeint ist. Mit dieser Umkehrung erreicht man eine Verschärfung der Meinungsäußerung. Damit Ironie gelingt, muß die Umkehr-Operation unzweideutig angekündigt sowie konsequent umgesetzt und durchgehalten werden.

Anhang: Werkstattberichte

Soweit die Grundsätze für das Glossenschreiben – als solche einfach und
klar, wie Regeln meistens sind. Wie es wirklich in der Werkstatt der Satiriker
und Glossisten aussieht, sollen die folgenden Berichte zeigen. Bekannte
Autoren haben darin anhand eigener, überwiegend schon veröffentlichter
Texte ihre Arbeit reflektiert und, speziell für dieses Lehrbuch, ihre Karten
aufgedeckt. Das Ergebnis ist ein Panoptikum sehr unterschiedlicher Konzep-
tionen, Verfahrensweisen und Techniken und macht Mut, hoffe ich, in diesem
Konzert mit eigenen Glossen mitzumischen.

Paula Almqvist
Journalistin, Hamburg

Seine Neue

Einige Wochen lang trug die Frau ihre Bestürzung still mit sich herum.
Überhörte geflissentlich die Bemerkungen, daß man ihren Mann
getroffen hätte mit diesem heißen Ofen. Wiegelte ab, erklärte mit
gezwungenem Lächeln, daß es nichts Ernstes sei.
»Jaja, je öller, je döller«, sinnierte die Bäckersfrau und klatschte im
vollen Laden, daß man den Mann in engen schwarzen Lederhosen
gesichtet habe, und das am heißesten Tag des Jahres.
»Ja, wo isser denn?« fragte die Mutter, rätselte der Kollege, staunte
die beste Freundin, weil der Mann wochenends fast nie mehr daheim
war. Dieser Mann, der anderthalb Dezenien als vorbildlicher Familienvater geglänzt hatte! Jahre harmonischen Ehelebens ohne schwer-
wiegende Meinungsverschiedenheiten – hatten sie nicht immer ökolo-
gisch gehandelt und rot-grün gewählt? Sollte das jetzt alles vorbei
sein?
Nachdem die Frau anfänglich die schwere Belastung ihrer Ehe ver-
schwieg und sich in die Kleinkinder-Psychologie flüchtete, wonach
man am besten nicht ausspricht, wovor man am meisten Angst hat,
merkte sie bald, daß diese Strategie nicht half.
Denn sowas bleibt ja nie lange geheim. Als die Gerüchte den Wohn-
block verließen, darüber hinausflatterten in den Bekanntenkreis, ent-
schied sich die Frau zur Flucht nach vorn und schüttete den guten
Freundinnen ihr Herz aus.

»Mein Gott, das ist ja, als finge er mit Fünfzig plötzlich an zu rauchen!«
entsetzte sich die eine. »Wenigstens ist sie nicht blond!« tröstete die
andere.

Die neue Geliebte ist schwarz, schwer, bullig. Sie riecht nicht gut und
ist laut. Zum Trost der Frau schütteln auch die Nachbarn mißbilligend
den Kopf, wenn der Mann nach Feierabend die Familie im Stich läßt
und mit seiner neuen Liebe abzischt.

Die Frau macht sich Vorwürfe. Hätte sie es nicht ahnen können, bevor
die andere definitiv ins Haus kam und sie ihr Platz machen mußte?

Die Frau kann ihr Fahrrad jetzt nur noch auf der Straße abstellen, in
der geheizten Garage logiert nämlich *sie.*

Verliebte, man weiß es, entwickeln in den höchsten Stufen der Ergriffenheit ihre eigene, anderen unzugängliche Sprache aus Andeutun-
gen und Kürzeln. Die Frau hatte den Mann, noch bevor die andere ein-
zog, mehrmals dabei erwischt, wie er am Telefon Wörter von sich gab,
die kein normaler Mensch versteht. »Variable Ventilspiel-Regulation«
zum Beispiel und dergleichen kryptische Sauereien mehr. Und dann
diese Spindfotos! Der Mann hatte begonnen, ganz neue Zeitschriften
ins Haus zu bringen und die schärfsten Fotos in seinem Aktenkoffer
mit sich herumzutragen.

»Ach, ich hätte mich dir früher anvertrauen sollen«, sagt die auswärts
verheiratete Schwester beim Familientreffen. »Bei Meinem hat es
genauso angefangen, kaum waren die Kindersitze aus dem Auto raus,
da hat er auch... Und paß bloß auf, wenn sie erst einmal auf den
Geschmack gekommen sind, dann bleibt es oftmals gar nicht bei
einer. Die werden süchtig danach. Von der Frau meines Kollegen weiß
ich, daß er sich jedes Jahr eine neue zulegt. Zum Teil sind es ganz alte
Scharteken. Er versteckt sie in seinem Ferienhaus. Wegen der Steu-
er, sagt er...«

Gute Miene zum bösen Spiel, ménage à trois oder flotter Dreier heißt
die alte Regel, wenn man einen abirrenden Mann noch nicht gleich
aufgeben will.

Also hat sich die Frau ein Herz gefaßt und Grätsche geübt und umfaßt
jetzt sonntags beherzt wie ein Klammeraffe von hinten die ledernen
Lenden ihres Mannes und macht die Augen zu und verflucht die
Yamaha, die Kawasaki, die BMW, die Harley-Davidson oder wie
immer ihre Nebenbuhlerin heißt. Klack-klack machen die Helme in
jeder Kurve, die Füße werden immer eisiger, nur die linke Wade brennt
von der gestrigen Berührung mit dem glühendheißen Auspuff, aber
ansonsten ist Motorradfahren natürlich herrlich!

Die meistgestellte Frage an einen Glossen-Autor lautet: »Wie finden Sie bloß immer Ihre Themen?«

Die Antwort ist einfach: Die besten Glossen schreibt man über Menschen & Gegenstände & Sachverhalte, die einen (oft rein zufällig) grad selber beschäftigen oder einem als »neu« (zu Recht oder Unrecht) aufgefallen sind.

Weil die Glosse der Satire so eng verwandt ist, schreibt man im allgemeinen wesentlich amüsanter über Sachen, die einem mißfallen, als über Dinge, die einem gefallen. Das läßt sich übrigens auch auf jeder hochtrabenden Kultur-Seite beweisen, wo die Verrisse stets lustiger zu lesen sind als die Elogen. Das ist weder fair noch moralisch hochstehend, aber leider wahr.

Hier ist freilich sofort eine kleine Einschränkung fällig. Ich überlege mir, ob ein gewisses Ärgernis womöglich mein Privatproblem ist (Beispiel: Ein spezifischer Krach mit dem Chef wg. abgelehnter Gehaltserhöhung) oder womöglich in vielen Leuten grummelt (Beispiel: Ärger mit Handwerkern und/oder Behörden). Wenn ich unsicher bin, teste ich das Thema gesprächsweise an Freunden: Wenn gleich mehrere mit »Ja, genauso isses!«-Geschichten herausprudeln, weiß ich, daß ich richtig liege. Dann mache ich mich an die Arbeit.

Der zweite und vielleicht wichtigste Schritt ist für mich die Wahl der »Gußform«. Denn man kann das beste Thema verhunzen, wenn man sich in der Form verhaut – und man kann über wirklich fast alles, selbst das Banalste, eine gelungene Glosse schreiben, wenn man nur eine interessante Form dafür findet.

Form und Sprache sind nicht von vornherein identisch. Es geht wie bei allem kreativen Schreiben zunächst darum, für die im Kopf grummelnde Idee die richtige Backform zu finden: Krimi oder Komödie? Dialog oder Monolog? Intimes Szenario oder öffentliche Rede? Erst wenn ich die Form weiß, kann ich die dazugehörige Sprache wählen.

Man muß hier locker das meiste über Bord werfen, was sie einem in der Journalistenschule oder dem Volontariat beigebracht haben. Der Königsweg »Tell a simple story straight« taugt für die Glosse nur sehr bedingt. Die berühmten Vorspann-Ws (wer, wann, was, warum, wie) noch weniger.

Denn völlig kontra-indiziert für eine Glosse wäre es, die Tatsachen auf den Tisch zu legen wie in einer Nachrichtengeschichte. Die würde im Analyse- Beispiel lauten müssen: »Mann, 50, in einer norddeutschen Großstadt lebend, hat sich ohne Zustimmung der Ehefrau ein Motorrad gekauft. Die ist davon weniger als begeistert, fügt sich aber in ihr Schicksal.« Damit wäre die Geschichte erzählt. Eine in meinem Fall sogar ausnahmsweise wahre Geschichte, aber sterbenslangweilig.

Ich hätte die Geschichte, ebenfalls mit konventionellen Mitteln, natürlich auch psychologisierend erzählen können: Die Register der eigenen Belesenheit ziehend, hier was über Midlife-Crisis murmelnd, dort was über die Sexyness von Motorrädern, über den chromglänzenden Auspuff als Phallussymbol und so weiter und so fort. Im besten Fall wäre daraus ein abgestandener Essay, aber immer noch keine Glosse entstanden. Natürlich rede ich eigentlich die ganze Zeit über diese Analogien – deswegen die Gleichsetzung des Motorrades mit einer anderen Frau. Aber das Fazit soll der Leser nach der Lektüre gefälligst selber ziehen, sonst kann er unterwegs nicht lachen.

Eine gute Glosse funktioniert fast immer nach denselben Regeln wie ein guter Witz: Laß die Pointe im Kopf des Lesers passieren und nicht auf dem Papier. Neugierig machen ist die halbe Miete; die Kunst des Auslassens die zweite.

Es wird Ihnen hoffentlich auffallen, daß in der Motorrad-Glosse das Wort »Motorrad« bis zur letzten Zeile nicht ein einziges Mal vorkommt. Das ist Absicht und schwere Arbeit. Als Glossenschreiber in einem auflagenstarken Medium (der zitierte Artikel erschien zuerst im »stern«) oder in einer Heimatzeitung servieren Sie meist für Leute mit einem ziemlich weit auseinander liegenden IQ. Die Kleinkunst der Glosse besteht, wie im Kabarett, darin, beide Seiten zu bedienen. Manche Leser riechen den Braten sofort und grinsen bereits ab Zeile 8. Die dooferen oder abgelenkteren brauchen ein bißchen mehr Nachhilfe – die aber wiederum so verabreicht werden muß, daß sie die Schnellmerker nicht langweilt. Wie kriegt man das hin? Ganz einfach durch minutiöse Details. Wie in jedem guten Film.

Manche 2b-Glossenschreiber glauben, man könne in dieser herrlich freien Form mit den Fakten schludern. Das Gegenteil ist der Fall. Weil eine Glosse im Idealfall oszilliert zwischen Realität und gedanklichem Weiterdrehen, sollten die realen Anteile zu 100 Prozent stimmen. Ich muß zeigen, daß ich mich mit einer Sache, die ich letztendlich lächerlich mache, zuvor sehr, sehr genau auseinandergesetzt habe.

Simpelstes Beispiel ist die Polit-Glosse: Wenn das Original-Zitat nicht stimmt, verliert die daraus resultierende »komische« Geschichte über Kohl oder Blüm oder Geißler jedwede Legitimation und Biß. Im Fall der hier untersuchten, scheinbar frei dahingeplauderten Kolumne ist das nicht anders: Das relativ spät auftauchende Wortungetüm »variable Ventilspiel-Regulation« ist so ein Beispiel, das dem Kenner sagt: »Donnerwetter, diese scheinbar naive Frau weiß ja doch, wovon sie spricht.«

Ganz wichtig sind auch die gesellschaftlichen Koordinaten: Ich muß mir und dem Leser klar machen, in welchem Milieu die story spielt und womöglich nur dort witzig ist. Diese Entscheidung muß noch vor dem ersten Tipper aufs Computer-Keyboard fallen. Denn wenn sich der arbeitslose Sohn eines arbeitslosen Kfz-Mechanikers eine gebrauchte Honda kauft, wäre es eine ganz andere Geschichte. Wenn sich der greise Mallorca-Millionär zu seinen vier Jaguars noch eine Harley zulegt, ebenfalls. Ich habe aber ein ganz bestimmtes bürgerliches setting vor Augen und nur wenig Platz, dies auszuerzählen: Also muß ich kürzelartig arbeiten mit der tratschenden Bäckersfrau, dem Familientreffen, in Halbsätzen den vormals fahrradfahrenden Grünwähler evozieren.

Wie ich anfangs schon zugab, ist dies ausnahmsweise eine relativ authentische Begebenheit aus meinem eigenen Leben. Und genau darum habe ich sie nicht in Ich-Form geschrieben.

»Die Frau« bleibt hier vorsätzlich blaß im Gegensatz zu den farbigen Details – damit sie möglichst viele zur Identifikation einlädt. Außerdem hätte sich sonst zu leicht der erprobte, vorwurfsvolle »Hab-ich-Dir-doch-gleichgesagt-Ton« eingeschlichen. Glossen, die nur auf die Merkwürdigkeiten oder das Fehlverhalten anderer deuten, wirken oft unangenehm pharisäerhaft. Und verfehlen damit ihr Ziel. Es ist grundsätzlich geschickter, sich in den Kreis der Trottel einzureihen.

Wie aber mache ich nun klar, daß es sich um eine Glosse handelt, selbst wenn das nicht darüber steht? (Das ist übrigens die zweithäufigst gestellte Frage an Kolumnisten.)

Hier, liebe Kollegen, ist unser geschmeidiger Umgang mit der deutschen Sprache gefragt und sonst gar nichts. Was nicht gemeint ist, sind vordergründige Witzeleien. Komik entsteht häufig ganz von selbst, wenn ich über Banales eher pomphaft und über Ernstes eher schnodderig schreibe.

Die Sache mit dem Motorrad gehört eindeutig in den Bereich des Banalen. Also greife ich lustvoll in die Kiste mit der etwas gestrigen Sprachweise (»Bedenken tragen«, »als Familienvater glänzen«) – die aber jeweils sofort konterkariert wird durch ausgewählten Slang. (»Heißer Ofen« usw.) Also wähle ich schon mal gleich den eher getragenen Ton des Imperfekts statt des rasanteren Präsens, zu dem die Geschichte erst übergeht, wenn sie sich ihrer Auflösung nähert.

Sicher steuern in den Gezeiten unserer Sprache ist für jeden Autor wichtig. Man muß es wissen oder fühlen, daß Präsens und Perfekt Sprechstil und action-Sprache sind (»und da sagt er doch« / »und dann hat er mir gesagt«), während Imperfekt und Plusquamperfekt (»schließlich sagte er mir« / »er hatte mir gesagt«) eher umständlich wirken.

Genug der grammatikalischen Belehrung. Jetzt zur dritthäufigsten Frage an einen Glossenschreiber: Wie fang ich`s an?

Der erste Satz soll nach meinem Geschmack immer möglichst ruhig sein und zugleich eine Erwartungshaltung wecken. Gern auch auf eine falsche Fährte führen, wie es im vorliegenden Beispiel sehr lang gemacht wird. Das Mittel der Doppeldeutigkeit und des geplanten Mißverständnisses wird hier bis zum Exzeß ausgereizt – weil es sich so ergab und anbot. Deswegen habe ich bewußt auf 37 andere handwerkliche Tricks des Glossenschreibers (z.B. Wortspiele, Wortschöpfungen, TV-Moderatoren-Stotterstil) verzichtet. Denn eine mit Komik überfrachtete Glosse ist auch keine gute Glosse. Believe it or not.

Wiglaf Droste
Satiriker, Berlin

Zen-Buddhismus und Zellulitis

»Der Gaza-Streifen interessiert mich nicht. Ich habe selber Problem-
zonen genug«, hörte ich eine junge Frau am Nebentisch sagen. Eben
noch hatte ich aufbrechen wollen, aber jetzt flüsterte mir eine innere
Stimme sehr eindringlich zu: Hier sollst du bleiben, denn hier, am
Quell des Quasselns, wirst du vieles erfahren.
Ich bestellte mir ein neues Getränk und ging auf Horchposten. Am
Nebentisch war einiges los. Die junge Frau war zu viert und putzmun-
ter. »Mit zweiundzwanzig schon Zellulitis. Das ist doch kein Leben«,
lamentierte eine der vier. »Wußtest du, daß du schon ab achtzehn
anfängst zu altern?« pflichtete ihr die nächste bei. Die dritte prote-
stierte scharf und entschieden: »Du vielleicht. Aber ich nicht!« Allein
die vierte versprühte Frohsinn und Pragmatismus. »Seid doch nicht so
äußerlich. Darauf kommt es doch nicht an. Man kann schließlich etwas
dagegen tun. Wenn man sich fit hält, kriegt man diese Probleme erst
mit dreißig.«
Noch oft fielen in den nächsten Stunden die bösen Worte Orangen-
haut, Bindegewebsschwäche, Krähenfüße und Schwangerschafts-
streifen, auch Todesstreifen genannt; als Ohrenzeuge hätte man meinen können, einer hochgradig depressiven Menopausen-Vollver-
sammlung beizuwohnen, aber ein Blick strafte diesen Eindruck Lügen:
Die vier waren alle um die zwanzig, frisch geschlüpft quasi und fühlten
sich schon super oll. Woher sie den Quatsch nur hatten? Von sadistischen Müttern? Aus dem Internet? Oder machten sie unter der
Dusche Bindegewebsvergleiche? Nur eine von ihnen hielt ein bißchen
gegen das geriatrische Schnattern: »Ich möchte auch mit fünfzig noch
genauso glücklich sein wie jetzt.«
Genauso glücklich wie jetzt, dachte ich – das ist ja Masochismus. Ich
erinnerte mich meiner zen-buddhistischen Studien, die ich, inspiriert
von den Romanen Janwillem van de Weterings, zu Zeiten juveniler
Zerwirrnis getrieben hatte. Damals war ich ein Schüler gewesen, heute aber, obwohl noch immer ein Lernender, war ich ein Lehrer, ein Meister. Ich trug Verantwortung für diese jungen Menschen, ich mußte
ihnen etwas geben, einen Wink, einen Fingerzeig, ein Licht.
Aber wie? Würden sie sich von einem 36-jährigen Alteisen etwas
sagen lassen? Würden sie mir nicht eher raten, ich solle mein Bruch-
band satteln und mich verpfeifen? Auch im ölig-schmissigen Ton eines
hauptamtlich jugendlichen Radio-Moderators, dessen Sprache sie
vielleicht verstanden hätten, konnte und wollte ich sie nicht anspre-

chen – bis zur Selbsterniedrigung wollte ich meine Nächstenliebe nicht ausweiten. Von einem zen-buddhistischen Meister darf man erwarten, daß er unkonventionelle Lehrmethoden zur Anwendung bringt. Er gibt keine Direktiven, sondern verblüfft seine Schüler; diese Irritation kann ein Auslöser sein, auf dem Pfad der Erleuchtung zu wandeln und dort vielleicht sogar ein Stück voranzukommen. Als ich vom Nebentisch erneut das Wort Zellulitis vernahm, stand ich auf, ging hinüber, verbeugte mich, sagte: »Es heißt Zellulose«, bückte mich, zog meine Sandalen aus und gab damit allen vieren eine sachte Ohrfeige auf jede Wange. »Zählen Sie mal bis Zen«, sagte ich noch, zog die Sandalen wieder an und ging meiner Wege.

Ölpiraten und Osmose

Eine kräftige Wintersonne warf lange, dicke Lichtbündel durchs Fenster und durchströmte das Lokal, als hätte Gott persönlich das Flutlicht angeknipst. Es war früher Nachmittag; das Café, ein großer Raum mit hellem Holzfußboden und hoher Decke, war noch schwach besucht. Nur drei der etwa 20 Tische waren besetzt, und die wenigen Besucher tranken Kaffee und lasen Zeitung. Es war still.

Ich las den neuen Roman von Janwillem van de Wetering *Ölpiraten*. Knapp zwei Jahre hatten die Leser des in Maine lebenden niederländischen Autors auf etwas Neues warten müssen, aber jetzt fing er gleich gut an. »Manche Leute arbeiten«, schrieb er, »daran ist nichts auszusetzen. Arbeit ist nichts Unrechtes. Wenn sie jemand tun muß, ist das vollkommen in Ordnung.«

Das war doch mal eine entspannte Haltung. Statt sauer verbissenem Schuften anzuhängen und »Wer nicht arbeitet, der soll auch nicht essen!« oder, wie Richardvonweizsäcker, Helmutschmidt und Mariongräfindönhoff, aggressiv von »Pflichtethik« zu knurren, lehnte man sich lässig und großzügig zurück und drehte den preußischen Spieß ironisch um: Arbeit ist ganz okay. Ihr müßt euch deshalb nicht schämen.

So schien es auch die Kellnerin zu halten. Sie entledigte sich ihrer Aufgabe mit Überblick und Gewandtheit und hatte diese Mischung aus Distanziertheit und Natürlichkeit, die in älteren Krimis gerne mit *Klasse* umschrieben wird. Aufmerksam und unaufdringlich zugleich beherrschte sie das Terrain. Eben nahm sie eine CD zur Hand, und ich faßte sie wohl etwas besorgt ins Auge, weil ich Gedudel fürchtete, Ruhestörung und Lärm. Sie fing meinen Blick auf, lächelte mir beruhigend zu und legte die CD ein.

Großstadtmusik bröckelte aus der Trompete von Miles Davis. Der Moment war magisch; die Kellnerin hatte exakt meine Stimmung getroffen. Beglückt nickte ich ihr zu und wandte mich wieder van de Wetering zu:»Der sterbende Mann setzte sich auf. Er lächelte de Gier an. ›Wie dumm von mir‹, sagte er. ›Mein Leben lang habe ich mich darüber gewundert, und ich hätte es erkennen können, wenn ich nicht immer so beschäftigt gewesen wäre.‹ Seine Stimme war heiser und tief. ›Es ist schön und einfach zugleich.‹ ›Was?‹ fragte de Gier, aber der sterbende Mann war schon gestorben.«

Ein Pärchen betrat den Raum und verstieß brutal gegen das Erste Osmotische Gesetz, welches besagt, daß sich die Teile gleichmäßig im Raum zu verteilen haben. Obwohl doch reichlich Platz vorhanden war, setzten sie sich direkt an den Tisch neben meinem und begannen schlagartig und laut ein Beziehungsgespräch. Offenbar hielten sie es allein mit sich nicht aus und brauchten Zuhörer, um im aufrechnenden, kleinlichen Ton das Elend der menschlichen Bindungen auszubreiten. »Du unterdrückst mich situativ«, hörte ich sie sagen, und weil sie das Wort frisch gelernt hatte, brachte sie es noch mehrmals zur Anwendung: »Situativ! Verstehst du: Situativ!!«

Wenn es um Zauber geht, gibt es keine Wiederholungstaste. Simpler gesagt: Die Stimmung war unwiederbringlich dahin. Ich winkte der Kellnerin. »Die Herrschaften möchten zahlen«, sagte ich, warf dem verdutzt glotzenden Pärchen einen Zehner auf den Tisch, entbot der Kellnerin meinen Gruß und eilte davon, neuen Abenteuern entgegen.

Die Glosse »Ölpiraten und Osmose« erschien im März 1998 in der »taz«; sie ist eine verspätete Fortsetzung von »Zen-Buddhismus und Zellulitis«, die im August 1997 an selber Stelle gedruckt worden war. Beiden Texten ist eins gemeinsam: Nichts hat sich so zugetragen, wie es aufgeschrieben worden ist, und trotzdem stimmt alles.

Janwillem van de Weterings Roman *Ölpiraten* korrespondiert tatsächlich mit der Musik von Miles Davis; van de Wetering ist Kenner und Fan und erwähnt Miles Davis` Musik mehrfach, um im Roman geschilderte Stimmungen auch akustisch zu illustrieren.

Die Zitate von van de Wetering sind echt, ebenso der Ausdruck »Pflichtethik«, den Richard von Weizsäcker im Zusammenhang mit seiner Beteiligung an Wehrmachtsverbrechen im Zweiten Weltkrieg verwendet hat – wie auch die Herausgeber der »ZEIT«, Schmidt und Dönhoff, häufig die Begriffe Pflicht und Ethik miteinander koppeln, wenn von preußischem Protestan-

tentum und entsprechenden Tugenden wie Fleiß, Ordnung und Gürtelenger-
schnallen die genauere Rede wäre.

Ein Osmotisches Gesetz gibt es selbstverständlich nicht – hier handelt es
sich um eine Anspielung auf die Trash-TV-Serie »Raumschiff Orion«, in der
Dietmar Schönherr diversen Unsinn über »das Erste Galaktische Gesetz«
usw. zu erzählen hat. Es war mir ein Vergnügen, eher schäbiges Sozialver-
halten mit der gewichtig nach Offizialdelikt klingenden Formulierung »Ver-
stoß gegen das Erste Osmotische Gesetz« wenigstens nachträglich scharf zu
ahnden. Wie überhaupt der Wunsch nach ausgleichender Ungerechtigkeit,
das Verlangen nach Rache für all die Dummheit, mit der man von der Welt
und ihren Bewohnern überkübelt wird, ein starkes Schreib- und Lebensmo-
tiv ist.

So habe ich das streitende Pärchen tatsächlich erleben und und dabei
auch wiederholt den kaum erfind- und vorstellbaren Satz »Du unterdrückst
mich situativ! Situativ!« anhören müssen. »Die Herrschaften möchten zahlen!« sagte ich aber leider nicht, sondern floh wortlos; die schlagfertige Variante fiel mir betrüblicherweise erst viel später ein.

Ganz ähnlich verhält es sich auch mit »Zen-Buddhismus und Zellulitis«.
Nachdem ich im Sommer 1997, abends vor einem Straßenlokal sitzend, vier
jungen Frauen und ihrem extrem greisenhaften Gezeter über die Angst vor
körperlichem Verfall zunächst unfreiwillig gelauscht und nach einiger Zeit
davor Reißaus genommen hatte, fielen mir – wiederum leider nur mit Verzö-
gerung – einige Möglichkeiten ein, wie man das Gequassel hätte kontern
können.

Die schwatzenden jungen Frauen waren in ihrer Mischung aus Bedeut-
samkeit im Ton und Substanzlosigkeit im Kopf schwer zu übertreffen – allen-
falls konnte man ihnen vielleicht mit sich metaphysisch gebendem Quatsch
beikommen. Ich erinnerte mich, in Janwillem van de Weterings autobiogra-
phischem, sehr humorvoll geschriebenem Reisebericht *Der leere Spiegel*
etwas über zen-buddhistische Meister gelesen zu haben, die ihre Schüler par-
tiell auch durch sonderbares Verhalten aus der Routine zu wecken versuch-
ten – beispielsweise dadurch, daß sie auf dumme Fragen nicht verbal ant-
worteten, sondern mit Stockschlägen und anderen Züchtigungen, was mir in
jungen Jahren bloß streng konservativ und stinke-autoritär erschien, heute
aber unbedingt von Weisheit durchleuchtet vorkommt.

Zudem war mir kurz zuvor ein Backenzahn, der mich wochenlang mit
fiesem Schmerz gequält hatte, endlich gezogen worden, so daß ich mich in
einer geradezu erlösten Stimmung befand und mich nicht einmal das trost-
ferne *Fit for fun*-Gequake aus der Glückseligkeit der Schmerzbefreitheit her-

ausreißen konnte. In dieser sehr unernsten Stimmung war es dann möglich, die Geschwätzzumutung angemessen zu parieren, also nicht harsch, sondern gutgelaunt, mit einer Art Buddhismus auf Illustriertenbasis.

Gleichzeitig war die Glosse ein kleiner Test der »taz«-Leserschaft, die zumindest in Teilen ja nicht unempfänglich ist für allerlei esoterischen Klimbim. Später erschien es mir, als hätte ich den von mir hoch geschätzten Schriftsteller van de Wetering aber möglicherweise mißverständlich dargestellt, nämlich so, als habe er Anteil an seichter, halbreligiös aufgeladener Wichtigtuerei. Als ein halbes Jahr später sein Buch *Ölpiraten* erschien, nutzte ich die Gelegenheit, dieses potentielle Mißverständnis auszuräumen und van de Wetering zu zeigen als das, was er für mich ist: eine Arznei gegen den Terror des Banalen.

Robert Gernhardt
Satiriker, Frankfurt

Wie uns etwas erscheint, wird nicht zuletzt durch unseren Blickwinkel bestimmt. Wir können uns einem Ereignis oder Gegenstand so weit nähern, daß wir vor lauter Einzelheiten Gefahr laufen, den Überblick zu verlieren. Wir können uns so hoch über Ereignis wie Gegenstand erheben, daß wir das Risiko eingehen, das Charakteristische bzw. Einmalige gerade dieses Ereignisses oder Gegenstands aus den Augen zu verlieren. Wir können schließlich auf mittlere Distanz gehen in der Hoffnung, beides in den Blick zu bekommen: den Umriß und die Details.

Der Blick bewertet jedoch nicht nur, manchmal wertet er auch. Wir können eine rosa Brille aufsetzen und ein Glas als »halbvoll« bezeichnen. Wir können eine dunkelgetönte Brille wählen und das gleiche Glas als »halbleer« bezeichnen.

Wir können – das meint, zumindest im Idealfall: wir haben die Wahl. Wir sind als Journalisten, Publizisten und Schriftsteller in der Lage, uns jenen Blickwinkel auszusuchen, der unserer Meinung nach dem Thema am angemessensten ist bzw. den, der einen besonderen Erkenntnisgewinn verspricht. Gerade dann, wenn sich ein bestimmter Blick auf bestimmte Ereignisse oder Gegenstände eingebürgert hat, kann es sehr erkenntnisfördernd sein, den herkömmlichen, meist auch eigenen Blickwinkel dadurch entscheidend zu ändern, daß man ihn spaßeshalber oder allen Ernstes umkehrt.

Wie das funktioniert, hat der deutsche Aufklärer Georg Christoph Lichtenberg bereits vor mehr als zweihundert Jahren auf exemplarische Weise vorgeführt, als er in seine »Sudelbücher« notierte:

> Der Amerikaner, der den Kolumbus zuerst entdeckte, machte eine böse Entdeckung.

Eine ebenso schlichte wie schlicht geniale Blickwendung: Lichtenberg blickt nicht nur weiter über den Tellerrand als seine zeitgenössischen europäischen Mitbürger – er betrachtet sie von außen. Und schon entlarvt sich die europäische Sicht der übrigenWelt als schlichter Selbstbetrug, wenn nicht als Lüge: Amerika mußte und konnte gar nicht entdeckt werden, da die Indianer das längst besorgt hatten. Was den Europäern ein »neuer« Kontinent schien, war ihnen althergebrachte Heimat. Und was die Eindringlinge als »Entdeckung« deklarierten, stellte sich den Ureinwohnern bald als Eroberung, Verfolgung, Knechtung und Ausrottung dar. Es sollte etwa zweihundert

Jahre dauern, bis sich Lichtenbergs Sicht der Dinge wenigstens so weit durchsetzte, daß 1992 keine Kolumbus-Feier mehr möglich war, die ungebrochen und blauäugig von der europäischen Leistung schwärmen konnte, Zivilisation und wahren Glauben in aller Welt, auch nur der »neuen«, verbreitet zu haben.

Das nächste Beispiel für die Blickumkehrungstechnik stammt von Bert Brecht und aus dem Jahre 1953:

Die Lösung

Nach dem Aufstand des 17. Juni
Ließ der Sekretär des Schriftstellerverbands
In der Stalinallee Flugblätter verteilen
Auf denen zu lesen war, daß das Volk
Das Vertrauen der Regierung verscherzt habe
Und es nur durch verdoppelte Arbeit
Zurückerobern könne. Wäre es da
Nicht doch einfacher, die Regierung
Löste das Volk auf und
Wählte ein anderes?

Scheinbar unbeteiligt zitiert Brecht die offizielle DDR-Version der Ereignisse des 17. Juni, um sodann in gespielter Unschuld diesen – seiner Meinung nach verkehrten – Blick auf die Dinge dadurch lächerlich zu machen, daß er ihn im blanken Paradox einer Regierung münden läßt, die das tut, was in einer funktionierenden Demokratie dem Volk vorbehalten ist.

Demokratie heißt Volksherrschaft, demokratisch nannte sich die DDR im Staatsnamen, als Demokratien wollten auch die anderen Staaten des Ostblocks gelten. So sehr, daß sie sich in ebenfalls paradoxer Doppelung »Volksdemokratien« nannten – ein Anspruch, der vor Brechts illusionslosem Blick zum schlechten Witz verkommt.

Blickumkehrung – das hat fast immer entlarvende, oft satirische Folgen; manchmal überwiegt jedoch auch der schlicht überraschende Unterhaltungseffekt. Dazu ein Beispiel aus eigener Feder. Der Beitrag entstand 1968, als Intellektuelle, Studenten und Schriftsteller gern in die Fabriken gingen, um den Arbeitern zu erklären, wo der gesellschaftskritische Hammer hing. Schlichte Umkehrung des Vorgangs hatte einen kleinen Text zur Folge, der noch heute bei Lesungen verstanden und gern gehört wird:

Ein geglückter Auftakt

Wieder einmal war die Darmstädter Akademie für Sprache und Dichtung Stätte einer fruchtbaren Begegnung. Nachdem Frankfurter Dichter in einer Rüsselsheimer Fabrikhalle aus neueren Arbeiten gelesen hatten, beschloß der Betriebsrat des Werks, den Literaten zum Dank einmal etwas vorzuarbeiten.

Drei Arbeiter stellten sich im festlich geschmückten Tagungsraum der Akademie vor. Den Anfang machte der Dreher Karl Henne, dessen präzise Arbeit an der Drehbank die versammelten Dichter sichtlich beeindruckte. Sein Werk, ein Messingknauf mit abschraubbarer Tülle, löste dann auch spontanen Beifall aus.

Der Schweißer Karl Boltmann, der anschließend einen handgezogenen Achsschenkel-Bolzen herstellte, erregte anfangs ebenfalls reges Interesse, das allerdings im Verlauf der drei Stunden andauernden Arbeit sichtlich abflaute.

Unter diesen Umständen hatte es der Monteur Willy Nemenz schwer. Seine exakt vorgeführte Montage eines Viertakt-Motors stieß auf weitgehendes Unverständnis, das sich sogar in zaghaften Zwischenrufen äußerte.

Interessant wurde es dann wieder bei der anschließenden Diskussion. Nach anfänglicher Zurückhaltung brach der Dichter Kurt Mandl das Eis. Der erste Beitrag sei prima gewesen, erklärte er, unter einem Messingknauf könne er sich etwas vorstellen. Bei der Montage sei er allerdings nicht mehr mitgekommen. Ob denn die Maschinen von heute wirklich so kompliziert sein müßten, daß nur noch Spezialisten sie verstehen könnten?

Ein anregendes Streitgespräch folgte, das Betriebsrat Kornmayer mit den Worten beendete: »Eines steht fest: Die fortschreitende Technisierung aller Lebensbereiche hat auch vor den Fabriken nicht haltgemacht. Sie ist ebenfalls und gerade an den Maschinen nicht spurlos vorübergegangen – Sie als Dichter sollten diese Erkenntnis mit in Ihren Alltag hinübernehmen.«

Akademie-Präsident Wendell äußerte sich in ähnlicher Richtung und dankte den Arbeitern für die frohen und nachdenklichen Stunden, die sie den Dichtern bereitet hatten. Beide Seiten aber beschlossen, die Kontakte weiter auszubauen. Schon im Frühjahr wollen Frankfurter Dichter Steigern auf der 800-Meter-Sohle der Zeche »Glückrunter« etwas vorlesen. Aus Steigerkreisen verlautet bereits jetzt, daß man diesen Schritt mit dem Bau eines Förderturms im Garten des Frankfurter Goethe-Hauses beantworten wolle.

Verena Hruska
Journalistin, München

Küß die Hand

Er muß schick sein, nicht so dick sein, schön solide, nicht zu müde –
besang Evelyn Künneke den idealen Mann der späten 50er Jahre. Es
folgten die Softies der 70er und die Schickis der 80er. Und gerade
beschert uns eine ordentliche Umfrage den Mann der sensiblen 90er:
Innere Werte soll der Kerl haben und nebenbei Charakter, Ehrlichkeit
und ein ausdrucksvolles Gesicht. Von großen Taten keine Rede.
Schon gar nicht in der Liebe. Die hatten – wir erinnern uns – Alice
Schwarzer & Schwestern ihm ja auch gründlich ausgetrieben: Statt
männermordendem Bumsfallera Bubis Bussi-Boom.
Doch dem geht es nun auch an den Bart. Gerade, da in der einschlägigen Münchener Schicki-Micki-Mühle die Frage ihrer statistischen
Klärung nahegebracht wird, ob Männer von Welt zwei oder drei Wangenküsse austauschen, gerade, da die Nation in schönstem Streit darüber liegt, ob Fußballer nicht nur eine Lippe riskieren, sondern sie einander auch zum Kusse darbieten sollen, erreicht uns aus dem Mutterland der küssenden Väter und Söhne die Kunde, daß solcher Intimkontakt von Mann zu Mann krank machen kann.
Sicher ist jedenfalls: Auch ohne das Hinüber und Herüber von Staub
und Streptokokken, von Aftershave und Antibelag können zwei wie
Klettverschluß verklebte Dreitagebärte einem starken Gesichtsausdruck recht hinderlich sein. Ebenso, daß mancher Mann seine Lust
auf Kuß an Flugplätzen oder Fußballpokalen ausläßt, ganz zu schweigen von Negerkuß und Baci. Und ob der sozialistische Bruderkuß nur
heuchelt oder auch meuchelt, das Lächeln dabei ist eher ausdrucks-
los. Apropos Neger. Das Nasenreiben der Eskimos wie das K.u.k-Küß-
diehand eignen sich kaum als Ersatzhandlungen, da hygienisch wie
olfaktorisch ebenfalls höchst überraschungseffektvoll.
Wie wär`s dann mit Leoparden? Die küßt man bekanntlich nicht. Doch
wer erinnert sich nicht an Cary Grants Gesicht, das auch ohne Intimkontakt ausdrückte: innere Werte, Charakter – und ehrliches Erstaunen über den Lauf der Welt.

Ausgangspunkt war folgende Meldung in der »Süddeutschen Zeitung«:

Ankara (dpa) – Unter dem Motto »Händeschütteln statt küssen!« hat
der Oberbürgermeister der südtürkischen Provinzhauptstadt Adana,

Aytac Durak, eine Aktion gegen den Wangenkuß unter Männern begonnen. Rasierte oder unrasierte, im Sommer gar verschwitzte zum Kuß dargebotene Männerwangen könnten zu Schnupfen, Grippe und noch ärgeren Krankheiten führen, befürchtet Durak.

Der DTV-Brockhaus liefert die Kuß-Definition:

Kuß, Berühren eines Menschen oder eines Gegenstandes mit den Lippen, uraltes Zeichen der Liebe, Freundschaft, Ehrerbietung. Der *Judaskuß* gilt sprichwörtlich als Zeichen der Falschheit und des Verrats.

Und aus dem Archiv kommt eine Meldung über gesundheitliche Risiken und Vorteile des Küssens:

Hamburg (dpa) – Immer mehr Liebende in Deutschland schauen sich verwirrt in die Augen. Schuld ist die Wissenschaft, genauer gesagt die internationale Kußforschung. Zwei »Denkschulen« stehen sich da plötzlich gegenüber: Für die eine ist Küssen ein Garant für hohes Lebensalter, für die andere ist die Zärtlichkeit von Mund zu Mund schlicht eine Gefahr für die Gesundheit. Noch vor wenigen Tagen warnten die deutschen Zahnärzte: »Küssen ist gefährlich.« Bakterien könnten Zähne und Organismus schädigen, meinten sie. Nun meldeten sich US-Wissenschaftler mit der Gegenthese zu Wort. Nach einer neuen Untersuchung, die die Frauen-Zeitschrift »Für Sie« am Dienstag veröffentlichte, leben Vielküsser gesünder und durchschnittlich fünf Jahre länger als Kuß-Abstinenzler.

Das Brainstorming verläuft auf zwei Ebenen:
1. gedanklich-assoziativ, also: Welche Ideen kommen mir zum Thema?
2. sprachlich, also: Wie kann ich mit Kernwörtern zum Thema Männerkuß spielen, etwa den Wörtern: Kuß, Lippen, Mund, Mann, Bart usw.?
    Die Grundidee der Glosse war, das Klischee vom idealen Mann an seiner zunehmenden Kußfreudigkeit zu messen.
    Der Einstiegssatz erinnert an einen Nachkriegs-Schlager, gesungen von Evelyn Künneke: »Ham se nich, ham se nich, ham se nich nen Mann für mich? – Ja, ja, ja, wir ham Verschiednes da! – Einer, der mir gefällt, mit nem großen Haufen Geld.– Ja, ja, ja, das ham wer alles da! – Er muß schick sein, nicht zu dick sein, schön solide, nicht zu müde...«
    Dann wird darauf angespielt, wie sich das Männerbild im Zuge der Emanzipationsdebatte und durch die Entwicklung zur Konsumgesellschaft

verändert hat. Die Brücke zur Gegenwart schlägt eine wenige Tage zuvor veröffentlichte Umfrage eines Meinungsforschungsinstituts (noch in der Erinnerung präsent), wie sich Frauen den idealen Mann vorstellen. Daß diese Wunschvorstellungen weit weg sind vom Macho, Bodybuilder, sex- und entscheidungsfreudigen Kerl, wird anschließend der männer- und penetrationsfeindlichen Kampagne der Emma-Damen angelastet – Spielerei mit der Firmen-Klammer »&«.

Resumee in einem Wortspiel mit Alliteration: Männer küssen heute lieber problemlos einander, als sich auf eine riskante zwischengeschlechtliche Beziehung einzulassen.

Versteckter Übergang zur aktuellen Warnung vor Männerküssen mit einer Redewendung, die hier sowohl im meist gebrauchten übertragenen Sinn als auch im wörtlichen Sinn gilt. Dazu ein Insider-Joke für die Leser der Süddeutschen Zeitung: Im Münchner Schicki-Micki-Restaurant Emeramsmühle kann man täglich demonstrativ für alle Gäste vorgeführte Begrüßungsszenen beobachten, bei denen auch Männer Wangenküsse austauschen. Und es gab zu jener Zeit allen Ernstes eine Diskussion, ob man dabei zwei- oder dreimal die Wangen aneinanderdrückt, nach der Technik links-rechts oder links-rechts-links.

Nächste Anspielung: Kurz zuvor hatten zwei Bundesligafußballspieler bei der üblichen Freudenvorführung über ein Tor einander unüblich heftig auf den Mund geküßt, was zu einer öffentlichen Diskussion über eine mögliche Bestrafung, ihre sexuelle Grunddisposition und das Männerküssen im allgemeinen geführt hatte. Zugleich gab es eine andauernde Debatte über kritische Äußerungen von Fußballern in Interviews – beide Aspekte aufgefangen in der Redewendung »eine Lippe riskieren«.

Und endlich der Übergang zum aktuellen Anlaß der Glosse: Es ist allgemein bekannt, daß sich in der Türkei Männer bei der Begrüßung küssen, vorgestellt mit einem Wortspiel: Mutterland, Väter und Söhne. Danach der pseudowissenschaftliche Ausdruck »Intimkontakt« als Synonym für Kuß.

Im nächsten Absatz werden die medizinischen Ekelanteile des Küssens durch Wortspielereien mit Alliterationen verdeutlicht und zugleich verknüpft mit einer Anspielung auf ein modisches Männlichkeitsattribut: den Dreitagebart. Die Phantasie geht durch: Dreitagebärte reagieren wie Klettverschlüsse. Eine gute Gelegenheit, daran zu erinnern, daß die befragten Frauen beim idealen Mann ein »ausdrucksvolles Gesicht« erwarten.

Nun müssen noch ein paar Ideen vom Brainstorming untergebracht werden: Sicher kein toller Gesichtsausdruck, wenn der Papst den Flugplatzboden küßt oder ein Fußballer verschwitzt den schweren Siegerpokal. Negerkuß und Baci (italienisch: Küsse) stehen für Süßigkeiten, deren Konsum auch nicht gerade als männlich gilt.

Der sozialistische Bruderkuß durfte nicht fehlen: Anspielung auf den letzten Kuß zwischen Honecker und Gorbatschow mit dem Reim »heucheln« und »meucheln«.

Die Frage, was Männer denn tun könnten, wenn sie sich nicht mehr küssen sollen, wird mit Hilfe völkerkundlicher Erkenntnisse diskutiert: K.u.k.-Küßdiehand gehört zum königlichkaiserlichen Österreich. Und noch etwas Bildung: olfaktorisch ist die wissenschaftliche Bezeichnung für »den Geruchssinn betreffend«. Der Gedanke wird abgeschlossen mit einer Wortneuschöpfung aus zwei bekannten Wörtern.

Und noch einmal eine Volte: Viele Menschen küssen – ersatzweise? – ihre Haustiere. Das führt uns zu etwas größeren Katzen, bekannt aus dem Filmklassiker »Leoparden küßt man nicht«, und damit zu einem Traummann: Cary Grant, wohl nicht nur für weibliche Leser einer, der die eingangs genannten Eigenschaften verkörpert und – Schlußpointe – deshalb die hier diskutierten Sorgen moderner Männer überhaupt nicht verstehen kann.

Ralf Lehmann
Chefredakteur der »Westdeutschen Allgemeinen«, Essen

Von edler Nacktheit

Jetzt, da wir uns frierend verhüllen, das Freibad geschlossen und die
Sauna nicht jedermanns Sache ist, wirft es uns, was gewisse Obses-
sionen angeht, auf die Kunst zurück.

Der Kunst, den alten Griechen sei`s gedankt, war die Schönheit des
Leibes stets eine Darstellung wert. In Marmor gehauene Knabenzart-
heit, in Bronze strotzende Manneskraft, ganz zu schweigen von all
den knospenden Mädchen und schwellenden Frauen, die die Maler
aller Zeiten verewigten – die Künstler kannten sich und uns wohl besser.

Freilich, auch mit der Kunst gehen wir immer noch so um wie mit der
Nachbarin in der Sauna. Wir blicken durch die Nacktheit sozusagen
hindurch. Man beobachte es in den Museen. Anständige Menschen
versammeln sich vor der unverfänglichen Blumenmalerei und betrachten die nackte Maja nur aus den Augenwinkeln.

Dies gilt erst recht bei der Darstellung der Männlichkeit, seit der Verzicht auf das Lendentuch allgemein geworden ist. Lassen wir beiseite,
ob der Stolz des Mannes die Darstellung wert ist. Der Künstler sagt ja,
und weil Trotz zum Wesen des Künstlers unabdingbar gehört, widmet
er sich den diesbezüglichen Details mit besonderer Hingabe.

Bei den Eisenmännern ist das so, die seit einiger Zeit vor den Toren
der schönen Stadt Hattingen ihren Platz gefunden haben. Es sind in
jeglicher Hinsicht mächtige Kerle. Wie man an ihnen vorbeigeht und
alles sieht, ohne es anzusehen, kann derzeit dort besichtigt werden.

Auch bei den Glossen gibt es Alltagsware und Festtagsstücke. Die ganz
großen sind selten. Da geht es den Glossenschreibern wie den richtigen
Dichtern.

Dies ist eher eine Alltagsglosse. Wie alle Glossen ist sie dem täglichen
Zwang entsprungen, daß Glosse sein muß.

Die Themensuche folgt geübten Rastern. Ist eine Meldung in den Agen-
turen, eine Notiz in der Zeitung, gar ein Erlebnis im Hirn gespeichert, das
sich zur Glosse verarbeiten läßt? Oh bittere Not, bis der Funke zündet: die
Hattinger Eisenmänner, eine Kleinstadt-Groteske, von ferne an Clochemerle
gemahnend, das wär doch was.

Das Thema bietet alles, was eine Glosse braucht:

1. einen ungewöhnlichen Vorgang, der dennoch keiner langen Erklärung
   bedarf. (Erklärglossen langweilen.)
2. eine gewisse Anzüglichkeit. (Nichts liest man lieber, auch wenn man es
   leugnet.)
3. und vor allem: Gelegenheit zum Fabulieren. Denn wovon lebt die Glosse? Ja, auch von der Pointe. Aber sie ist kein Witz. Vor allem braucht sie
   den leichten Ton, die hingeworfene Doppeldeutigkeit (mächtige Kerle),
   ein wenig Bildungshuberei (die alten Griechen).

Die Glosse – so auch diese – ist keine Satire. Sie ist, wie der Name
besagt, eine Randbemerkung. Sie soll erheitern, bestenfalls soll sie nachdenklich stimmen. Dabei ist ihre Form so wichtig wie der Inhalt. Deutsch
sollte man schon können. Die beste Glosse ist nicht die brüllend witzige, es
ist die heiter-elegante Glosse, die mit der Sprache spielt.

Am wichtigsten bleibt das Menschlich-Allzumenschliche. Ja, auch die
Glosse ist eine moralische Anstalt. Lächelnd sollen wir uns unserer
Schwächen gewahr werden. Heuchler sind wir allzumal. Quod erat demon-
strandum.

Philipp Maußhardt
Chefreporter bei der »Abendzeitung«, München

Liebesgrüße aus Leipzig

Wir bekamen ihn immer erst in der ersten Dezemberwoche, und was mich wunderte, seltsamerweise immer freitags. Das weiß ich deshalb, weil der Paketpostbote, wenn er den in graues Papier mit Doppelschnur fest zugebundenen Karton abgab, ein »schönes Wochenende« wünschte und wir uns über diese Gemeinheit ärgerten. Ja, er lächelte dabei auch noch so zweideutig, als ob er genau wußte, daß er mit seiner Lieferung wieder eine Familienkrise angezettelt hatte. Das Paket, das, als wäre sein inhalt ganz besonders wertvoll, an allen Falzen noch mit Klebeband gesichert war, lag dann unangetastet den ganzen Freitag über auf dem Schuhregal im Flur, und manchmal versuchte jemand, es unsichtbar zu machen, indem er die dicken Winterstiefel so darüber schichtete, daß es bis zum Frühjahr in Vergessenheit geraten wäre, hätte eben nicht jedes Jahr wieder jemand Mitleid bekommen und gesagt: »Ihr wißt doch, daß sie uns damit eine Freude machen wollen.« Ja wir wußten. Also wurden die Schuhe wieder heruntergeschichtet und der graue Karton am Samstag in die Küche getragen, wo er wiederum in einer Ecke abgelegt wurde, in der er am wenigsten störte. Solch ein Dezembersamstag war dann für alle stimmungsmäßig gelaufen. Allein die Vorstellung, daß auf diesen Samstag mit höchster Wahrscheinlichkeit der Sonntag folgen würde, reichte aus, um manchen von uns zu Gedankenspielen anzuregen, an die er bis dahin nie gedacht hatte: Kurzfristig einen Freund in Heidelberg besuchen und erst am Montagmorgen wiederkommen, oder am Samstagabend durch gurgelndes und rülpsendes Stöhnen auf der Toilette eine Magenverstimmung vortäuschen und bis zum Montag jede Nahrungsaufnahme verweigern. Schließlich wurde dann doch alle Taktik verworfen und die Solidarität der Familie beschworen, mit der man den drohenden Sonntag am besten überstehen werde. Da lag er dann, am Sonntagmorgen, ausgepackt und auf eine Schale gebettet: der unvermeidliche Christstollen aus der DDR, und selbst die Postkarte lag noch daneben: »Mit vielen lieben Grüßen aus Leipzig.« Die ersten Scheiben waren schon angeschnitten, und wortlos reichte jemand den andern je ein gleichgroßes Stück auf den Teller, wobei jeder wartete, wer wohl den Anfang machen würde. Die viel zu dicke Zuckerschicht, die immer so knirschte, wenn man auf sie biß, diese eingebackenen Massen an ekligem Zitronat und Orangeat, diese pampigen Marzipanklumpen in dem bröseligen Teig, der nach schlechtem Fett roch, dies alles verknetete sich in Gedanken zu einer

Masse, die zu schlucken je unmöglicher wurde, je länger man auf sie
starrte.»Ihr wißt doch...« sagte schließlich jemand, und weil jeder
wußte, bissen wir fast gleichzeitig zu. Einer zerbröselte danach den
Christstollen in fingernagelgroße Stücke, warf alles in die große Tasse
mit Milchkaffee und meinte: Wenn man ihn auslöffle, könne man ihn
besser essen. Ich bestrich ihn zentimeterdick mit Nutella, das half
auch. Ein anderer hatte sich für diesen Tag schon lange vorher eine
besonders scharfe Pfeffersalami auf die Seite gelegt, von der er zwischen jedem Biß Christstollen eine Scheibe nachschob. In diesem
Jahr aber wird alles anders: Gestern kam ein Brief aus Leipzig. Dank
der neuen Reiseregelung könnten sie an einem der kommenden
Wochenende den Christstollen selbst vorbeibringen und beim ersten
Anschnitt auch dabei sein.

Kürzlich war ich zu einer Veranstaltung nach Tübingen gereist. Eine Frau
trat mir am Ausgang des Saals in den Weg:»Haben Sie nicht diesen Artikel
über den Christstollen geschrieben?« Ja, ich hatte. Aber das war lange her,
ziemlich genau acht Jahre. Für ein paar Zeilen in einer Lokalzeitung eine
Unendlichkeit. Aber diese Frau erinnerte sich daran, weil diese Glosse den
sogenannten und erbittert geführten»Tübinger Christstollen-Krieg« auslöste,
und das kam so:

Die Suche nach einem Autor für die Lokalglosse war die langwierigste
Angelegenheit der täglichen Redaktionskonferenz. Nachrichten zu formulieren oder eine Meinung in einem Kommentar zu äußern – kein Problem. Aber
eine Glosse schreiben? Plötzlich hatte jeder Kollege unglaublich wichtige
Termine oder saß gerade an einem unaufschiebbaren Hintergrundartikel. Ich
hielt dem Blick des Chefredakteurs einfach nicht länger stand.

Weil sich diese Szene wiederholte, hatte ich mir angewöhnt, morgens
immer ein paar Themen auf einen Zettel in der Schreibtischschublade zu
notieren – Geschichten, die mir Freunde oder Bekannte am Abend in der
Kneipe erzählt hatten, oder kleine selbst erlebte Begebenheiten: unbedeutend, aber aufschlußreich. Wie Freund Atze wegen eines Gartenzwergs einmal fast seinen Glauben an die Polizei verlor. Wie mein Hausbesitzer heim-
lich»Abflußfrei« an den Baum des Nachbarn kippte. Oder wie meine Tante
Irene stets ihre uralte, vertrocknete Marmelade aus ihrem Keller recycelte
und mir dann zum Geburtstag schenkte.

Weil es kurz vor Weihnachten war, wählte ich von meinem Zettel den
»Christstollen« aus.

Die Geschichte ist in einem Satz erzählt: Jedes Jahr bekamen wir in unserer Familie von Bekannten aus der DDR einen Christstollen per Post, nur in diesem Jahr (1989!) wollten sie ihn selbst vorbeibringen. Eigentlich nicht lustig. Doch dadurch, daß niemand in der Familie Christstollen mochte, wir aber aus verständlichen Gründen immer sehr dankbar dafür sein mußten, geriet die Ankunft dieses jährlich gefürchteten Pakets aus Leipzig zu einem Familiendrama mit komisch-tragischen Zügen.

Wieviele Stollen jedes Jahr vor Weihnachten die deutsch-deutsche Grenze passierten, ist mir nicht genau bekannt. Aber es müssen Millionen gewesen sein. Und wer im Westen nicht selbst einen zugeschickt bekam, der kannte zumindest einen anderen, der das Gebäck erhalten hatte. Eine gute Voraussetzung für eine Glosse: Jeder weiß im Prinzip Bescheid. Nun muß man sich nur noch ein wenig naiv geben, ganz so, als wisse man ja gar nicht, welchen Tabu-Bruch man gerade begeht, und die eigentlich harmlose Geschichte von A bis Z erzählen (und die Schlußpointe nicht vergessen!): Fertig ist die Glosse.

Gut, zugegeben: Die Geschichte ist maßlos übertrieben. Nie hat jemand Salami auf den Stollen gelegt, und ganz so dramatisch ging es nun wirklich zuhause nicht zu. Aber Übertreibungen sind in Glossen doch erlaubt?

Nun hatte ich vor dieser Glosse bereits flammende Kommentare gegen Hundekot auf Bürgersteigen geschrieben. Auch hatte ich den Bürgermeister schon mal einen faulen Hund geheißen und den Vorsitzenden des örtlichen Gewerbevereins öffentlich wegen seiner Haltung zur Ladenschlußzeit kritisiert. Doch nie zuvor (und nie wieder danach) wurde ich von einer Leserprotest-Welle dermaßen erfaßt wie nach der Christstollen-Glosse. Es hagelte Leserbriefe, es klingelte das Telefon, und am anderen Ende der Leitung tobten gutbürgerliche Damen: »Sie gemeiner Lump, Sie gemeiner!« und drohten (aber drohten nur) mit sofortiger Kündigung des Abonnements.

Die Redaktionsleitung sah sich genötigt, immerhin 25 (!) Leserbriefe abzudrucken, um den Volkszorn nicht überschießen zu lassen. Wie konnte dieser dumme und freche Schreiber nur so taktlos sein, unsere Brüder und Schwestern von drüben so zu beleidigen! Das haben sie nicht verdient. Sie hatten doch nichts Besseres. Und war der Stollen nicht stets mit viel Liebe gebacken? »Ich glaube kaum«, schrieb eine gewisse Frau Luzie H. aus K., »daß Sie einen so negativen Artikel über Pommes Frites geschrieben hätten, weil diese aus Amerika kommen und daher vor jeder Kritik tabu sind.«

Völlig falsch, Frau Luzie H.! Ich bin nur noch nicht dazu gekommen.

Hermann Unterstöger
Redakteur bei der »Süddeutschen Zeitung«, München

Das Streiflicht

Der Firmenchronik von Lock & Co. zufolge wurde der Zylinderhut vor
genau 200 Jahren in London geboren. Man könnte das Jubiläum glatt
vernachlässigen, wäre es nicht von jener assoziativen Trächtig- und
Ergiebigkeit, die alten Hüten oft zu eigen ist. Zum einen weist das runde Datum natürlich sofort nach Bonn, wo man ja im Augenblick eine
sensationelle Reform nach der anderen aus dem Hut, also aus dem
Zylinder, zaubert – Reformen, die uns tatsächlich wie rotäugige Kar-
nickel anstarren und die uns nebenbei, um einigermaßen im Bild zu
bleiben, längst über die Hutschnur gehen. Zum anderen soll so ein
Gedenktag auch als Bedenktag genützt werden, wobei hier vor allem
die der Mode immer wieder unterlaufende Diskrepanz zwischen Form
und Funktion zu bedenken wäre. Seiner eigentlichen Pflicht, den Kopf
vor den Unbilden des Wetters zu be*hüten*, war der Zylinder nie
gewachsen, weil er, sofern ihn nicht eh schon der erste Windstoß
davontrug, ja selbst vor Niederschlägen geschützt werden mußte.
Unter dem Vorwand, ein Hut zu sein, ging er seinem Hauptzweck
nach: den Kopf, genauer die Stirn, seines Trägers phänotypisch zu
verlängern und so den Eindruck unendlicher Gescheitheit vorzuspie-
geln.
Um nun von der Herrenober- zur dito Unterbekleidung zu kommen, so
konnte man der Unterhose bislang alles mögliche vorwerfen, nicht
jedoch, daß sie durch formale Capricen über ihre schlichte Funktion,
das Souterrain des männlichen Körpers zusammenzufassen und
warmzuhalten, hinweggetäuscht hätte. Schon gar nicht wollte sie nach
Art des Zylinders Unendlichkeit vortäuschen, wo Endlichkeit herrsch-
te. Diese, wenn man so will, Redlichkeit war es, die sie lange Jahre
zum Gespött ambitionierter Frauenblätter und trendbesoffener Zeit-
geistmagazine machte, dergestalt, daß man von dem vorherrschenden Gewebe, dem geradezu ätzend bekrittelten Fein- respektive Dop-
pelripp, direkt auf die libidinöse Struktur des Insassen schloß und alle
Hoffnung fahren ließ. Die Trauer mochte berechtigt sein, mußte dies
aber nicht: Wer ein wenig zurückdenken will, wird unter den Großvä-
terfiguren die eine oder andere finden, deren Unterhosen sich wie
Rauhfaserputz anfühlten und die trotzdem auf dem Feld der Minne
gern gesehene Arbeiter waren.
Auf der *Pitti Immagine Uomo*, der Herrenmodemesse von Florenz,
wurde jetzt der Unterhose ein ganzer Pavillon gewidmet, wobei es
dem Haus Versace vorbehalten blieb, die vormals Unaussprechliche

der Fachwelt als »neues Konzept, das Leben zu interpretieren« vor-
und anheimzustellen. Die Unterhosenlobby dürfte ihrem Fernziel, den
»Body zum Tatort« zu machen (Bruno Banani), ein gutes Stück näher-
gekommen sein. So schön das für sie ist, sowenig sollte sie darüber
den Zylinder vergessen, der an seiner Großkotzigkeit zugrundeging
und heute kaum noch zum Zaubern taugt.

Dienstag, 14. Januar 1997, etwa 9 Uhr. Alltag insofern, als es einerseits
eine über fünfzigjährige Tradition fordert, daß für die jeweils nächste Ausgabe der *Süddeutschen* ein »Streiflicht« geschrieben wird, und als andererseits nach ebendieser Tradition zunächst weder ein Thema in Sicht ist noch
ein Autor. Die Autorenfrage ist indessen am leichtesten zu lösen, weil ich
heute der einzige bin, der nicht durch Termin, Grippe, Silberhochzeit oder
freien Tag am Arbeiten gehindert ist. Aber das Thema! Die Konferenz rückt
näher, und es hat sich noch nichts gefunden, was man der kollegialen Versammlung als hinlänglich kurios oder gar als »sexy« präsentieren könnte.

9:40 Uhr. Es bedarf, wie so oft, des Zusammentreffens glücklicher
Umstände, damit der Tag gerettet werden kann. Heute ist es ein dpa-Feature,
56 Zeilen, das bereits um 4:43 Uhr gelaufen ist, aber bisher niemandem auf-
fiel. Darin ist die Rede vom 200. Geburtstag des Zylinders, und nach einem
geheimen Mechanismus setzt dieser Fund sofort ein mentales Suchsystem in
Gang: War da heute nicht schon sowas Ähnliches? Irgendwas Modisches?
Richtig, die FAZ. Die hatte doch auf ihrer vermischten Seite ein ziemlich
großes Herrenunterhosen-Stück aus der kundigen Feder Anne Schneppens.
Ein Griff in den Papierkorb, die Seite Deutschland und die Welt aufgeblät-
tert, und richtig, da haben wir`s: »Ende der peinlichen Halbseidigkeit« – ein
Bericht von der Modemesse in Florenz. Kurz überfliegen!

9:53 Uhr. Auf den ersten Blick widerspricht diese Kombination – Zylinder und Unterhose – aufs eklatanteste einem hierorts nie ernstlich angefoch-
tenen Kunst- oder (wenn man so will) Handwerksprinzip. Ebenso, wie es
verpönt ist und als Anfängersünde gilt, pro Satz mindestens einen Gag unter-
zubringen, den ganzen Text also als wild knatterndes Scherzfeuerwerk abzu-
brennen, genauso anrüchig ist es, zwei oder mehr Komplexe zu einem
ganzen zusammenzuspannen, etwa die Themen »Finanzpolitik der Bundesregierung« und »Rinderwahnsinn«, und das nur aus dem Grund, weil zu bei-
dem in Bonn eine Pressekonferenz stattfand. Die Verquickung ist unprofes-
sionell und trägt, wie manch andere Sünde, die Strafe schon in sich: das Miß-
lingen der Glosse.

9:59 Uhr, in einer Minute ist Konferenz. Ich will das Thema trotzdem lancieren, denn hier verspricht die Verschmelzung zweier Elemente Erfolg, weil sie erstens derselben Sphäre angehören, nämlich der weiten Welt der Bekleidung beziehungsweise Mode, und weil sie zweitens innerhalb dieser Sphäre gewissermaßen gegensätzliche Positionen einnehmen: der Zylinder am Kopf, und die Unterhose – naja, Sie wissen schon. Das ergibt auf beinahe natürliche Weise zwei Kraftpole, und es müßte mit dem Teufel zugehen, wenn es da nicht tüchtig funkte und knisterte, zumal dabei auch die Welten Geist und Sexus angetippt werden dürfen. Die klassische Dichotomie mit einem Wort, Yin und Yang, Himmel und Hölle, Genie und Wahnsinn.

11:15 Uhr, Ende der Konferenz. Das Thema wurde gebilligt, wenn auch nicht mit der wünschenswerten Begeisterung, sondern eher unter der Prämisse: »Tja, wenn Sie meinen...« Nun zur Basisrecherche, die vorderhand freilich wenig Diabolisches ergibt. Im Brockhaus steht unter »Zylinder (6)« nichts, was man nicht erwartet hätte: Männerhut mit hohem, steifen Kopf und fester Krempe. Eine Ziffer vorher, unter (5), wird der Zylinder als »Kurz-Bez. für Harn-Z.« vorgestellt, was assoziativ zum Thema Unterhose paßt, aber in unserem Fall wohl kaum weiterführt. Das Grimmsche Wörterbuch bietet wie immer schöne Anregungen, etwa die bei Fontane belegte Zusammenstellung »Zylinder und Vatermörder«. Ich notiere auf einem Schmierzettel: »Vatermörder – Ödipus – Gewalt – Unterhose (?)« Dabei scheint mir der Hosenbund eingefallen zu sein sowie, in schräger Analogie dazu, die Hutschnur. Nächste Notiz auf dem Blatt: »Hutschnur = Ende der Fahnenstange«.

11:45 Uhr. Kantine, anschließend ins Textarchiv, wo man inzwischen ein paar relevante Unterhosen-Artikel bereitgelegt hat. Seltsam: Einen Zylinder hat keiner, aber den glaubt man zu kennen; Unterhosen hat jeder, und doch ist uns ihr Wesen so fern und fremd!

12:40 Uhr. Aus dem Spiegel exzerpiert, daß ein Mensch namens Holzner das Unterhemd mit nur einem Träger hat patentieren lassen (M 9409704.6). Seiner Ansicht nach drückt Asymmetrie äußerste Raffinesse aus; das Bild dazu zeigt freilich drei ziemlich derbe Holzhackertypen. Der Focus hat im September 1996 eine Rangliste über die Beliebtheit diverser Unterhosen-Modelle veröffentlicht. Danach liegt der Normalslip mit 23,4 % hinter dem Mini-Slip (31,9 %); die Extreme, also Tanga und dreiviertellange Unterhose, sind ganz weit abgeschlagen.

13:05 Uhr. Ich hole mir einen Topf Kaffee und staune über eine Story aus dem Tagesanzeiger. Dort ist zu lesen, daß diese Aufpolsterung, die unsereins bisher (und sehr theoretisch) nur vom sogenannten Wonderbra her kannte, mittlerweile auch Einzug in die Herren-Unterhose gehalten hat, aber nicht an

der Stelle, wo man sie vermuten möchte, sondern – konträr – an den Hinter-
backen. »Miracle Boost« nennt sich das, »Wunderauftrieb«. Derartige Entwicklungen scheinen indessen so etwas wie Ausrutscher zu sein. Das Magazin der FAZ berichtet jedenfalls in der Kolumne »Warenwelt« über ein Fach-
buch zum Thema Unterwäsche, nach dessen Ansicht es die Mehrheit der
deutschen Männer in diesem Punkte erzkonservativ liebt. Führend seien nach
wie vor »die hellblaue Standardeingriffshose mit wäschigem Alloverdruck«
und »der Feinripp-Klassiker«.

    13:30 Uhr. Wenn das »Streiflicht« rechtzeitig fertig werden soll, also
gegen 16:30 Uhr, muß ich jetzt mit der Lektüre allmählich Schluß machen.
Noch kurz aus der Welt ein Zitat über den Unterwäsche-Designer Nikos Apo-
stopoulos: »Nikos läßt die Götter vom Olymp steigen«, nun ja, etwas voll-
mundig, wenn man sich die Bilder daneben anschaut. Wohl angeregt durch
die Ganzheitlichkeit der Götter, fällt mir die Hemdhose ein, und ich kritzle
unter Nikos: »Hemdhose = Body. Leib- und Seelenhose.« Diese Leib- und
Seelenhosen waren früher sehr gebräuchlich, und die Erinnerung daran
drückt sich in einer Wortkette auf dem Notizzettel aus: »Zwilch, Loden, Filz,
Walk«; daneben steht, eingerahmt: »Rauhfaser, -putz«. Schnell noch aus dem
Stern ein in seiner preziösen Dämlichkeit absolut einmaliges Schlüpfer-Pro-
duzenten-Wort: »Wir verwandeln Ihren Body zum Tatort.« Es stammt von
einem Bruno Banani. Banani – man muß sich das in diesem Zusammenhang
wirklich auf der Zunge zergehen lassen!

    13:44 Uhr. Ich rufe das Makro »Streiflicht« auf und tippe den stets glei-
chen Anfang »(SZ)« ein. Was dann folgt, ist der sogenannte schöpferische
Prozeß, der sich bekanntlich der exakten Beschreibung entzieht, den man
sich jedoch keineswegs so vorstellen darf, als ob der Schreiber dabei außer
Rand und Band wäre oder gar überirdische Eingießungen hätte. Das beileibe
nicht. Es ist ein relativ nüchtern handwerkliches Geschäft, wobei ein Quent-
chen Inspiration ja nicht schaden muß.

    16:18 Uhr. Das »Streiflicht« ist fertig, man kann sich zurücklehnen und
ein bißchen ausspannen, etwa – wie so oft – bei Goethes Gesprächen mit
Eckermann. Am 11. März 1828 dozierte der Alte: »Mein Rat ist daher, nichts
zu forcieren und alle unproduktiven Tage und Stunden lieber zu vertändeln
und zu verschlafen, als an solchen Tagen etwas machen zu wollen, woran
man später keine Freude hat.« Schön gesagt, aber in der Praxis eines Tages-
zeitungsbetriebs einfach nicht durchzuhalten.

„DAS IST HARTMUT: ES HEISST, ER LIEST."

Literatur zur Einleitung

Peter Brand/Volker Schulze (Hrsg.), Medienkundliches Handbuch. Die Zeitung, Neuausgabe, 1. Aufl., Aachen-Hahn 1990

Karl Bücher, Die Grundlagen des Zeitungswesens, in: ders., Gesammelte Aufsätze zur Zeitungskunde, Tübingen 1926

Otto Groth, Die Zeitung, Bd. I, Mannheim-Berlin-Leipzig 1928

Jürgen Habermas, Strukturwandel der Öffentlichkeit, 8. Aufl., Neuwied-Berlin 1976

Kurt Koszyk, 17. Jahrhundert bis zur Gegenwart, in: Emil Dovifat (Hrsg.), Handbuch der Publizistik, Bd. 3: Praktische Publizistik 2. Teil, Berlin 1969

Kurt Koszyk, Vorläufer der Massenpresse, München 1972

Ulrich Püschel, Journalistische Textsorten im 19. Jahrhundert, in: Rainer Wimmer (Hrsg.), Das 19. Jahrhundert. Sprachgeschichtliche Wurzeln des heutigen Deutsch, Berlin-New York 1991

Klaus Schönbach, Trennung von Nachricht und Meinung, Freiburg/München 1977

Literatur zum Kommentar

Autorenkollektiv d. Sekt. Journalistik d. Karl-Marx-Univ. Leipzig, Einführung in die journalistische Methodik, Leipzig, 2. Aufl. 1988

Baerns, Barbara/Lamm, Ulrich, Erkennbarkeit und Beachtung redaktionell gestalteter Anzeigen, in: Media Perspektiven 1987

Bentele, Günter, Wie objektiv können Journalisten sein? in: (Hrsg.): Erbring, Lutz et al., Medien ohne Moral, Berlin 1988

Chisholm, Roderick M., Epistemische Ausdrücke, in (Hrsg.): Peter Bieri, Analytische Philosophie der Erkenntnis, Frankfurt/M, 2. Aufl. 1992

Damasio, Antonio R., Decartes´ Irrtum, München 1997

Dichtl, Erwin/Issing, Otmar (Hrsg.): Vahlens Großes Wirtschaftslexikon Bd. 1 bis 4, München 1987

Erbring, Lutz, Journalistische Berufsnormen in amerikanischen und deutschen Nachrichten, in: (Hrsg.): Erbring, Lutz et al., Medien ohne Moral, Berlin 1988

Fiedler, Klaus, Die Verarbeitung sozialer Informationen für Urteilsbildung und Entscheidung, in: (Hrsg.): Stroebe, Wolfgang/Hewstone, Miles/Stephensen,Geoffrey, Sozialpsychologie, Berlin, 3. Aufl. 1996

Føllesdal, Dagfinn/Walløe, Lars/Elster, Jon, Rationale Argumentation, Berlin/New York 1988

Geißler, Heiner, Die Rolle des Journalismus in der Demokratie, in: (Hrsg.): kontext. Gesellschaft zur Förderung junger Journalisten, Zwischen Datenautobahn und PR – Brauchen wir den Journalismus noch? Essen 1996

Gerhardt, Rudolf, Lesebuch für Schreiber, Frankfurt/M 1993

Göttert, Karl-Heinz, Argumentation, Tübingen 1978

Hannappel, Hans, Melenk, Hartmut, Alltagssprache, München 1990

Hegselmann, Rainer, Formale Dialektik, Hamburg 1985

Hruska, Verena, Die Zeitungsnachricht, Bonn 1993

Kamlah, Wilhelm/Lorenzen, Paul, Logische Propädeutik, Mannheim, 2. Aufl. 1973

Klein, Horstpeter, Die öffentliche Aufgabe der Presse, Düsseldorf 1973

Kieser, Alfred, Organisationskultur, in: (Hrsg.): Dichtl, Erwin/Issing, Otmar, Vahlens Großes Wirtschaftslexikon Bd. 1 bis 4, München 1987, Bd. 3

Kraus, Manfred, Platon, in: (Hrsg.): Tilman Borsche, Klassiker der Sprachphilosophie, München 1996

Kurz, Gerhard, Metapher, Allegorie, Symbol, Göttingen, 2. Aufl. 1988

Leibholz, G./Rinck, H.J., Grundgesetz. Kommentar an Hand der Rechtssprechung des Bundesverfassungsgerichts, Köln, 3. Auflage 1968

Leyens, Jacques-Philippe/Dardenne, Benoit, Soziale Kognition: Ansätze und Grundbegriffe, in: (Hrsg.): Stroebe, Wolfgang/Hewstone, Miles/Stephenson, Geoffrey M., Sozialpsychologie, Berlin, 3. Auflage 1996

Löffler, Martin/Ricker, Reinhart, Handbuch des Presserechts, München 1978

Lumer, Christoph, Praktische Argumentationstheorie, Braunschweig 1990

Meggle, Georg (Hrsg.): Analytische Handlungstheorie Bd. I und II, Frankfurt/M 1977/85

Mittelstraß, Jürgen (Hrsg.): Enzyklopädie Philosophie und Wissenschaftstheorie Bd. 1-4, Mannheim/Wien/Zürich 1980-1996

Moilanen, Markku/Tiittula, Liisa (Hrsg.), Überredung in der Presse, Berlin/New York 1994

Moilanen, Markku, Scheinargumentation als persuasives Mittel, in: (Hrsg.): ders./Tiittula, Liisa, Überredung in der Presse, Berlin/New York 1994

Naess, Arne, Kommunikation und Argumentation, Kronberg/Ts. 1975

Noelle-Neumann, Elisabeth, Propaganda, in: (Hrsg.): ders./Schulz, Winfried, Publizistik, Frankfurt/M 1971

Noelle-Neumann, Elisabeth, Wirkung von Massenmedien, in: (Hrsg.): ders./ Schulz, Winfried, Publizistik, Frankfurt/M 1971

Perelman, Chaim, Das Reich der Rhetorik: Rhetorik und Argumentation, München 1980

Quandt, Siegfried/Ratzke, Dietrich, Hintergrundinformation als journalistische Aufgabe, in: Publizistik Heft 1-2 1989

Reger, Eric, Der Leitartikel, in: ders.: Kleine Schriften II, Berlin 1993

Ronneberger, Franz, Die politische Funktion der Massenkommunikation, in: (Hrsg.): Langenbucher, Wolfgang R., Zur Theorie der politischen Kommunikation, München 1974

Rutschky, Michael, Die schwarze Rede, in: Merkur. Deutsche Zeitschrift für europäisches Denken, Heft 9/10, Sept./Okt. 1997

Scherer, Klaus R., Emotion, in: (Hrsg.): Stroebe, Wolfgang/Hewstone, Miles/ Stephensen, Geoffrey, Sozialpsychologie, Berlin, 3. Aufl. 1996

Schleichert, Hubert, Wie man mit Fundamentalisten diskutiert, ohne den Verstand zu verlieren. Anleitung zum subversiven Denken, München, 2. Aufl. 1997

Schmid, Thomas, Milchglas-Journalismus oder die vorgefaßte liberale Meinung, in: Die Meinungsmacher. Kursbuch Heft 125, Berlin 1996

Schmidt-Faber, Werner, Argument und Scheinargument. Grundlagen und Modelle zu rationalen Begründungen im Alltag, München 1986

Schneider, Hans J., Bedeutung, in: Mittelstraß, Jürgen (Hrsg.): Enzyklopädie Philosophie und Wissenschaftstheorie Bd. 1-4, Mannheim/Wien/Zürich 1980-1996

Schwarz, Monika, Einführung in die kognitive Linguistik, Tübingen 1992

Stahlberg, Dagmar/Frey, Dieter, Einstellungen: Struktur, Messungen und Funktion, in: (Hrsg.): Stroebe, Wolfgang/Hewstone, Miles/Stephenson, Geoffrey M., Sozialpsychologie, Berlin, 3. Auflage 1996

Speck, Josef (Hrsg.): Handbuch wissenschaftstheoretischer Begriffe Bd.1-3, Göttingen 1980

Sutor, Bernhard, Kleine politische Ethik, Bonn 1997

Toulmin, Stephen, Der Gebrauch von Argumenten, Kronberg/Ts. 1975

Ueding, Gert/Steinbrink, Bernd, Grundriß der Rhetorik, Stuttgart 1986

von Randow, Gero, Was können wir von morgen wissen? in: Geo extra, Das 21. Jahrhundert, Nr. 1/95

Wahren, Heinz-Kurt, Zwischenmenschliche Kommunikation und Interaktion in Unternehmen, Berlin/New York 1987

Weingartner, Paul, Wahrheit, in: Josef Speck (Hrsg.): Handbuch wissenschaftstheoretischer Begriffe Bd. 3, Göttingen 1980

Weischenberg, Siegrfied, Nachrichtenschreiben, Opladen, 2. Aufl. 1980

Wright, Georg Henrik von, Erklären und Verstehen, Königstein/Ts., 3. Aufl. 1991

Zillig, Werner, Bewerten. Sprechakttypen der bewertenden Rede, Tübingen 1988

Literatur zur Glosse

Helmut Arntzen, Nachricht von der Satire, in: ders., Literatur im Zeitalter der Information, Frankfurt/M 1971

Helmut Arntzen, Satirischer Stil, 2. Aufl., Bonn 1970

Henri Bergson, Das Lachen. Ein Essay über die Bedeutung des Komischen, Zürich 1972

Udo Branahl, Medienrecht, Opladen 1992

Bertolt Brecht, Gesammelte Werke in acht Bänden, Bd. IV, Frankfurt/M 1967

Rainer Camen, Die Glosse in der deutschen Tagespresse, Bochum 1984

Wiglaf Droste, Sieger sehen anders aus, 2. Auflage, Hamburg 1996

Sigmund Freud, Der Witz und seine Beziehung zum Unbewußten (1905), in: ders., Studienausgabe, Bd. IV: Psychologische Schriften, 4. Aufl., Frankfurt/M 1970

Robert Gernhardt, Über alles. Ein Lese- und Bilderbuch: u. a. Ein Kraftwort wird siebzig (1989), Frankfurt/M 1996

Robert Gernhardt, Was gibt´s denn da zu lachen? Kritik der Komiker, Kritik der Kritiker, Kritik der Komik: u. a. Die Braunschweiger Rede, Wege aus der Weinerlichkeit, Zürich 1988

Heinrich Heine, Sämtliche Werke in vier Bänden, Bd. II: u. a. Die Harzreise, Englische Fragmente, München 1969

Heinrich Heine, Gedanken und Einfälle, in: ders., Werke, Sonderausgabe in zwei Bänden, Bd. 2, Wiesbaden o. J.

Eckhard Henscheid, Tucholsky und die Spätfolgen, in: konkret literatur, Nr. 21, 1996/97 (Literatur-Beilage zu Konkret, Heft 10, Okt. 1996)

Eckhard Henscheid, Heinrich Böll. Und sagte kein einziges Wort, in: Der Rabe, Magazin für jede Art von Literatur, Heft 31, 1991

Georg Wilhelm Friedrich Hegel, Vorlesungen über die Ästhetik II, Werke Bd. 14, Frankfurt/M 1970

Immanuel Kant, Kritik der Urteilskraft, Werke Bd. V (Akademie-Textausgabe), Berlin 1968

Karl Kraus, Widerschein der Fackel. Glossen, 4. Bd. der Werke von Karl Kraus, 1. Aufl., München 1956

Karl Kraus, Aphorismen, Bd. 8 der Schriften von Karl Kraus, Frankfurt/M 1986

Kritik aus dem Glashaus, zusammengestellt und eingeleitet von Nikolas Benckiser, Frankfurt/M 1961

Klaus Linneweh, Kreatives Denken, 6. Aufl., Rheinzabern 1994

Robert Musil, Der Mann ohne Eigenschaften, 53.-58. Tausend (1968), Hamburg 1952

Johann Nestroy, Judith und Holofernes. Travestie mit Gesang in einem Akt, Stuttgart 1970

Marcel Proust, Auf der Suche nach der verlorenen Zeit, Bd. 1: In Swanns Welt, Im Schatten junger Mädchenblüte, Frankfurt/M 1967

Friedrich Schiller, Über naive und sentimentalische Dichtung, in: ders., Sämtliche Werke, Bd. V, München 1968

Arthur Schopenhauer, Die Welt als Wille und Vorstellung, Zweiter Band, Werke in zehn Bänden, Bd. III, Zürich 1977

W. E. Süskind, Glosse und Kommentar, in: (Hrsg.): Deutsche Journalistenschule München, Praktischer Journalismus, München 1963

Horst Tomayer, Tomayers ehrliches Tagebuch 1996 - 1988, Hamburg 1996

Kurt Tucholsky, Gesammelte Werke, Bd. I 1907 - 1924, Bd. II 1925 - 1928, Bd. III 1929 - 1932, Reinbek bei Hamburg 1960

Voltaire, Candide oder Der Optimismus, in: ders., Sämtliche Romane und Erzählungen, 1. Aufl., Frankfurt/M 1976

Christoph Martin Wieland, Die Abenteuer des Don Sylvio von Rosalva, Köln/Berlin 1963

Reihe Praktischer

Grundwissen

Claudia Mast (Hg.)
ABC des Journalismus
Ein Leitfaden für die
Redaktionsarbeit
8., überarbeitete Auflage 1998
594 Seiten, br.
ISBN 3-89669-239-9

Hans-Joachim Schlüter
ABC für Volontärsausbilder
Lehrbeispiele und
praktische Übungen.
Mit einem Geleitwort
von Herbert Riehl-Heyse
2. Auflage 1991
256 Seiten, br.
ISBN 3-89669-013-2

Heinz Pürer (Hg.)
**Praktischer Journalismus in
Zeitung, Radio und Fernsehen**
Mit einer Berufs- und Medienkunde für
Journalisten in Österreich, Deutschland
und der Schweiz
2., überarbeitete und erweiterte
Auflage 1996
664 Seiten, br.
ISBN 3-89669-206-2

Peter Zschunke
Agenturjournalismus
Nachrichtenschreiben
im Sekundentakt
1994, 272 Seiten, br.
ISBN 3-89669-015-9

Michael Haller
Recherchieren
Ein Handbuch für Journalisten
5., überarbeitete Auflage,
erscheint Winter 1998
ca. 300 Seiten, br.
ISBN 3-89669-232-1

Michael Haller
Das Interview
Ein Handbuch für Journalisten
2., überarbeitete Auflage 1997
458 Seiten, br.
ISBN 3-89669-009-4

Ernst Fricke
Recht für Journalisten
Grundbegriffe und Fallbeispiele
1997, 402 Seiten, br.
ISBN 3-89669-023-X

Hermann Sonderhüsken
Kleines Journalisten-Lexikon
Fachbegriffe und Berufsjargon
1991, 160 Seiten, br.
ISBN 3-89669-018-3

Journalismus

UVK
Medien

Ressorts

Josef Hackforth
Christoph Fischer (Hg.)
ABC des Sportjournalismus
1994, 360 Seiten, br.
ISBN 3-89669-014-0

Karl Roithmeier
Der Polizeireporter
Ein Leitfaden für die
journalistische Berichterstattung
1994, 224 Seiten, br.
ISBN 3-89669-021-3

Gunter Reus
Ressort: Feuilleton
Kulturjournalismus
für Massenmedien
1995, 320 Seiten, br.
ISBN 3-89669-024-8

Gottfried Aigner
Ressort: Reise
Neue Verantwortung
im Reisejournalismus
1992, 272 Seiten, br.
ISBN 3-89669-019-1

Presse

Michael Haller
Die Reportage
Ein Handbuch für Journalisten
3., überarbeitete Auflage 1995
336 Seiten, br.
ISBN 3-89669-011-6

Werner Nowag
Edmund Schalkowski
Kommentar und Glosse
1998, 364 Seiten, br.
ISBN 3-89669-212-7

Peter Brielmaier
Eberhard Wolf
Zeitungs- und Zeitschriftenlayout
1997, 268 Seiten, br.
ISBN 3-89669-031-0

Reihe Praktischer

Hörfunk

Bernd-Peter Arnold
ABC des Hörfunks
1991, 288 Seiten, br.
ISBN 3-89669-017-5

Wolfgang Zehrt
Hörfunk-Nachrichten
1996, 240 Seiten, br.
ISBN 3-89669-026-4

Udo Zindel
Wolfgang Rein (Hg.)
Das Radio-Feature
Ein Werkstattbuch
inklusive CD mit Hörbeispielen
1997, 380 Seiten, br., 33 SW-Abb.
ISBN 3-89669-227-5

Robert Sturm
Jürgen Zirbik
Die Radio-Station
Ein Leitfaden für den
privaten Hörfunk
1996, 384 Seiten, br.
ISBN 3-89669-003-5

Michael H. Haas
Uwe Frigge
Gert Zimmer
Radio-Management
Ein Handbuch für Radio-Journalisten
1991, 792 Seiten, br.
ISBN 3-89669-016-7

Norbert Bakenhus
Das Lokalradio
Ein Praxis-Handbuch für den
lokalen und regionalen Hörfunk
1996, 296 Seiten, br.
ISBN 3-89669-004-3

Heinz Günter Clobes
Hans Paukens
Karl Wachtel (Hg.)
Bürgerradio und Lokalfunk
Ein Handbuch
1992, 240 Seiten, br.
ISBN 3-89669-022-1

Claudia Fischer (Hg.)
Hochschul-Radios
Initiativen - Praxis - Perspektiven
1996, 400 Seiten, br.
ISBN 3-89669-027-2

Stefan Wachtel
**Sprechen und Moderieren
in Hörfunk und Fernsehen**
3., überarbeitete Auflage 1998
192 Seiten, br.
ISBN 3-89669-025-6

Stefan Wachtel
Schreiben fürs Hören
Trainingstexte, Regeln und Methoden
1997, 336 Seiten, br.
ISBN 3-89669-030-2

Journalismus

UVK
Medien

Fernsehen

Ruth Blaes
Gregor Alexander Heussen (Hg.)
ABC des Fernsehens
1997, 488 Seiten, br., 25 SW-Abb.
ISBN 3-89669-029-9

Robert Sturm
Jürgen Zirbik
Die Fernseh-Station
Ein Leitfaden für das Lokal- und
Regionalfernsehen
1998, 490 Seiten, br., 20 SW-Abb.
ISBN 3-89669-210-0

Michael Steinbrecher
Martin Weiske
Die Talkshow
20 Jahre zwischen Klatsch und News.
Tips und Hintergründe
1992, 256 Seiten, br.
ISBN 3-89669-020-5

Hans Dieter Erlinger u.a. (Hg.)
Handbuch des Kinderfernsehens
2., überarbeitete und erweiterte Auflage
1998, 680 Seiten, br., 35 SW-Abb.
ISBN 3-89669-246-1

Internet

Klaus Meier (Hg.)
Internet-Journalismus
Ein Leitfaden für ein neues Medium
1998, 344 Seiten, br.
ISBN 3-89669-233-X

Ralf Blittkowsky
Online-Recherche für Journalisten
inklusive Diskette mit 1400 Online-Adressen
1997, 336 Seiten, br.
ISBN 3-89669-209-7

UVK Medien
Verlagsgesellschaft mbH
Schützenstr. 24
D-78462 Konstanz
Tel: (07531) 9053-0
Fax: (07531) 9053-98

*Bitte fordern Sie unser
Gesamtverzeichnis an!*

UVK Medien im Internet: www.uvk.de

DRUCK-SACHE

Profile/Passagen/Positionen

Herausgegeben von Walter Hömberg

UVK
Medien

Die Leistungen einzelner Journalisten und Publizisten gehen in der Medienflut unserer Tage meist unter. Diese Buchreihe stellt profilierte Autoren verschiedener Medien mit einer Auswahl ihrer Werke vor. Darüber hinaus bietet sie ein Forum zur Diskussion aktueller Zeitfragen.

Band 1
Herbert Riehl-Heyse
Am Rande des Kraters
Reportagen und Essays
aus drei bewegten Jahren
1993, 160 Seiten, engl. Broschur
ISBN 3-89669-034-5

Herbert Riehl-Heyse ist leitender Redakteur bei der »Süddeutschen Zeitung« in München und Träger zahlreicher journalistischer Auszeichnungen. Für den Beitrag »Man schlägt den Sack und meint den Esel« aus diesem Band erhielt er den Medienpreis des Deutschen Bundestages.

»Herbert Riehl-Heyse überläßt es der Intelligenz des Lesers, die richtigen Schlüsse zu ziehen.«
Stuttgarter Zeitung

Band 2
Jürgen Leinemann
Gespaltene Gefühle
Politische Porträts aus dem
doppelten Deutschland
1995, 256 Seiten, engl. Broschur
ISBN 3-89669-035-3

Jürgen Leinemann arbeitet seit 1971 für den »Spiegel« – von 1975 bis 1989 als Reporter in Bonn und seit dem Fall der Mauer in Berlin. Für sein Porträt von Hans-Dietrich Genscher erhielt er 1983 den Egon-Erwin-Kisch-Preis.

»Wahrscheinlich der beste psychologische Porträtist deutscher Zunge.«
Bayerischer Rundfunk

Band 3
Peter Sartorius
Seiltanz über den Fronten
Als Augenzeuge bei Krisen,
Kriegen, Katastrophen
Herausgegeben und eingeleitet
von Walter Hömberg
1997, 246 Seiten, engl. Broschur
ISBN 3-89669-035-3

Peter Sartorius arbeitet als leitender Redakteur bei der »Süddeutschen Zeitung« in München. Für seine Reportagen wurde er mit dem Theodor-Wolff-Preis und mehrfach mit dem Egon-Erwin-Kisch-Preis ausgezeichnet.

»Ein sensibles, selbstkritisches, neugieriges – ja, eben ein durchaus großartiges Buch«
Stuttgarter Zeitung

UVK Medien im Internet: www.uvk.de

**Reihe
Praktischer Journalismus**

Grundwissen

Claudia Mast (Hg.)
ABC des Journalismus
Ein Leitfaden für die
Redaktionsarbeit
8., überarbeitete Auflage 1998
600 Seiten, br.
DM 39,80/ÖS 291/SFr 37,-

Hans-Joachim Schlüter
ABC für Volontärsausbilder
Lehrbeispiele und
praktische Übungen.
Mit einem Geleitwort
von Herbert Riehl-Heyse
2. Auflage 1991
256 Seiten, br.
DM 38,-/ÖS 278/SFr 38,-

Heinz Pürer (Hg.)
**Praktischer Journalismus in
Zeitung, Radio und
Fernsehen**
Mit einer Berufs- und
Medienkunde für Journalisten
in Österreich, Deutschland und
der Schweiz
2., überarbeitete und erweiterte
Auflage 1996
682 Seiten, br.
DM 54,-/SFr 49,-

Peter Zschunke
Agenturjournalismus
Nachrichtenschreiben
im Sekundentakt
1994, 272 Seiten, br.
DM 39,80/ÖS 291/SFr 39,80

Michael Haller
Recherchieren
Ein Handbuch für Journalisten
5., überarbeitete Auflage 1999
300 Seiten, br.
DM 36,-/ÖS 263/SFr 33,-

Michael Haller
Das Interview
Ein Handbuch für Journalisten
2., überarbeitete Auflage 1997
458 Seiten, br.
DM 46,-/ÖS 336

Ernst Fricke
Recht für Journalisten
Grundbegriffe und Fallbeispiele
1997, 402 Seiten, br.
DM 48,-/ÖS 350/SFr 44,50,-

Hermann Sonderhüsken
Kleines Journalisten-Lexikon
Fachbegriffe und Berufsjargon
1991, 160 Seiten, br.
DM 30,-/ÖS 219/SFr 30,-

Ressorts

Josef Hackforth
Christoph Fischer (Hg.)
ABC des Sportjournalismus
1994, 360 Seiten, br.
DM 39,80/ÖS 291/SFr 39,80

Karl Roithmeier
Der Polizeireporter
Ein Leitfaden für die
journalistische
Berichterstattung
1994, 224 Seiten, br.
DM 38,-/ÖS 278/SFr 38,-

Gunter Reus
Ressort: Feuilleton
Kulturjournalismus
für Massenmedien
2., überarbeitete Auflage
1999, 366 Seiten, br.
DM 45,-/ÖS 329/SFr 41,50

Gottfried Aigner
Ressort: Reise
Neue Verantwortung
im Reisejournalismus
1992 , 272 Seiten, br.
DM 39,-/ÖS 285/SFr 39,-

Presse

Michael Haller
Die Reportage
Ein Handbuch für Journalisten
4. Auflage 1997
332 Seiten, br.
DM 38,-/ÖS 277/SFr 35,-

Werner Nowag
Edmund Schalkowski
Kommentar und Glosse
1998, 364 Seiten, br.
DM 45,-/ÖS 329/SFr 41,50

Karola Ahlke
Jutta Hinkel
Sprache und Stil
Ein Handbuch für Journalisten
1999, 172 Seiten, br.
DM 38,-/ÖS 277/SFr 35,-

Peter Brielmaier
Eberhard Wolf
**Zeitungs- und
Zeitschriftenlayout**
1997, 268 Seiten, br.
DM 38,-/ÖS 277/SFr 35,-

Hörfunk

Bernd-Peter Arnold
ABC des Hörfunks
1999, 340 Seiten, br.
DM 42,-/ÖS 307/SFr 39,-

Sturm/Zirbik
Die Radio-Station
Ein Leitfaden für den
privaten Hörfunk
1996, 384 Seiten, br.
DM 60,-/ÖS 438/SFr 60,-

Antwort

**UVK Medien
Verlagsgesellschaft mbH
Postfach 102051
D-78420 Konstanz**

Bitte liefern Sie umseitige Bestellung mit Rechnung an:

Unterschrift

Ort, Datum

Zindel/Rein (Hg.)
Das Radio-Feature
Ein Werkstattbuch
1997, 380 Seiten, br.
DM 45,-/ÖS 329/SFr 41,50,-

Clobes/Paukens/Wachtel (Hg.)
Bürgerradio und Lokalfunk
Ein Handbuch
1992, 240 Seiten, br.
DM 19,80/ÖS 145/SFr 19,80

Claudia Fischer (Hg.)
Hochschul-Radios
Initiativen - Praxis - Perspektiven
1996, 400 Seiten, br.
DM 58,-/ÖS 424/SFr 52,50

Wolfgang Zehrt
Hörfunk-Nachrichten
1996, 240 Seiten, br.
DM 34,-/ÖS 248/SFr 34,-

Stefan Wachtel
**Sprechen und Moderieren
in Hörfunk und Fernsehen**
3., überarbeitete
Auflage 1998
192 Seiten, br.
DM 36,-/ÖS 263/SFr 33,-

Stefan Wachtel
Schreiben fürs Hören
Trainingstexte, Regeln und
Methoden
1997, 336 Seiten, br.
DM 42,-/ÖS 307/SFr 39,-

Fernsehen

Blaes/Heussen (Hg.)
ABC des Fernsehens
1997, 488 Seiten, br.,
25 SW-Abb.
DM 42,-/ÖS 307/SFr 39,-

Sturm/Zirbik
Die Fernseh-Station
Ein Leitfaden für das Lokal-
und Regionalfernsehen
1998, 490 Seiten, br.
DM 54,-/ÖS 394/SFr 49,-

Steinbrecher/Weiske
Die Talkshow
20 Jahre zwischen Klatsch
und News.
1992, 256 Seiten, br.
DM 36,-/ÖS 263/SFr 36,-

Hans Dieter Erlinger u.a. (Hg.)
**Handbuch des
Kinderfernsehens**
2., überarbeitete und
erweiterte Auflage 1998,
680 Seiten, br.,
35 SW-Abb.
DM 58,-/ÖS 423/SFr 52,50

Internet

Klaus Meier (Hg.)
Internet-Journalismus
Ein Leitfaden für ein
neues Medium
2., überarbeitete und erweiterte
Auflage 1999,
360 Seiten, br.
DM 42,-/ÖS 307/SFr 39,-

UNI-PAPERS

Heinz Pürer
**Einführung in die
Publizistikwissenschaft**
Systematik, Fragestellungen,
Theorieansätze,
Forschungstechniken
6. Auflage 1998
208 Seiten, br.
DM 32,-/ÖS 234/SFr 29,-

Heinz Bonfadelli
Medienwirkungsforschung I
Grundlagen und
theoretische Perspektiven
1999, 276 Seiten, br.
DM 39,80/ÖS 291/SFr 37,-

Heinz Bonfadelli
Medienwirkungsforschung II
Anwendungen in Politik,
Wirtschaft und Kultur
2000, 302 Seiten, br.
DM 39,80/ÖS 291/SFr 37,-

Werner Früh
Inhaltsanalyse
Theorie und Praxis
4., überarbeitete Auflage 1998
260 Seiten, br.
DM 32,-/ÖS 234/SFr 29,-

Thomas Knieper (Hg.)
Statistik
Eine Einführung für
Kommunikationsberufe
1993, 448 Seiten, br.
DM 39,-/ÖS 285/SFr 39,-

Jan Tonnemacher
**Kommunikationspolitik in
Deutschland**
Eine Einführung
1996, 296 Seiten, br.
DM 36,-/ÖS 263/SFr 36,-

Konrad Dussel
Deutsche Rundfunkgeschichte
Eine Einführung
1999, 314 Seiten, br.
DM 38,-/ÖS 277/SFr 35,-

BESTELLKARTE

Bitte liefern Sie mir zzgl. Versandkosten:
(ab DM 50,- ohne Versandkosten)

Anzahl   Autor/Titel

_____ _____

_____ _____

_____ _____

_____ _____

_____ _____

_____ _____

_____ _____

_____ _____

_____ _____

_____ _____

_____ _____

_____ _____

❑ Bitte informieren Sie mich über Ihre Neuerscheinungen.

Adresse und Unterschrift bitte auf der Vorderseite eintragen.